생각을 넓혀주는 독서법

HOW TO READ A BOOK
The Classic Guide to Intelligent Reading
by Mortimer J. Adler and Charles Van Doren

The excerpts from the biographies of Charles Darwin and J. S. Mill
are reprinted from *Great Books of the Western World,*
by permission of Encyclopædia Britannica, Inc.

This Korean edition was published by Siganguagongansa Publishing Co. in 2024
by arrangement with the original publisher, Touchstone, an Imprint of Simon & Schuster, LLC
through KCC(Korea Copyright Center Inc.), Seoul.

이 책의 한국어판 저작권은 한국저작권센터(KCC)를 통해 저작권자와
독점 계약한 시간과공간사에 있습니다. 저작권법에 따라 한국 내에서
보호를 받는 저작물이므로 어떠한 형태로든 무단전재와 무단복제를 금합니다.

브리태니커 편집장이 집필한 독서법의 바이블

생각을 넓혀주는 독서법

모티머 J. 애들러, 찰스 밴 도렌 지음 | 독고 앤 옮김

HOW TO READ A BOOK

시간과공간사

추천의 글

● 독서법을 다룬 여러 저작 가운데 '살아 있는 고전'으로 일컬어지는 이 책을 만나게 되어 무척 기쁘다. '독서의 소멸'을 걱정해야 하는 지금 이 책이 새롭게 독자들을 만난다니 더욱 뜻깊게 생각한다.

1940년에 초판이 발행된 이후 개정을 거듭하던 이 책이 마지막으로 출판된 것이 1972년이다. 무려 50년이 넘는 세월이 흘렀다. 그렇지만 세계 최대 온라인 서점인 아마존에서 종이책은 물론 전자책과 오디오북 형태로도 제작되어 여전히 판매되고 있다. 전 세계 독자들이 올리는 서평들이 차곡차곡 쌓여 그 수가 6,600개를 훌쩍 넘었다.

독서가 중요하다는 말은 누구나 쉽게 할 수 있지만 어떻게 해야 책을 제대로 읽을 수 있을지 자신 있게 설명해 줄 수 있는 사람은 그리 많지 않다. 책의 유형, 독서의 목적과 수준에 따른 독서 방법론을 구체적이고 실용적으로 일러주는 이 책을 독서 지도를 업으로 하는 교사와 사서, 자녀를 창의적이고 유능한 인재로 키우고자 하는 부모 그리고 독서를 효과적으로 재미있게 하고 싶은 독자들에게 두루 권한다.

제41대 국립중앙도서관장 서혜란

● 책을 읽어야 하는 이유뿐만 아니라 어떻게 읽어야 하는지도 훌륭하게 설명한다.

● 여기에 책이 있고 당신 마음이 있다. 이 둘을 연결하는 방법에 대한 애들러와 밴 도렌의 제안은 더 느리고, 더 진지하고, 덜 사소한 시간에 대한 향수를 불러일으킬 것이다.

● 이 책은 문화의 미래를 염려하는 사람이라면 누구도 간과할 수 없는 중요한 문제들로 가득 차 있다.

● 올바른 독서를 하는 방법은 물론 독서가 얼마나 큰 지적 성장과 즐거움을 주는지를 구체적으로 보여준다.

들어가는 글

　『생각을 넓혀주는 독서법』은 1940년 초에 처음 세상에 나왔다. 책은 놀랍게도 출판되자마자 베스트셀러가 되었고, 1년 이상 베스트셀러 목록에서 정상을 차지했다. 그 후 다양한 판형으로 꾸준히 출간되었고 프랑스어, 스웨덴어, 독일어, 스페인어, 이탈리아어 등으로 번역되었다. 그런데 현세대를 위해 이 책을 수정해서 다시 출간하려는 이유는 무엇일까?

　그 이유로는 지난 수십 년간 이 사회에서 일어난 변화와 이 책의 변화 두 가지를 들 수 있다. 오늘날은 예전보다 더 많은 학생이 고등학교 졸업 후 대학까지 마치며 텔레비전, 라디오, 인터넷 등 다양한 미디어가 대중화하면서 문맹 인구가 줄어들었다. 소설류를 즐겨 읽던 기호도 소설 이외 책들로 그 폭이 넓어졌다. 교육자들은 학생들에게 읽기를 가르치는 것이 교육의 영원한 과제라고 시인했다. 미국은 1970년대에 이를 위해 많은 기금을 지원했고, 이런 노력이 어느 정도 성공을 거두었다. 어린 학생들이 읽는 방법을 배우게 되었을 뿐 아니라 어른들도 더 빨리 잘 읽을 수 있다는 속독에 관심이 많아졌다.

　그러나 변하지 않은 것도 있다. 그중 하나가 모든 책을 똑같은 속도로 똑같이 읽는다는 것이다. 하지만 책을 종류에 따라 다르게 적절한 속도로 읽는 능력을 갖춰야 비로소 책을 제대로 읽는 것이다.

프랑스의 철학자 파스칼은 이렇게 말했다.

"지나치게 빨리 읽거나 지나치게 느리게 읽으면 아무것도 이해하지 못한다."

그래서 『생각을 넓혀주는 독서법』에서는 속독의 문제점과 그 해결 방법도 다루었다. 때로는 천천히 읽는 것이 더 잘 읽는 것일 수 있다.

또 하나 변하지 않은 것은 초등학교 수준 이상의 책 읽기 방법을 제시하지 못한다는 점이다. 읽기 교육에 필요한 투자는 대부분 초등학교에서 한다. 그 후 더 고차원의 기술을 배우려면 다소 틀에 박힌 훈련이 필요하다. 1939년 컬럼비아대학교 사범대학 제임스 머셀 교수가 『월간 애틀랜틱』이라는 잡지에 기고한 '학교 교육의 실패'라는 글에서 다룬 내용이 사실이기에 여기에도 인용한다.

학생들은 모국어 읽는 법을 효과적으로 배우고 있을까? 그렇기도 하고 아니기도 하다. 전체적으로 볼 때 초등학교 5, 6학년까지는 읽기를 잘 배운다. 그 수준까지는 일반적으로 실력이 꾸준히 좋아진다. 하지만 그 후에는 향상 곡선이 멈춰버린 듯 평평해진다. 6학년이 되면 효율성이 한계에 달하기 때문이 아니다. 그 이상의 학생들이나 어른들도 특별히 지도하면 대단히 향상되는 것을 볼 수 있다. 그렇다고 해서 6학년이 되면 웬만한 것을 잘 읽는 것도 아니다. 상당수 고등학생도 인쇄된 종이에서 그 의미를 찾는 어리석음 때문에 제대로 읽지 못한다. 그들은 더 잘 읽을 수 있고 또 그래야 한다. 그런데 그렇지 못하다.

일반적으로 고등학교를 졸업할 때까지 상당히 많은 책을 읽고 대학에 가면 더 많이 읽게 되지만 잘 읽지는 못하는 것 같다. 소설류는 재미있게 읽지만 신중하고 절제된 논쟁이나 비평이 필요한 문단은 멀리한다. 평균 수준인 고등학생은 그 문단의 중심 사상도 파악하지 못하고 논쟁이나 설명에서 강조나 종속관계도 찾아내지 못한다. 대학은 다니지만 읽기는 여전히 초등학교 6학년 수준에 머물러 있다.

몇십 년 전에 『생각을 넓혀주는 독서법』이 필요했다면 지금은 그 필요성이 오히려 더 커졌다. 책 읽는 법에 대한 새로운 이해, 복잡한 독서 기술을 좀 더 쉽게 알도록 정리하고 분석한 내용, 다른 유형의 독서마다 융통성 있게 적용할 수 있는 기본 원칙 등 앞선 책에서 충분히 또는 전혀 다루지 않은 내용을 다루어야 할 필요성이 커졌다.

몇 년 동안 연구소에서 나를 도와준 찰스 밴 도렌이 이 책을 수정하는 작업에 함께했다. 우리는 이미 책 몇 권을 함께 펴냈다. 함께 작업하며 깨닫게 된 새로운 내용도 이 책에 실었다. 애써준 밴 도렌에게 감사한다. 그리고 이 책을 펴내는 데 비판과 지도를 아낌없이 해준 L.H. 루빈에게 깊은 고마움을 표한다.

보카 그랑데에서

모티머 J. 애들러

차 례

1부. 독서의 단계

2부. 분석하며 읽기 · 독서의 제3수준

3부. 분야별로 다르게 읽는 법

4부. 책 읽기의 궁극적 목적

독서의 단계

1장
책 읽는 행위와 기술

이 책은 '책을 잘 읽고 싶은 사람'을 위해 썼다. 특히 책을 읽으면서 내용을 잘 이해하고 싶은 사람을 위해 썼다.

'독서가'라고 하면 대개 학자나 지식인들처럼 많은 정보와 지식을 활자에서 얻는 사람을 말한다. 물론 모든 정보를 활자에서 얻는 것은 아니다. 라디오와 텔레비전이 나오기 전까지만 해도 어느 정도의 정보와 지식은 실제 관찰이나 이야기에서 얻을 수 있었다. 그러나 호기심이 많고 지적인 사람은 결코 그것만으로 만족하지 못했다. 그들은 책을 읽어야 한다는 사실을 알기에 많이 읽었다.

요즘은 책을 읽는 것이 예전만큼 필요하지 않다고 생각하는 경향이 있다. 예전에 그림의 기능을 오늘날에는 사진이 대신하듯이 인쇄물이 하던 기능을 라디오와 텔레비전, 인터넷이 차지하고 있다. 분명히 인터넷은 그 기능을 매우 잘 발휘하고 있다. 예를 들어 눈으로 볼 수 있도록 전달하는 뉴스는 큰 충격을 주기도 한다. 라디오는 운전할 때처럼 다른 일을 하면서 동시에 정보를 얻도록 시간을 절약하는 기능도 있다. 하지만 이런 현대적인 커뮤니케이션 매체가 우리가 사는 세상을 더 잘 이해하도록 도와주는지는 깊이 생각해 보아야 한다.

어쩌면 우리는 예전보다 세상을 더 많이 알고 있으며, 아직도 무언가를 이해하려면 지식이 필수라고 생각할지도 모른다. 그러나 지식은 이제 더는 일반적으로 생각하는 것만큼 이해하는 데 필수 요건이 아니다. 무엇인가를 '이해'하려고 그것에 대해 모든 것을 '알' 필요는 없다. 너무 많은 정보가 오히려 어떤 것을 이해하는 데 방해가 될 수 있다. 현시대는 정보가 너무 많아 사물의 본모습을 이해하는 데 방해가 되는 일이 흔하다. 그 한 가지 이유는 앞서 언급한 대중매체들이 우리가 굳이 생각하지 않아도 되도록 해놓았기 때문이다.

오늘날 몇몇 최고 지성인이 하는 활발한 기획 중 하나는 지적 관점이나 견해를 하나로 묶어놓는 일이다. 사람들은 인터넷, 텔레비전, 라디오, 잡지에서 교묘한 설득부터 신중하게 선별된 정보와 통계에 이르기까지 별로 힘들이지 않고 '결정'하도록 잘 정리된 자료를 얻을 수 있다. 그러나 너무 그럴듯하게 포장되어 시청자들이나 청취자들, 독자들 스스로 결정하지 못할 때도 있다. 그 대신 테이프를 카세트에 넣듯이 포장된 의견을 자기 머릿속에 집어넣게 된다. 그리고 필요할 때마다 더 생각할 필요 없이 버튼을 눌러 '재생'하면 훌륭하게 재연된다.

적극적인 책 읽기

앞서 말했듯이, 여기서는 주로 책 읽는 기술을 끌어올리는 데 관심을 둔다. 이런 기술을 향상하는 독서의 방법과 규칙은 연습하고 그대로 따라 하기만 하면 신문이나 잡지, 소책자 심지어 광고지에 이르기까지 인쇄물 어느 것에나 적용할 수 있다. 어떤 글이든 읽기는 하나의 활동이므로 읽는 것은 모두 어느 정도 적극적인 성격을 띤다. 완전히 수동적인 독서는 가능하지 않다. 눈을 움직이지 않거나 잠을 자면서 책을 읽을 수는 없다. 따라서 적극적인 독서와 수동적인 독서를 비교하는 것은 읽는 것이 어느 정도 활동적이라는 사실과 적극적으로 읽으면 읽을수록 더 잘 읽을 수 있다는 사실을 확인해 주려는 것이다. 책을 읽으려고 매우 적극적으로 노력하면 할수록 좋은 독자가 된다. 더 훌륭한 독서의 기술을 익히고 책을 더 많이 읽고 싶어 하는 사람이 그렇지 않은 사람보다 좋은 독자가 될 수 있다.

완전히 수동적인 독서는 있을 수 없는 데도 많은 사람이 적극적 활동인 쓰기나 말하기와 비교할 때 독서와 듣기는 수동적 활동이라고 생각한다. 글을 쓰는 사람이나 말하는 사람은 어느 정도 노력해야 하지만 책을 읽거나 듣는 사람은 가만히 있어도 된다고 여긴다. 읽고 듣는 것은 상대편이 적극적으로 보내오는 내용을 그냥 받아들이기만 하면 된다고 판단하는 데 잘못이 있다. 보내오는 내용을 받는 것은 유산을 받거나 강한 타구를 받거나 법정에서 판결을 받는 것과 이치가 다르다. 오히려 읽는 사람이나 듣는 사람은 야구 경기에서 포수와 같은 역할을 한다.

공을 잡는 것도 공을 던지거나 치는 것과 마찬가지로 하나의 활동이다. 투수나 타자는 공이 움직이도록 이끌어낸다는 의미에서 '보내는 자'다. 포수나 외야수는 공이 움직임을 멈추도록 한다는 의미에서 '받는 자'다. 이 행위는 서로 다르지만 둘 다 적극적 활동이다. 여기서 뭔가 수동적인 것이 있다면 바로 공이 그렇다. 선수는 공을 던지거나 치거나 받으려고 적극적으로 움직이지만 공은 움직여지거나 멈추어질 뿐 활동성이 없다. 글을 쓰는 것과 읽는 것도 이와 비슷하다. 쓰이고 읽히는 글은 공처럼 시작하고 끝마치는 두 행위의 대상과 유사한 수동적 객체다.

이 비유로 좀 더 깊이 설명해 볼 수 있다. 잡는 기술은 빠른 공이나 느린 공, 커브볼, 체인지업 등 모든 종류의 던져진 공을 잡는 기술이다. 마찬가지로 읽는 기술은 가능한 한 모든 종류의 커뮤니케이션을 잘 잡아내는 기술이다.

눈여겨보아야 할 점은 투수와 포수가 잘 협동할 때 경기를 성공적으로 치른다는 사실이다. 저자와 독자의 관계도 이와 마찬가지다. 저자는 때로 그렇게 보이기도 하지만, 자기 의도를 파악하지 못하도록 애쓰지는 않는다. 저자의 기술과 독자의 기술은 공통점이 있는데, 저자가 가지고 있는 것을 독자가 받고 싶어 할 때 커뮤니케이션이 성공적으로 된다.

투수가 실력이 천차만별이듯이 저자도 정말 다양하다. 어떤 저자는 '통제력'이 뛰어나다. 자신이 전하고 싶은 것을 분명히 알며, 이를 정확하고 세심하게 전한다. 조건이 똑같다고 볼 때 '통제력'이 없는 저자보다 있는 저자의 글이 더 쉽게 이해할 수 있다.

이 비유를 적용할 수 없는 것이 하나 있다. 공이 단순한 물체라는 사실이다. 공은 완전히 잡지 않으면 완전히 놓치게 된다. 그러나 글은 복잡한 대상이다. 저자가 의도한 작은 것부터 전체를 거의 완벽하게 이해할 수도 있고 그렇지 못할 수도 있다. 독자가 '이해'하는 양은 보통 그가 책을 읽는 과정에서 적극성과 숙련도에 따라 다르다.

적극적인 독서를 하려면 무엇이 필요할까? 이 책을 읽는 동안 여러 번 이 질문을 할 것이다. 똑같은 읽을거리를 주었을 때 어떤 사람은 다른 사람보다 더 잘 읽는다. 첫째, 더 적극적으로 읽고 둘째, 읽는 행위를 좀 더 기술적으로 하기 때문이다. 이 두 가지는 서로 연관되어 있다. 읽는 것은 쓰는 것만큼 복잡한 행위다. 읽는다는 것은 수많은 세분된 행위로 구성되어 있는데, 이 모든 행위가 잘되어야 훌륭한 독서를 할 수 있다. 이 이상의 행위를 하는 사람은 책을 훨씬 더 잘 읽을 수 있다.

책 읽는 목적: 정보를 얻고 내용 이해하기

지금 당신이 읽고 싶은 책이 있다고 해보자. 그 책은 누군가가 당신에게 무언가를 전하려고 썼다. 책 읽기에서 성공 여부는 저자가 전하고 싶어 하는 것을 당신이 어느 정도 이해하느냐에 달렸다. 물론 이는 아주 단순하다. 당신이 책을 읽는 이유와 책 사이에는 두 가지 연관성이 있기 때문이다. 이 두 가지 관계는 책을 읽을 때 할 수 있는 두 가지 서로 다른 경험으로 설명할 수 있다. 여기에 책 한 권과 당신의 정신이 있다. 책을 다 읽었을 때 당신은 저자가 말하려는 것을 완전히 이해했을 수도 있고, 이해하지 못했을 수도 있다. 당신이 완전히 이해했다고 해도 정보만 얻었을 뿐 정말로 깊이 이해하지 못했을 수도 있다. 책 내용을 깊이 완전하게 이해했을 때 비로소 저자와 당신은 각각의 정신이 하나의 틀 속에서 만난 것이다.

책 내용을 완벽하게 이해하지 못할 수도 있다. 그 책을 다 읽고 나서 이해하지 못한 곳이 있다는 것을 확실히 알 때를 가정해 보자. 불행히도 자신이 읽은 책을 다 이해하지 못했다는 사실을 늘 알 수는 없다. 그 책에는 당신의 이해를 넘어서는 내용이 있다. 그런데 그 내용을 알기만 하면 이해력이 더 깊어질 텐데 하는 아쉬움을 느끼게 된다. 이제 당신은 어떻게 하겠는가? 그 책을 당신보다 더 잘 읽을 수 있는 사람에게 가져가 어려운 부분을 설명해 달라고 할 수 있다(사람일 수도 있고 주석이나 참고서 같은 책일 수도 있다). 또는 당신 수준을 넘어서는 내용은 고민할 필요가 없다고 판단하고 이해한 것만으로 충분하다고 생각할 수도 있다. 둘 중 어느 경우든 당신은 그 책에 알맞은 독서를 하지 않은 것이다.

이것은 책을 일방적으로 읽은 것이다. 외부에서 어떠한 도움도 주지 않는다면 스스로 그 책을 읽으려고 노력할 것이다. 눈앞에 보이는 활자들을 실마리로 삼아 자기 지력으로만 책을 읽고 해석할 때 '이해가 부족한 상태에서 더 나은 이해 상태로' 점차 자신을 끌어올리게 된다. 어려운 책을 직접 파고들어 이해력을 높이는 것이 바로 당신의 이해력에 도전하는 그 책의 가치를 인정하는 아주 숙련된 책 읽기 방법이다.

이제 독서 기술이 무엇을 뜻하는지를 다음과 같이 정의할 수 있다. 읽을 수 있는 활자들 외에는 어떤 것도 이해할 수 없을 때, 외부의 도움 없이 자기 정신 활동만으로 그 정신을 향상하는 과정이다. 이때 정신은 이해가 부족한 상태에서 좀 더 잘 이해하는 상태로 향상된다. 이렇게 해주는 숙련된 실행이 독서 기술을 이루는 다양한 행위다.

　책을 읽으며 이해가 부족한 것을 지적 노력으로 채우는 것은 자기 혼자 힘으로 일어서는 것과 같다. 아주 힘든 일이지만 분명히 그런 느낌을 준다. 분명히 좀 더 다양하고 필요한 여러 활동을 하려고 많은 기술을 발휘하는 것은 그 전에 책을 읽을 때보다 훨씬 더 적극적인 독서 방법이다. 또 전에는 독서를 잘하는 사람이나 읽을 수 있다고 생각한 어려운 책도 이런 식으로 노력하면 이해할 수 있다.

　정보를 얻으려는 독서와 이해를 하려는 독서는 이보다 더 뚜렷하게 구분된다. 이 두 가지 독서의 목적을 좀 더 자세히 살펴보아야 한다. 읽을 만한 것과 읽어야만 하는 것은 차이가 그다지 명확하지 않기 때문이다. 이 두 가지 독서의 목적을 구별할 수 있다면 '독서'라는 단어도 두 가지 구별된 의미로 사용할 수 있다.

　첫째는 신문이나 잡지 등을 읽을 때의 의미로, 가지고 있는 기술이나 능력으로 단번에 완전히 이해할 수 있는 독서다. 이런 독서는 더 많은 정보를 얻게 해주지만 이해력을 높일 수는 없다. 이미 우리의 이해력이 충분하기 때문이다. 그렇지 않다면 이해력의 깊이를 뛰어넘는 데서 오는 복잡하고 당황스러운 충격을 느낄 것이다. 우리가 주의 깊고 솔직하게 읽을 때 말이다.

　둘째는 처음 읽었을 때 완전히 이해하지 못해 다시 읽어 보려고 애쓰는 것이다. 즉 처음부터 내용이 읽는 사람보다 수준이 더 높은 경우다. 독자보다 이해력이 높고 통찰력이 있는 저자는 그것을 독자가 읽기 쉬운 형태로 전달해야 한다. 또 독자도 이런 수준 차이를 좁히려고 해야 한다.

이렇게 수준 차이가 있는 의사소통도 가능하도록 힘써야 한다. 그렇지 않으면 말로든 글로든 다른 사람에게서 아무것도 배울 수 없다. 여기서 배운다는 것은 당신이 이미 가지고 있는 정보들과 같은 수준의 이해력을 요구하는 정보를 더 많이 외운다는 것이 아니라 더 많이 이해한다는 것이다.

읽으면서 접하는 새로운 사실이 이미 알고 있는 사실과 비슷할 때, 새로운 정보를 얻는 데는 아무런 어려움이 없다. 미국 역사를 어느 정도 알고 이해하는 사람은 미국 역사에 대해 더 많은 사실을 읽을 때도 즉시 받아들일 수 있다. 그러나 어떤 사실만 전해주는 것이 아니라 새롭게 밝혀진 관점을 제공하는 역사책을 읽는다고 해보자. 읽기 전에 가지고 있던 것보다 훨씬 더 많은 이해력이 필요할 것이다. 그리고 한 번 더 읽으면서 더 많은 것을 이해할 수 있다. 바로 이해할 수는 없었을지라도 이런 노력으로 스스로 이해력을 높인 것이며, 그에게 뭔가를 가르치고 싶었던 저자도 그의 이해력을 높인 것이다.

이해력을 높이는 독서를 하려면 어떤 조건이 필요할까? 여기에는 두 가지가 있다. 먼저, 이해하는 데 근본적인 수준 차이가 있어야 한다. 저자가 독자보다 '수준이 더 높아야' 하며, 독자에게 없는 저자의 지식이나 견해를 독자가 쉽게 이해하도록 책에서 전달해야 한다. 둘째, 독자는 어느 정도 이런 수준 차이를 극복해야 한다. 완전하지는 못해도 저자와 비슷한 수준까지 도달해야 한다. 이런 수준에 이른다면 저자와 독자가 분명히 커뮤니케이션한 것이다.

우리는 우리보다 '더 나은 사람'에게서 배울 수 있다. 따라서 누가 우리보다 더 나으며 그 사람에게서 어떻게 배워야 하는지 알아야 한다. 이러한 것을 아는 이들은 이 책에서 중점적으로 다루는 두 번째 의미의 독서 기술이 있는 사람이다. 읽을 수 있는 사람은 대부분 이런 식으로 읽는 능력을 조금이나마 갖추고 있다. 그러나 예외 없이 누구나 더 잘 읽는 법을 배울 수 있고 보람 있는 내용을 읽는 데 노력을 기울이면 점차 더 많은 것을 얻을 수 있다.

정보의 양을 늘려주는 사실과 이해력을 더 높여주는 통찰력을 확실히 구별하기는 사실 쉽지 않다. 때로는 나열한 사실을 단순히 읽기만 해도 잘 이해할 수 있다. 이 책에서는 이해력을 높이는 독서의 기술을 강조하려고 한다. 다행히 그런 기술을 배우게 되면 정보를 얻는 독서는 저절로 가능해진다.

그 밖에 다른 독서의 목적은 흥미를 얻으려는 것이다. 그러나 이 책에서는 흥미를 위한 독서는 별로 다루지 않는다. 이러한 독서에 필요한 것은 별로 없으며 그다지 노력하지 않아도 된다. 또 이를 위해 지켜야 할 사항 같은 것도 없다. 읽을 줄 안다면 원하는 대로 흥미를 얻는 독서를 할 수 있다.

이해력을 높이는 책을 읽을 때 거기에 포함된 정보도 얻는 것처럼, 이해하거나 정보를 얻으려고 책을 읽을 때 흥미도 얻을 수 있다. 그러나 즐기려고 읽는 책이 언제나 이해력을 높여주지는 않는다. 그렇다고 흥미를 위해 좋은 책을 읽으면 안 된다고 말하려는 것은 결코 아니다. 어쨌든 이해를 하고자 좋은 책을 읽고 싶으면 이 책이 도움이 될 것이다. 이 책에서는 잘 이해하려는 목적으로 좋은 책을 읽을 때 필요한 기술이 무엇인지 이야기한다.

배울 수 있는 독서: 교육으로 배우는 것과 발견으로 배우는 것의 차이

정보를 더 얻는 것이나 전에 몰랐던 사실을 알게 되는 것이나 모두 배우는 것이다. 그러나 이 두 가지 배움에는 중요한 차이가 있다.

정보를 얻으려면 단순히 사실을 알기만 하면 된다. 깨닫게 된 것은 그것에 관해 모든 것, 즉 왜 그런지, 다른 사실과는 어떤 연관이 있는지, 어떤 점에서 같고 어떤 점에서 다른지 등을 더 알게 되는 것이다. 이 차이점은 무엇을 기억하는 능력과 그것을 설명하는 능력의 차이와 비슷하다. 저자가 말한 것을 기억한다면 그 글을 읽으면서 뭔가를 배운 것이다. 그 저자가 한 말이 사실이라면, 세상에 관한 뭔가도 배운 셈이다. 그러나 당신이 배운 것이 그 책에 관한 사실이든 세상에 관한 사실이든 단지 기억하고만 있다면 단순히 정보를 얻은 것에 불과하고 깨달은 것은 아니다. 깨달음은 저자가 말하는 것을 알게 되었을 뿐 아니라 그 말이 무슨 의미인지 이해하게 되었을 때 얻을 수 있다. 물론 저자가 한 말의 의미뿐 아니라 그 말을 기억하는 것도 중요하다. 깨달음을 얻으려면 먼저 정보를 얻어야 한다.

여기서 중요한 것은 정보를 얻는 데서 그쳐서는 안 된다는 사실이다. 몽테뉴는 '지식을 얻지 못한 ABC 수준의 무지와 지식을 얻은 후 박사 수준의 무지'를 이야기했다. 전자는 ABC도 몰라서 전혀 읽을 수 없는 사람의 무지함을 말하고 후자는 책을 많이 읽었지만 잘못 읽은 사람의 무지함을 말한다. 영국의 시인 알렉산더 포프는 이들을 '무식하게 책만 읽은 멍청이들'이라고 했다. 닥치는 대로 읽지만 잘 읽지 않고 아는 체하는 무지한 사람들이 늘 있다. 책을 많이 읽지만 제대로 읽지 않아 지식과 어리석음을 동시에 지닌 이런 사람을 그리스어로 소포모어sophomore(대학 2년생)=sopho(현명한)+more(어리석은)라고 한다.

닥치는 대로 읽는 것과 잘 읽지 않는 것은 비슷하다. 이런 잘못을 하지 않으려면 배움을 얻는 방법을 구분해야 한다. 이 구분은 여러 가지 독서와 관련이 있을 뿐 아니라 일반적 교육과도 연관성이 크다. 교육학에서는 인간의 교육에 따른 배움과 깨달음에 따른 배움을 구분해 왔다. 교육은 한 사람이 다른 사람을 말이나 글로 가르치는 것이다. 그러나 가르침을 받지 않아도 지식을 얻을 수 있다. 그렇지 않다면 교사들은 누구나 다른 사람에게 가르칠 것을 또 다른 사람에게 배워야만 하기에 지식을 새로 얻는 것은 불가능하게 된다. 가르침을 받지 않고도 연구, 조사, 깊은 사고로 배우는 깨달음의 과정이 있어야 한다. 깨달음은 누군가의 도움으로 배우는 교육과 달리 교사 없이 배우는 것이다. 둘 다 배우는 행위가 배우는 사람 안에서 일어난다. 깨달음은 적극적인 배움이고 교육은 수동적인 배움이라고 하는 것은 옳지 않다. 수동적인 독서가 없듯이 수동적인 배움도 없다.

더 분명하게 구분하려면 교육을 '도움을 받는 깨달음'이라고 할 수 있다. 심리학자가 주창한 이론을 거론하지 않더라도 가르치는 것은 매우 특별한 기술이 분명하다. 그리고 의학과 농업 두 가지 기술과 같은 중요한 특징이 있다. 의사는 환자를 위해 많은 일을 한다. 그러나 마지막 진단에서 다 나아져 건강이 좋아져야 하는 사람은 바로 환자다. 농부도 곡식이나 가축을 위해 일을 많이 한다. 그러나 결국 제대로 튼실하게 잘 자라야 하는 것은 곡식이나 가축이다. 마찬가지로 교사도 여러 방법으로 학생을 돕지만 배워야 하는 당사자는 학생이다. 배움이 이루어지려면 지식이 학생의 정신 속에서 성장해야 한다.

교육으로 배우는 것과 깨달음으로 배우는 것, 도움을 받는 배움과 도움을 받지 않는 배움이라고 해도 좋을 두 가지 배움의 근본 차이는 배우는 사람이 배우는 내용에 있다. 교사의 도움으로 깨닫도록 교육을 받는다면, 배우는 자는 자신에게 전달되는 것에 반응한다. 글이든 말이든 교육과정을 진행하는 것이다. 읽거나 듣는 행위로 배우게 된다. 여기서 읽는 것과 듣는 것의 밀접한 관계에 주목해 보자. 커뮤니케이션을 받아들이는 두 방법의 사소한 차이를 무시하면 읽는 것과 듣는 것이 가르침을 받아들이는 똑같은 기술이라고 할 수 있다. 그러나 배우는 자가 교사에게서 어떤 도움도 받지 않고 배울 때, 배움은 본능적으로 또는 교육과정이 아닌 세상에서 이루어진다. 이러한 배움의 법칙이 도움을 받지 않고 깨닫는 기술을 만든다.

'읽는다'를 넓은 의미로 사용하면 깨달음, 정확히 말해 도움을 받지 않는 깨달음은 자연 또는 세상을 읽는 기술이라고 할 수 있다. 반면에 가르침을 받고 도움이 필요한 교육은 듣기를 포함한 책 읽는 기술 또는 강의로 배우는 기술이라고 할 수 있다. 생각하는 것은 어떤가? '생각한다thinking'는 것이 지식을 얻고 이해를 하려고 정신을 사용한다는 뜻이라면, 지식을 얻고 이해하는 방법이 깨달음이나 교육으로 배우는 것이라면, 이 두 일을 할 때 바로 생각하게 된다. 마치 연구하는 동안 생각하는 것처럼 읽거나 듣는 동안에도 생각한다. 또 배움에 두 종류가 있듯이 생각하는 방식에도 다른 종류가 있다.

많은 사람이 교육을 받을 때보다 연구하거나 혼자 힘으로 깨닫는 것이 생각하는 것과 관계가 더 밀접하다고 판단하는 이유는 읽거나 듣는 것이 상대적으로 노력이 덜 드는 듯 보이기 때문이다. 정보를 얻거나 흥미를 위해 책을 읽을 때가 깨달으려고 노력할 때보다 생각을 덜 한다. 정보나 흥미를 얻으려고 책을 읽는 것은 다소 덜 적극적인 독서다. 깨달음이나 이해를 얻으려고 책을 읽는다면 적극적인 자세가 필요하다. 아무 생각도 하지 않고 적극적인 독서를 할 수는 없다.

생각한다는 것은 배우는 것의 일부다. 감각을 사용해야 하며 상상력도 필요하다. 관찰하고 기억하고 눈으로 볼 수 없는 것들을 상상력으로 구성해 보아야 한다. 그런데 아무 도움 없이 혼자 깨달아가는 과정에서 하는 이런 활동의 비중은 강조하면서 읽기나 듣기로 가르침을 받는 과정에서는 그 기능을 무시하거나 중요하지 않게 여기는 경향이 있다. 예를 들어 시인이 시를 쓸 때는 상상력을 발휘해야 하는데 시를 읽을 때는 상상력이 필요하지 않다고 여긴다.

한마디로 독서의 기술에는 아무 도움 없이 혼자 깨달을 때 필요한 기술이 모두 포함되어 있다. 예리한 관찰력, 쉽게 활용할 수 있는 기억력, 풍부한 상상력, 당연히 분석과 깊은 성찰에 필요한 지적 훈련 등이 있어야 한다. 비록 책의 도움을 받아야 할 때도 있지만 본질적으로 깊이 이해하는 독서는 결국 깨달음을 얻는 것이기 때문이다.

곁에 있는 교사, 곁에 없는 교사

지금까지는 읽기와 듣기 모두 교사에게 배우는 것처럼 다루었는데, 이는 어느 정도 맞는 말이다. 읽기와 듣기는 모두 교육받는 방법인데, 교육을 받으려면 읽기와 듣기를 잘해야 한다. 예를 들어 강의를 듣는 것은 여러 면에서 책을 읽는 것과 비슷하다. 그리고 시 낭송을 듣는 것도 시를 읽는 것과 같다. 이 책에서 정하려는 많은 규칙은 읽고 듣는 경험에 적용된다.

그러나 읽기를 강조하고 듣기를 이차적으로 두는 데는 이유가 있다. 듣기는 곁에 있는 교사에게서 생생하게 배우는 것인데 읽기는 곁에 없는 교사에게 배우는 것이다. 살아 있는 교사에게 질문하면 대답해 줄 것이다. 그가 하는 말을 잘 이해하지 못했을 때는 그 의미를 다시 질문하면 혼자서 생각해야 하는 수고를 덜 수 있다. 하지만 책에 질문이 있으면 스스로 분석하고 사고한 만큼 답을 얻게 된다.

물론 살아 있는 교사가 질문에 답했다고 해서 더는 아무것도 안해도 된다는 말은 아니다. 질문이 단편적인 사실에 관한 것일 경우만 그렇다. 그러나 그 이상 설명이 필요할 때는 우리 스스로 이해하지 않으면 아무런 설명도 들을 수 없다. 그래도 곁에 교사가 함께 있다면 이해하는 데 도움을 받을 수도 있으나, 책을 읽을 때는 책에 쓰여 있는 글 외에는 실마리가 없다.

학생들은 때로 교사의 도움을 받아 어려운 책을 읽는다. 그러나 학교에 다니지 않는 사람들, 지속적인 교육을 주로 책으로만 하며 필수적이거나 과제물로 주어진 것이 아닌 책을 읽으려는 사람들은 교사의 도움 없이 읽는다. 따라서 계속 배우고 깨달아 가려면 책으로 잘 배우는 법을 알아야 한다. 그것이 이 책의 제일 큰 목적이다.

2장
독서의 수준

　1장에서 앞으로 전개될 내용을 이해하는 데 중요한 몇 가지 구분을 해보았다. 흥미든 정보든 이해든 책을 읽는 사람의 목적에 따라 책 읽기 방법이 결정된다. 독서의 효과는 책을 읽을 때 얼마나 많이 노력하고 기술을 익히느냐에 달렸다. 일반적 법칙은 노력할수록 더 잘 읽을 수 있다는 것이다. 이것은 적어도 처음에는 책 읽는 능력을 넘어서지만 나중에는 이해력을 낮은 수준에서 높은 수준으로 끌어올릴 만한 책이라면 그렇다. 결국, 교육과 깨달음(또는 도움을 받는 깨달음과 도움을 받지 않는 깨달음)의 차이는 중요하다. 사람들은 대개 다른 사람의 도움 없이 책을 읽어야 하기 때문이다. 아무런 도움 없이 혼자 깨닫는 것과 같이 독서는 보이지 않는 교사에게서 배우는 것이다. 그리고 그 방법을 알아야 훌륭하게 배울 수 있다.

　이러한 구분은 중요하지만 이 장에서는 더 중요한 것들을 이야기하려고 한다. 바로 독서의 수준에 관한 것이다. 책 읽는 기술을 효과적으로 높이기 전에 수준 차이를 이해해야 한다.

　독서에는 네 가지 수준이 있다. 종류라고 하지 않고 수준이라고 하는 것은 엄격히 말해 종류는 서로 다른 것이지만 수준은 높은 수준이 낮은 수준을 포함하는 특성이 있기 때문이다. 그래서 점증적 특성이 있는 독서의 수준이라고 표현한다. 1수준이 2수준에서, 2수준이 3수준에서, 3수준이 4수준에서 없어지는 것이 아니라 남아 있다. 실제로 독서의 가장 높은 수준인 4수준은 다른 세 수준을 모두 포함하며 나머지 세 수준을 능가한다.

독서의 1수준 기초적 읽기

초보 읽기, 기초 읽기, 1차 읽기라고 할 수도 있다. 이 말의 의미는 이 수준을 거치면 적어도 문맹에서 벗어나 글을 읽기 시작했다는 것이다. 이 수준에서 초보 독서 기술을 배우고, 책 읽는 기본 훈련을 받고, 1차 독서 기술을 얻는다. 이것을 기초적 읽기라고 하는 이유는 이 수준을 보통 초등학교에서 배우기 때문이다. 어린아이가 처음 책을 읽을 때 맨 먼저 해야 할 일은 책에 쓰인 각각의 낱말을 인식하는 것이다. 이 수준의 어린아이에게 하얀 바탕에 쓰인 글자는 그냥 검은 부호들을 모아놓은 것에 지나지 않는다. 이 부호가 "철수야, 놀자. 영희야, 놀자"라면 1학년 학생은 철수가 놀고 싶은지, 어떻게 놀지에는 관심이 없다. 단순히 쓰여 있는 글자의 모양에만 관심이 있다.

이 수준에서 독자에게 던지는 질문은 "이 문장은 무엇을 말하는가?"이다. 물론 어렵고 복잡한 물음같이 보일지 모르지만 여기서는 가장 단순한 의미에서 말하는 것이다.

이 책을 읽는 사람은 이미 오래전에 읽기의 기초 기술을 익혔다. 그러나 책 읽는 수준이 아무리 높다고 해도 이 수준의 문제를 소홀히 하면 독서에 계속 어려움을 느낄 것이다. 예를 들어 우리가 잘 모르는 외국어로 쓰인 책을 읽고 싶을 때 이런 경험을 한다. 이때 우리는 먼저 그 단어들이 무슨 의미인지 알아내야 한다. 그 단어들을 하나하나 인식한 후 비로소 그 의미를 알려고 애쓰게 된다.

자기 나라 말로 쓰인 글을 읽을 때도 이 수준의 독서에서 여러 가지 문제점이 있을 수 있다. 대부분 이런 문제점은 책 읽는 법을 배우는 초기로 거슬러 올라갈 수 있는 습관적인 것들이다. 보통 이런 문제점을 극복하면 더 빨리 읽게 된다. 그래서 대부분 속독 과정은 이 수준에 중점을 둔다. 기초적 읽기는 다음 장에서 더 자세하게 다루며 속독도 이야기할 것이다.

독서의 2 수준 살펴보기

이 수준의 특징은 시간을 강조하는 것이다. 이 수준의 독서를 할 때는 정해진 시간에 일정한 분량을 읽어야 한다. 예를 들어 이 책을 15분 동안 혹은 30분 동안에 읽도록 정해져 있을 수도 있다.

살펴보기는 주어진 시간에 책에서 가장 많은 내용을 파악하는 것이 목적이다. 대체로 비교적 짧은 시간에 읽으므로 책에서 얻을 수 있는 모든 것을 알기에는 시간이 부족하다.

이 수준의 독서를 다른 말로 하면, 대강 읽어 보기, 미리 읽기라고 할 수 있다. 그러나 어쩌다 손에 잡히는 대로 책을 대충 보는 것은 아니다. 살펴보기는 '체계적으로 훑어보는' 기술이다. 이 수준의 책 읽는 목적은 책의 표면을 살펴보는 것, 즉 겉으로 알 수 있는 모든 것을 아는 것이다.

1수준에서 알고 싶은 것이 "그 글은 무엇을 말하는가?"라면, 2수준에서는 "이 책은 무엇에 관해 썼는가?"를 알고 싶은 것이다. 구체적으로, "이 책은 어떻게 구성되어 있는가?" 또는 "이 책은 어떤 부분들로 되어 있는가?" 하는 것이다. 책 읽는 시간이 아무리 짧더라도 살펴보기를 해서 "이 책은 어떤 종류의 책인가, 소설인가, 역사책인가, 과학책인가?" 하는 것도 알 수 있어야 한다. 4장에서 이 수준의 책 읽기를 자세히 다루므로 여기서는 더 이야기하지 않겠다. 하지만 대부분 사람은 물론 책을 꽤 잘 읽는 사람들도 살펴보기가 얼마나 중요한지 잘 모른다. 그들은 대체로 목차도 보지 않은 채 첫 페이지부터 차근차근 읽어나간다. 결국 '이해하려고 애쓰면서' 동시에 이 책이 무엇을 말하는지도 알아내야 하기에 그들에게 복잡하고도 어려운 느낌이 들게 한다.

독서의 3 수준 분석하며 읽기

앞서 말한 두 수준의 책 읽기보다 더 복잡하고 조직적인 일이다. 읽을 내용이 얼마나 어려우냐에 따라 책 읽는 사람에게 쉬운 일일 수도 있고 어려운 일일 수도 있다. 분석하며 읽기는 철저하게 읽기, 완벽하게 읽기, 잘 읽기, 다시 말해 할 수 있는 한 가장 잘 읽는 것이다. 살펴보기가 주어진 시간에 가장 완벽하게 잘 읽는 것이라면, 분석하며 읽기는 시간 제한 없이 가장 완벽하게 잘 읽는 것이다.

분석하며 읽을 때는 읽는 동안 많은 질문, 체계적 질문을 해야 한다. 이 책이 주로 이 수준으로 책 읽는 것을 다루므로 지금 그 질문들을 다루고 싶지는 않다. 2부에서 그 규칙과 방법을 자세히 이야기하겠다. 여기서는 분석하며 읽는 것이 항상 아주 적극적 활동이라는 사실을 강조하고 싶다. 이 수준에서는 책 읽는 사람이 책을 붙잡고 그것이 자기 것이 될 때까지 들여다보는 것이다.

영국의 철학자 프랜시스 베이컨은 이렇게 말했다. "어떤 책은 맛보려는 것이고, 어떤 책은 삼키려는 것이다. 그러나 어떤 책은 잘 씹어서 소화시켜야 한다." 책을 분석적으로 읽는다는 것은 그 책을 씹어서 소화시킨다는 것이다. 책 읽는 목적이 단순히 정보를 얻거나 즐기려는 것이라면 분석적으로 읽을 필요가 없다. '분석하며 읽는다는 것은 무엇보다 이해하려는 것이다.' 거꾸로, 책을 분석적으로 읽는 방법을 터득하지 못한다면 더 많은 것을 이해해야 하는 데도 조금밖에 이해하지 못하고 만다.

독서의 4 수준 통합적 읽기

이는 가장 복잡하고 체계적인 책 읽기 유형이다. 읽는 내용이 비교적 쉽고 단순해도 책 읽는 사람에게 매우 부담스러운 작업이다. 이 수준을 다른 말로 표현하면 비교하며 읽기라고 할 수 있다. 통합적으로 읽는다는 것은 한 권만 읽는 것이 아니라 많은 책을 읽고 그 책들이 전달하는 중심 주제를 서로 연관 짓는 것이다. 하지만 단순히 내용을 비교하는 것만으로는 충분하지 않다. 통합적 읽기는 더 많은 것을 하는 것이다. 읽은 책의 도움을 받아 '읽은 책 중 어떤 책에서도 읽지 못한' 주제의 분석 작업을 할 수 있다. 따라서 통합적으로 읽는 것은 분명히 가장 많이 노력하며 책을 읽는 활동이다.

4부에서 통합적 읽기를 다룬다. 여기서는 통합적으로 읽기가 쉬운 기술이 아니며 적용할 수 있는 규칙이 널리 알려지지 않았다는 이야기만 하겠다.

한 가지 더 이야기하면, 통합적으로 읽기는 가장 보람 있고 가장 많은 것을 얻을 수 있는 책 읽기다. 그 어려운 방법을 터득하고 나면 책을 읽고 나서 얻는 유익함이 매우 많아서 힘들어도 배울 가치가 있는 읽기 방법이다.

3장
기초적 읽기
✦ 독서의 제1수준 ✦

읽기를 배우는 단계

읽기를 배우는 단계를 분석한 결과, 아이들이 책을 능숙하게 읽기까지는 최소한 4단계가 있다는 주장이 널리 알려져 있다. 1단계는 '읽기 준비기'라고 할 수 있다. 이는 태어나면서 시작되는데 보통 6~7세까지가 이 시기에 해당한다.

읽기 준비기는 읽는 법을 배울 준비가 된 시기다. 신체적으로는 시력과 청력이 충분히 발달해야 한다. 두뇌도 최소한 단어를 보고 기억한 후 글자를 조합할 정도로 시각적 인지 능력이 발달해야 한다. 분명하게 말하고 정확한 순서에 맞춰 문장들을 사용할 정도의 언어 능력도 발달해야 한다. 다른 아이들과 협동작업을 할 수 있고 어느 정도 계속 집중하거나 지시를 따를 정도가 되어야 한다.

일반적인 읽기 준비기는 테스트로 평가할 수 있고, 현명한 교사라면 학생이 읽기 준비가 되어 있는지 판단할 수 있다. 이때 명심해야 할 것은 성급하게 시작하면 보통 좌절감을 맛보게 된다는 사실이다.

읽을 준비가 되지 않은 아이에게 읽기를 가르치려고 하면 아이는 싫증을 느끼고 이러한 일로 나중에 학교에 가거나 성인이 되어도 읽기를 좋아하지 않을 수 있다. 부모는 자녀의 발달이 늦거나 또래 아이를 따라가지 못해 불안해할지 모르나 읽기를 가르치는 시기가 조금 늦었다고 해서 너무 심각해질 필요는 없다.

2단계에서 아이들은 아주 간단한 내용을 읽게 된다. 보통 시각적으로 구분되는 단어 몇 가지를 배우는 데서 시작한다. 그리고 1년이 지나면 약 300~400개 단어를 깨우치는데, 뜻을 알아내는 앞뒤 상황이나, 실마리를 이용하거나 첫소리를 알아내 단어를 읽는 기본 기술을 배운다. 이 시기가 지나면 아이들은 아주 간단한 책을 혼자서 열심히 읽을 수 있다.

이 단계는 깜짝 놀랄 만한 신비스러운 일들이 생기는 시기다. 읽는 법을 배우기 시작하면서 처음에는 책에 있는 글자들을 보고 무슨 뜻인지 아무것도 모른다. 그러나 적어도 2, 3주 정도 지나면 그것을 읽고 그것이 무슨 뜻인지 알게 된다. 언어는 달라도 미국 아이나 프랑스 아이나 어떻게 똑같이 "고양이가 모자 위에 있다"라는 것이 무슨 뜻인지 알게 될까? 이런 현상은 어디서 오는가? 아무도, 철학자들이나 심리학자들까지도 이 현상을 연구한 지 2,500여 년이 지난 지금까지도 어떻게 이런 일이 가능한지 알아내지 못했다. 사실, 글자가 나타내는 의미를 깨닫는 일은 인간밖에 할 수 없다. 그것도 대부분 7세가 되기 전에 인간이 할 수 있는 가장 놀라운 지적 재주다.

3단계에서는 어휘력이 빠르게 늘고 문맥으로 처음 보는 단어의 의미를 알아내는 기술이 발달한다. 게다가 이 시기 아이들은 자기 목적에 따라 과학·사회·문학과 같은 다른 분야 책들을 읽게 된다. 학교에서뿐 아니라 호기심을 채우려고 또는 자기 세계를 넓히려고 혼자서도 책을 재미있게 읽는다.

마지막으로 4단계는 이미 익힌 기술을 세밀하게 닦고 강화하는 시기다. 무엇보다 학생들은 자신이 읽은 것을 자기 것으로 소화하기 시작한다. 즉 한 작품에서 읽은 개념을 다른 책을 읽을 때 적용하고, 같은 주제에 대한 서로 다른 저자들의 관점을 비교하게 된다. 10대 초기에 이렇게 책 읽는 성숙한 단계에 이르러 평생 계속 더 성숙하게 책을 읽게 되는 것이 이상적이다.

그러나 부모나 교사가 보기에 그런 단계에 이르지 못한 아이들이 많다. 그 이유는 경제적·사회적·지적인 면에서 찾아볼 수 있다. 즉 가정환경부터 교육제도에 대한 전반적 반발 같은 것까지 포함해서 여러 가지 개인 문제에 이르기까지 다양하고 폭넓다. 하지만 큰 이유 중 하나는 읽을 준비가 되지 않았는데 시작하는 것, 즉 기초를 무시한 채 높은 단계를 먼저 가르치려는 것이다. 이는 1단계에서 발견되는 문제들의 심각성과 그 정도를 고려할 때 타당한 지적이다. 게다가 그 원인이 1단계로 거슬러 올라간다 해도 책 읽는 '모든' 수준에서 노력하지 않으면 그런 결함을 효과적으로 치료할 방법을 찾을 수 없다.

단계와 수준

책 읽는 데 필요한 기본적인 4단계를 살펴보았는데, 이 단계와 수준은 어떤 관계가 있을까? 앞에서 설명했듯이, 여기서 살펴본 4단계는 책 읽기 1수준의 단계라는 사실이 매우 중요하다. 이 단계들은 기초적 읽기 단계로 교과과정에서도 유용하게 분류된다. 읽기를 준비하는 기초적 읽기의 1단계는 유치원에서 거친다. 단어를 익히는 2단계는 전형적으로 초등학교 1학년에 해당하는데, 꽤 많은 아이가 제대로 익히지 못하지만 1학년 정도 읽기 능력을 갖추게 된다. 아는 단어가 많아지고 문맥을 활용할 수 있는 기초적 읽기의 3단계는 초등학교 4학년에 완성되는데, 이 정도면 기능적 문맹(조금은 읽고 쓸 수 있으나 정상적인 사회·경제적 관계에서 그것들을 사용할 수 있는 충분한 자질을 갖추지 못한 경우–옮긴이)에서 벗어난다. 즉 교통 표지판을 읽을 수 있고, 간단한 문서의 빈칸을 채우는 능력을 갖추어 마지막 단계인 4단계에 이르게 된다.

이제 학생들은 거의 모든 것을 읽을 만큼 '성숙'한 상태지만 아직은 비교적 단순하게 읽는 데서 그친다. 간단히 말해 고등학교 학업을 할 정도로 성숙한 상태다. 아직 이 책에서 의미하는 '성숙'한 독자는 되지 못한 것이다. 단지 책을 읽는 기초 수준에 도달했을 뿐이지만 마음먹은 대로 읽을 수 있고 책을 읽음으로써 지식을 얻을 준비가 되었다. "하지만 기초 수준을 넘어서 읽을 줄은 모른다."

이런 이야기를 하는 것은 이것이 이 책에서 전달하려는 메시지와 관계가 매우 밀접하기 때문이다. 당신은 중학교 수준의 독서 능력, 기초 수준의 읽기 능력을 갖추었을 것이다. 즉 앞서 말한 4단계를 훌륭하게 거쳐왔을 것이다. 잘 생각해 보면 이 추측이 틀리지 않았다는 것을 알 수 있다. 이 책과 같은 입문서를 읽을 정도가 되어야 책에서 뭔가를 배울 수 있기 때문이다. 특히 책 읽는 법을 알려주는 이런 책은 독자들이 정말 읽을 줄 알아야 한다.

뭔가를 배울 때 도움을 받고 받지 않고는 여기서 차이가 나타난다. 기초적 읽기의 4단계는 보통 교사들의 도움을 받아 진행된다. 물론 능력에 따라 교사 이외의 도움이 필요한 학생도 있지만 대개 교사가 초등학교 시기에 나타나는 어려움을 줄여 주고 의문점을 해결해 준다. 기초적 읽기의 4단계에 모두 익숙해져야만 비로소 더 수준 높은 읽기를 할 준비가 된다. 이때가 되어야 혼자서 책을 읽고 혼자서 배우게 된다. 그리고 정말 훌륭한 독자가 될 문턱에 들어서는 것이다.

고난도 읽기 능력과 높은 교육 수준

전통적으로 미국의 고등학생들은 읽기 교육을 별로 받지 않았고 대학생들은 전혀 받지 않았는데 이제는 달라졌다. 두 세대 전부터 짧은 기간에 고등학교 입학생 수가 크게 늘었는데, 교사들은 입학생들이 당연히 예전 학생들처럼 읽기를 잘할 거라고 믿으면 안 된다는 사실을 깨닫기 시작했다. 때로는 75%나 되는 학생이 읽기 보충수업을 받아야 할 지경이었다. 심지어 4만 명 정도 되는 뉴욕시립대학교 신입생 가운데 절반 이상이 읽기 보충수업을 받아야 했다.

그런데 이는 오늘날 많은 미국 대학에서 '기초 수준을 넘어선 읽기 수업'을 한다는 뜻이 아니다. 사실 그런 수업을 받는 학생은 거의 없다. 읽기 보충수업은 수준 높은 책 읽기 수업이 아니다. 학생들이 초등학교 졸업 때쯤이면 갖추게 되는 정상적인 읽기 수준에 도달하도록 해주는 것뿐이다. 오늘날까지 대부분 고등교육기관에서는 기초적 읽기 이상의 수준을 어떻게 지도해야 하는지도 모르고, 그럴 능력이나 인원도 모자란다. 대학에서 속독 또는 '효과적인' 독서, '독서 능력 향상' 같은 과정을 개설했지만 말이다. 그런 예외를 빼고는 전반적으로 보충수업 같은 정도다. 이러한 수업들은 이전 학교 교육에서 성취하지 못한 부분을 이뤄 주려고 마련했지 기초 수준 이상을 습득하게 하거나 이 책의 주요 내용인 독서의 종류나 단계를 가르쳐 주려는 것은 아니다.

물론 꼭 그래야 하는 것은 아니다. 좋은 고등학교 교육은 무엇보다 학생들이 효과적·분석적으로 책을 읽도록 교육해야 한다. 훌륭한 대학 교육은 통합적syntopical으로 읽는 능력을 길러 주어야 한다. 학사 학위는 일반 독자들을 위한 글을 다 읽는 능력이 있음을 뜻하며, 대학원생들은 어느 분야의 연구서든 다 소화해야 한다. 무엇보다 통합적 독서 능력을 갖추어야 그럴 수 있기 때문이다. 하지만 대학을 졸업했는데도 이 정도 읽기 능력을 갖추지 못해 대학원 학업이 3, 4년 정도 걸리는 일도 있다.

읽는 법을 배우려고 대학원을 4년이나 다니면 안 된다. 이미 12년 동안 기초교육을 받고 대학 4년을 다녔는데 여기에 대학원 4년을 합하면 총 20년 동안이나 학교 교육을 받는 것이다. 읽기를 배우려고 이렇게 시간이 오래 걸린다는 것은 한참 잘못된 일이다. 잘못된 것은 고쳐야 한다. 이 책에서 이야기하는 프로그램에 기초한 수업을 많은 고등학교와 대학교에서 개설할 수도 있다. 여기서 제시하는 내용은 어렵거나 완전히 새로운 것이 아니며 대체로 상식적인 것이다.

읽기와 교육의 민주적인 이상

뭔가 트집을 잡으려는 것처럼 보이고 싶지는 않다. 하지만 대부분 신입생이 기초적 책 읽기를 잘하지 못하는 한 가장 먼저 해결해야 할 과제는 그들에게 공통으로 적용할, 말 그대로 가장 쉽고 일반적인 책 읽기를 가르치는 것이다.

당장 다른 방법으로 해보고 싶은 것은 아니다. 무한한 교육 기회, 현실적으로 말해 개인의 욕구, 능력, 필요성 외에는 제한하는 것이 없는 교육 기회는 사회가 그 구성원에게 제공할 가장 고귀한 서비스 다. 우리가 지금 그런 기회를 제공하는 방법을 모른다고 해서 시도도 해보지 않고 포기할 수는 없다.

하지만 학생, 교사, 일반인은 지금 우리 앞에 놓인 과제를 해결하 는 것이 그 모든 과제를 다 성취하는 것은 아니다. 단순하게 글을 읽 고 쓸 줄 알아서 문맹인이 없는 국가, 그 이상이 되어야 한다. '유능하 다'는 뜻 그대로, 진정으로 유능하게 글을 읽을 줄 아는 사람이 되어 야 한다. 다가오는 세상의 요구를 이보다 더 만족해 줄 것은 없다.

4장

살펴보기
• 독서의 제2수준 •

살펴보며 읽는다는 것은 진정한 읽기의 단계에 이르렀다고 할 수 있다. 이는 앞 단계인 기초적 읽기와 아주 다르고 또 다음에 오는 분석적 읽기와도 다르다. 그러나 2장에서 살펴보았듯이 읽기 수준은 쌓여가는 것이다. 살펴보며 읽을 때 기초적 읽기 능력이 포함되고, 분석적으로 읽을 때 살펴보는 능력이 포함되고, 통합적으로 읽을 때 분석적으로 읽는 능력이 필요하다.

실제로 이것은 기초적 읽기 능력을 제대로 갖추지 못하면 분석적으로 읽을 수 없다는 말이다. 단어의 뜻을 찾아보거나 문법이나 문장구조를 별로 어렵게 느끼지 않으며 처음부터 끝까지 저자의 글을 잘 읽어야 한다. 완벽하게 잘 이해할 수는 없다 하더라도 대부분 문장이나 문단을 이해할 수 있어야 한다.

그렇다면 살펴본다는 것은 무슨 뜻일까? 어떻게 해야 하는가?

먼저 살펴보는 데는 두 가지 방법이 있음을 알아야 한다. 한 가지 기술이 가지고 있는 다른 특성들인데, 초보자는 이것들이 서로 다른 두 과정, 두 활동으로 구분된다는 것을 알면 도움이 된다. 책을 능숙하게 읽는 사람들은 이 둘을 동시에 할 수 있다. 이 두 가지 특성은 다음과 같다.

살펴보기 1: 체계적으로 훑어보기 또는 미리 들여다보기

앞서 이야기한 기본적 상황으로 돌아가 보자. 여기 읽을 책과 당신의 지성mind이 있다. 가장 먼저 무엇을 해야 할까? 먼저 당신은 그 글을 읽어야 할지 말아야 할지 잘 모른다. 분석해서 읽을 만한 가치가 있는 책인지도 모른다. 과연 읽을 가치가 있는지 미심쩍을 수도 있고, 잘 읽어보면 도움이 될 만한 정보나 지식을 얻을 거라고 확신할 수도 있다. 그런데 대부분 이를 알아내는 데 시간이 별로 많지 않다.

그렇다면 해야 할 일은 이 책을 대충 훑어보거나skimming, 미리 들여다보는 것pre-reading이다. 이 두 가지는 살펴보기 방법이다. 이렇게 하는 목적은 먼저 이 책을 주의 깊게 읽어야 하는지 알아보려는 것이다. 또 자세히 읽을 필요가 없다는 결론을 얻더라도 그 책에 대해 많은 것을 알 수 있다.

대략 살펴보는 것은 알곡과 쭉정이를 가려내는 타작 과정이라고 할 수 있다. 살펴본 후 아예 책을 처음부터 끝까지 읽어보는 게 나을 뻔했다고 생각할 수도 있고 쓸데없는 짓을 했다고 느낄 수도 있다. 하지만 적어도 그 책이 어떤 종류인지, 저자의 주된 의도가 무엇인지 알 수 있으니 시간을 낭비한 것은 아니다. 잘 살펴보는 습관을 기르는 데는 오랜 시간이 걸리지 않는다. 다음과 같은 방법이 있다.

1. 속표지나 머리말을 보라

속표지나 머리말을 재빨리 살펴보라. 특히 어떤 분야 책인지, 무엇을 목적으로 썼는지 또는 주제에 대한 저자의 관점이 무엇인지 보여주는 부제를 눈여겨보아야 한다. 그 전에 그 책의 주제를 이해해야 하며, 잠시 그 책을 분류하는 시간을 마련하는 것도 좋다. 이미 읽은 책들과 비교해 볼 때 이 책은 어떤 분야로 분류하는 것이 좋은지 말이다.

2. 목차를 보라

목차를 보면 책의 구조를 쉽게 알 수 있다. 여행을 떠나기 전에 보는 지도라고 생각하면 된다. 그런데 놀랍게도 많은 사람이 책에 무슨 내용이 있는지 알고 싶어 하면서도 목차를 전혀 들여다보지 않는다. 실제로 저자들은 오랜 시간을 들여 목차를 만든다. 이런 노력이 하찮은 것이 된다면 정말 안타까운 일이다.

특히 뭔가를 설명해 주는 책들은 일반적으로 내용에 따라 작은 주제를 나눠 부部나 장章으로 구성하는데 소설이나 시도 그럴 때가 있다. 예를 들어 『실낙원』은 각 권이 밀턴 스스로 '논점'이라고 붙인 다소 긴 제목으로 되어 있다. 에드워드 기번의 『로마제국 쇠망사』는 각 장의 내용을 광범위하게 분석한 목차가 있다. 요즘은 이렇게 분석·요약해 놓은 목차를 찾아보기 어려운데, 그 이유는 사람들이 예전처럼 목차를 읽지 않기 때문일지도 모른다. 또 출판사도 내용을 완전히 공개하기보다는 일부만 보여 주는 것이 더 호기심을 자극한다고 생각하는 듯하다. 독자는 베일에 싸인 듯한 장 제목을 보고 도대체 뭐가 있는지 읽고 싶어 하기도 한다. 그렇더라도 목차는 중요하므로 책을 다 읽기 전에 주의 깊게 살펴볼 필요가 있다.

아직 이 책의 목차를 읽지 않았다면 여기서 잠시 멈추고 목차로 돌아가라. 이 책은 가능한 한 목차만으로 내용을 충분히 알도록 만들었다. 이를 살펴보면 이 책에서 무엇을 이야기하려는지 알 수 있다.

3. 찾아보기를 보라

전문서적이나 비소설 분야의 책에는 대부분 찾아보기가 있다. 찾아보기에 나와 있는 용어, 책, 저자들을 훑어보라. 그리고 중요해 보이는 찾아보기의 쪽수를 확인해서 그 내용이 있는 부분을 읽어본다. 그곳에 이 책에서 중요하게 다루는 내용이 정리되어 있을 수도 있고, 저자의 가치관, 견해에 대한 실마리를 얻을 수도 있다.

목차를 살펴보았듯이 이제 이 책의 찾아보기도 살펴보자. 그리고 중요한 단어처럼 보이는 것을 찾아 읽어보자. 중요한 단어? 관련된 쪽수로 중요하다는 것을 알 수 있을지도 모른다. 또 뭐가 있을까?

4. 표지에 있는 광고 글을 보라

출판사 광고 글을 보는 느낌은 어떤가? '100% 순수 과장!' 이렇게 느낄 수도 있지만 절대 그렇지 않다. 전문서적이나 해설서는 더욱 그렇지 않다. 대부분 이런 책들의 광고 글은 저자들이 출판사의 도움을 받아 직접 쓴다. 저자들은 자기 책의 내용을 가능한 한 정확하게 요약한다. 이런 노력을 그냥 넘기면 안 된다. 물론 부풀려진 광고도 없지 않지만 이런 것은 평범한 사람도 한눈에 알 수 있다. 어쨌든 광고 글은 그 책에 관해 뭔가를 이야기해 준다. 출판사 광고 글이 별볼 일 없어 보인다면 책이 별로 중요하지 않을 수도 있다.

지금까지 네 가지 방법으로 살펴보기만 해도 그 책을 읽고 싶은지, 아니면 읽고 싶지도 않고 읽을 필요도 느끼지 않는지 충분히 알수 있다. 읽고 싶든 아니든 아직 읽기를 시작하지 말아야 한다. 그렇지 않으면 진짜 책을 훑어보고 말게 된다!

5. 논점의 중심이 될 만한 장을 보라

대충 알게 되었지만 아직 책 내용을 자세히 알 수 없다. 여기서 중요한 장을 들여다보고 서두나 끝에 그 장에 대한 요약이 있다면 자세히 읽어보는 것이 좋다.

6. 책장을 띄엄띄엄 뒤적이며 골라 읽어보라

결코 그 이상 읽을 필요는 없다. 중요한 논점을 살펴보고 내면의 기본적인 고동소리를 들으며 책을 뒤적이면 된다. 후기와 같은 글 말고 본문 마지막 부분의 2~3쪽은 꼭 읽어야 한다. 저자들은 이 부분에 자기 책이 참신하고 중요하다는 사실을 요약해서 마무리하고 싶은 유혹을 느낀다. 이를 살펴보고 싶지 않은가?

이제 책을 체계적으로 훑어보았는데, 이는 살펴보기의 한 방법이다. 이런 방법으로 몇 분, 적어도 한 시간 안에 그 책에 대해 많은 것을 알아내야 한다. 특히 읽고 싶은 내용이 있는지, 읽어봤자 시간 낭비일 뿐인지 결정할 수 있어야 한다. 그리고 나중에 다시 조회할 때를 대비해 머릿속에 있는 도서목록에 예전보다 정확하게 그 책의 정보를 기록해 둘 수 있다.

이렇게 하는 것은 책을 매우 능동적으로 읽게 한다. 정신 차리고 제대로 주의를 기울이지 않으면 이렇게 살펴볼 수 없다. 좋은 책을 몇 페이지씩 읽어 내려갔는데 정신을 차리고 보니 도대체 뭘 읽었는지 알 수 없었던 경험을 한 적이 없는가? 여기서 말한 방법대로 한다면 그렇게 정신이 몽롱해지는 일은 일어날 수 없다.

자신이 뭔가 실마리를 찾아내려는 탐정이라고 해보자. 그 책의 주제나 견해를 명확하게 파악하려는 탐정! 여기서 이야기한 힌트들을 잘 새겨둔다면 유능한 탐정이 될 수 있다. 놀랄 만큼 시간이 절약되고, 훨씬 더 많은 것을 파악하고, 또 이렇게 하는 것이 생각보다 훨씬 쉽다는 것을 발견하고 놀라게 될 것이다.

살펴보기 2: 겉만 핥아보기

일부러 겉만 핥아보기superficial라는 자극적인 제목을 붙였다. '겉만 핥아본다'는 말은 부정적인 이미지가 있지만 결코 장난으로 이 단어를 쓴 것이 아니다. 누구나 한 번쯤 큰 깨달음을 얻게 되리라는 희망에 부풀어 어려운 책을 읽다가 아무것도 얻지 못하고 고생만 한 경험이 있을 것이다. 그런 책을 읽으려고 마음먹은 것부터 잘못이었을까? 결코 그렇지 않다. 그렇게 어려운 책을 단번에 술술 읽어내려 가리라고 기대한 것이 잘못이다. 올바른 방법으로 접근한다면, 아무리 어려워도 전문서적이 아니라면 일반 독자들에게 절망을 안겨주려고 쓰인 책은 없다.

그럼 어떻게 해야 제대로 읽을 수 있을까? 책 읽기의 중요한 원칙을 따르면 된다. 그 원칙은 간단히 이렇다.

"처음부터 끝까지 무조건 읽어라. 쉽게 이해되지 않는 부분이 있어도 뭔가를 찾아보려고 하거나 곰곰이 생각해 보려고 하지 말고!"

이해할 수 있는 부분은 주의를 기울여 읽고 금방 이해가 안 되는 부분은 멈추지 말고 그냥 넘어가라. 아무리 어려워도 계속 읽으면 곧 이해할 수 있는 부분이 나타난다. 그러면 다시 이 부분을 집중해서 읽는다. 이렇게 각주, 주석, 참고문헌 등으로 빠져나가지 말고 끝까지 읽는다. 딴 데로 새면 길을 잃는다. 모르는 문제는 붙들고 있어 봤자 풀 수 없다. 다시 읽어야 훨씬 쉽게 이해하게 된다. 그러나 '일단 처음부터 끝까지' 읽고 나서 다시 읽어야 한다.

이해할 수 있는 내용이 50%도 안 된다 해도 끝까지 읽으면 전에 이해하지 못하고 넘어간 부분을 다시 읽을 때 도움이 된다. 다시 읽어보지 않는다고 해도 처음 부딪친 어려운 부분에서 포기해 버리고 전혀 이해하지 못한 것보다 그 어려운 책을 반이라도 이해한 것이 훨씬 낫다. 우리는 대개 이해하지 못하는 내용을 집중해서 파보라고 배웠다. 잘 모르는 단어가 나오면 사전을 찾아보고, 이해되지 않는 문장이 나타나면 참고문헌이나 백과사전을 찾아보고, 주석이나 학자들의 풀이 같은 보조 자료를 이용하라고 배웠다. 하지만 '성급하게' 이런 것들을 찾아보면 도움을 받기는커녕 책 읽기에 방해만 될 뿐이다.

예를 들어 『율리우스 카이사르』, 『한여름밤의 꿈』, 『햄릿』 같은 작품을 대할 때 모르는 단어를 일일이 찾고 학자들의 해설을 연구하면서 하나하나 읽어 내려가는 학교 수업은 셰익스피어의 명작을 읽는 다는 커다란 즐거움을 빼앗아 버린다. 이렇게 해서는 절대로 셰익스 피어 작품은 읽지 못한다. 끝까지 읽고 나면 처음에 읽은 것도 다 잊어버리고 전체 흐름을 잘 알 수 없다. 무슨 학자나 된 듯이 읽지 말고 단번에 다 읽고 나서 처음 읽은 느낌이 어떤지 서로 이야기해야 한다. 그래야 모르는 게 많으니 한 번 더 읽어서 배워야겠다는 생각도 들고, 작품을 세밀하게 연구하고 싶은 마음도 우러난다.

뭔가를 설명해 주는 책을 읽을 때도 마찬가지다. '먼저 겉만 훑어 본다'는 이 원칙을 따르지 않으면 어떤 일이 일어나는지를 잘 보여 주는 예가 있다. 애덤 스미스의 『국부론』 같은 경제학의 고전이 그렇다. 이 책을 예로 든 것은 전문서적이 아니라 일반인도 많이 읽기 때문이다. 『국부론』을 읽으면서 이해하지 못한 페이지 없이 넘어 간 사람은 이 책을 이해하지 못한 것이다. 세세한 것을 이해하는 데 노력하느라 생산 비용에 영향을 주는 임금, 임차, 이윤, 금리의 결정 요인, 가격 결정에 영향을 주는 시장의 역할, 독점의 해악, 자유무역의 타당성과 같이 스미스가 드러내놓은 큰 줄기를 놓치게 된다. 나무는 보고 숲은 보지 못한 결과다. 절대로 책을 잘 읽었다고 할 수 없다.

책 읽는 속도

2장에서 '살펴보기'는 제한된 시간에 그 책에서 가장 많은 것을 알아내는 기술이라고 했다. 여기서는 좀 더 깊이 다루지만 이 정의가 달라지지는 않는다. 아무리 두껍고 어려운 책이라도 살펴보기 두 단계는 빨리 마쳐야 한다.

위와 같은 정의에서 의문이 하나 생긴다. 즉 속독은 어떤가? 우리가 이야기하는 책을 읽는 수준과 학원 같은 곳에서 받을 수 있는 속독 교실과는 무슨 관계가 있는가?

이미 이야기했듯이 속독 강의는 기본적으로 교정 개념이다. 대체로 더 빠른 속도로 글을 읽을 수 있어야 한다는 이야기에 다들 찬성하는 분위기다. 읽긴 읽어야 하는데 많은 시간을 들일 필요가 없는 책은 빨리 읽지 않으면 그만큼 시간을 낭비하는 것이다. 사람들은 대부분 글을 천천히 읽는 편이며 더 빨리 읽어야 한다는 것은 틀린 말은 아니지만 너무 빨리 읽어서 문제인 사람들도 있다. 그런 사람들은 좀 더 천천히 읽어야 한다. 좋은 속독 강의라면 지금보다 뭐든 빨리 읽으라고 가르치는 것이 아니라 책의 성격이나 난이도에 따라 다양한 속도로 읽도록 가르쳐야 한다.

살펴보기에도 시간이 아까운 책들은 빨리 읽는 게 나은데, 사실 많은 책이 그렇다. 그런데 몇몇 책은 정말 천천히 읽으며 완전히 이해해야 한다. 속독 기술은 빨리 읽어야 할 책을 천천히 읽는 시간 낭비는 해결해 주지만 어려운 책의 이해를 가로막는 장애물은 해결해 주지 못한다. 생리적·심리학적 문제라면 해결하기도 쉬울 텐데 그런 평범한 문제가 아니다. 어려운 책과 부딪치면 어떻게 해야 하는지 몰라서 생기는 문제다. 즉 책을 읽어야 한다는 과업을 이루는 데 필요한 지적인 물자를 제대로 보급하지 못하는 것이다. 빨리 읽는 데는 도사라 해도 자기가 들여다보는 것이 뭔지 알 리 없고, 찾던 것이 나타나도 알아채지 못한다.

가장 이상적인 읽기는 그냥 빨리 읽는 것이 아니라 '다양한 속도'로 읽을 줄 알고 언제 속도를 달리해야 하는지 알면서 읽는 것이다. 살펴보기는 빨리 끝낼 수 있다. 빨리 읽기 때문이 아니라 처음부터 끝까지 다 읽지 않고 목적에 따라 다르게 읽을 수 있기 때문이다. 분석 독서는 살펴보기보다 훨씬 천천히 해야 한다. 하지만 분석할 때도 똑같은 속도로 읽을 필요는 없다. 아무리 어려운 책이라 해도 중간중간 빨리 읽어도 될 만한 틈이 있다. 또 좋은 책이라면 어려워서 아주 천천히 읽어야 할 부분이 있게 마련이다.

눈의 움직임 교정

속독은 읽기를 처음 배우고 몇 년이 지나면 단어나 문장을 일일이 소리 내어 읽지 않고도 글을 읽게 된다는 사실을 보여 준다. 눈의 움직임을 찍은 영상물을 보면 어린이나 책을 잘 읽지 못하는 사람들의 눈은 한 줄을 읽을 때 많으면 대여섯 번 멈춘다. 눈이 움직일 때는 보이지 않는 상태이고 멈추어 있을 때만 보이는데, 결국 한 줄에서 두세 단어로 구절들만 단번에 읽을 수 있다는 말이다. 게다가 두세 줄 읽으면 눈이 역행, 즉 앞에 읽었던 곳으로 다시 간다.

이런 습관은 읽는 속도를 떨어뜨린다. 눈과 달리 두뇌는 한번에 한두 단어 이상 읽을 수 있으므로 이는 분명한 낭비다. 두뇌라는 기가 막힌 도구는 '한눈에' 한 문장 또는 한 문단까지 읽을 수 있다. 눈이 그만큼 정보를 제공해 주기만 하면 말이다. 그러므로 먼저 책 읽는 속도를 떨어뜨리는 눈의 움직임을 교정해야 한다. 속독 강좌들은 이런 과정을 거친다. 다행히 이를 교정하는 것은 어렵지 않다. 그리고 일단 교정하고 나면 두뇌가 허용하는 속도만큼 빨리 읽을 수 있다.

눈의 움직임이 멈추는 습관을 고치는 데는 여러 가지 방법이 있는데, 비용이 드는 복잡한 방법도 있지만 손만 있으면 간단히 할 수 있다. 엄지손가락과 집게손가락, 가운뎃손가락을 붙여 책 위에 올려놓고 책을 읽듯이 이쪽 끝에서 저쪽 끝으로 움직인다. 이때 눈으로 따라갈 수 있는 속도보다 약간 빠르게 손을 움직이고 눈은 꼭 손을 따라간다. 얼마 지나지 않아 손의 움직임만큼 빠르게 읽을 수 있다. 꾸준히 연습하면서 손의 빠르기만큼 속도를 높이면 자기도 모르는 새 두 배, 세 배 빨리 읽을 수 있다.

이해력 높이기

글을 빨리 읽게 되면 어떤 점이 좋을까? 먼저 시간이 절약된다는 것은 분명하다. 그렇다면 이해력은? 내용을 이해하기 쉬워질까, 아니면 어려워질까? 속독 교실에서는 읽는 속도에 따라 이해력을 높일 수 있다고 주장한다. 이렇게 주장하는 데는 나름대로 근거가 있다. 위에서 사용한 손(또는 다른 기구들)은 속도를 높일 뿐 아니라 집중력도 높일 수 있다. 손을 따라가느라 쉽게 정신이 멍해지거나 딴생각을 하는 일은 없다.

집중한다는 것은 앞서 이야기한 능동적으로 읽는다는 것을 뜻한다. 집중력을 가지고 능동적으로 읽는 사람이 글을 잘 읽는다. 그러면 집중만 하면 잘 이해할 수 있는가? 아니다. 내용에 대한 간단한 질문에 답을 잘하면 잘 이해한 것일까? 그것도 아니다. 이는 "뭐라고 쓰여 있니?"라는 물음에 대답할 줄 아는 기초적인 능력일 뿐이다. 속독 강좌에서는 그보다 더 고차원적인 이해력 문제는 묻지도 않고 그런 문제에 답하는 방법도 결코 가르쳐 주지 않는다.

하지만 속독하는 것도 이해력과 별개 문제가 아니다. 이해력은 기초적 읽기 능력을 갖춘 후 하는 살펴보기, 분석하기, 통합적 읽기 모두에서 갖춰져야 한다. 대부분 속독 강좌는 이러한 이해력을 중요시하지 않는다. 이해력이야말로 이 책으로 개발하려는 능력이라고 해도 지나친 말이 아니다. 분석하면서 읽지 않는 한 글을 이해할 수 없다. 이해하려면 분석하는 것은 기본이다.

살펴보기 요약

이 장을 간단히 요약해 보자.

1. 글을 읽을 때 정해진 속도는 없다

다양한 속도로 읽을 줄 알고 필요할 때 속도를 바꿀 줄 아는 능력이 중요하다. 대단히 빠른 속도로 읽는 것은 좀 의심쩍다. 쓸데없는 글을 읽을 때나 빠른 것이 좋다. 한마디로 공식을 만들어 보면 이렇다. "쓸데없이 천천히 읽지 말고, 이해도 못할 만큼 빨리 읽지 마라." 빨리 읽든 천천히 읽든 속도는 글 읽는 문제에서 일부일 뿐이다.

2. 책을 훑어보거나 미리 들여다보는 것은 언제나 좋다

지금 이 책을 신중하게 읽어야 하는지 그렇지 않은지 모를 때 아주 요긴하다. 훑어보면 알 수 있다. 신중하게 읽기로 한 책도 형태나 구조를 알 수 있기에 살펴보는 것이 바람직하다.

3. 어려운 책은 처음부터 한 문장, 한 페이지씩 모두 이해하려고 애쓰지 말자

이것이 살펴보기의 가장 중요한 원칙이자 핵심이다. 겉만 훑아보는 것 같다고 걱정할 필요는 없다. 아무리 어려운 책이라도 그렇게 읽어 내려가야 한다. 그래야 다시 읽을 준비를 훌륭하게 마친 것이다.

이제 2수준의 읽기, 살펴보기를 알아보았다. 4부에서 읽기의 가장 높은 수준인 통합적 읽기와 살펴보기가 어떤 연관이 있는지 다시 돌아본다.

그 전에 읽기의 3수준인 분석하며 읽기를 이야기할 때도 살펴보기가 얼마나 중요한지 염두에 두어야 한다. 살펴보기의 두 단계는 분석할 때 미리 알아야 하는 점들이다. 체계적으로 훑어보는 첫 단계는 분석하며 읽기 전에 그 책의 구조를 이해할 수 있어 분석하며 읽기의 첫 단계에 도움이 되고, 겉만 훑듯이 읽는 것은 분석하며 읽기 두 번째 단계에 도움이 된다. 겉만 들여다보는 것은 책 내용을 이해하는 첫걸음이다.

분석하며 읽기를 설명하기 전에 잠시 능동적으로 읽는다는 것을 좀 더 생각해 보려고 한다. 잘 읽으려면 능동적으로 열심히 읽는 사람들이 해야 할 것이 몇 가지 있다. 다음 장에서 이를 살펴본다.

5장
의욕적인 독자가 되는 법

책 읽다 잠자는 법과 책 읽다 정신 차리는 법 둘 중 어느 것이 쉬운지는 물어보나 마나한 질문이다. 편안한 자세, 책 읽기에 다소 어두운 조명, 대단히 어렵거나 끔찍하게 지루한 책. 이 원칙만 따르면 몇 분 안에 잠들어 버리고 만다. 책만 잡으면 자는 사람은 밤이나 낮이나 상관없다. 편안한 의자만 하나 있으면 잘 자니까.

그럼 반대로 하면 정신 차리고 책을 읽을 수 있을까? 천만의 말씀이다. 편안한 의자가 아니라 침대에 누워서도, 아주 희미한 불빛 아래서도 정신 차리고 책을 읽을 수 있다. 옛날 위인들은 등잔불 아래서도 책을 읽지 않았는가! 어떻게 그럴 수 있을까? 분명한 답이 하나 있다.

바로 목적을 가지고 책을 읽었기 때문이다. 어떤 유익함(정신적으로 성숙하려는)을 얻으려는 목적이 있다면 정신 차리고 읽어야 한다. 최대한 능동적으로 보람을 느끼도록 노력하며 책을 읽어야 한다.

좋은 책은 그렇게 노력하며 읽을 가치가 있다. 좋은 책을 수면제로 사용하는 것은 정말 안타까운 일이다. 잘 이해해서 뭔가 유익함을 얻겠다고 열심히 읽을 각오를 하고도 졸거나 딴생각을 하며 읽는 다면 분명히 헛수고가 된다.

그런데 유익함을 얻으려는 독서와 오락을 위한 독서, 다시 말해 지식을 채우는 것과 단순한 호기심을 충족하는 것을 구분할 줄 아 는 사람조차 그렇게 마음먹은 대로 읽지 못하는 것은 안타까운 일이 다. 어떤 책이 뭘 주는지 알면서도 정신 차리고 읽지 못하는 까닭은 무엇일까? 의욕적으로 읽는 법을 모르기 때문이다. 지금 그 어느 곳 에서도 얻을 수 없는 귀중한 것을 얻는다는 생각을 하며 책 읽기에 전념할 줄 모르기 때문이다.

능동적 읽기의 본질: 네 가지 질문을 할 것

능동적으로 읽는다는 것을 많이 이야기했다. 능동적으로 읽는 것 이 더 잘 읽는 것이며, 살펴보는 것은 늘 능동적으로 읽는 것이라는 이야기를 했다. 정말 노력이 필요하다. 하지만 아직 그 핵심은 이야기 하지 않았다. 능동적으로 읽는다는 것은 한마디로 이런 것이다. "스 스로 답을 찾아야 할 질문을 던지며 읽어라."

그렇다면 아무 질문이나 괜찮을까? 아니다. 기초적 읽기의 수준 을 넘어서면 올바른 순서를 따라 올바른 질문을 하는 습관을 들이 는 것이 하나의 기술이다. 어떤 책을 읽든 다음과 같은 네 가지 질문 을 던져야 한다. 네 가지 질문은 주로 해설이나 수필 같은 글에 해당 하지만 소설이나 시에도 적용할 수 있다. 이는 14장과 15장에서 자세 히 다룬다.

1. 전반적으로 무엇에 관한 글인가?

글의 주제를 찾아내고, 저자가 어떻게 더 세분한 주제와 내용으로 전개해 나가는지 살펴보아야 한다.

2. 무엇을, 어떻게 자세하게 다루는가?

글에 나타난 저자의 주요 사상, 주장, 논점을 찾아보아야 한다.

3. 전반적으로 또는 부분적으로 볼 때 그 글이 맞는가?

앞에서 말한 두 가지 질문에 답을 하지 못했다면 이 질문에도 답할 수 없다. 맞는지 틀리는지 알려면 무엇을 이야기했는지 알아야 하기 때문이다. 읽는 사람이 그 글을 이해하면서 진지하게 읽으려 한다면 맞는지 틀리는지 스스로 판단할 줄 알아야 한다. 저자의 생각을 아는 것만으로는 충분하지 않다.

4. 의의는 무엇인가?

정보를 제공하는 글이라면 그 정보에 어떤 의미가 있는지 질문해야 한다. 저자는 왜 그것을 알아두어야 한다고 생각하는가? 그 정보가 나에게도 중요한가? 그리고 단순한 정보 외에 깨달음을 준다면, 뒤따라오는 내용이 무엇인지 물으며 더 깊은 의미를 찾아야 한다.

이 네 가지 질문은 뒷부분에서 자세히 다룬다. 2부의 주요 내용이자 읽기의 기본 원칙이기 때문이다. 질문 형식을 띤 것도 나름대로 이유가 있다. 기초적 읽기 수준을 넘어서면 글을 읽으면서 스스로 이런 질문을 하고 또 능력껏 대답하려는 노력이 필요하다. 이를 명심하라. 의욕적으로 읽는 좋은 독자와 그렇지 않은 사람 사이에는 이런 질문을 던지지도 않고 답도 하지 않는 분명히 큰 차이가 있다.

위에서 말한 네 가지 질문은 한마디로 책 읽는 사람이 해야 할 의무라고 할 수 있다. 책이든, 기사든, 심지어 광고문이든, 좋은 글이라면 무엇에든 이 질문들을 던져야 한다. 살펴보기는 분명히 처음 두 가지 질문에 답하는 데 도움을 주지만 나머지 두 질문에도 도움이 된다. 그리고 그 나머지 두 질문에 답을 하기 전까지는, 즉 내용의 개요를 스스로 파악하면서 그 책이 전반적으로 맞는지, 그 의미가 무엇인지 알기 전에는 만족할 만큼 분석하며 읽었다고 할 수 없다. 마지막 질문인 '그래서?'는 통합적으로 읽는 데 가장 중요한 질문이다. 통합적으로 읽으려면 앞의 세 가지 질문에 답해야 한다는 것은 당연하다.

그런데 네 가지 질문이 무엇인지 알고만 있으면 아무 소용없다. 명심했다가 글을 읽으면서 실제로 던져 보아야 한다. 이러한 습관을 지녀야 좋은 독자가 될 수 있다. 더 나아가 질문에 자세하고 정확하게 답할 줄 알아야 한다. 책 읽는 '기술'은 바로 이렇게 묻고 답하는 데 익숙해진 능력을 갖춘 것을 말한다.

사람들은 노력하고 싶은 의지가 없어서 좋은 글을 읽다가도 잠이 오는 것이 아니라, 어떻게 노력해야 하는지 모르기 때문에 잠이 온다. 좋은 책은 어렵기 마련이다. 어렵지 않다면 좋은 책이 아닐 수도 있다. 자신을 그 수준까지 끌어올릴 수 없다면 좋은 책에 싫증 나버리고 만다. 어떻게든 잡아보려고 손을 뻗느라 지치는 것이 아니라 닿을 수 있도록 손을 뻗는 기술이 없어서 실패하는 것이다. 능동적으로 읽으려면 그렇게 읽으려는 의지와 더불어 기술도 있어야 한다. 첫눈에 자기 능력으로는 불가능해 보이는 어려운 글을 소화해 내도록 스스로 용기를 북돋워 주는 기술 말이다.

내 책으로 만드는 법

질문하면서 읽는 습관을 들이면 그렇지 않은 사람들보다 책을 더 잘 읽을 수 있다. 그러나 앞서 지적했듯이 질문하는 것만으로는 충분하지 않다. 그 질문에 답하려고 노력해야 한다. 그리고 마음속으로 답하는 것도 괜찮지만, 손에 펜을 잡고 하는 것이 훨씬 도움이 된다. 펜을 잡았다는 것은 읽으면서 졸지 않는다는 표시도 된다.

최대한 잘 이해하려면 '행간을 읽어라'라는 말이 있다. 읽기의 원칙이라는 말도 이를 좀 더 형식적으로 표현한 것뿐이다. 그런데 지금은 '행간에 적어라'라고 말하고 싶다. 그렇지 않으면 효과적으로 읽었다고 말하기 어렵다.

책을 산다는 것도 돈을 내고 옷이나 가구를 살 때와 마찬가지로 내 것이 된다는 뜻이다. 그런데 책을 산다는 것은 단순히 내 것으로 만드는 준비에 불과하다. 그 책을 완전히 소유하게 되는 것은 그 내용을 소화하여 자신의 일부로 만드는 것이다. 이렇게 하는 가장 좋은 방법은 책에 표시나 메모를 하는 것이다.

왜 꼭 책을 읽으면서 뭔가를 적어야 할까? 첫째, 깨어 있게 한다. 단지 의식이 있게 한다는 것뿐 아니라 자각하게 한다. 둘째, 능동적으로 책을 읽는다는 것은 생각한다는 것이며, 생각한다는 것은 말이든 글이든 언어로 표현한다는 것이다. 자기 생각을 알기는 아는데 표현하지 못하겠다는 사람은 그 생각을 잘 알지 못하는 것이다. 셋째, 자기 느낌이나 생각을 적는 것은 저자의 사상을 기억하는 데 도움이 된다.

글을 읽는다는 것은 저자와 독자 사이에 대화가 되어야 한다는 것이다. 모르긴 해도 그 주제에 대해서는 저자가 더 많은 것을 알고 있다. 그렇지 않다면 괜히 그런 책을 읽을 필요가 없다. 그런데 이해한다는 것은 상호적이다. 즉 뭔가를 배우려면 자신에게 질문하고 가르치는 사람에게도 질문해야 한다. 가르치는 사람이 하는 이야기를 이해하고 나면 기꺼이 그와 토론하고 싶어 할 정도가 되어야 한다. 책에 적는 것은 저자와 다르게 생각하는 점 또는 동의하는 점 등을 그대로 표현해 보는 것이다. 이는 저자에게 최고로 경의를 표하는 것이다. 지혜롭고 효과적으로 책에 표시나 메모를 하는 방법은 다양한데 그중 몇 가지를 소개한다.

○ 밑줄 긋기: 요점, 중요하거나 강조하는 문장에 밑줄을 친다.
○ 옆줄 긋기: 밑줄 친 부분을 강조하거나 줄 치고 싶은 부분이 너무 길 때 그 옆에 수직으로 줄을 친다.
○ 중요 표시(※), 별표(★) 등 표시하기: 그 어느 부분보다 중요해서 몇 배나 강조하여 표시해 두고 싶을 때만 사용한다. 그런 부분은 한쪽 끝을 접어두거나 종이를 껴두고 싶기도 할 것이다. 나중에 다시 책을 꺼내 볼 때 그렇게 표시한 부분을 펼치면 새로 기억할 수 있다.

○ 여백에 숫자 쓰기: 저자가 이야기하는 내용이 연속적으로 전개될 때 표시해 둔다.

○ 다른 페이지 수 써넣기: 저자가 같은 내용이나 대조적인 내용 등을 이 야기하는 관련 있는 부분을 표시해 둔다. 이렇게 하면 서로 다른 부 분에 흩어져 있는 내용이라도 연결해 놓을 수 있다. '참조' 또는 '비고' 를 뜻하는 'cf' 표시를 하기도 한다.

○ 동그라미 치기: 밑줄 긋기와 비슷한 기능으로 주제어나 주요 문단에 동그라미를 친다.

○ 여백에 적어 넣기: 책을 읽다가 떠오른 질문이나 답, 복잡한 이야기를 쉽게 요약한 것, 또는 주요 내용의 흐름을 파악한 것을 적어둔다. 페이 지 위나 아래의 여백 또는 책 뒤의 면지에 자기만의 찾아보기를 만들 어 저자의 요점을 정리할 수 있다.

중요한 부분을 잘 표시해 두는 습관이 있는 사람에게는 책 앞에 있는 면지가 매우 중요하다. 그 면지에 근사하게 소유주를 표시해 놓 기도 하지만 그런 것은 그 책의 경제적 소유권만 알려줄 뿐이다. 앞 에 있는 면지가 자기 생각을 적어두기에는 더 좋다. 책을 다 읽고 뒤 의 면지에 찾아보기를 만들고 나면, 다시 앞으로 돌아와 앞 면지에 책을 요약하여 적어두라. 이미 한 것처럼 부분적으로 하는 게 아니 라 전체 구조, 기본 윤곽, 내용의 순서 같은 것을 적는다. 이러한 요 점 정리로 그 책을 얼마나 이해했는지도 알 수 있다. 근사하게 이름 을 적는 것보다 이렇게 지적인 소유권을 표시해 두는 것이 더 좋다.

책에 메모하는 방법 세 가지

책에 메모하는 데는 세 가지 방법이 있는데, 이는 읽고 있는 수준에 따라 다르다. 살펴보기를 할 때는 메모할 시간도 없다. 짧은 시간에 살펴보아야 하기 때문이다. 그렇지만 살펴보면서도 그 글에 대해 중요한 질문을 던지는 것이 바람직하다. 여유가 있다면 떠오르는 대로 그런 질문에 대한 답을 적어두는 것이 좋다.

살펴보면서 할 수 있는 질문은 이렇다.

첫째, 어떤 부류의 책인가?

둘째, 전체적으로 무엇을 이야기하는가?

셋째, 저자는 그 주제에 대한 개념이나 이해를 어떤 구조로 전개해 나가는가?

특히 며칠 또는 몇 달이 지나야 그 책을 분석하며 읽기 시작할 수 있다면 이런 질문에 답을 적어 놓아야 한다. 이런 내용을 적어두기에는 목차가 있는 곳이나 속표지 부분이 좋다. 앞에서 보았지만, 이런 부분에는 특별히 다른 내용을 적을 일이 없다. 여기서 중요한 것은 그렇게 적는 것이 그 책의 내용이 아니라 구조에 관한 것이어야 한다는 사실이다. 따라서 자세히 적을 필요는 없다. "이렇게 적는 것을 구조 파악이라고 한다."

살펴보기를 할 때도 주제에 대한 저자 생각을 미리 파악하면 좋지만 대개 특히 길고 어려운 책은 이렇게 하기가 어렵다. 그러면 좀 더 자세히 책을 읽을 때까지 미루어 두었다 해야 한다. 그렇게 자세히 분석하며 읽을 때는 그 책이 전하는 의미나 사실에 대한 질문에 꼭 답을 해야 한다. 이때 적어두는 것은 구조 파악이 아니라 '개념 파악'이다. 저자의 개념과 그 글을 읽으며 확대되고 깊어진 읽는 사람의 개념을 말한다.

구조 파악을 한 메모와 개념 파악을 한 메모는 다르다. 통합적인 독서, 즉 한 가지 주제에 대해 두 권 이상 책을 읽을 때는 어떤 메모를 해야 할까? 이 경우에도 개념을 파악하는 내용을 적게 될 것이다. 그리고 그 책에 있는 다른 페이지의 내용뿐 아니라 다른 책 내용도 참고하도록 적어 넣을 것이다.

통합적으로 읽는 아주 숙달된 독자라면 메모하는 방법도 훨씬 복잡해진다. '토론 내용'을 적는다고 할 수 있다. 다시 말해 자기들도 모르는 사이에 이루어진 저자들 간 토론 내용을 적는 것이다. 4장에서 분명하게 이야기할 텐데, 이러한 메모를 '논리 파악'이라고 한다. 이런 메모는 책을 한 권이 아니라 여러 권을 읽고 적기 때문에 종이에 따로 적는 것이 좋다. 여기에는 개념의 구조를 파악한 내용, 한 주제에 대한 주장이나 질문을 순서대로 적는다. 20장에서 이런 메모에 관해 다시 이야기한다.

읽는 습관

기술은 원칙에 따라 일하는 습관을 들인 사람들이 지닌 것이다. 어느 분야에서 기술자나 장인匠人은 기술이 부족한 사람과는 다르다.

습관을 들이려면 자꾸 해보는 것보다 더 좋은 방법이 없다. 해봐야 안다는 말이 맞는다. 습관을 들이기 전과 들이고 나서 일하는 것은 얼마나 쉽게, 어떻게 준비하느냐 하는 점에서 차이가 있다. 같은 일이라도 연습하면 처음보다 훨씬 더 잘할 수 있다. 연습이 장인을 만든다. 처음에는 결점투성이라도 자꾸 해보면 나중에는 타고난 것처럼 무의식적으로 완벽하게 된다. 마치 걷거나 먹는 것처럼 익숙하게 말이다. 습관은 제2의 천성이라고 한다.

그런데 기술의 원칙을 아는 것과 습관을 들이는 것은 다르다. 기술이 있다는 말은 뭔가를 만들거나 어떤 일을 하는 원칙을 아는 것이 아니라 그 일을 하는 데 어떤 습관을 익혔다는 말이다. 다소 모호하게 들릴지 모르지만 원칙을 아는 것은 기술을 습득하는 조건이다. 원칙을 모르면서 원칙대로 할 수 없다. 원칙대로 하지 않으면서 습관처럼 익숙하게 기능이나 기술을 발휘할 수도 없다. 배워서 터득할 수 있는 기술에는 원칙이 있다. 그리고 배워서 터득한 기술은 원칙을 따라 하는 습관에서 생겨난다.

예술가들이 원칙을 따라 자기 일을 한다는 것을 모르는 사람들도 있다. 그들은 유명한 화가나 조각가의 작품을 보고 이렇게 말한다.

"이 사람은 원칙을 깼군. 여태까지 한 번도 본 적이 없는 독창적인 작품이야."

그들은 작가가 따르는 원칙을 보지 못한 것이다. 그림을 그리거나 조각을 하는 데 깨뜨릴 수 없을 정도로 정해진 원칙은 없다. 하지만 캔버스를 준비하고 물감을 섞고 칠을 하거나 점토를 반죽하고 강철을 용접하는 데는 원칙이 있다. 화가나 조각가가 따라야 하는 원칙이다. 원칙대로 하지 않으면 원하는 작품을 만들 수 없다. 전통적인 원칙을 따르지 않는 것처럼 보이고 작품이 아무리 독창적이라 해도 작품을 만드는 기술이 있어야 한다. 이런 것이 바로 우리가 말하는 기술이다.

한 가지 습관을 만드는 원칙들

읽는 것은 스키를 타는 것과 같다. 스키는 노련한 사람이 잘 타면 우아하고 조화로운 스포츠다. 하지만 초보자가 타면 잘 못 타고 엉성하고 느리다. 글을 읽는 것도 마찬가지다.

어른들은 스키를 배울 때 아주 창피스러워한다. 그래서 어려서 배우려고 하는지도 모르겠다. 어른은 태어날 때부터 걸어보았기 때문에 발이 어디를 밟고 있는지는 물론 어딘가를 가려면 한 발씩 서로 바꾸어 가며 앞으로 내디뎌야 한다는 것쯤은 잘 알고 있다. 하지만 발에 스키를 신겨 놓으면 다시 걸음마를 배우던 시절로 되돌아간 것 같다. 미끄러지고, 넘어지고, 일어나려 버둥거린다. 스키는 마구 엉키고 몸은 비틀거려 바보처럼 보인다.

처음에는 아무리 훌륭한 강사가 있어도 도움이 안 된다. 강사가 간단하다며 해 보이는 동작조차 배우는 사람은 제대로 따라 하지 못해서 도리어 모욕을 당한 것처럼 느끼기도 한다. 또 강사가 명심하라는 것들은 왜 그렇게 많은지 모르겠다. 무릎을 굽혀라. 산등성 아래를 봐라. 스키에 무게 중심을 둬라. 등을 곧게 펴라. 앞으로 숙이지 마라. 충고가 끝이 없다. 이런 것들을 일일이 기억하면서 스키를 탈 수 있을까?

부드럽게 턴^{turn}하거나 연속해서 턴할 때 필요한 동작들을 하나씩 따로 떼어 생각하면 안 된다. 그저 산 아래를 바라보며 다른 사람들과 부딪치지 않도록 조심하고, 뺨을 스치는 차가운 바람을 만끽하며, 몸이 유연하게 아래로 미끄러져 내려가는 것을 즐기기만 하면 된다. 다시 말해, 개별 동작 하나하나에 신경을 쓰지 않고도 모든 동작을 잘하는 법을 터득해야 한다. 하지만 "개별 동작이라는 것을 잊어버리려면 일단 하나씩 따로 배워야 한다." 그래야 그 동작들을 하나로 연결해서 스키를 잘 타게 된다.

글을 읽는 것도 마찬가지다. 십중팔구 당신도 글이라는 것을 읽기 시작한 지 오래되었을 것이다. 그리고 다시 배운다는 것이 모욕적으로 느껴질 것이다. 하지만 스키처럼 서로 다른 활동들을 하나의 활동으로 조화롭게 잘 융합할 수 있어야 훌륭하게 책을 읽을 수 있다. 각각의 활동을 집중적으로 연습해야 한다. 개별적으로 연습하고 나면 그 하나하나를 훨씬 더 수월하게 할 뿐 아니라 점차 전체를 한꺼번에 익숙하게 잘할 수 있다.

복잡한 기술을 익힐 때는 언제나 그렇다. 이를 새삼스럽게 이야기하는 이유는 읽는 법을 배우는 것도 스키나 테니스를 배우는 것처럼 복잡하다는 것을 알려주기 위해서다. 예전에 뭔가를 배우며 열심히 연습했던 일을 떠올리며 이제부터 잘 읽는 법을 익히기 위한 원칙을 줄줄이 이야기하려는 강사를 잘 따라오리라 믿는다.

어려운 기술을 익힌 경험이 있는 사람은 낯선 것을 배우기 시작할 때 만나는 원칙을 두려워할 필요가 없다. 그리고 능숙해져야 하는 각각의 활동이 어떻게 하나로 융화되는지도 미리 걱정할 필요가 없다는 사실을 알 것이다.

원칙이 다양하다는 것은 별개 습관이 여럿 모인다는 것이 아니라 형성할 하나의 습관이 그만큼 복잡하다는 뜻이다. 각각의 원칙이 저절로 움직이는 단계에 이르면 서로 맞물려 하나를 이루게 된다. 부분적인 모든 행위를 힘 안 들이고 이루면 하나의 온전한 습관을 형성한 것이다. 그러면 스키를 타고 한 번도 해본 적이 없는 능숙한 활강을 하거나, 예전에 너무 어려워서 읽을 수 없다고 생각했던 책을 읽게 된다. 처음에는 정신을 바짝 차리고 각각의 동작을 잘하게 하는 기술에 신경 쓸 것이다. 하지만 전체적으로 잘하는 기술 속에 부분적인 기술이 흡수될 때 드디어 자신이 습득한 기술로 원하는 목적을 이룰 수 있다.

이런 이야기를 하는 것은 당신도 잘할 수 있다는 것을 알려주기 위해서다. 글을 잘 읽는 법을 배우기가 쉽지는 않다. 특히 분석하며 읽는다는 것은 스키 타는 것보다 더 복잡한 정신적 활동이다. 스키 초보자는 어떻게 해야 하는지 나중에는 다 잊어버리더라도 그냥 저절로 타게 하는 몸의 움직임에 주의를 기울이면 된다. 이렇게 신체 움직임을 의식하는 것은 쉬운 데 비해, 분석하며 글을 읽기 시작하는 사람들이 해야 할 정신 활동은 훨씬 어렵다. 어떤 면에서는 자신의 사고思考를 생각하는 것일 수도 있다. 이렇게 잘 읽는 사람은 많지 않다. 그렇지만 우리는 할 수 있다. 그리고 익숙해지면 저절로 훨씬 더 책을 잘 읽을 수 있다.

2부

분석하며 읽기

독서의 제3수준

6장
책 분류하기

    앞에서 읽기에 관한 이 책의 가르침은 읽고 싶은 책이든, 읽어야만 하는 책이든 무슨 책에나 다 적용된다고 했다. 그런데 분석하며 읽는 원칙을 자세히 다루는 이 부분에서는 적용할 수 없을 것처럼 보일 때가 있다. 왜 그럴까?

    답은 간단하다. 책 한 권을 통독하는 것과 글 한 편을 읽는 것이 서로 다르기 때문이다. 즉 책 한 권을 모두 읽을 때, 특히 길고 어려운 책일 경우에는 책을 읽으며 부딪칠 수 있는 문제들 가운데도 가장 어려운 것들을 만나기 때문이다. 짧은 수필을 읽기가 장편소설을 읽기보다 쉽다. 같은 주제여도 책 한 권을 읽기보다 논문 한 편을 읽기가 쉽다. 서사시나 소설을 읽을 수 있다면 서정시나 단편도 읽을 수 있다. 역사나 철학, 과학책을 읽을 수 있다면 같은 분야를 다룬 기사나 발췌문도 읽을 수 있다.

    물론 여기서 이야기하는 원칙은 책이 아닌 읽을거리에도 적용할 수 있다. 원칙을 자세하게 설명해 나갈 때 그런 다소 쉬운 읽을거리도 염두에 두었다. 하지만 가끔 이 원칙이 책이 아닌 글에는 똑같이 적용되지 않을 수도 있다. 그렇더라도 적용할 수 있는 글을 만나면 도움이 많이 될 것이다.

책 분류의 중요성

분석하며 읽을 때 첫 번째 원칙은 다음과 같다.

제1원칙: 책을 종류와 주제에 따라 분류하라

예를 들어 소설인지, 희곡인지, 서사시인지, 서정시인지, 아니면 전문서인지를 알아야 한다. 누구나 소설인지 시인지는 한눈에 구분한다. 그런데 항상 이렇게 쉽지는 않다. 『바람과 함께 사라지다』는 소설일까 아니면 남북전쟁 이전을 다룬 남부의 역사책일까? 『분노의 포도』(존 스타인벡, 1939년 출판. 1930년대 대공황 시절 캘리포니아의 농장을 배경으로 한 가정의 고된 생활상을 그린 책-옮긴이)는 순수 문학에 속할까, 농민 생활상에 관한 사회학적 연구서에 속할까?

물론 모두 베스트 셀러 반열에 오른 소설들이다. 그렇다고 위의 질문들이 엉뚱한 것은 아니다. 그 제목만으로는 구분하기 어려운 『메인 스트리트』(싱클레어 루이스, 1920년 출판. 의사와 결혼한 어느 젊은 여인의 눈에 비친 번화가의 모습을 그린 책-옮긴이), 『미들타운』(로버트 스타우트 린드·헬렌 M. 린드, 1959년 출판-옮긴이)과 같은 작품도 있기 때문이다. 일반 소설이지만 사회학적 내용을 많이 담았거나 사회학 서적이지만 소설 같은 서적들이라 쉽게 구분하기 어렵다.

물리·화학 같은 자연과학 분야에서는 『안드로메다 스트레인』이라든가, 로버트 하인라인이나 아서 C. 클라크의 작품들은 과학책 같은 소설이다. 그리고 절대로 소설이 아닌 『우주와 아인슈타인 박사』 같은 책은 윌리엄 포크너의 소설보다 쉽게 읽을 수 있다.

교양서는 넓은 의미에서 지식 전달을 목적으로 쓴 책이라고 할 수 있다. 판단하기에 모호할 때도 있지만 옳다고 주장하는 관점, 이론, 가설 또는 깊은 성찰을 담은 책은 이런 의미에서 교양서다. 소설뿐 아니라 교양서도 한눈에 알아볼 수 있다. 중요한 것은 소설과 비소설을 서로 구분하는 것이 아니라 교양서 가운데서도 각양각색의 책을 서로 구분할 줄 아는 것이다. 즉 단순히 어떤 책이 유익한지뿐 아니라 어떤 분야의 책으로 어떻게 유익한지를 파악해야 한다. 역사책이나 철학책은 전달하는 지식이나 정보가 서로 다르다. 물리책과 윤리책도 그렇다. 그러나 다루는 문제가 서로 다를 뿐 아니라 그런 문제를 다루는 작가의 방법에도 차이가 있다.

그래서 어떤 글이든 이 첫 번째 원칙을 따라야겠지만 특히 비소설 분야, 교양서와 같은 책을 분석할 때 그래야 한다. 그럼 어떻게 미리 파악할 수 있는가? 앞에서 이야기한 살펴보기를 먼저 하면 된다. 제목, 부제, 목차 그리고 저자의 머리말이나 서론, 찾아보기 등을 미리 훑어보는 것이다. 표지에 출판사가 쓴 소개글이 있으면 그것을 읽는다. 저자가 보내는 이러한 신호들을 모르는 척하면 우리만 손해다.

표지를 보고 알 수 있는 것

그런데 이런 신호를 무시하는 사람들이 의외로 많다. 학생들을 가르치다 보면 그런 경우를 많이 본다. 학생들에게 무엇에 관한 책인지, 어떤 부류의 책인지 자주 질문을 던진다. 사실 아주 막연한 질문이기도 하다. 하지만 책에 대해 토론을 시작하기에는 이보다 더 좋은 방법은 없다. 어쨌든 답이 나오기에는 힘든 질문인 것 같다.

예를 들어보자. 에드워드 기번은 로마제국에 관한 유명한 책 한 권을 썼는데 제목을 『로마제국 쇠망사The Decline and Fall of the Roman』라고 지었다. 무슨 책인지 누구나 단번에 알 수 있을 만한 제목이다. 책을 아주 잘 읽는 25명에게 이 책의 1장이 왜 "안토니누스 왕조 시대 제국의 영토와 군사력"인지 물어보았다. 그런데 아무도 대답을 못 했다. 이 책의 제목이 'Decline and Fall'이라는 것, 쇠망을 다룬다는 것을 제대로 파악하지 못했기 때문이다. 즉 로마제국이 시작되는 시점이 아니라 가장 번성한 정점에서 몰락으로 이어지는 이야기라는 생각을 못 하고, 무의식적으로 '쇠망'이라는 제목을 '흥망성쇠'쯤으로 해석한 것이다. 그래서 느닷없이 로마제국의 모태인 로마공화국이 막을 내린 지 한 세기 반이나 지난 뒤 나타나는 안토니누스(마르쿠스 아우렐리우스-옮긴이) 왕조 이야기로 시작되는 것을 의아해한 것이다. 제목을 주의 깊게 읽었더라면, 로마 역사를 잘 모른다 해도 안토니누스 시대가 로마제국의 절정기였다는 것을 짐작할 수 있었을 것이다. 제목을 잘 파악해 두면 책을 읽기 전에 그 책에 대한 기본적인 사실을 미리 알 수 있다.

사람들이 제목과 머리말에 신경 쓰지 않는 또 다른 이유는 읽고 있는 책을 분류하는 것이 중요하다는 생각을 못 해서다. 그래서 분석하며 읽을 때 이 제1원칙을 따르지 않는 셈이다. 하지만 이 원칙을 따라 하면 저자들에게 감사할 것이다. 저자들은 자신이 쓴 책이 중요하다고 생각하기에 머리말이나 제목, 부제에 이를 잘 표현해 놓는다.

아인슈타인과 인펠트는 『물리학의 발전』이라는 책 서문에서 "일반 대중도 읽을 만한 과학책이라고 해서 소설처럼 읽어서는 안 된다"라고 했다. 또 자세히 다루기 전에 독자들의 이해를 도우려 내용을 분석한 목차를 만들었고 주제의 의미를 상세히 부연 설명해 주는 표제를 각 장에 적어두었다.

이 책이 어떤 책인가 하는 질문에 답을 하지 못하는 사람은 이러한 것들을 눈여겨보지 않은 그 자신의 책임이다. 그리고 이 질문에 답을 하지 못한다면 다른 질문들에는 더더욱 답을 못하고 쩔쩔맬 수밖에 없다.

그럼 제목만 읽으면 될까? 내용을 가장 분명하게 표현해 놓은, 세상에서 가장 확실한 제목이라도 머릿속에 책을 분류할 표가 미리 그려져 있어야 한다.

유클리드의 『기하학 원론』과 윌리엄 제임스의 『심리학의 원리』라는 두 책의 제목을 보자. 심리학과 기하학이 둘 다 과학이라는 것을 모른다면 그리고 원론과 원리라는 두 단어가 비슷한 의미라는 것을 모른다면 (그렇지 않을 경우도 있지만) 두 책이 비슷하게 분류된다는 것을 모를 것이다. 아니, 과학도 종류가 다양하다는 것을 모른다면 결코 이 두 책을 구분할 수 없을 것이다.

아리스토텔레스의 『정치학』과 애덤 스미스의 『국부론』도 마찬가지다. 어떤 것이 실용 학문이며 그것이 어떻게 나뉘는지 모른다면 이 두 책이 어떤 점이 비슷하고 어떤 점에서 차이가 있는지 모를 것이다.

제목은 책을 쉽게 분류하도록 해준다. 유클리드의 『기하학 원론』이나 데카르트의 『기하학』, 힐베르트의 『기하학 기초』세 책은 제목이 약간 다르지만 모두 수학 관련 서적이라는 것을 쉽게 알 수 있다. 그런데 항상 이렇게 쉽지는 않다. 아우구스티누스의 『신국The City of God』, 홉스의 『리바이어던Leviathan』, 루소의 『사회계약론Social Contract』이라는 세 정치 서적의 원제를 보자. 제목(영어로 된 원제목을 보라)만 봐서는 그 연관성을 도대체 알 수 없다. 각 장의 표제를 주의 깊게 읽어보아야 이 책들에 공통점이 있다는 것을 알게 된다.

그런데 종류가 같은 책을 분류할 줄 안다고 해서 다 끝난 것은 아니다. 이 제1원칙을 잘 따르려면 도대체 책의 종류가 무엇인지 잘 알아야 한다. 책 제목이나 머리말, 아니 그 책 전부를 다 읽었다 해도 책을 똑똑하게 분류할 카테고리가 없다면 그 책이 어떤 종류인지 알 수 없다. 다시 말해 이 원칙대로 해서 도움을 받으려면 선을 명확히 구분하여 시간이 흘러도 변하지 않는 상식적인 카테고리를 만들어야 한다.

앞에서 책을 대충 어떻게 분류하는지 이야기했다. 가장 커다란 구분은 소설인지 비소설인지, 지식을 전하거나 뭔가를 설명하는 교양서인지를 구분하는 것이다. 그리고 비소설 분야의 서적들은 역사, 철학, 과학, 수학 등으로 세분하였다. 이는 꽤 명쾌한 분류 기준이다. 누구나 대부분 책을 올바른 카테고리 안에 집어넣을 수 있다. 하지만 모든 책이 분류가 가능한 것은 아니다.

문제는 아직 분류에 어떤 원칙이 없다는 것이다. 좀 더 높은 수준으로 책 읽는 법을 다루면서 이 원칙들을 더 이야기할 것이다. 여기서는 기본적인 구분 한 가지만 설정해 두겠다. 지식을 전달하거나 뭔가를 설명하는 비소설 분야의 책들에 적용되는 구분이다. 바로 이론서와 실용서로 구분하는 것이다.

이론서와 실용서

누구나 '이론'이나 '실용'이라는 단어를 사용하지만 그 뜻을 모두 안다고는 할 수 없다. 이론가들을 믿지 않는 고지식한 실무자들이 그렇다. 그런 사람들은 '이론적이다'라는 말을 공상적이거나 이해할 수 없는 수수께끼쯤으로 생각한다. '실용'이라는 뜻은 즉각 반응이 생기는, 뭔가 이루어진다는 의미다. 실용적인 것은 어떤 일이 조만간에 또는 결과적으로 어떻게 작용하는가와 관련이 있다. 이론은 눈으로 보는 것, 이해하는 것과 연관이 있다. 이 대략적인 이야기를 잘 살펴보면 그 두 가지가 결국 지식과 행동으로 구분되는 것 같다. 저자들도 그중 하나를 목표로 책을 쓰는 것이다.

하지만 이런 의문이 생길 것이다. 뭔가를 설명하는 비소설 분야의 책이라면 모두 지식을 전달하는 것인데 이런 책이 어떻게 행동에 관한 책으로도 구분될까? 이에 대한 답은 지적인 행동이 지식에 의존하기 때문이라고 말할 수 있다. 지식은 다양하게 쓰일 수 있다. 즉 자연을 지배하거나 편리한 기계와 도구를 만들 뿐 아니라 인간의 행위를 지도하거나 인간이 다양한 기술을 발휘하도록 조정하기도 한다. 순수과학과 응용과학이 그 예가 될 수 있다. 또는 그다지 정확한 표현이라고 할 수는 없지만 과학과 기술의 구분 같은 것도 생각할 수 있다.

어떤 책이나 교사는 지식에만 관심을 가지고 전달한다. 그렇다고 그 지식의 실용성을 무시하거나 지식 자체만으로 충분하다고 주장하는 것은 아니다. 지식만 전달하고 나머지는 다른 사람 몫으로 남겨두는 것이다. 그리고 그 다른 사람들은 지식 이상의 것에 관심이 있다. 즉 지식이 있으면 해결할 수 있는 인생의 문제들 말이다. 그들도 지식을 전달하지만 그 지식을 어떻게 적용할 수 있는지에 중점을 두고 늘 그런 관점에서 전달하는 것이다.

지식이 실용적인 것이 되게 하려면 지식을 운용하는 법칙에 맞춰 넣어야 한다. 즉 '무엇에 쓰는 지식'인지를 아는 데서 더 나아가 "어떤 목적을 이루려면 그 지식을 어떻게 해야 하는지"를 알아야 한다. 사실을 아는 것과 방법을 아는 것의 차이라고 할 수 있다. 이론서는 뭐가 어떠하다는 것을 가르치지만, 실용서는 하고 싶은 것을 '어떻게' 하는지 또는 해야 할 일을 '어떻게' 생각해야 하는지 가르쳐 준다. 이 책도 이론서가 아니라 실용서다. 안내서는 다 실용서다.

'무엇을 해야 하는지' 또는 '어떻게 해야 하는지'를 가르쳐 주는 책이라면 다 실용서다. 이제 기술을 배울 수 있도록 설명하는 책이나 기계, 의약, 요리 등 어떤 분야에서나 실제적인 사용법을 가르쳐 주는 책들이 모두 실용서에 속한다는 것을 알 것이다. 그리고 경제, 윤리 또는 정치 관련 책같이 가치관을 다루는 학술서적들도 여기에 속하는데, 나중에 이러한 책들이 왜 실용서로 분류되는지 설명하겠다. 기술서나 설명서, 규정서 같은 책들을 실용서라고 하는 데는 이의가 없을 것이다. 그런데 위에서 말한 지식의 실용성에 관심이 있는 사람들은 윤리나 경제서가 실용서에 속한다는 데 반대할지도 모른다. 실제로 행하거나 어떤 구체적 사실에 관한 책이 아니므로 실용서가 아니라고 할 것이다.

실용적인지 아닌지를 떠나서 사실을 다루지 않는 경제서라면 나쁜 책일 것이다. 엄격하게 말해서 윤리책이라면 모두 우리가 어떻게 살아야 하는지, 무엇을 해야 하고 무엇을 해서는 안 되는지, 또 그런 일들을 하면 대가는 무엇인지 또는 어떤 벌을 받게 되는지를 알려 준다. 동의하든 안 하든 이런 책들은 다 실용서라고 볼 수밖에 없다. (현대 사회학 연구서들 가운데는 인간의 행동을 판단하지 않고 그저 보고만 하는 책들도 있다. 이런 책들은 윤리서라고 할 수도 없고 실용서라고 할 수도 없다. 그냥 이론서, 사회과학책이라고 해야 한다.)

경제서도 실용적이라기보다는 이론적이라고 할 경제행위에 대한 수학적·통계학적 연구나 보고서를 제외하면, 한 개인으로서든 사회적으로든 우리가 경제생활을 어떻게 영위해야 하는지, 무엇을 해야 하고 무엇을 해서는 안 되는지, 또 해야 할 일을 하지 않을 때 어떤 불이익을 당하는지 가르쳐 준다. 동의하지 않는 사람이 있어도 여전히 이런 책을 실용서라고 하지 않을 수 없다.

이마누엘 칸트는 『순수이성비판』과 『실천이성비판』이라는 유명한 철학책을 두 권 썼다. 『순수이성비판』은 알 수 있는 것과 알 수 없는 것 그리고 우리가 실제로 알고 있는 어떤 것을 어떻게 알고 있는지에 대한 책이지 그것을 알아내는 방법을 다룬 책은 아니다. 즉 아주 훌륭한 이론서에 속한다. 이와 달리 『실천이성비판』은 인간이 어떻게 바르게 행동해야 하는지, 올바른 행동은 어떻게 이루어지는지를 다론 책이다. 바른 행동의 기초가 되는 의무를 크게 강조한 책인데 현대인들은 이에 거부감을 느낄지도 모른다. 그리고 의무라는 것이 더는 효력이 있는 윤리적 개념이 못 되니 '비실용적'이라고까지 할 것이다. 즉 칸트의 기본적 접근 방법이 틀렸다고 본 것이다. 하지만 그렇다고 해서 그의 책이 여기서 말하는 실용서에 속하지 않는 것은 아니다.

넓은 의미에서 도덕적인 책들이나 설명서 외에 실용적인 글의 예가 또 있다. 바로 연설문이다. 정치적인 또는 도덕적인 연설도 무엇을 해야 하는지, 어떤 일을 어떻게 느껴야 하는지를 이야기해 준다. 실용적인 글을 쓴 저자들은 충고할 뿐 아니라 그 충고를 따르도록 설득한다. 그래서 도덕적 저서라면 연설하는 듯한 말투나 권고하는 어조를 찾아볼 수 있다. 기술을 가르치는 책도 그렇다. 이 책에서도 더 잘 읽도록 가르칠 뿐 아니라 꼭 그렇게 하고자 노력하라고 계속 설득할 것이다. 하지만 실용서가 모두 연설하거나 권고하듯이 되어 있다 해도 연설문은 아니며 훈계 자체가 목적도 아니다. 줄줄이 늘어놓는 정치가의 연설과 정치에 관한 서적에 차이가 있고, 경제 선전과 경제 문제를 분석한 서적에도 차이가 있다. 『공산당 선언』은 연설문이지만 카를 마르크스의 『자본론』을 고작 연설문으로 보아서는 안 된다.

실용서는 그 제목으로 알 수 있을 때가 많다. '기술' 또는 '방법'이라는 단어가 제목에 있으면 단번에 알 수 있다. 윤리, 정치, 엔지니어, 비즈니스, 경제, 법률, 의학 같은 분야를 나타내는 제목이 있어도 이미 분류가 된 것이나 마찬가지다.

책 제목은 더 많은 것을 알려준다. 존 로크는 『인간오성론』과 『시민 정부론』이라는 제목이 비슷한 책을 두 권 썼다. 어떤 책이 이론서이고 어떤 책이 실용서일까? 제목만 봐도 첫 번째 책이 이론서라고 구분할 수 있다. 성찰한 것을 분석하는 것은 이론적이니까. 두 번째 책은 정치에 관한 책이므로 실용적이라는 것을 알 수 있다. 그런데 앞서 배운 대로 '살펴보기'를 했다면 그 이상을 알 수 있다.

로크는 첫 번째 책 서문에서 '인간 지식의 기원, 확실성, 범위'에 관한 탐구라고 썼다. 이는 시민 정부에 관한 책 제목과 흡사하다. 하지만 중요한 차이가 있다. 첫 번째 책에서는 지식의 확실성 또는 타당성을 다루지만 두 번째 책에서는 정부의 '목적', 이루고자 하는 일을 다룬다. 어떤 것이 타당한지에 의문을 제기하는 것은 이론적이지만 그 목적, 이루고자 하는 일을 다루는 것은 실용적이다. '살펴보기' 기술을 설명할 때, 단순히 표지나 찾아보기만 보는 데서 그쳐서는 안 된다고 했다. 요약해 둔 부분이나 책이 시작되는 부분과 끝나는 부분 그리고 주요한 부분을 살펴보아야 한다. 제목이나 표지만 봐서는 분류할 수 없는 책은 꼭 그래야 한다. 이 경우 책 내용의 주요 흐름에서 실마리를 찾아야 한다. 기본적 분류 항목을 염두에 두고 단어들을 눈여겨보면서 오래 읽어 내려가지 않아도 어디에 속하는지 분류할 수 있어야 한다.

실용서는 쉽게 그 정체를 드러낸다. '해야 한다', '좋다', '나쁘다', '목적', '의미' 같은 단어들이 자주 나오기 때문이다. 실용서의 특징적 서술 형태는 무엇이 이루어져야 한다, 무엇을 해야 한다, 무엇을 이렇게 하는 것이 옳은 방법이다, 목적을 이루려면 이것이 저것보다 더 좋다는 식이다. 반대로 이론서는 '해야 한다' 대신 '~이다'라는 말이 계속

6장 책 분류하기   83

나온다. 이렇게 해야 더 낫다든지 더 좋아지려면 이렇게 해야 한다든지 하는 이야기가 아니라 무엇인가가 사실이라든가, 사실이 어떠하다는 것을 보여 주려고 한다.

먼저 이론서를 살펴보기 전에 명심해야 할 것이 있다. 이렇게 분류하는 것이 커피를 마실지 우유를 마실지 선택하듯이 간단한 일이 아니다. 지금까지는 분류를 시작할 수 있는 몇 가지 실마리를 보여 주었을 뿐이다. 이론서와 실용서를 구분하는 방법을 잘 이해하면 할수록 그 실마리들을 더 잘 활용할 수 있다.

그렇다고 그 실마리들을 그대로 믿어서는 안 된다. 책을 분류할 때는 이런저런 의문을 품는 것이 좋다. 경제가 주로 실용적 문제를 다룬다고 해도 경제서를 모두 실용서라고 볼 수는 없다. 마찬가지로 지식을 전달하는 책도 주로 이론적이긴 하지만 '사고하는 방법'을 가르치는 취지의 책들, 보통 이런 책들은 매우 어렵긴 해도 어쨌든 있다. 픽션과 사회학의 차이를 구분하지 않는 소설가들이 있듯이 이론과 실제를 구분하지 않는 저자들도 있다는 사실도 알게 될 것이다. 또 일부는 이론적인 내용, 일부는 실용적인 내용을 다루는 책도 발견할 것이다. 스피노자의 『에티카』처럼. 어쨌든 저자가 문제를 어떤 식으로 다루는지 미리 파악해 두면 좋다.

이론서의 종류

지금까지 이론서는 역사, 과학, 철학으로 분류되었는데 이 차이를 대충 알 것이다. 그런데 좀 더 자세히 구분하려고 하면 어려워진다.

그런 어려움은 잠시 접어 두고 대략 살펴보자.

역사책은 제목만 보고 알아내기가 쉽지 않다. 제목에 '역사'라는 단어가 없을 때 목차를 보면 과거에 일어난 일에 관한 것임을 알 수 있다. 물론 먼 과거가 아니라 바로 얼마 전에 일어난 일일 수도 있다. 역사의 핵심은 서술적이라는 데 있다. 역사는 과거에 있었던 특정 사건이나 사실뿐 아니라 시간의 흐름에 따른 어떤 변화 과정도 알려준다. 역사가들은 이런 것들을 서술하고 그 사건의 의미나 이에 대한 견해, 해설을 나름대로 덧붙인다.

역사는 크로노토픽chronotopic, 즉 지역-연대기적이다. 그리스어로 크로노스chronos는 시간을 뜻하고 토포스topos는 장소를 뜻하는데, 역사는 언제나 특정한 시기에 특정한 장소에서 일어난 사건이나 사실을 다룬다는 의미다.

역사와 달리 과학은 과거와 상관없다. 과학은 언제 어디서나 일어날 수 있는 문제를 다룬다. 과학자는 법칙이나 보편성을 연구한다. 대부분 또는 모든 경우 어떤 일이 어떻게 일어나는지 알아내고 싶어 한다. 어떤 특정한 일이 과거 어느 특정한 시간, 특정한 장소에서 어떻게 일어났는지 연구하는 역사가와 다르게 말이다.

보통 과학책의 제목은 역사책보다 더 정체를 드러내지 않는다. 때로 '과학'이라는 단어가 보이기도 하지만 그보다는 심리학, 지질학, 물리학과 같이 분야별 주제를 드러낼 때가 더 많다. 그래서 지질학이라는 제목이 있으니 과학자가 쓴 책이 분명하다, 아니면 형이상학이라는 제목이 있으니 철학자가 쓴 책이다 하는 식으로 구분할 수 있어야 한다. 그런데 물리학이나 심리학처럼 과학자가 쓸 수도 있고 심리학자가 쓸 수도 있을 때는 구분하기가 모호하다. 아예 '철학'이나 '과학'이라는 단어 자체가 다양하게 사용되기에 어렵다. 아리스토텔레스는 『자연학』에 대한 자신의 책을 과학책이라고 했지만 오늘날의 의미에 맞추면 철학책에 속한다. 뉴턴도 자신의 유명한 저서에 『자연철학의 수학적 원리』(프린키피아, 원리)라는 제목을 붙였지만, 우리가 보기에는 철학이 아니라 과학 분야 걸작이다.

오래된 이야기든 최근 이야기든 철학은 과거 어느 특정한 사건보다는 일반적 진리를 연구하는 것이므로 역사가 아니라 과학에 가깝다. 하지만 철학자가 다루는 문제는 과학자와 다르다. 그 문제를 다루는 방법도 과학과 전혀 다르다.

제목으로 그 책이 철학책인지 과학책인지 구분할 수 없다면 어떻게 해야 할까? 다행히 언제나 정확히 구분할 수 있는 기준이 하나 있다. 이 기준에 맞추려면 그 책을 어느 정도 읽어보는 수고를 해야 한다. 어떤 이론서가 평범하고 일상적인 경험에서 벗어난 문제를 중점적으로 다루면 그 책은 과학책이다. 아니면 철학책이다.

이렇게 구분하다니 놀랐는가? 예를 들어보자. 주의해야 할 점은 이 기준이 과학책이나 철학책에 해당하지 그 밖의 책은 그렇지 않다는 사실이다. 갈릴레오 갈릴레이의 『새로운 두 과학』을 읽을 때는 경사면에서 실험을 직접 하거나 상상해 봐야 한다. 아이작 뉴턴의 『광학』은 어두운 방에서 프리즘, 거울, 특별히 조절한 광선을 실험하는 이야기를 하는데, 이런 실험은 단순히 실험실에서 하는 것이 아니다. 『종의 기원』에서 찰스 다윈은 그 분야에서 수년간 관찰한 내용을 전하는데, 다른 학자들은 이와 비슷한 연구로 다시 확인해 볼 수 있지만 평범한 사람들이 일상생활에서 확인해 볼 수 있는 사실은 아니다.

여기에 비해 철학책은 평범한 사람의 일상에서 벗어난 사실이나 관찰을 다루지 않는다. 철학자는 자신이 하고자 하는 이야기를 검증하거나 뒷받침하려고 일반적으로 평범하게 경험할 수 있는 사실들을 제시한다. 그래서 심리학 분야에서 존 로크의 『인간오성론』은 철학적인 책이지만, 지그문트 프로이트의 책은 대부분 과학적이다. 로크는 우리가 자신의 정신 활동에서 경험할 수 있는 영역 안에서 주장을 펴나가지만, 프로이트는 정신분석학자의 사무실이라는 임상적 조건에서 관찰한 것들을 토대로 자기주장을 펼친다.

또 다른 위대한 심리학자 윌리엄 제임스는 흥미롭게도 그 중간에 위치한다. 주의 깊은 전문 연구가가 특별하게 경험할 수 있는 사례도 많이 제시하지만, 평범한 경험으로도 그 진위를 판단할 만한 내용도 많다. 그래서 제임스의 『심리학의 원리』는 주로 과학적인 내용이지만 과학적이면서 철학적이다.

그런데 과학은 심혈을 기울인 실험이나 관찰 결과를 근거로 하고 철학은 안락의자에 편히 앉아 사색하는 데서 나온다는 통념에 비추어 구분했다고 생각할 수도 있다. 불공평해 보이는가? 하지만 분명히 평범한 인간적 경험에 비추어 잘 생각할 줄 아는 사람이 안락의자에 편히 앉아서 풀어야 할 정말 중요한 문제들이 있다. 또 안락의자에 앉아서 곰곰이 생각해도 풀 수 없는 문제들이 있다. 이런 문제는 연구실에서 실험하거나 관련 분야에서 조사하는 등 일상생활에서 할 수 없는 연구로 풀어야 하는 특별한 경험을 요구하는 작업이다. 그렇다고 철학자는 단순히 사고만 하고 과학자는 관찰만 한다는 말은 아니다. 둘 다 관찰도 하고 생각도 해야 한다. 단지 서로 다르게 관찰하고 생각한다. 관찰하고 생각한 결과 원하는 결론을 얻은 후에도 이를 증명하려고 사용하는 방법이 서로 다르다. 과학자는 자신의 특별한 경험의 결과를 바탕으로 하고 철학자는 모든 사람에게 적용할 수 있는 경험을 바탕으로 한다.

이러한 방법 차이는 늘 철학책과 과학책을 보면 겉으로 드러나므로 읽는 책이 어떤 종류의 책인지 구분할 수 있다. 즉 책에서 이야기하는 내용이 어떤 경험을 바탕으로 이해되는지 파악한다면, 그 책이 과학책인지 철학책인지 파악한 것이나 마찬가지다.

이러한 차이를 아는 것은 중요하다. 서로 다른 경험을 바탕으로 한다는 것 외에 과학자와 철학자는 사고하는 방법도 다르기 때문이다. 논점을 전개해 나가는 스타일도 다르다. 이렇게 논증하는 차이를 보여 주는 용어나 명제도 파악할 수 있어야 한다.

역사책도 마찬가지로 서술하는 스타일이 과학이나 철학과 다르다. 사학자가 논점을 전개하는 스타일이나 사실을 해석하는 방법도 다른 학자와 다르다. 전형적인 역사책은 이야기 형식인데 이 형식은 사실이든 사실이 아니든 이야기책 같다는 뜻이다. 사학자는 이야기를 재미있게 들려줘야 한다는 원칙 같은 것을 바탕으로 깔고 글을 써야 한다. 그러나 로크의 『인간오성론』이나 뉴턴의 『프린키피아』가 아무리 훌륭한 책이라 해도 재미있는 이야기는 못 된다.

분류하는 일이 정말 그렇게도 중요할까? 책을 읽기도 전에 분류하는 데 지나치게 신경 써야 하는 것 같아 못마땅한가?

다음 예로 결코 어렵지 않다는 사실을 알 수 있다. 교사가 학생들에게 강의하고 있는 교실에 들어갔다고 생각해 보자. 그 수업이 역사인지, 과학인지, 철학인지 금세 알 수 있다. 수업하는 방식, 즉 교사가 사용하는 용어나 논점을 전개해 나가는 스타일, 제기하는 문제, 학생들에게 요구하는 대답 등으로 구분할 수 있다. 약간 귀 기울여 듣기만 하면 이런 차이를 파악할 수 있다.

간단히 말해, 과목에 따라 가르치는 방법이 다르다. 이는 교사라면 다 아는 일이다. 철학 교사는 다른 교사에게 전에 수업을 받은 적이 없는 학생들을 가르치기가 더 쉽다고 느끼고, 과학 교사는 다른 교사에게 이미 기초를 잘 배워 온 학생들을 더 좋아한다. 가르치는 방법이나 주제가 다르기 때문이다. 과목마다 제각기 다 그렇다.

과목이 다르면 가르치는 기술에 차이가 있듯이, 가르침을 터득하는 기술도 과목에 따라 차이가 있다. 학생들의 활동은 교사의 활동에 대한 일종의 반향 같은 것이어야 한다. 책과 독자의 관계도 그렇다. 책이 전달하려는 지식의 특성에 따라 그 지식을 전달하는 방식이 다르다. 그 지식을 내 것으로 만들려면 책에 따라 각기 알맞은 방식으로 읽을 줄 알아야 한다.

7장
책 꿰뚫어 보기

앞뒤 표지 사이에 들어 있는 그 책의 내용은 숨겨진 어떤 뼈대를 가지고 있다. 분석하며 읽는다는 것은 이를 발견해 내는 일이다.

뼈에 살을 붙이고 그 살에 옷을 입힌 것이 책의 모양새다. 마치 정장을 차려입은 것 같다. 그 옷을 벗겨내거나 살을 찢어내지 않고도 그 속에 숨겨진 단단한 뼈대를 찾아내야 한다. 눈으로 엑스레이를 찍듯이 꿰뚫어 보면서 말이다. 어떤 책이나 그 구조를 파악하는 것이 그 책을 이해하는 데 필수 작업이다.

자, 이제 책의 구조를 파악하는 것이 중요하다고 인정한다면 제1원칙에 이어 책을 읽을 때 필요한 제2원칙, 제3원칙을 찾아보자. 이 원칙들은 어떤 책에나 필요하다. 과학책이나 시집이나 똑같이 그렇다. 물론 책의 종류에 따라 다르게 적용해야 한다. 예를 들어 소설의 통일성, 즉 일관된 흐름이라는 큰 줄거리는 정치 논문의 통일성과 똑같지 않다. 종류가 같은 책이라도 구성 부분이 다르고 순서도 다르다. 하지만 읽을 가치가 있는 책이라면 어떤 책이든 통일성이 있고 부분적으로도 잘 구성되어 있다. 그렇지 않은 책은 엉망일 수밖에 없고 그만큼 읽을 가치도 없다. 실제로 나쁜 책들이 그렇다.

　이제 이 두 가지 원칙을 아주 간단하게 이야기하고 자세히 설명한 뒤 그 실례를 살펴보겠다.

　분석하며 읽을 때 두 번째 원칙은 다음과 같다.

제2원칙: 전체 내용이 무엇에 관한 것인지 최대한 간략하게 이야기해 보라 (통일성)

　이는 전체적으로 그 책이 무엇에 관한 것인지 아주 간단하게 이야기할 수 있어야 한다는 뜻이다. 어떤 종류의 책인지 이야기하는 제1원칙과는 다르다. '무엇에 관한'이라는 말이 자칫 오해하기 쉬운데, 한마디로 어떤 특정한 주제에 '관한' 책이라는 말은 어떤 특정한 방식으로 다룬다는 뜻이다. 이를 파악했다는 것은 그 책이 어떤 '종류'의 책인지 안다는 것이다. 그런데 이 '관한'이라는 단어는 훨씬 더 일상적으로 쓰이는 의미가 있다. 저자가 무엇을 썼느냐, 무엇을 다루려고 하느냐는 것이다. 이런 의미에서 그 책이 무엇에 관한 것인지 알아낸다는 것은 주제가 무엇이고 요점이 무엇인지 찾아낸다는 뜻이다.

　책은 예술 작품이다. 단순히 어떤 미술작품과 같은 그런 작품이 아니라 어떤 기술로 만들어졌으며, 저자는 책을 만든 사람이다. 당신에게 도움이 되려고 만들어진 책 한 권을 이렇게 읽고 있지 않은가! 책으로서 그리고 예술 작품으로서 좋으면 좋을수록 완벽에 가깝고 훨씬 더 통일성을 띠게 된다. 음악이나 미술작품, 소설, 희곡도 마찬가지다. 지식을 전달하는 책이라고 다를 게 없다.

　그런데 통일성이 있어야 한다는 사실을 막연하게 아는 것으로는 불충분하다. 통일성이 무엇을 말하는지 정확히 이해해야 한다. 잘 이해했는지 아는 방법이 한 가지 있다. 지금 간단히 통일성이 무엇인지 짧게 말해 보라. 혹 설명이 너무 길어지지 않았는가? 그렇다면 통일성이 아니라 복합성을 설명하는 것일지도 모른다! 설명도 못 하면서 대충 '감 잡는' 데서 만족하지 마라. "무엇인지는 알겠는데, 설명을 못 하겠다"라니? 엉터리!

분석하며 읽을 때 세 번째 원칙은 다음과 같다.

제3원칙: 주요 부분을 찾아 어떤 순서에 따라 전체적으로 어떻게 구성되어 있는지 파악하라

이 작업은 분명히 필요하다. 정말 간단한 책이라면 부분부분 나뉘지 않을 것이다. 그런데 모든 책이 그렇게 간단하지는 않다. 인간이 알고 있는 한 어떤 물체, 인간이 만든 어떤 작품도 부분부분으로 나뉘지 않고 하나로 된 단순한 것은 없다. 무엇이든 여러 부분으로 된 개체라고 봐야 한다. 이제까지 '하나의 개체'라고만 알고 있었지 복잡하게 되어 있다는 것을 미처 생각지 못했을지도 모른다. 더 나아가 개별적 부분이 단순하게 여럿 모여 있는 것이 아니라 그 많은 부분이 잘 조직되어 하나의 개체를 이룬다는 사실도 이해해야 한다. 그러한 부분들이 조직적으로 잘 연결되어 있어야 하나라는 전체를 구성할 수 있다. 그렇지 않으면 단순히 조각조각 모음일 뿐이지 전체적으로 어떤 하나를 이루고 있다고 볼 수 없다.

벽돌을 잔뜩 쌓아둔 것과 그 벽돌로 집을 지어놓은 것은 다르다. 또 집 한 채와 여러 채가 모여 있는 것도 다르다. 책 한 권은 집 한 채와 같다. 층마다 크기와 모양이 다르고 용도가 다른 방이 여러 개 있는 주택 말이다. 방은 각기 떨어져 있는 부분이다. 제각기 구조도 다르고 인테리어도 다르다. 하지만 결코 따로 떨어져 있지는 않다. 문과 천장, 복도, 계단 같은 경로로 서로 연결되어 있다. 그렇게 연결되어 있으므로 전체적인 집으로 유용하게 쓰일 수 있고 방으로 제 기능도 다 할 수 있다. 그렇지 않다면 아무도 살 수 없는 집이 되고 만다.

책도 똑같다. 좋은 책은 부분부분이 잘 구성되어 있는 집과 같다. 주요 부분은 각기 어느 정도 독립성이 있고 내부 구조나 장식이 서로 다르다. 하지만 제 기능을 다 하도록 잘 연결되어 있어야 한다. 그렇지 않으면 전체 내용을 결코 이해할 수 없다.

집도 살기 좋은 집과 나쁜 집이 있듯이 책도 읽기 좋은 책과 나쁜 책이 있다. 가장 읽기 좋은 책은 저자가 잘 건축해 놓은 책이다. 가장 좋은 책은 가장 이해하기 쉬운 구조로 되어 있다. 보통 형편없는 책들에 비해 좋은 책이 더 복잡해 보일 수도 있지만, 더 복잡하다는 것이 더 간단하다는 뜻이기도 하다. 부분적으로 훨씬 잘 구성되어 있고 더 일관된 흐름이 있기 때문이다.

그래서 훌륭한 책들이 읽기 쉽다. 잘 구성되지 못할수록 읽기가 지겹다. 책을 잘 읽으려면, 즉 가장 잘 이해하려면, 그 책의 설계도를 찾아야 한다. 저자가 명확하게 설계도를 보며 지었다면 훨씬 좋은 책이 될 것이다. 어쨌든 단순히 부분부분을 모아놓기만 한 것이 아니라 서로 연결되어 하나의 통일된 개체를 이루었다면 분명히 설계도가 있을 것이다. 그 설계도를 찾으라!

책의 통일성: 줄거리와 구상

책의 통일성을 이야기해 보라는 제2원칙으로 돌아가 보자. 몇 가지 예를 들어 실제로 그 방법을 알아보겠다.

유명한 이야기로 시작해 보자. 호메로스의 『오디세이아』를 본 적이 있을 것이다. 읽지 않았더라도 로마 사람들이 율리시스라고 하던 오디세이아 이야기를 잘 알 것이다. 호메로스는 트로이를 공격하느라 10년이나 지나 집으로 돌아와 보니 성실한 아내 페넬로페가 다른 구혼자들에게 공격을 당하고 있었다는 오디세이아 이야기를 육지와 바다에서 흥미진진한 모험담, 온갖 에피소드와 얼기설기한 줄거리로 복잡하게 만들어 놓았다. 하지만 이야기는 일관되게 전개되는 줄거리, 모든 장면을 한꺼번에 엮어둔 줄거리라는 굵은 실이 있다. 아리스토텔레스는 『시학』에서 이런 것이 바로 소설, 희곡, '모든' 좋은 이야기의 특징이라고 주장하며 다음과 같이 오디세이아의 줄거리를 요약해 보였다.

어떤 남자가 오랫동안 집으로 돌아오지 못하고 포세이돈의 감시 아래 쓸쓸하게 떠돌아다닌다. 한편 그의 집은 그 아내의 구혼자들이 재산을 낭비하고, 아들은 모살당하려는 곤경에 처해 있었다. 결국 그 남자는 험난한 고난을 넘어 집에 도착해서 나쁜 자들을 물리친다.

아리스토텔레스는 "이것이 줄거리의 핵심이며 나머지는 에피소드다"라고 했다. 이런 식으로 줄거리를 알고, 줄거리에서 전체 이야기의 일관된 흐름을 알게 되면 각 부분이 어디에 속하는지 잘 알 수 있다. 예전에 읽은 소설로 실험해 보면 좋은 연습이 될 것이다. 헨리 필딩의 『톰 존스』나 도스토옙스키의 『죄와 벌』, 제임스 조이스의 『율리시스』 같은 책으로 실험해 보라. 예를 들어 『톰 존스』의 줄거리는 흔한 이야기로 요약할 수 있다. 남자와 여자가 만났다 헤어졌다 만나는 것이 줄거리다. 사실 모든 연애 소설의 줄거리가 그렇다. 이를 보면 세상에는 줄거리라는 것이 그리 많지 않다. 똑같은 줄거리지만 재미있는 이야기와 시시한 이야기로 구분되는 것은 저자가 그 줄거리로 마른 뼈대에 어떻게 옷을 입혔느냐에 달렸다.

언제나 직접 그 책의 통일된 흐름을 찾아내려고 할 필요는 없다. 저자의 도움을 받을 수 있다. 책 제목이 가르쳐 줄 때도 있다. 18세기에는 그 책이 전체적으로 무슨 이야기를 하는지 알려주려고 제목을 자세하게 다는 습성이 있었다. 제러미 콜리어라는 영국 성직자는 왕정복고 시대의 희곡을 외설, 요즘으로 말하면 포르노라고 비난하는 책을 썼는데, 그 책 제목은 고대의 관점에서 본 『영국 연극계의 비도덕성과 통속성에 관한 단상』이라고 했다. 오늘날에 비해 그 제목만으로 알 수 있는 것이 많다. 콜리어가 몹시 타락한 사례들을 나열하고, 연극이 청소년들을 타락시킨다는 플라톤의 글이나 연극이 육체와 악마의 유혹이라는 교부들의 글을 인용하여 자기주장을 뒷받침했으리라는 것을 추측할 수 있다.

때로 저자들은 머리말에서 앞으로 전개해 나갈 통일된 흐름을 알려주기도 한다. 이 점에서 소설과 비소설 분야의 책은 완전히 다르다. 과학책이나 철학책은 독자들에게 손에 땀을 쥐게 만들 필요가 없다. 사실 그런 책들은 긴장감을 불러일으킬수록 꾸준히 읽어나갈 생각이 사라질 것이다. 지식을 전달하거나 설명하는 책들은 신문기사처럼 첫 문단에 간략한 요약을 담을 수도 있다.

순순히 저자의 도움을 받는 것이 좋지만 그렇다고 완전히 저자의 머리말에만 의존해서는 안 된다. 저자가 아무리 훌륭히 구상했다고 해도 잘못되어 있을 수 있다. 통일성을 부여하는 것은 저자의 책임이다. 하지만 저자가 만들어 준 안내도를 따라가되 통일된 흐름을 찾아내는 것은 결국 독자의 책임이라는 점을 명심해야 한다. 그리고 이 책임을 다하려면 책을 다 읽는 수밖에 없다.

헤로도토스는 그리스와 페르시아 간의 전쟁을 다룬 『역사』 도입부에 이 책을 아주 훌륭하게 요약해 두었다.

이 책은 할리카르나소스 출신인 헤로도토스가 인간이 한 일을 잊지 말고 기억하며, 그리스인과 이방인의 위대하고 영광스러운 전투가 그 빛을 잃지 않도록 하고자 연구·조사하여 출판한 책으로 그들이 전쟁을 벌인 원인도 기록했다.

이 책이 무엇에 관한 내용인지 간결하게 이야기해 주는 이 부분은 책을 읽기 전에 독자에게 도움을 주는 서두이다. 하지만 여기서 멈추지 말고 계속 읽어 보자. 아홉 개 부분으로 된 헤로도토스의 역사책을 다 읽고 나면 전체를 잘 요약해서 설명하는 작업이 쉬운 일이 아니라는 사실을 알게 될 것이다. 페르시아의 왕 키루스, 다리우스, 크세르크세스 이야기도 하고 싶고 그리스의 영웅 테미스토클레스, 헬레스폰트 해협을 건넌 사건이나 테르모필레나 살라미스 전투 같은 사건 이야기를 요약해 두고 싶기도 할 것이다.

그러나 헤로도토스가 절정으로 이끌어가려고 풍성하게 묘사하는 모든 근사한 이야기는 요약에서 빼도 된다. 여기서 역사책도 소설처럼 하나의 줄거리가 있다는 사실을 알 수 있다. 일관된 큰 흐름을 이야기해 보라는 원칙은 역사책과 소설책에서 똑같은 답을 끌어낸다.

예를 더 들어보는 것이 좋겠다. 실용서를 보자. 아리스토텔레스의 『윤리학』에 흐르는 통일된 흐름은 이렇게 말할 수 있다.

이 책은 인간 행복의 본질을 탐구하고 행복해지거나 불행해질 조건을 분석한 것으로, 행복해지고 불행을 피하려면 어떻게 행동하고 사고해야 하는지는 물론 행복해지려면 부나 건강, 친구, 정의로운 사회 같은 것도 필요하지만 도덕적이면서 지성적인 가치관을 개발하는 데 중점을 두어야 한다는 것을 강조하고 있다.

실용서인 애덤 스미스의 『국부론』을 보자. 그는 책 도입부에서 '이 책의 구상'을 설명해 도움을 주고 있다. 몇 페이지나 되는 이 부분을 더 짧게 다음과 같이 요약할 수 있다.

이 책은 노동 분업을 기초로 한 모든 경제에서 국가 부의 원천을 연구한 결과물로, 노동의 대가로 지불되는 임금, 자본이 가져오는 이윤, 지주가 얻는 임차료의 관계가 물가의 주요 원인이라고 본다. 자본으로 이익을 얻는 여러 방법을 이야기하고, 자본의 축적과 운용을 돈의 기원·사용과 관련짓고 있으며, 여러 나라와 여러 조건에서 부의 발전을 살펴보고, 몇 가지 정치·경제 구조와 비교하며 자유무역의 유익함을 이야기하고 있다.

『국부론』의 큰 줄기를 이렇게 파악할 수 있다면 마르크스의 『자본론』의 줄기도 파악할 수 있고 18, 19세기에 가장 큰 영향을 준 이 두 책의 연관성을 잘 이해할 수 있다.

실용서 가운데 다윈의 『종의 기원』으로 과학책의 좋은 예를 찾아볼 수 있다.

이 책은 셀 수 없을 만큼 많은 세대를 거쳐오는 동안 생물이 변형된 것과 그 결과로 식물과 동물을 새로 분류하는 방법에 관한 내용을 담았다. 생존경쟁과 도태와 같은 요인이 어떻게 분류에 영향을 주었는지 보여 주면서 가축의 변이성과 야생동물의 변이성을 다룬다. 지층에서 발견된 동물의 화석과 발생학과 해부학의 논쟁들을 근거로 종이란 일정한 군에 영구히 속하는 것이 아니라 전이된다고 주장한다.

요약이 너무 긴 것 같지만 19세기 독자들에게 그 책은 지금보다 훨씬 어렵게 느껴졌을 것이다. 그 한 가지 이유는 그 책이 정말 무엇을 다루었는지 알아내려고 애쓰지 않아서일 것이다.

마지막으로 철학 분야의 이론서인 로크의 『인간오성론』을 보자. 앞서 살펴보았듯이 로크는 머리말에서 이 책이 "인간 지식의 기원, 확실성, 한계를 연구한 책으로 신념, 의견, 동의의 배경과 정도를 다루고 있다"라고 밝혔다. 저자가 직접 보여 준 훌륭한 줄거리에 왈가왈부할 생각은 없지만 그 책의 1부와 3부 내용에 대해 약간 덧붙이면, 인간의 모든 지식은 타고난 것이 아니라 경험으로 얻는 것이며, 언어는 사고를 표현해 주는 매체라는 점과 그 적절한 효용성과 잘 알려진 남용을 지적하였다.

다음 내용으로 넘어가기 전에 두 가지 점을 지적하고 싶다.

하나는 독자 처지에서 저자가 자기 책을 설명해 주기를 얼마나 기대하느냐는 점이다. 좋은 책은 더 그렇다. 저자가 자기 책을 잘 설명해 놓았는데도 전체 내용이 무엇인지 간략하게 이야기해 보라면 어쩔 줄 모르는 사람들이 많다. 이는 일반적으로 간략하게 요약하는 능력이 부족하기 때문이기도 하고 분석 독서의 원칙을 무시하기 때문이기도 하다. 그러나 대부분 제목은 눈여겨보면서도 머리말에는 그다지 주의를 기울이지 않기 때문이다.

또 한 가지는 앞서 예를 들어 요약해 놓은 내용이 그 책의 큰 줄거리를 보여 주는 절대적 공식이 아니라는 점이다. 통일성을 띠는 큰 줄거리는 다양하게 이야기할 수 있으며 결코 정해진 방법은 없다. 물론 간결하고 정확하고 이해하기 쉬우면 좋지만 완전히 다르게 쓰여도 똑같이 좋을 수도 있고, 똑같이 나쁠 수도 있다.

앞에서 양해도 구하지 않고 저자의 표현과 다르게 그 책의 일관된 흐름을 이야기하기도 했다. 당신이 읽으면 이 책에서 이야기하는 것과 또 다를 수 있다. 결국 책은 읽는 사람마다 약간 다를 수 있다. 그 차이대로 서로 다르게 일관된 흐름을 이야기하는 것이 놀랄 일은 아니다. 그렇다고 책마다 모두 다르다는 것은 아니다. 책을 읽는 사람은 다르지만 책은 같으므로 누구나 정확한지, 내용에 충실한지를 파악할 객관성이 있다.

복잡한 내용을 꿰뚫고 요점 정리하는 기술

이제 구조를 파악하는 제3원칙을 살펴보자. 이 제3원칙은 제2원칙과 매우 밀접하다. 전체의 통일된 큰 줄기를 잘 파악하면 전체를 구성하는 주요 부분은 저절로 분명해진다. 그러나 부분적인 내용을 모르면 전체를 이해할 수 없다.

제2원칙과 제3원칙을 왜 구분해 놓았을까? 편리해서다. 복잡하면서도 일관성 있는 구조를 제대로 파악하려면 한 단계보다 두 단계를 거치는 것이 더 쉽다. 제2원칙은 통일성에 중점을 두고 제3원칙은 복잡성에 중점을 두었다. 이렇게 구분한 데는 또 다른 이유가 있다. 큰 줄기를 파악할 때 그 책의 주요 부분을 보는데, 그 부분들에 보통 복잡한 내부 구조가 있기 때문이다. 따라서 제3원칙은 부분적인 내용을 단순히 열거하는 데 그치는 것이 아니라 요점 정리를 하라는 것이다. 즉 각 부분을 제각기 통일성과 복잡성을 지닌 작은 전체로 본다는 뜻이다.

제3원칙을 따르는 공식이 있다. 평범한 방법이다. 제2원칙을 따르면 어떤 책이 전체적으로 이러저러한 내용이라고 말할 수 있다. 그러고 나서 제3원칙을 따라 다음과 같이 이야기하게 된다.

(1) 저자는 그 책을 5부로 구성했는데 1부는 이런 내용, 2부는 저런 내용, 3부는 이런 것에 대해, 4부는 저런 것에 관해, 5부는 또 이런 것에 관한 내용이다.

(2) 1부는 다시 세 부분으로 나뉘는데 첫 번째는 X, 두 번째는 Y, 세 번째는 Z에 관해 이야기한다.

(3) 1부의 첫 번째 부분에서 저자는 A, B, C, D 네 가지 요점을 이야기한다.

이렇게 요점 정리를 해야 한다는 것이 마음에 안 드는가? 이런 식으로 책을 읽는다면 평생이 걸릴지도 모른다. 물론 이는 하나의 공식일 뿐이다. 이 원칙은 불가능한 일을 하라는 것처럼 보일지도 모른다. 그렇지만 책을 잘 읽는 사람들은 습관적으로 그리고 쉽고 자연스럽게 이런 식으로 읽는다. 이런 내용을 모두 적지 않고 읽으면서 입으로 중얼거리지 않을지라도 말이다. 하지만 그 책의 구조를 설명해 보라고 하면 대략 이 공식처럼 이야기할 것이다.

'대략'이라는 말에 안심이 되는가? 좋은 원칙은 늘 이상적 형태를 말하기 마련이다. 누구나 이상적이지는 못할지라도 훌륭하게 기술을 발휘할 수 있다. 대략이라도 원칙을 따르려고 하면 좋은 실천가가 될 수 있다. 여기서 원칙을 이야기하는 것은 이상적이므로 대략이라도 원칙을 따르려고 노력한다면 만족스러운 일이다.

익숙해졌다고 해도 책마다 이런 노력을 기울이며 읽는다는 것이 마음에 들지 않을 것이다. 이런 노력을 기울이며 읽을 필요가 없는 책들도 있다. 책을 아주 잘 읽는 사람이라도 이 원칙을 거의 완벽하게 지키며 읽을 만한 책은 그리 많지 않다. 대부분 책의 구조를 대충이나마 파악하면 그만이다. 책의 성격이나 읽는 목적에 따라 이 원칙을 따르는 정도도 다르다. 하지만 정도 차이는 있을지라도 원칙은 원칙이다. 거의 완벽하든 대충이든 이 원칙을 따르는 방법은 알아두어야 한다.

시간이나 노력만이 이 원칙을 어느 정도 따를 수 있는지 결정하는 것은 아니다. 인간이 죽을 수밖에 없는 한계가 있듯이 책에도 한계가 있다. 죽지는 않는다고 해도 인간이 만들었기에 불완전하다. 완벽한 책이 없기에 완벽한 요점 정리도 없다. 책에서 보여 주는 것만큼만 하면 되지 저자가 책에 써놓지 않은 것까지 적어 보라는 것이 아니다. 즉 책 자체의 요점을 말하라는 것이지 책이 다루는 주제에 관해 요점 정리를 하라는 것이 아니다.

주제에 대한 요점 정리를 하려면 끝이 없다. 하지만 주제를 한정적으로 다루는 그 책의 요점 정리는 그리 장황할 필요가 없다. 이 원칙을 대충 지켜도 된다는 소리로 들리는가? 그렇지 않다. 그러고 싶어도 완벽하게 지킬 수는 없다는 것이다.

부분적인 내용의 순서와 관계를 파악하는 공식은 실제로 이 원칙을 적용한 실례들을 보면 그다지 어렵지 않다는 것을 알 수 있다. 그런데 유감스럽게도 이 원칙은 앞서 이야기한 원칙처럼 예를 들어 설명하기가 어렵다. 일관성 있는 큰 줄거리는 한두 문장이나 짧은 문단으로 충분히 이야기할 수 있다. 하지만 길고 복잡한 책은 부분적인 내용을 자세하고 충분하게 요약하고, 그 부분을 다시 구조적으로 적당하게 나누고, 그 부분을 또 나누는 작업을 하려면 수십 페이지를 적어야 한다. 이론적으로 요점을 정리한 것이 책보다 더 길 수도 있다. 아리스토텔레스의 작품에 대한 중세의 훌륭한 주석서 가운데 실제로 책보다 더 긴 것들이 있다. 물론 저자의 글을 한 문장 한 문장 해석도 했기에 요점 정리라고 할 수는 없다.

칸트의 『순수이성비판』에 대한 현대의 어떤 주석서도 그렇다. 또 꼼꼼하게 요점 정리하고 주석을 단 셰익스피어의 작품은 원작보다 10배나 긴 것도 많다. 요점 정리를 하라는 원칙을 거의 완벽하게 따르고 싶다면 이런 주석서를 보면 된다. 예를 들어 아퀴나스는 아리스토텔레스의 작품에 대한 주석서에서 아리스토텔레스가 해놓은 훌륭한 요약으로 각 부분의 해설을 시작하며, 특히 그 부분이 앞뒤 부분과 연결 속에서 전체 구조에 어떻게 어울리는 내용인지 분명하게 설명한다.

간단한 예를 들어보자. 앞에서 아리스토텔레스의 『윤리학』에 흐르는 큰 줄기를 이야기했는데 여기서는 그 구성을 대충이라도 살펴보자. 이 책 전체 내용은 여섯 개 주요 부분으로 나뉜다.

첫째 부분은 인생의 목적으로 행복에 대해 다른 선행과 연관 지어 이야기한다. 둘째 부분은 자발적인 행동의 본질을 좋은 습관과 나쁜 습관의 형성과 연관 지어 이야기한다. 셋째 부분은 도덕적 가치관과 지적 가치관과 더불어 다양한 덕목을 이야기한다. 넷째 부분은 악덕도 미덕도 아닌 도덕적 상태를 다룬다. 다섯째 부분은 우정을 다루고 여섯째 부분은 마지막으로 쾌락을 이야기하며 처음에 시작했던 인간의 행복에 대한 내용으로 마친다.

이렇게 구분한 것은 10권으로 된 『윤리학』 책을 한 권씩 정리한 것이 아니다. 첫째 부분은 1권 내용에 해당하지만 둘째 부분은 2권과 3권의 반, 셋째 부분은 3권의 나머지 반에서 6권까지, 쾌락에 관한 내용은 7권 끝부분에 나왔다가 10권 마지막 부분에 다시 나온다.

책에 구분된 대로 나눌 필요는 없다. 물론 우리가 윤곽을 그린 것보다 책에서 나누어 놓은 구조가 더 좋을 수도 있지만 더 나쁠 수도 있다. 중요한 것은 읽는 사람이 스스로 윤곽을 그려 보는 것이다. 저자는 책을 잘 쓰려고 윤곽을 잡고 독자는 책을 잘 읽으려고 윤곽을 파악한다. 저자도, 독자도 완벽하다면 거의 같은 윤곽을 찾아낼 수 있다. 저자든 독자든 불완전하면 할수록 서로 일치하기 어렵다.

그렇다고 저자가 각 장으로 구분해 놓은 것을 무시해도 된다는 뜻은 아니다. 이들은 책 제목이나 머리말과 마찬가지로 독자에게 도움을 주려는 것이다. 그러나 그것에만 의존해서는 안 된다. 스스로 윤곽을 그리는 데 안내도 정도로 삼으면 된다. 완벽하게 구상해서 글을 쓰는 저자는 그리 많지 않다. 하지만 좋은 책은 겉으로 구분된 것보다 훨씬 튼튼한 구상을 가지고 있다. 겉으로 드러난 구조에 만족하지 말고 그 속에 있는 진짜 구조를 발견해야 한다.

진짜 구조를 찾아내는 것은 정말 중요한 일이다. 책에 흐르는 큰 줄기를 찾아내는 제2원칙은 그 큰 줄기를 이루는 각 부분을 파악하는 제3원칙을 지키지 않고는 제대로 따를 수 없다. 대충 훑어보기만 해도 두세 문장으로 큰 줄기를 요약할 수 있다. 그리고 그 책을 더 잘 읽은 사람에게 잘했다고 후한 점수를 얻을지도 모른다. 하지만 정확하게 파악했는지 자신은 확신할 수 없다. 운 좋게 잘 맞춘 것일 뿐이다. 따라서 제3원칙은 제2원칙을 충실하게 지키는 데도 필요하다.

간단한 예를 들어 그 의미를 살펴보자. 말을 막 하기 시작한 두 살짜리 아이가 "둘 더하기 둘은 넷이에요"라는 말을 했다고 하자. 맞는 말이다. 그런 말을 했다고 그 아이가 셈을 잘한다고 단정해도 될까? 사실 그 아이는 맞는 말이라 해도 그게 무슨 뜻인지 모를 것이다. 우리는 그 아이가 정말 셈을 잘할 만큼 연습하며 자라는 것이 좋을 거라고 생각할 것이다. 마찬가지로 어떤 책의 주제나 요점을 정확하게 짚어낼 수 있다 해도 '왜' 그리고 '어떻게' 그 이야기가 사실인지를 보여 주려면 좀 더 연습해야 한다. 책의 부분적 윤곽을 그리고 그것이 어떻게 주제와 연관되어 전개되는지 밝히는 것은 그 책에서 일관되게 흐르는 큰 줄기를 파악하는 데 도움이 된다.

읽기와 글쓰기의 상호관계

지금까지 이야기한 읽기의 두 가지 원칙은 일반적 글쓰기의 원칙이기도 하다. 글쓰기와 읽기는 가르침과 배움처럼 서로 관계가 있다. 저자나 교사가 전달할 내용을 잘 구성하지 않고, 부분적인 내용을 통일성 있게 잘 배열하지 않으면 독자나 학생에게 큰 줄기를 찾아내고 전체 구조를 파악하라고 지도할 이유가 없다.

읽기와 글쓰기가 상호관계가 있다고 해도 똑같은 방법으로 적용되는 것은 아니다. 독자는 책 속에 감추어진 뼈대를 드러내려 하고, 저자는 앙상한 뼈대에 근사하게 살을 입히려 한다. 글을 잘 쓰는 사람은 빈약한 뼈대에 비곗덩어리를 입히지도 않고, 굵직한 뼈대에 속이 다 들여다보일 만큼 얇은 살을 붙이지도 않는다. 적당히 붙은 살은 그것이 제거되면 관절과 부분들의 움직임이 드러나 보일 것이다.

왜 그래야 할까? 왜 지식을 체계적으로 전달하는 책은 주제의 윤곽만 보여 주지 않고 살을 붙여야 할까? 대부분 독자가 윤곽을 읽을 수 없어서? 아니다. 저자는 저자대로, 독자는 독자대로 각기 할 일을 충실히 해야 한다고 생각하는 자존심 강한 독자들이 못마땅하게 생각하기 때문에? 그보다 더 큰 이유가 있다. 동물이나 인간처럼 살은 뼈대와 마찬가지로 책의 일부이기 때문이다. 윤곽을 자세히 설명해주는 살은 없어서는 안 될 본질적 차원의 것이다. 동물로 치면 생명을 불어넣는 것과 같다. 아무리 자세한 윤곽이라도 살을 붙이지 않으면 생명이 없는 책이나 마찬가지다.

이는 좋은 글을 쓰려면 통일성, 명확성, 논리성이 잘 갖추어져야 한다는 진부한 옛이야기로 요약할 수 있다. 또 글을 잘 쓸 때뿐 아니라 잘 읽는 데도 적용되는 이야기로, 지금까지 이야기한 두 가지 원칙과 밀접한 관계가 있다. 통일성을 갖춘 책이라면 통일성이 눈에 띄어야 한다. 명확성과 논리성이 있다면 부분적으로 연결된 내용을 구분할 수 있어야 한다. 윤곽이 뚜렷하면 내용을 명확하게 이해할 수 있고, 부분적 내용이 잘 배치되어 있으면 논리적으로 이해하기 쉽다.

이 두 원칙은 좋은 책과 나쁜 책을 구분하는 데 사용할 수 있다. 충분히 파악할 능력을 갖추었는데 아무리 들여다봐도 그 책의 전체 줄기를 찾아낼 수 없다면, 부분적 내용과 그 연결성이 구분이 안 된다면, 아무리 호평받은 책이라 해도 나쁜 책일 확률이 높다. 물론 성급하게 판단해서는 안 된다. 책이 나쁜 것이 아니라 실수하는 것일지도 모르니까. 그렇다고 실수할까 봐 판단하지 않으려 해도 안 된다. 사실 독자가 실수할 수도 있지만 책이 잘못된 경우가 더 많다. 왜냐하면 대다수 책은 저자가 이런 원칙을 따르지 않고 쓰는 잘못을 범하기 때문이다.

이 두 가지 원칙은 책 전체뿐 아니라 중요한 내용이 있는 어느 한 부분을 읽을 때도 해당한다. 비교적 독립된 특정한 부분에 복잡한 줄기가 있다면 잘 읽어 그 줄기와 복잡한 내용을 구분할 수 있어야 한다. 이런 점에서 볼 때 지식을 전달하는 책은 시, 희곡, 소설과 같은 문학작품보다 부분적으로 더 독립적이라는 차이점이 있다. 소설을 읽으면서 "이만큼만 읽어도 다 알 수 있다"라는 사람은 모르는 소리를 하는 것이다. 좋은 소설이라면 결코 일부를 읽고 전체 내용을 정확하게 이야기할 수 없다. 하지만 아리스토텔레스의 『윤리학』이나 다윈의 『종의 기원』 같은 책은 제3원칙을 잘 지킨 것은 아니지만, 어느 한 부분만 주의 깊게 읽어도 무슨 책인지 알 수 있다.

저자의 의도를 찾아라

이 장에서 논하고 싶은 독서 원칙이 한 가지 더 있다. 설명도 간단하게 할 수 있고 실례도 별로 필요하지 않다. 제2원칙, 제3원칙을 잘 따른다면 이미 이 원칙도 지키는 것이나 다름없다. 이를 다른 말로 다시 반복하는 것뿐이지만 전체 내용과 부분을 다른 관점에서 파악할 수 있으니 도움이 될 것이다.

분석하며 읽을 때 네 번째 원칙은 다음과 같다.

제4원칙: 저자가 풀어 가려는 문제를 분명하게 찾아내라

저자는 물음을 던지는 데서 책을 시작한다. 그리고 책 속에 그 물음에 대한 답이 들어 있다. 저자는 하나의 결실인 답안은 보여 주지만 물음은 무엇인지 가르쳐 주지 않을 수도 있다. 가르쳐 주든 가르

쳐 주지 않든 정확하게 물음을 파악하는 것은 독자의 과제다. 책에서 해답을 제시하려는 중점적 물음이 무엇인지 이야기할 수 있어야 하고, 그 중점적 물음이 복잡하고 여러 부분으로 되어 있다면 그 하위 물음들도 알아야 한다. 또 물음들을 모두 정확하게 이야기하는 데서 그치지 말고 그 물음의 구조를 파악하기 쉽게 나열할 수 있어야 한다. 어떤 물음이 먼저이고 어떤 물음이 나중인지 말이다.

어떤 의미에서는 큰 줄기를 찾아내고 또 부분적으로 파악하는, 앞서 이야기한 원칙들과 중복되었다는 것을 알 수 있다. 그런데 제4원칙을 따르는 것은 제2원칙, 제3원칙을 효과적으로 따르는 데 실질적 도움을 주는 또 다른 과정이다.

이 원칙은 다른 두 원칙에 비해 다소 낯설지만 어려운 책을 읽을 때 훨씬 더 효과적이다. 강조하고 싶은 것은 비평가들이 흔히 고의적 오류라고 하는 데 빠지지 말라는 것이다. 즉 저자가 쓴 책으로 저자 마음속에 무엇이 들었는지 알아낼 수 있다고 생각하는 오류 말이다. 이는 특히 문학작품에서 범하기 쉬운 오류다. 예를 들어『햄릿』을 보고 윌리엄 셰익스피어의 정신분석을 하려는 것처럼 말이다. 어쨌든 시를 읽을 때도 저자가 무슨 이야기를 하는지 파악해 보려는 것은 대단히 유익하다. 지식을 전달하는 책은 더 말할 것도 없다.

하지만 숙련된 독자라도 대부분 이 원칙을 따르지 않아 결국 그 책의 요점이나 주제를 매우 불투명하게 파악하고 윤곽도 엉망으로 그리게 된다. "이 책은 왜 이런 큰 줄기를 가지고 있을까?"를 모르기에 그 줄기를 놓쳐버리고, '부분적인 내용이 무슨 목적으로 쓰였는지' 이해하지 못하기에 윤곽을 파악하지 못하는 것이다.

사람들이 어떤 질문을 던질지 안다면, 저자가 의문시하는 것을 파악하기 쉬울 것이다. 간단히 살펴보면 이런 유형의 질문이다. 그것은 존재할까? 그것은 무엇일까? 왜 존재할까? 그것은 어떤 상황에서 존재할까? 그 목적은 무엇일까? 어떤 결과를 가져올까? 어떤 성격을 지녔을까? 특징은 무엇일까? 유사한 것들 또는 다른 것들과 관계는? 어떻게 행동하는가? 이러한 것들은 '이론적 질문'이다. '실천적 질문'도 있다. 무엇을 목표로 해야 하는가? 그 목적을 이루려면 어떤 방법을 선택해야 하는가? 특정한 목적을 이루려면 무엇을, 어떤 순서로 해야 하는가? 이런 조건에서 무엇을 하는 것이 옳은가? 또는 무엇을 하는 것이 더 좋은가? 이렇게 하지 않고 저렇게 하려면 어떤 조건에서 하는 것이 더 좋은가?

물론 이 질문들이 전부는 아니지만 이론적 또는 실천적 지식을 구할 때 자주 던져질 수 있는 대표 물음들의 유형을 보여 준다. 그 책이 해결하려는 문제를 찾아내는 데 도움이 될 것이다. 다소 수정되어야겠지만, 상상력이 풍부한 소설과 같은 작품을 읽을 때 큰 도움이 될 것이다.

분석하며 읽기 제1단계

책을 잘 읽기 위한 첫 번째 네 가지 원칙을 살펴보았다. 책을 읽기 전에 미리 잘 살펴보았다고 해도 이 원칙들을 적용하면 분석하며 읽는 데 도움이 된다. 여기서 중요한 것은 네 가지 원칙을 하나의 목적을 위해 서로 연합된 한 덩어리 원칙으로 인식해야 한다는 사실이다.

이 원칙을 한꺼번에 적용하면 독자는 그 책의 구조를 알게 된다. 책뿐 아니라 꽤 길고 어려운 글을 읽을 때도 이 원칙대로 하면 분석적으로 읽는 제1단계를 훌륭히 통과한 것이다.

이 '단계'라는 말을 시간 순서로 이해하면 안 된다. 즉 먼저 네 가지 원칙을 지키며 책을 다 읽고, 또 다른 원칙을 따라 다시 다 읽고 나서 또 다른 원칙을 따라 읽는 식이 아니다. 책을 잘 읽는 사람은 한꺼번에 이 모든 단계를 거치며 읽는다. 그렇지만 책의 구조를 알아야 책을 분석하며 읽을 수 있는 단계라는 점은 명심해야 한다.

즉, 네 원칙을 따르면 그 책에 관한 기본적 질문에 답할 수 있다. 이 질문을 기억하는가? '전체 내용이 무엇에 관한 글인가?' 이는 그 책 주제를 찾아내고, 저자가 어떻게 부제와 세부 내용에서 그 주제를 논리정연하게 전개해 나가는지 파악하는 것이다. 네 가지 원칙을 지키면 분명히 이 질문에 답할 수 있다. 앞으로 다른 원칙을 적용하면서 더 정확하게 답을 찾고 다른 질문에도 답하게 될 테지만 말이다.

다음 장으로 넘어가기 전에 네 원칙을 순서대로 정리해 보자.

I. 분석하며 읽기 제1단계: 무엇을 다룬 책인지 알아낸다.
 1. 책을 종류와 주제에 따라 분류하라.
 2. 전체 내용이 무엇에 관한 글인지 최대한 간략하게 이야기해 보라.
 3. 주요 부분을 찾아 어떤 순서에 따라 전체적으로 어떻게 구성되어 있는지 파악하라.
 4. 저자가 풀어나가려는 문제를 분명하게 찾아내라.

8장
저자와 협약해
용어 파악하기

　무슨 책인지 구분하고 그 구조를 파악하도록 하는 네 가지 원칙을 따르면 책을 분석하며 읽는 제1단계를 통과한 것이다. 이제 제2단계로 넘어가자. 이 2단계에도 네 가지 원칙이 있는데 간단히 말하면 협약을 맺는 것에 비유할 수 있다.

　사업상 성공적으로 협상하고 나면 마지막 단계가 계약하고 서명하는 일이다. 하지만 책을 분석하며 읽을 때는 윤곽을 그린 후 처음하는 것이 계약하는 일이다. 독자가 저자와 협약을 하지 않으면 한쪽에서 다른 한쪽으로 지식이 전달될 수 없다. '저자가 사용하는 용어를 파악하고 그 의미대로 이해'하겠다는 협약을 해야 한다는 뜻이다.

단어 대 용어

　'용어'는 단순히 '단어'가 아니다. 특정한 용어로 쓰였는지 일반적단어로 쓰였는지 구분할 필요 없이 모든 낱말이 한 가지 의미만 있다면, 저자의 글을 이해하려고 중요한 단어만 찾으면 된다. 하지만 단어들은 보통 여러 가지 의미가 있다. 중요한 단어일수록 그렇다. 저자가 이런 의미로 이야기하는데 독자가 저런 의미로 받아들인다면 저자의 용어를 제대로 파악하지 못한다. 의사소통하는 데 이해할 수 없는 모호한 점이 있다면 서로 의사가 소통되었다고 할 수 없다. '커뮤니케이션'이라는 단어를 보자. 어원은 'common', 즉 '공통'이라는 단어와 연관이 있다. 커뮤니티는 공통점이 있는 사람들의 집단이다. 커뮤니케이션은 한 사람이 다른 사람(혹은 동물이나 기계)과 지식, 마음, 감정 같은 것을 공유하려고 노력하는 것이다. 커뮤니케이션이 성공하려면 둘 사이에 주고받는 정보나 지식이 공통적이어야 한다.

지식을 전달할 때 모호한 점이 있다면 서로 주고받는 단어들 때문일 것이다. 모호한 점을 그대로 두는 한 저자와 독자는 같은 의미를 공유할 수 없다. 따라서 커뮤니케이션을 성공적으로 하려면 양측이 같은 단어를 '같은 의미'로 파악해야 한다. 즉 이런 단어를 이런 의미로 이해하자는 협약을 해야 한다. 그래야 커뮤니케이션이 되고 두 정신 속에 같은 사고가 깃드는 기적이 일어난다.

용어는 모호하지 않은 단어라고 정의할 수 있다. 엄격하게 말해 모호하지 않은 단어는 없으므로 정확한 정의라고 볼 수는 없다. 다시 말하면, 용어는 '모호하지 않게 사용하는' 단어라는 뜻이다. 사전은 단어들로 가득 차 있다. 그 단어들은 하나에 여러 가지 의미가 있다는 점에서 모호하다고 할 수 있다. 하지만 단어에 여러 가지 의미가 있다 해도 한 번에 한 가지 의미로 사용된다. 저자와 독자가 어떤 단어를 놓고 한 가지 의미로 사용하기로 협약했으면 그 단어는 용어가 된다.

둘이 협약한 용어는 사전에서 찾아볼 수 있는 그런 의미의 단어가 아니다. 물론 사전에 있지만 저자는 모호함을 피하고 독자는 저자가 사용한 대로 이해하려고 맺는 일종의 협약 같은 것이다. 물론 이런 협약이 잘될 수도 있고 그렇지 않을 수도 있다. 저자와 독자가 노력한 끝에 이렇게 협약하는 것이 이상적인 일이다. 이는 글을 잘 쓰거나 잘 읽으려면 습득해야 할 기본 기술 중 하나다. 즉 "지식을 주고받으려면 단어를 탁월하게 사용하고 파악해야 한다."

물론 이는 지식을 전달하는 책에 해당하는 말이다. 시나 소설은 지금까지 이야기한 넓은 의미의 지식을 전달하는 책만큼 단어들을 모호하게 사용하는 것이 문제가 되지 않는다. 훌륭한 시는 매우 모호한 단어를 많이 사용한다고 볼 수 있고, 시인들은 의도적으로 그런 단어들을 사용하기도 한다. 이는 시 부분에서 중요하게 다룬다. 문학 분야에서도 시와 과학적 영역의 글이나 해설서와는 이런 주요한 차이가 있다.

이제 제5원칙을 이야기할 시간이다. 책에 있는 중요한 단어들과 저자가 그 단어들을 어떻게 사용하는지를 대략 감지하는 것이라고 할 수 있다. 자, 정확하고 근사하게 이야기해 보자.

제5원칙: **중요한 단어를 찾아 저자가 어떤 용어로 사용하는지 파악하라**

두 가지를 이야기한다. 하나는 다른 단어들과 구별되는 중요한 단어들을 찾으라는 것이고 다른 하나는 그 단어들이 정확하게 어떤 의미로 사용되는지 파악하라는 것이다.

책을 분석하는 제2단계는 책이 어떤 구조를 이루는지 윤곽을 그리는 것이 아니라 그 내용과 메시지를 해석하는 단계다. 다음 장에서 이야기하겠지만 나머지 원칙도 매우 중요한데 모두 일단 사용하는 언어에 대해 그리고 나서 그 언어가 담고 있는 의미에 관한 두 과정으로 되어 있는 원칙이다.

언어가 사고를 전달하는 투명하고 완벽한 매체라면 이런 과정으로 분리될 필요가 없다. 하나의 단어가 모두 하나의 의미만 있다거나 모호하게 사용될 수 없다거나 한마디로 단어 하나하나가 모두 이상적으로 쓰일 수만 있다면 언어는 투명한 매체일 것이다. 독자는 저자가 사용한 단어로 저자가 생각한 내용을 그대로 알 수 있다. 그럴 수 있다면 이런 식으로 분석하며 책을 읽을 필요도 없다. 해석 자체가 불필요한 일일 테니까.

이는 물론 있을 수 없는 일이다. 속상해도 어쩔 수 없다. 이상적으로 뜯어고쳐 보려 해도 소용없다. 철학자 라이프니츠와 그의 제자들도 애써 보았지만 성공하지 못했다. 만일 그들이 성공했다면 이 세상에 시는 존재하지 않을 것이다. 결국 우리가 할 수 있는 일은 언어를 최대한 잘 사용하는 것뿐이다.

언어는 지식을 전달하기에 불완전한 매체라서 커뮤니케이션에 장애가 되기도 한다. 해석하며 읽는 원칙은 이러한 장애를 극복하려는 것이다. 훌륭한 저자라면 언어가 만들어 놓은 불가피한 벽을 넘어 자기 뜻을 전달할 것이다. 그런데 이는 저자 혼자서 할 수 있는 일이 아니다. 반은 우리가 떠맡아야 한다. 독자로서 할 일은 그 막힌 벽 저쪽으로 굴을 뚫어 나가는 것이다. 언어를 '통해' 정신과 정신이 만나느냐 마느냐 하는 것은 저자와 독자가 얼마나 협력하느냐에 달렸다.

'가르침을 받아들이는 상대적 행위'가 없으면 가르치는 일은 소용없다. 저자가 아무리 글 쓰는 기술이 뛰어나도, 독자가 그 글을 읽는 기술이 뛰어나지 않으면 커뮤니케이션이 될 수 없다. 결국 글을 쓰고 읽는 여러 가지 기술을 발휘해도 저자와 독자의 정신을 이어줄 수 없다. 아무리 열심히 작업해도 똑같은 공법으로 계산하지 않으면 산양쪽에서 뚫어 나가는 굴이 하나로 연결될 수 없다.

책을 해석하며 읽는 원칙은 문법적인 면과 논리적인 면 두 과정으로 되어 있다. 문법적인 면은 단어와 관계가 있고 논리적인 면은 그 의미, 정확히 말해 용어와 관련이 있다. 이 둘은 불가분의 관계다. 언어 없이 생각이나 지식이 전달될 수 없고, 생각이 담기지 않았다면 언어는 아무것도 전달한 것이 없다. 문법은 생각이 담긴 언어를 파악하는 기능이고, 논리는 언어가 전달하는 생각을 파악하는 기능이다. 그래서 문법과 논리로 잘 읽고 잘 쓰는 기술을 얻을 수 있다.

언어와 생각이 하는 일, 특히 일반 언어와 특정한 용어를 구분하는 것은 아주 중요하므로 확실하게 이해하도록 반복해서 이야기하는 것이다. 핵심은 이것이다. '한 가지' 단어는 '여러 가지' 뜻이 있고, '한 가지' 용어는 '여러 가지' 단어로 표현할 수 있다. 다음과 같은 예로 그 구조를 이해해 보자. 지금까지 우리는 '읽는다'는 단어를 여러 의미로 사용했는데, (1) 즐기려고 읽는다, (2) 정보를 얻으려고 읽는다, (3) 이해하려고 읽는다 등의 의미가 있다. '읽는다'는 단어를 X로 표시하고 나머지 세 가지 의미를 a, b, c로 표시해 보자. 그러면 aX, bX, cX로 표시되는 이 세 단어는 제각기 다른 단어가 아니다. 모두 똑같은 X로 쓰이기 때문이다. 그런데 독자나 저자가 그 세 개의 X가

서로 다른 의미로 사용되었음을 파악한다면 둘 사이에 일종의 협약이 되는 것이다. 하지만 저자가 aX로 썼는데 독자가 bX로 읽는다면 둘 다 X라는 똑같은 단어를 사용했지만 서로 다르게 읽은 것이나 마찬가지다. 의미가 여러 가지인 모호성 때문에 의사소통이 방해를 받은 것이다. 독자가 저자 생각대로 단어를 파악할 때 둘이 하나의 생각을 공유하게 된다. X만으로는 같은 생각을 공유할 수 없다. aX인지, bX인지, cX인지 파악해야 한다. 이것이 저자와 협약하는 것이다.

키워드를 찾아라

이제 저자와 협약한다는 원칙에 살을 붙여보자. 용어들을 저자와 같은 의미로 파악하려면 어떻게 해야 할까? 중요한 단어나 키워드를 어떻게 찾을 수 있을까?

한 가지 분명한 사실은 저자가 사용하는 단어가 모두 중요한 것은 아니라는 점이다. 다시 말해, 대부분 단어는 그리 중요하지 않다. 저자가 특별하게 사용하는 단어들만이 저자나 독자에게 중요하다. 물론 무조건 그런 것은 아니지만, 대개 분명히 다른 단어들보다 중요하게 사용한 단어들이 있다. 극단적으로 저자가 거리에서 쉽게 들을 수 있는 단어들만 사용했다고 치자. 저자가 모든 사람이 일상에서 사용하는 단어를 사용했으므로 독자는 책을 읽는 데 별 어려움이 없을 것이다. 뜻이 여러 가지라서 모호한 단어라 해도 상황에 따라 어떤 의미로 활용되는지 익히 잘 알기 때문이다.

예를 들어 아서 에딩턴이 『물리계의 성질』이라는 책에서 사용하는 '읽는다'는 단어를 보자. 그는 '눈금을 읽는다'고 하는데, 이는 과학기구의 수치를 측정하는 것을 의미한다. 독자들에게 자기 뜻을 전달하려고 아주 평범한 의미로 사용했을 뿐 결코 전문용어가 아니다. 그는 같은 책에서 '자연을 읽는다'고 똑같은 단어를 다른 의미로 사용하지만 그 뜻이 서로 다르다는 것을 굳이 설명하지 않아도 독자들은 안다. 이를 모른다면 친구든 직장 동료든 그 누구와도 대화를 나눌 수 없다.

그런데 같은 책에서 '원인'이라는 단어는 달리 사용한다. 일상 대화에서 널리 사용하는 단어이지만 인과관계의 이론을 설명할 때는 일정한 전문용어로 사용된다. 그 단어를 주의 깊게 이해하지 않으면 저자와 독자 사이에 차이가 생긴다. 마찬가지로 당신이 지금 읽는 이 책에서 '읽는다'는 단어가 그렇다. 여기서는 결코 일상적인 뜻으로 사용하지 않았다.

저자는 대부분 단어를 일상 대화에서 사용하는 그대로 상황에 따라 다른 의미로 바꿔가며 글을 쓴다. 이를 알아두면 중요한 단어를 찾아내는 데 도움이 된다. 하지만 우리에게 익숙한 단어라도 시대와 장소에 따라 다르다는 것을 명심해야 한다. 이 시대 저자라면 '오늘날'의 언어를 사용할 것이며 오늘날을 사는 사람이라면 누구나 다 이해할 수 있다. 하지만 과거에 쓰인 책은 그 당시 사람들이 사용하던 말로 썼을 테니 그 의미를 파악하기에 다소 어려울 수도 있다. 일부러 고어나 사라진 의미를 사용하는 저자들은 마치 외국어를 해석하며 읽는 것과 마찬가지이므로 더 어렵다.

어떤 책이든 대부분 단어는 친구에게 이야기할 때와 같은 의미로 쓰인다. 이 책의 아무 페이지나 넘겨 대부분 동사, 명사, 부사, 형용사 등이 정말 그렇게 사용되었는지 살펴보라. 이 장에서만 본다면 '단어', '용어', '모호성', '의사소통' 등 중요한 단어가 몇 개 되지 않을 것이다. 이 가운데 '용어'가 분명 가장 중요하다. 다른 단어들은 '용어'와 연관되어 있으므로 중요하다.

키워드는 그 단어가 사용되는 문단을 이해하지 않고는 알아낼 수 없다. 다소 역설적으로 들릴지도 모르겠다. 물론 문단을 잘 이해한다면 그 문단에서 무엇이 키워드인지 찾아낼 수 있다. 하지만 어떤 문단을 완전히 이해하지 못한다면 이는 저자가 어떤 특정한 단어를 어떤 의미로 사용하는지 파악하지 못했기 때문이다. 그리고 그 어려운 단어에 표시했다면, 그것이 바로 저자가 특별한 의미로 사용하는 단어를 찾았다는 뜻일 수도 있다. 저자가 일상적으로 사용하는 단어들을 이해하지 못해 고심하는 일은 없을 테니까.

이제 독자는 '이해하기 어려운 단어'를 가장 중요한 단어라고 파악해도 된다. 저자에게 중요하게 쓰인 단어다. 그렇다고 중요한 단어가 이해하기 어려워야 한다는 법은 없다. 저자가 중요하게 사용하는 단어를 독자가 쉽게 이해할 수도 있다. 물론 정확하게 이해했기에 그럴 것이다. 이런 경우는 이미 저자와 협약한 것이나 다름없다. 파악하기 어려운 단어가 있다면 계속 협약하려고 노력해야 한다.

전문용어와 특수 어휘

지금까지는 일상적인 단어들을 제외하고 나서 찾는 다소 거꾸로 된 듯한 방법을 썼다. '일상적이지 않으니까' 중요한 단어일 거라고 짐작하는 방법 말이다. 하지만 중요한 단어를 알아내는 다른 방법은 없을까? 보기만 해도 짐작할 수 있는 힌트 같은 것은 없을까?

물론 있다. 가장 분명한 한 가지 힌트는 다른 단어와 달리 강조하는 것이다. 강조하는 데도 여러 가지 방법이 있는데 따옴표, 이탤릭체를 사용해 눈에 띄게 할 수 있다. 또는 그 단어의 여러 가지 의미를 이야기하며 여기서는 이렇게, 저기서는 저렇게 사용한다는 것을 직접 보여 주는 방법도 있고, 그 단어가 가리키는 것을 명확히 정의 내리는 방법도 있다.

유클리드의 글을 읽으려면 '점', '선', '면', '각도', '평행선' 같은 단어를 알아야 한다. 유클리드가 정의 내린 기하학의 본질을 나타내는 용어들이다. 중요한 다른 단어도 있다. '대응', '정수', '비율'도 중요한 단어들이지만 유클리드가 직접 정의하지는 않는다. 이 단어들이 수학에서 얼마나 중요한지 잘 알 것이다. 유클리드는 처음에 기본 명제를 분명하게 이야기하는데, 이 명제에서 사용하는 용어들과 그 용어들을 설명해 주는 단어들이 기본적으로 중요하다는 것을 짐작할 수 있다. 그리고 유클리드는 그 단어들을 일상적 의미와 같이 사용하기에 별로 어렵지 않다.

모든 저자가 유클리드와 같다면 읽기가 훨씬 쉬울 것이다. 어느 분야나 기하학처럼 자세히 설명할 수 있을 거라고 생각하는 사람들이 있겠지만 실제로는 불가능하다. 수학에서 명제와 증명을 풀어가는 데 쓰는 방법을 어느 분야의 학문에나 적용할 수 있는 것은 아니다. 어쨌든 '어느 분야의 학문이든 전문용어가 있다'는 공통점만 기억하면 된다. 유클리드는 서두에서 분명하게 설명하는데, 유클리드 외에 갈릴레이나 뉴턴처럼 그런 방식으로 글을 쓰는 저자도 많다. 하지만 다른 분야에서 다른 방식으로 쓰인 글을 읽을 때는 독자가 그 전문용어를 찾아야 한다.

저자가 직접 중요한 단어를 설명하지 않아도 독자는 그 분야에 대한 사전 지식 등으로 알 수 있다. 다윈이나 애덤 스미스의 글을 읽기 전에 이미 생물이나 경제학에 관해 안다면 전문용어를 찾아내기 어렵지 않다. 책의 구조를 분석하는 데 적용했던 원칙들도 도움이 될 수 있다. 어떤 종류의 책인지, 전체적으로 무엇을 이야기하는지, 부분적으로는 어떤 내용이 있는지 파악하고 나면, 일상생활에서 쓰는 단어와 전문용어를 구분하는 데 큰 도움이 될 것이다. 마찬가지로 책 제목이나 장 제목, 머리말도 유용하다.

예를 들어, '부wealth'라는 단어가 애덤 스미스에게는 전문용어이고, '종species'이라는 단어가 다윈에게는 전문용어다. 하나의 전문용어에서 다른 전문용어가 파생되거나 연관되는 일이 많기에 비슷한 용어들이 자연히 눈에 띌 것이다. 애덤 스미스가 사용하는 용어들을 나열해 보면 노동, 자본, 토지, 임금, 이윤, 지대, 상품, 가격, 교환, 생산성, 비생산성, 화폐 등이 있다. 또 다윈의 책에서 빼놓을 수 없는 용어들에는 종種, 유類, 속屬, 도태, 생존, 개종, 잡종, 창조 등이 있다.

전문용어가 확립되어 있는 분야에서는 중요한 단어를 찾아내기가 비교적 쉽다. 이미 알고 있거나 일상 용어가 아닌 것을 찾으면 된다. 하지만 불행히도 전문용어가 확립되지 않은 분야가 많다.

철학자들은 자기들만의 어휘를 사용한다는 비판을 받는다. 물론 오래전부터 쓰인 용어들이 있다. 모든 철학자가 같은 의미로 사용하지 않는다고 해도 어떤 문제를 논하는 데 전문용어로 쓰이는 단어들이다. 그런데 새로운 용어를 만들어낼 필요가 생기거나 '일상적으로 쓰는 단어를 전문용어로' 사용할 필요가 있다. 이때 일상적으로 쓰는 단어는 독자들에게 혼동을 주기 쉽다. 하지만 훌륭한 저자라면 이런 혼란을 방지하려고 언제나 분명하게 주의를 준다.

중요한 단어를 찾는 또 한 가지 힌트는 그 단어에 대해 다른 저자와 의견이 다르다는 것을 보여 주는 경우다. 다른 저자가 그 단어를 어떻게 사용하는가, 왜 그는 다르게 사용하려고 하는가 등을 설명한다면 중요한 단어임이 틀림없다.

지금까지 중요하게 설명한 전문용어의 개념을 너무 좁게 받아들여서는 안 된다. 저자의 사고나 주요 개념을 표현하는 소수의 단어를 그 저자가 사용하는 특정 어휘라고 할 수 있다. 그 단어들을 사용해서 분석하거나 논점을 전개하면서 매우 특별하게 사용한다. 다른 용어들은 그 분야에서 여태까지 써온 방식대로 사용하지만 말이다. 어떤 경우든 '저자에게' 가장 중요한 단어가 있게 마련이다. 그런 단어는 의미가 불분명한 단어들과 마찬가지로 독자가 중요한 단어로 파악할 수 있어야 한다.

대부분 독자의 문제는 단어에 충분히 주의를 기울여 어려운 단어가 무엇인지 파악하려 들지 않는다는 점이다. 즉 제대로 이해하지 못하는 단어와 이해하는 단어를 구분하지 못한다는 것이다. 단어가 전달하는 의미를 제대로 파악하려고 주의를 기울여 읽는 노력을 하지 않는다면 중요한 단어를 찾는 데 도움이 되는 이런 방법을 이야기해 봤자 소용없다. 깊이 생각하지 않고, 적어도 표시라도 해두지 않는다면, 이해하지 못한 그 단어 때문에 소용없는 책 읽기가 될지도 모른다.

지식을 전달하는 책을 읽을 때 모든 단어를 완벽히 이해하지 못하는 것이 당연하다. 하지만 신문기사에 나와 있는 것과 같은 일상적 단어를 읽는 수준으로 읽는다면, 그 책을 해석하지 못할 것이다. 또 그 책을 이해하려고 노력하지 않는다면 그 책은 아무 지식도 전달하지 못하고 신문을 읽는 정도가 되고 만다.

사람들은 대개 능동적으로 읽으려 하지 않는다. 보이는 대로만 볼 뿐 의욕적으로 읽으려 하지 않는 독자들의 큰 잘못은 단어에 주의를 기울이지 않는 것, 저자와 협약에 실패하는 것이다.

의미를 파악하라

중요한 단어를 찾아내는 것은 시작에 지나지 않는다. 내용 중 어느 곳을 잘 읽어야 할지를 찾아낸 것뿐이다. 제5원칙은 아직 끝나지 않았다. 자, 이해하기 어려운 단어를 찾아 표시했다. 그럼 이제 어떻게 하란 말인가?

두 가지 가능성이 있다. 저자는 어떤 단어는 한 가지 의미로만 사용하고 또 어떤 단어는 때에 따라 여러 가지 의미로 바꾸며 사용한다. 중요한 단어가 한 가지 의미로만 쓰이는 좋은 예를 유클리드의 책에서 찾아보았다.

이렇게 두 가지 경우가 있다는 것을 염두에 두고 다음과 같이 해야 한다. 먼저 단어가 하나의 의미만 있는지 여러 가지 의미가 있는지 알아낸다. 여러 가지 의미가 있다면 서로 어떤 연관이 있는지 알아낸다. 마지막으로 어느 곳에서 어떤 의미로 사용되었는지 눈여겨보고, 문맥상 그 의미가 다르다는 것을 파악할 실마리가 있는지 찾아낸다. 이 마지막 과정은 저자가 사용하는 대로 똑같이 융통성 있게 의미의 변화를 쫓아가게 해준다.

그런데 도대체 그 의미를 어떻게 알아낼까? 만족스럽지는 않겠지만 답은 간단하다. 인내와 연습으로 만족스러운 결과를 얻게 될 것이다. 답은 "이해하지 못하는 단어의 의미를 이해하는 문맥 속에 있는 다른 단어들의 의미를 사용해서 이해하라"라는 것이다. 처음에는 제자리에서 뱅뱅 도는 것 같지만 분명히 맞는 길이다.

정의 내리는 것을 생각해 보면 쉽게 이해가 갈 것이다. 정의는 단어들로 이루어진다. 정의 내리는 데 사용한 단어 가운데 모르는 것이 있다면 정의 내려진 단어의 의미를 알 수 없다. '점'은 기하학에서 쓰이는 기본 단어인데, 당신도 그 뜻을 안다고 생각할 것이다. 하지만 유클리드는 한 가지 의미로만 정확하게 사용되길 원해서 먼저 정확하게 자신이 뜻하는 바를 이렇게 정의 내린다. "점이란 부분이 없는 것이다." 이 정의는 유클리드와 협약하는 데 어떤 도움을 주는가? 유클리드는 당신이 이 문장에 있는 단어들을 충분히 알고 있다고 추정한다. 즉, 부분을 가지고 있는 것은 무엇이든 복잡한 개체라는 사실, 복잡하다는 것의 반대는 단순하다는 것이라는 사실, 단순하다는 것은 부분이 별로 없다는 사실, 그리고 '것이다'라는 말을 사용한 것은 언급하는 물체가 그런 실체여야 한다는 사실 등을 당신이 알고 있다고 생각한다. 어쩌다 부분이 없는 물질이 없다면, 유클리드가 말하는 점은 어떤 실체일 수 없다.

이 이야기는 어떻게 의미를 파악하는지 전형적인 과정을 보여 준다. 이미 알고 있는 의미들을 활용하는 것이다. 정의에 사용된 단어 가운데 아는 것이 하나도 없다면 아무것도 정의 내려질 수 없다. 마치 외국어로 된 책을 읽는 것처럼 책에 나온 단어가 모두 낯설다면 전혀 읽을 수 없다. 하지만 자기 나라 글로 된 것은 대부분 낯설지 않다. 낯익은 단어들 가운데 전문용어처럼 이해하기 어려운 단어들이 있지만, 이를 둘러싼 낯익은 단어들이 '문맥'이 되어 해석해 준다. 해석하는 데 필요한 준비물은 모두 갖추어진 셈이다.

쉬운 일인 척하지는 않겠다. 그렇지만 불가능한 일은 아니다. 불가능하다면 아무도 책을 제대로 이해하면서 읽지 못할 것이다. 책을 읽어 새로운 지식과 깨달음을 얻는다는 것은 그 전에는 알지 못했던 단어를 알게 되었다는 뜻도 된다. 스스로 노력해서 그런 단어를 이해하게 되지 않는다면, 여기서 이야기하는 것들은 불가능한 이야기가 되고 만다. 혼자서 책을 읽으며 더 큰 깨달음을 얻는다는 것도 불가능할 것이다.

제일 좋은 방법 같은 것은 없다. 이렇게 해서 안 되면 저렇게 해보는 그림 맞추기 퍼즐과 같다. 맞추어 놓은 조각이 많을수록 나머지는 쉬워진다. 책은 이미 많은 단어가 맞춰져 있는 상태로, "제자리에 맞춰져 있는 단어는 저자의 의미가 파악된 단어다." 저자와 독자가 같은 의미로 사용하는 협약이 이루어져 제자리를 찾은 것이다. 나머지 단어도 제자리를 찾아주어야 한다. 그러려면 이렇게도 맞추어 보고 저렇게도 맞추어 봐야 한다. 퍼즐을 맞춰 드러난 부분적인 그림을 잘 파악하면 할수록 나머지 단어로 그림을 완성하기는 더 쉬워진다.

물론 잘못 맞출 수도 있다. 어디에 어느 단어가 어떻게 맞을지 알아냈다고 생각했지만, 결국 맞지 않아 나중에 다시 맞춰야 하는 일도 있다. 제대로 맞추지 않으면 그림을 완성할 수 없기에 잘못된 것은 찾아서 다시 고칠 수 있다. 저자의 의미를 제대로 파악하는 경험이 쌓이면 곧 혼자서도 잘 파악하게 된다. 그리고 성공했는지 안 했는지도 알게 된다. 맞추지도 않았는데 맞췄다고 생각하는 일은 없다.

책과 그림 맞추기 퍼즐을 비교할 때 한 가지 다른 점이 있다. 좋은 퍼즐은 당연히 다 맞출 수 있지만 그런 이상적인 책은 없다는 사실이다. 좋은 책일수록 저자는 독자가 완전히 해석하도록 단어와 그 의미를 명확하게 연결해 사용한다. 나쁜 책은 이런 점에서도 좋은 책에 미치지 못한다. 저자가 단어를 모호하게 사용하면 저자가 무슨 말을 하려는지 알 수 없다. 저자가 하는 이야기가 자세하지 않다는 것만 느낄 뿐이다.

한 단어가 뜻이 여러 가지일 수 있다는 사실을 기억해야 한다. 이를 기억하는 한 가지 방법은 중요한 단어의 목록을 만들고 한쪽에는 그 단어의 중요한 의미를 적는 것이다. 그러면 저자가 사용하는 어휘와 그 의미를 잘 구분할 수 있다.

그런데 더 복잡한 경우가 있다. 의미가 여러 가지인 단어가 한 번에 하나의 뜻으로 사용될 수도 있지만 복합적으로 사용될 수도 있다. 여기서 사용하는 '읽다'라는 단어를 예로 들어보자. 경우에 따라 무엇이든 읽는다는 뜻으로 사용하기도 했지만, 단순히 오락이 아니라 배우고자 책을 읽는다는 뜻으로도 사용했고, 또 정보를 얻는 것보다 깨달음을 얻고자 읽는다는 뜻으로도 사용했다. 앞에서 '읽는다'의 세 가지 의미는 aX, bX, cX로 나타낼 수 있는데, 방금 전 이야기한 대로 좀 더 구체적으로 표현하면 처음 것은 abcX, 두 번째는 bcX, 세 번째는 cX로 나타낼 수 있다. 다시 말해, 한 단어가 서로 연관된 여러 의미가 있으면 그 의미를 모두 나타내거나 그중 몇 가지 또는 하나만 나타내는 데 사용된다.

둘째로 동의어를 파악해야 한다. 수학책이 아닌 다음에야 똑같은 단어를 반복하는 것은 지겹고 따분한 일이다. 그래서 글을 잘 쓰는 저자들은 문맥상 중요한 단어를 되풀이하게 될 때 뜻이 비슷한 다른 단어를 사용한다. 이는 한 단어에 여러 의미가 있는 것과 대조적이다.

이는 다음과 같이 기호로 나타낼 수 있다. 예를 들어 '지식'과 '식견'이라는 X와 Y라는 두 단어가 있다. 이 두 단어가 똑같이 가지고 있는 무엇인가를 안다는 의미를 a라고 하자. 그러면 Xa와 Ya는 다른 단어지만 같은 의미를 나타낸다. 그래서 책을 읽으며 지식을 얻는다거나 식견을 얻는다는 것은 같은 뜻이 된다. 단어가 달라도 독자는 그 두 단어의 의미가 같다는 것을 파악할 수 있어야 한다.

지금까지 말한 것은 매우 중요하다. 저자가 단어를 바꿔 사용할 때마다 그 의미가 달라진다거나 같은 단어를 사용한다고 늘 같은 뜻이라고 생각하면 잘못이다. 저자가 사용하는 어휘와 의미를 구분해서 정리할 때 이 두 가지를 명심해야 한다. 하나의 단어에 여러 의미가 있다는 것과 하나의 의미를 여러 단어로 표현할 수 있다는 것을! 마지막으로 구가 중요하다. 구가 최소 단위라면, 즉 주어나 술어가 구로 되어 있다면 구도 하나의 단어처럼 하나의 의미를 나타낼 수 있다. 따라서 단어와 의미의 관계는 단어와 구의 사이에도 같이 적용된다. 두 구가 하나의 의미를 나타낼 수도 있고, 하나의 구에 여러 뜻이 있을 수도 있다.

일반적으로 구는 단어만큼 모호하지는 않다. 여러 단어로 되어 있고 문맥상 다른 단어와 연결되어 있으므로 구를 이루는 단어들의 의미는 제한되어 있다. 그래서 저자들은 의미를 좀 더 명확하게 나타내고 싶을 때 하나의 단어보다 자세하게 표현한 구를 더 좋아한다.

예를 들면 책을 읽는 것도 단순히 '읽는 것'이라고 하는 것보다 '지식을 얻으려고 책을 읽는 것'이라고 하면 그 뜻을 분명히 표현할 수 있다. 더 분명하게 하려면, '책에 정신을 쏟아 좀 더 많은 것을 알게 되는 과정'이라고 더 구체적인 구로 표현할 수 있다. 이 책에서 이야기하는 독서의 의미는 한 가지뿐이다. 하지만 이 독서는 하나의 단어, 짧은 구, 긴 구 등 여러 가지로 표현할 수 있다.

이 장은 쓰기도 힘들었지만 읽기도 어려웠을 것이다. 지금까지 이야기한 단어를 잘 파악해야 한다는 원칙은 단어라는 문법적인 면과 의미라는 논리적인 면을 잘 설명하지 않고는 완전히 이해할 수 없기 때문이다.

사실 여기서 설명한 것은 별로 만족스럽지 않다. 이 문제는 여러 장에 걸쳐 설명해도 모자란다. 여기서는 정말 요점만 이야기한 것이다. 이만큼이지만 원칙을 따라 책을 읽는 데 실질적인 도움이 되기를 바란다. 이 원칙을 지키며 읽으면 읽을수록 문제가 복잡하다는 사실을 알게 될 것이다. 단어의 문자적 의미나 비유적 의미도 알고 싶어지고, 추상적 단어와 구체적 단어의 차이, 고유한 의미와 일상적 의미의 차이도 알고 싶어지고, 단어의 정의를 내리는 일, 어떤 단어는 정의를 내릴 수 없는 이유 등이 알고 싶어질 것이다. 또 말이 지식을 전달하는 것처럼 감정을 불러일으키는 말, 행동하게 하는 말 또는 마음을 바꾸게 하는 말도 알고 싶어질 것이다. 그리고 일반적인 어조와 기괴한 어조, 정신적으로 문제가 있는 비정상적 어조의 연관성까지도 궁금해질 것이다.

분석하며 읽는 동안 이런 것들에 관심을 두면 이를 다룬 책들을 따로 읽어야 만족스러운 답을 얻을 것이다. 이 원칙의 기초가 되는 문법이나 논리를 공부한다고 해도 이를 실제로 적용하지 않으면 도움이 되지 않는다.

물론 다른 책을 읽고 싶은 생각이 없을 수도 있다. 어쨌든 중요한 단어를 찾고, 그 뜻이 달라진 것을 알아내는 등 저자가 사용한 단어의 의미를 파악하려고 애쓰기만 해도 어떤 책을 읽든 이해력이 깊어졌음을 발견하게 될 것이다.

9장
저자가 전하는
메시지 찾기

계약할 때는 조건을 제시하는데, 이는 책에서도 마찬가지다. 사는 사람이나 파는 사람에게 조건이란 무엇을 제안하거나 받아들이는 것을 말한다. 정직한 거래라면, 조건을 제시하는 사람은 자기 의도를 설명해야 한다. 협의를 성공적으로 끝마치려면 정직한 것 이외에 중요한 것이 또 있다. 조건이 분명하고 구미를 당겨야 한다. 그러면 이 거래는 계약될 것이다.

책도 조건을 제시한다는 것은 무엇인가를 서술하는 것, 즉 저자가 어떤 것에 대한 자기 견해를 표현하는 것이다. 저자는 어떤 것이 옳다고 긍정하든가 잘못되었다고 부정한다. 또는 이런 것은 이렇고 저런 것은 저렇다고 주장한다. 이러한 주장은 상거래와 달리 의도를 설명하는 것이 아니라 지식을 서술하는 것이다. 저자는 머리말에서 자기 의도를 이야기할 수도 있다. 지식을 전달하는 책에서는 보통 뭔가를 가르쳐주겠다고 하게 마련인데 정말 그 약속을 지키는지 저자가 하는 말을 잘 살펴보아야 한다.

다시 말해, 책을 읽는 순서는 일반적으로 사업상 계약하는 순서와 반대다. 사업적 계약은 먼저 제안을 살펴본 후 하지만, 책을 읽을 때는 저자가 무엇을 제시하는지, 어떤 견해를 설명하는지 알기 전에 저자와 계약하는 셈이다. 분석하며 책을 읽는 제5원칙에서 먼저 단어와 그 의미를 이야기하고 제6원칙에서 문장과 명제를 이야기하는 것도 그 때문이다.

그리고 제7원칙은 제6원칙과 밀접한 관계가 있다. 저자는 어떤 사실이나 지식을 솔직하게 이야기할 것이다. 우리는 보통 이런 신뢰감으로 책을 읽는다. 하지만 오로지 저자의 인격에만 관심이 있는 것이 아니라면 저자의 견해가 무엇인지 아는 데서 만족하면 안 된다. "저자가 주장하는 것이 논리적 근거가 없다면 개인적 의견일 뿐이다." 우리가 관심을 가질 만한 내용을 다루는 책이라면 그가 무엇을 주장하는지 아는 데서 그치지 말고 '왜 그런 주장을 받아들이도록 설득하는지'도 알아내야 한다.

따라서 제7원칙은 논증argument을 다룬다. 어떤 말에 근거를 대고 추론하는 방법은 여러 가지가 있다. 때로는 어떤 것이 진실이라고 반박할 수도 있고, 단순히 그럴듯해 보이는 이야기를 지지할 수도 있다. 어떤 논쟁이든 특정한 몇 가지 진술 방법이 있다. '모모하기 때문에 모모하다'는 식으로 말이다. 여기서 '때문에'라는 말은 이유가 있다는 뜻이다.

이 외에 주장한다는 것은 '이것이 이렇다면 저것은 저렇다' 또는 '이로써, 그러므로'와 같은 식의 문구로 알 수 있다. 이 책 앞부분에서 그런 주장을 찾아볼 수 있다. 정규 학교 교육을 끝마친 사람들은 계속 배우며 공부하고 싶다면 책으로 배우는 방법을 알아야 한다고 했는데, 여기서 '싫다면, 알아야 한다'는 말이 주장하는 말임을 알 수 있다.

논리적 주장은 언제나 그렇게 결론 내리는 근거나 이유를 보여 주는 문장들로 되어 있다. 그래서 한 문단이나 적어도 서너 개 이상의 문장이 이어진다. 늘 어떤 전제나 원칙에서부터 논리적 주장을 시작해야 할 필요는 없지만 결론을 끌어내는 데는 그런 전제나 원칙이 바탕이 된다. 근거가 확실한 주장이라면 전제된 이야기에서 결론이 나오는 것은 당연하다. 어떤 전제들이 있다고 해서 그 주장이 옳다는 뜻은 아니다. 전제된 이야기들이 잘못되었을 수도 있기 때문이다.

앞에서 말한 대로 해석을 위한 원칙을 따르는 데는 논리적인 면과 문법적인 면이 모두 중요하다. 의미에서 주장하는 내용을 알거나 단어(또는 구)에서 주장을 전개해 나가는 문장을 파악한다. 이제 단순한 요소들이 좀 더 복잡한 요소를 형성하게 되었다. 물론 책에서 의미를 파악하는 가장 작은 요소는 단어다. 책이 단어들로 되어 있다는 말은 맞지만 그것이 전부는 아니다. 구나 문단도 책을 이루는 구성요소다. 책을 능동적으로 읽는 사람이라면 단어에만 신경 쓰지 않고 문장이나 문단에도 신경 쓴다. 이것 말고 저자가 전달하는 의미나 명제, 논증을 파악할 다른 방법은 없다.

해석을 목표로 분석하며 읽는 이번 단계에서 하는 일은 구조적 윤곽을 파악하는 것을 목표로 한 제1단계와 반대로 보일지도 모른다. 제1단계에서는 책을 전체적으로 본 후 중요한 부분을 보고, 또 그에 포함된 더 작은 내용을 보았다. 이미 눈치챘겠지만 여기서 살펴볼 작업과 제1단계에서 살펴본 작업은 어딘가에서 만나게 되어 있다. 책의 주요 부분에는 많은 명제와 논증 몇 개가 담겨 있다. 그런데 책을 부분적으로 나누다 보면 "이 부분에서는 이것이 요점이다"라고 말하게 될 것이다. 이런 요점들이 하나의 명제가 되는데 이런 요점들은 하나의 논증에서 나온 것일 수도 있다.

따라서 윤곽을 그려 보는 것과 해석을 하는 두 과정은 명제와 논증 차원에서 만나게 된다. 책을 부분적으로 나눈다는 것은 명제와 논증을 기준으로 나누는 것이 된다. 논증을 볼 때는 명제와 의미들이 어떻게 구성되어 있는지 보는 것이다. 이 두 작업을 끝마쳐야 비로소 그 책의 내용이 무엇인지 안다고 이야기할 수 있다.

문장 대 명제

여기서 이야기하려는 원칙과 관련해 앞서 다룬 내용이 있다. 단어와 의미를 다루는 원칙에서 이야기한 언어와 사고의 관계를 잠시 생각해 본다. 문장과 문단은 문법적 단위다. 언어의 단위라고 할 수 있다. 그리고 명제와 논증은 논리의 단위 또는 사고와 지식의 단위라고 할 수 있다.

앞에서 살펴보았듯이 언어가 사고를 충분히 표현하는 완전한 매체가 되지 못하기 때문에, 하나의 단어에 여러 의미가 있거나 하나의 의미가 있는 단어가 여러 개이기 때문에 저자가 사용하는 어휘와 그 의미의 관계가 복잡해진다. 이 장에서도 비슷한 문제에 부딪히게 된다.

수학에서 보면 잘 만들어진 옷의 단추와 단춧구멍의 관계처럼 일대일 관계는 쉽게 설명된다. 단춧구멍마다 맞는 단추가 하나씩 있고 단추마다 맞는 단춧구멍이 하나씩 있다. 하지만 단어와 의미의 관계는 이런 일대일 관계가 아니다. 여기서 말하는 원칙들을 적용할 때 저지르는 커다란 실수가 바로 언어의 요소와 사고나 지식의 요소를 이렇게 일대일 관계처럼 생각하는 것이다.

뻔한 단추와 단춧구멍이라도 그렇게 쉽게 단정 짓지 않는 게 현명할지 모른다. 재킷 소매에는 끼워 넣을 단춧구멍이 없는 단추가 있는 경우도 많다. 또 재킷이 낡았다면 단추와 상관없는 구멍이 생겼을 수도 있다.

문장과 명제를 생각해 보자. 책에 나와 있는 모든 문장이 명제는 아니다. 어떤 문장은 의문문일 수도 있다. 의문문은 답이 아니라 물음을 담고 있는 문장이다. 그러나 '명제는 물음에 대한 답', 즉 지식이나 의견을 서술하는 것이다. 그래서 질문하는 의문문과 지식을 서술하는 평서문을 구분하는 것이다. 소망이나 의도를 표현하는 문장도 있다. 이런 문장도 저자가 목적으로 하는 지식을 전달하기는 하지만 분명하게 설명하려는 지식을 전달한다고 볼 수는 없다.

그리고 모든 평서문이 각각 하나의 명제라고 볼 수도 없는데 두 가지 이유 때문이다. 첫째, 단어가 여러 가지 뜻으로 여러 문장에서 사용될 수 있다는 사실이다. 즉 똑같은 문장이라도 단어의 의미가 달라졌다면 다른 명제가 될 수 있다. "책을 읽는 것이 배우는 것이다"라는 간단한 문장을 보자. '배우는 것'은 정보를 얻는 것을 뜻할 수도 있지만 더 깊이 이해하게 된다는 뜻일 수도 있다. 그렇다면 똑같은 명제가 될 수 없다.

둘째, 모든 문장이 "책을 읽는 것이 배우는 것이다"처럼 간단한 단문이 아니라는 사실이다. 단어가 분명한 하나의 뜻으로 사용되었다면 간단한 단문은 보통 하나의 명제가 된다. 하지만 단어의 뜻이 분명하다 해도 복잡한 문장은 두 가지 이상의 명제일 수 있다. 복잡한 문장, 즉 복문은 '그리고', '…라면', '…뿐 아니라'와 같은 단어로 연결되는 문장들의 집합이라고 할 수 있다. 길고 복잡한 문장과 짧은 문단을 구분하기도 쉽지 않다는 것을 알 수 있다. 복문은 논리적 주장을 이끌어가는 몇 개 명제를 제시할 수도 있다.

이런 문장들은 해석하기가 어렵다. 마키아벨리의 『군주론』에 있는 재미있는 문장을 살펴보자.

군주는 두려움을 불러일으키는 존재여야 하는데, 원한을 사지 않고도 두려움의 대상이 될 수 있으므로 사랑받는 군주가 못 된다면 적어도 원한은 사지 말아야 하며, 백성들의 재산이나 부녀자에게 손을 대지 않는다면 그럴 수 있다.

복잡해 보이지만 간단한 문장이다. 쉼표와 '있으므로' 등이 내용을 구분해 준다. 첫 번째 명제는 군주란 어떤 면에서 두려움의 대상이어야 한다는 것이다. 그리고 또 다른 명제 두 개를 찾아볼 수 있다. 하나는 원한을 사지 않고도 두려움의 대상이 될 수 있다는 것이고 또 하나는 백성들의 재산이나 부녀자를 건드리지 않는 한 그럴 수 있다는 것이다. 복잡하고 긴 문장에 있는 이런 명제들을 구별해 내는 것은 중요하다. 마키아벨리의 의견에 공감하거나 반대하려면 먼저 그가 무슨 이야기를 하는지 알아야 한다. 그런데 마키아벨리가 한 문장에서 이야기하는 세 가지 중 하나는 반대하고 나머지는 공감할 수도 있다. 마키아벨리가 군주를 위협적 존재로 만들려는 것이 잘못되었다고 생각할 수도 있고, 원한을 사지 않으면서 두려운 존재가 되어야 한다는 날카로운 지적과 원한을 사지 않으려면 백성들의 재산이나 부녀자를 넘보지 말아야 한다는 말에 공감할 수 있다. 복잡한 문장에 있는 여러 명제를 구분하지 못한다면 저자가 하는 말을 분별력 있게 잘 판단할 수 없다.

지금까지 문장과 명제의 차이점을 충분히 이야기했다. 이 둘은 일대일 대응 관계가 아니다. 한 문장이 여러 개 명제를 보여 줄 수도 있고, 하나의 같은 명제가 둘 이상의 다른 문장으로 전달될 수도 있다. 예를 들어 비슷하게 사용된 단어와 구로 의미를 파악할 수 있다면 "교육과 학습은 상호적인 일이다"와 "지도해 주는 것과 가르침을 받는 것은 서로 연관된 작업이다"라는 말이 같은 이야기임을 알 수 있다.

이제 문법, 논리와 연관된 이야기는 그만하고 원칙 이야기로 돌아가려고 한다. 당신이 문법을 좀 알 거라고 판단해 여기서 설명을 그치는 것이다. 그렇다고 구문론 같은 것을 잘 알아야 한다는 뜻은 아니다. 다만 문장에서 단어의 배열이나 단어들 사이의 관계를 파악할 수 있으면 된다. 문법을 어느 정도는 꼭 알아야 한다. 겉으로 드러난 언어를 꿰뚫어 볼 수 있어야 사고의 요소라고 할 단어의 의미, 명제, 논증을 이해할 수 있기 때문이다. 단어, 문장, 문단 등을 환하게 파악하지 못하는 한 이러한 것들은 의사소통의 매체가 아니라 장벽이 되고 만다. 단어를 읽어도 지식을 얻을 수 없는 것이다.

앞장에서 살펴본 것을 되새겨보자.

제5원칙: 중요한 단어를 찾아 저자가 어떤 의미로 사용하는지 파악하라

이제 제6원칙과 제7원칙은 다음과 같이 말할 수 있다.

제6원칙: 가장 중요한 문장에 주목하라. 그리고 그 안에 담긴 명제를 찾아라

제7원칙: 문장과 연관 속에서 기본적 논증을 찾거나 만들라

왜 '문단'이라고 하지 않고 '문장'이라고 했는지 뒤에서 설명하겠다. 이 원칙들도 단어의 의미와 연관된 원칙과 마찬가지로 지식을 전달하는 책에 적용할 수 있다. 시를 읽거나 소설, 희곡을 읽을 때는 달라진다. 나중에 어떻게 달라지는지 이야기하겠다.

중심 문장을 찾아라

책에서 가장 중요한 문장이 어디에 있는지 어떻게 알 수 있을까? 그리고 명제를 찾으려면 그 문장을 어떻게 해석해야 할까?

중요한 것을 다시 한번 강조하면, 책 속에 중심 문장이 그리 많지 않다고 해서 나머지 문장에 별로 주의를 기울이지 않아도 된다는 뜻은 아니다. 분명히 말하지만 모든 문장을 이해해야 한다. 대부분 단어가 그런 것처럼, 문장도 대부분 이해하기에 그리 어렵지 않아 비교적 빨리 읽으면 된다. '독자'로서 중요한 문장은 첫눈에 완전히 이해되지 않는, 해석하기 힘든 문장이다. 그런 문장은 더 깊이 이해하려고 노력해야 한다. 그래서 다른 문장들보다 더 천천히 꼼꼼하게 읽어야 한다. '저자'에게는 중요한 문장이 아닐 수도 있지만 저자가 전

달하려는 가장 중요한 이야기가 가장 해석하기 어려운 문장일 수도 있다. 그런 문장이 가장 신경 써서 읽어야 할 내용이다.

저자로서 중요한 문장은 자신의 모든 주장을 뒷받침하는 견해가 드러난 문장이다. 책에는 저자의 논리적 주장 외에 많은 내용이 담겨 있다. 어떻게 그런 견해를 가지게 되었는지, 왜 자신의 관점이 중요하다고 생각하는지에 대한 설명도 있을 수 있다. 또는 저자가 사용하려는 단어에 대한 자세히 설명, 다른 사람들이 쓴 책 이야기, 자기주장을 뒷받침하거나 연관 있는 자료를 언급할 수도 있다. 그러나 "저자가 전하려는 내용의 핵심은 저자가 긍정하거나 부정하는 주요한 주장과 왜 그런가 하는 이유이다." 따라서 뚜렷하게 눈에 띄는 주요 문장을 찾아낼 때까지 결코 책에서 손을 떼지 말아야 한다.

어떤 저자는 이를 도와준다. 중요한 문장에 밑줄을 긋는 등 인쇄상 눈에 띄게 하거나 중요하다고 말한다. 아무리 도와주려고 해도 몽롱한 정신으로 책을 읽는다면 이런 것들이 아무 소용없다. 학생이나 일반인이나 선명하게 드러난 이런 표시들을 그냥 지나치며 읽는 이들이 의외로 많다. 계속 읽기만 할 것이 아니라 멈춰 서서 중요한 문장을 자세히 들여다볼 줄도 알아야 한다.

어떤 책들은 설명하는 스타일이나 문장 배열을 특별하게 해서 중요한 명제라는 것을 보여 주기도 한다. 앞에서 살펴본 유클리드의 경우 정의, 가설, 원리, 즉 자신의 중요한 명제들을 글을 시작할 때부터 이야기할 뿐 아니라 명제마다 눈에 띄게 표시까지 해놓았다. 유클리드가 하는 말을 모두 이해하지 못할지도 모르고, 그의 주장에 모두 공감하지 않을지도 모르지만 주요 문장이나 증명하는 문장을 그냥 지나칠 수는 없다.

토마스 아퀴나스의 『신학대전』은 설명하는 스타일이 눈에 띄어서 중요한 문장을 쉽게 찾아볼 수 있다. 아퀴나스는 부분별로 먼저 물음을 던지며 자기주장을 펼쳐 나간다. 그리고 곳곳에서 아퀴나스가 그 질문에 답하는 것을 찾아볼 수 있다. 예를 들어, 자기 관점을 논의하기 시작하는 곳에는 '이에 대한 답은'이라는 말로 표시하였다. 결론뿐 아니라 이유도 잘 설명하는 이런 책을 읽으며 중요한 문장을 파악하지 못하는 일은 있을 수 없다. 읽고 있는 모든 것이 다 중요하다고 생각하고 천천히든 빨리든 처음부터 끝까지 똑같이 읽어 내려가는 독자들조차 알아차릴 수 있다. 이렇게 책을 읽는 이들에게는 모든 것이 똑같이 중요하지 않다는 뜻이나 마찬가지다.

독자들이 해석하는 데 큰 도움이 되도록 스타일이나 형태가 눈에 띄게 되어 있든 아니든, 중요한 문장을 파악하는 것은 독자 스스로 해야 할 몫이다. 몇 가지 방법이 있는데, 지금 이미 그 하나를 이야기했다. 자신이 이해한 문단과 이해할 수 없는 문단의 차이를 구분할 수 있다면 중요한 의미를 담고 있는 문장을 파악할 수 있는 셈이다. 이제 '모르는 것을 발견하고 이를 알려고 하는 것'이 글을 읽는 데 얼마나 근본적인 태도인지 이해했을 것이다. 의문을 품는 것은 자연이나 책에서 무엇인가를 배우려는 지혜의 근본이다. 모르는 문단이 무슨 뜻인지 별다른 의문 없이 지나갔다면 그 책에서 모르던 것을 깨닫게 되리라고 기대해서는 안 된다.

중요한 문장을 찾아내는 또 한 가지 실마리는 그 문장에 쓰인 단어들이다. 중요한 단어가 무엇인지 파악했다면, 그 단어를 매개로 좀 더 주의해 읽어야 할 문장을 발견할 수 있다. 해석하기 위한 제1단계가 제2단계의 기초가 된다. 하지만 거꾸로 될 수도 있다. 즉 의미를 모르는 문장이 나타나면 그 문장에 있는 단어들에 주의하는 경우다. 여기서 원칙들을 이야기하는 순서는 꼭 그대로 고정된 것이 아니다. 중요한 단어가 명제를 만들 수도 있고, 명제를 보고 중요한 단어를 찾을 수도 있다. 즉 중요한 의미가 있는 단어를 알면 문장에 들어 있는 명제를 파악할 수 있고, 문장에 있는 명제를 파악하면 중요한 단어들을 찾았다는 뜻이다.

이 실마리를 좀 더 깊이 살펴보자. 중요한 문장은 보통 그 책의 주요 논증에 있다. 그리고 그 논증의 전제나 결론에 들어 있다. 시작과 끝이 있는 일련의 문장을 파악했다면, 중요한 문장을 잡아낸 것이나 마찬가지다.

시작과 끝이 있는 일련의 문장을 이야기했는데, 인간이 언어로 표현할 수 있는 모든 논증을 말하는 데는 시간이 걸린다. 문장은 단숨에 이야기할 수 있지만 논증은 중간중간 숨을 돌리며 이어진다. 먼저 한 가지 이야기를 하고 그다음, 그다음으로 이어진다. 논증이 시작되는 부분이 있고, 진행되는 부분이 있고, 끝맺는 부분이 있다. 이는 사고의 흐름이다. 결론이 어떠하다는 데서 시작하여 그 이유를 이야기하거나 증거와 이유에서 시작하여 결론을 맺을 수도 있다.

다른 것과 마찬가지로 이 실마리도 사용하는 방법을 모르면 도움이 안 된다. 논증이 나타나면 이를 알아볼 수 있어야 한다. 인간 정신은 눈이 색을 구별하듯 본능적으로 논증을 알아본다고 생각한다. 그렇지 못한 경우도 없지 않아 있다. 눈을 크게 뜨지 않으면 볼 수 없고, 정신을 차리지 않으면 논증을 파악할 수 없다.

　다양한 속도로 읽기에 자신이 책 읽는 법을 안다고 생각하는 사람들이 많다. 하지만 중요한 곳은 빨리 지나쳐버리고 그렇지 않은 곳은 천천히 읽는 경향이 있다. '잘 모르는' 문장보다 '재미있는' 문장에서 멈추기 때문이다. 사실, 책이 모두 이 시대에 나온 것이 아니라는 점도 책을 읽는 데 커다란 장애 요소 중 하나다. 오래된 책은 우리가 알고 있는 것과 달라서 우리를 놀라게 하는 내용도 있다. 하지만 지식을 얻으려고 책을 읽는 것은 그런 신기한 사실을 알고자 하는 것이 아니다.

　저자나 그의 언어, 그가 사용한 단어에 관심이 있다는 것과 저자의 사고에 관심이 있다는 것은 확연히 다르다. 우리가 여기서 이야기하는 원칙들은 시시콜콜한 것에 대한 호기심이 아니라 저자가 무슨 생각을 하는지에 대한 호기심을 충족하는 데 도움을 주려는 것이다.

명제를 찾아라

　이제 중요한 문장을 찾았다고 하자. 다음 단계는 제6원칙을 적용하는 것이다. 중요한 문장들에서 명제나 명제들을 발견해야 한다. 다른 말로 하면 그 중요한 문장들이 무슨 뜻인지 파악해야 한다. 앞에서 단어를 어떻게 사용했는지 살피고 그 단어의 의미를 파악하면 중요한 단어인지 아닌지 알 수 있다고 했다. 명제도 이와 비슷하다. 중요한 문장을 이루는 단어들, 특히 중요한 단어들을 해석하여 명제를 찾을 수 있다.

다시 말하지만 문법을 모르면 잘할 수 없다. 형용사나 부사가 어떤 역할을 하는지, 동사가 어떻게 명사와 연결되는지, 구나 절이 수식하는 단어의 의미를 어떻게 제한하는지 또는 어떻게 자세히 설명하는지 등을 알아야 한다. 문법대로 하지는 못한다 해도 문장을 구문론에 맞게 분해할 수 있어야 한다. 책을 읽는 기초 기술이 부족하고 연습이 많이 필요한 사람이라도 이 정도는 충분히 할 수 있다.

단어들 가운데 중요한 의미가 있는 핵심어를 찾는 것과 문장들 가운데 명제를 찾는 것은 두 가지 차이점이 있다. 먼저 명제를 찾을 때 살펴보아야 할 문맥이 더 길다. 특정한 단어를 해석하려고 주변 단어들을 활용하듯이, 의문이 가는 문장을 파악하려면 주변 문장들을 모두 살펴보아야 한다. 단어든 명제든, 처음에 이해하지 못한 부분은 이해한 부분을 바탕으로 점차 해석해 나가는 것이다.

또 한 가지 차이점으로 복잡한 문장들은 보통 하나 이상의 명제가 있다. 복잡한 문장에서 각기 다른 명제들을 모두 추출하지 못했다면 중요한 문장을 완전히 이해하지 못했다고 할 수 있다. 이것은 많은 연습이 필요한 기술이다. 이 책에서 복잡한 문장을 찾아 그 속에서 주장하는 것들을 자신의 표현으로 바꾸어 보라. 그리고 그것들을 하나씩 끄집어내 열거하고 관련지어 설명해 보라.

'자신의 표현으로 바꾸어 보는 것'이 중요하다! 이는 문장에 있는 명제를 이해했는지 이해하지 못했는지 알아보는 가장 좋은 방법이다. 특정한 문장에서 저자의 의도가 무엇인지 설명해 보라고 했을 때 별다른 내용 없이 순서만 약간 바꾸어 이야기한다면 저자의 의도를 바르게 파악했는지 의심해 보아야 한다. 완전히 다른 단어로 같은 내용을 이야기할 수 있어야 바람직하다. 물론 저자의 생각은 여러 각도에서 바라볼 수 있다. 하지만 저자가 사용한 단어에서 벗어나지 못한다면 어떤 '사고나 지식'이 아니라 그저 '말'만 습득한 것에 지나지 않는다. 즉 저자가 한 말은 알지만 저자의 생각은 알지 못하는 것, 저자는 지식을 전달했는데 독자는 말만 받아들인 것이다.

외국어를 번역하는 과정도 마찬가지다. 외국어로 된 문장을 우리말로 바꿀 수 없다면 그 문장을 완전히 이해했다고 할 수 없다. 설령 우리말로 완전히 옮겨 놓았다 해도 저자가 그 문장에서 전달하려는 것을 모르는 채 단순히 말만 바꾼 것에 그칠 수도 있다.

하지만 우리말 문장을 다른 우리말 문장으로 바꾸는 것은 단순히 말만 바꾸어 놓는 작업이 아니다. 정확하게 바꾸었다면 '생각을 충실하게 전달하는 작업'이다. 그래서 단어를 그냥 기억만 한 것이 아니라 명제를 완전히 소화했는지 확인해 보고 싶다면 그렇게 문장을 바꾸어 보는 것이 가장 적절한 실험 방법이다. 그 실험에 합격하지 못했다는 것은 그 문장을 이해하지 못했다는 것을 보여 준다.

저자도 글을 쓰면서 같은 명제를 다른 말로 표현한다. 단순히 단어들만 읽고 그 안에 있는 명제를 보지 못한다면, 뜻이 똑같은 문장을 각기 다른 명제로 파악하는 일도 생길 수 있다. '2+2=4'와 '4−2=2'가 4는 2의 두 배 또는 2는 4의 반이라는 상반된 개념으로 다르게 표현한, 수학적으로 똑같은 의미의 명제라는 것을 이해하지 못한다면, 그는 그 간단한 방정식이 무슨 뜻인지 이해하지 못했다고 결론 내릴 수밖에 없다. 똑같은 의미의 명제라도 다르게 표현했음을 구분하지 못하는 사람들이 바로 그렇다.

같은 주제에 관해 책을 여러 권 읽는 통합적 독서에서도 이 점은 매우 중요하다. 각기 다른 저자들이 다른 말로 똑같은 이야기를 하거나, 비슷한 말로 다른 이야기를 할 수 있다. 언어를 꿰뚫어 그 속에 담긴 의미가 같은 중요한 단어나 명제를 찾아낼 수 없다면, 관련 있는 책들을 서로 비교할 수 없다. 서로 다른 단어를 썼다는 이유로 저자들의 의견이 같지 않다고 오해하거나 서로 다른 의견인데도 서술하는 데 언어상 닮은 점이 있다는 이유로 그 차이점을 구분하지 못할 테니 말이다.

문장을 읽고 그 속에 있는 명제를 이해했는지 이해하지 못했는지 알아보는 또 한 가지 방법이 있다. 명제가 표현하는 내용을 체험한 적이 있는지 또는 그 명제와 자신이 어떤 연관성이 있는지 설명해 보는 것이다. 구체적인 예를 들어 명제라는 일반적 진리를 설명해 보는 방법이다. 있을 법한 경우를 상상해 보는 것도 실제 예를 드는 것처럼 좋은 방법이다. 자신의 경험이든 상상이든 실례를 들어 그 명제를 설명하지 못한다면 그 명제가 뜻하는 것을 정말로 아는지 의심해 봐야 한다.

이 실험 방법이 모든 명제에 똑같이 적용되는 것은 아니다. 어떤 과학 명제를 이해했는지 알아보려면 실험실에서 특별한 실험을 해야 할 경우도 있다. 어쨌든 요점은 분명하다. 명제는 진공 상태와 같은 것이 아니다. 즉 우리가 사는 세상과 연관되어 있다는 뜻이다. 우리 주변에서 명제를 설명할 실제적인 또는 있을 법한 예를 보여 주지 못한다면 사고나 지식을 다루는 것이 아니라 '말장난'이나 하는 것이다.

예를 들어보자. 형이상학의 기본 명제 가운데 다음과 같은 것이 있다. "실재하는 것 외에 움직이는 것은 아무것도 없다." 많은 학생이 이 격언을 무척 마음에 들어 한다. 글자 하나 안 틀리고 되뇌며 저자의 뜻을 완벽히 이해한 것처럼 생각한다. 그런데 그 명제를 다른 말로 바꾸어 보라고 하면 금세 엉터리였음이 드러난다. 예를 들어, "어떤 것이 존재하지 않는다면 그것은 아무것도 할 수 없다"라는 식으로 쉽게 바꿀 수 있는데 그렇게 말하지 못한다. 그 명제의 본뜻을 이해하는 사람이라면 금세 정확하게 말을 바꾸었다는 것을 알 수 있다.

다른 말로 바꾸지 못하면, 그 명제를 설명할 예를 들어보게 하는 방법이 좋다. 풀이 비만 맞고 자랄 수는 없다 또는 은행계좌에 있는 돈은 금리인상만으로 늘어날 수 없다는 명제를 보자. 이런 말은 어렵지 않게 무슨 뜻인지 설명할 수 있다.

언어로 어떤 사고를 전달받았는지 관심도 없고, 그 말이 언급하는 실제 경험도 이해하지 못한 채 언어를 사용하는 것은 '공허하게 언어에 치중하는 일verbalism'이다. 말을 가지고 그냥 노는 것에 지나지 않는다. 위에서 말한 두 가지 방법으로 이야기하려는 것은 책을 잘 분석하면서 읽지 못하는 사람들은 이렇게 공허하게 언어에만 치중하는 잘못을 저지른다는 것이다. 이런 독자들은 결코 말이 전달하는 진짜 뜻을 알지 못한다. 글자가 쓰여 있는 대로 따라 읽을 뿐이다. 현대에 몇몇 교육자가 인문과학을 비난하는 점 가운데 하나가 바로 말에만 치중한다는 사실이다. 문법이나 논리가 부족한 사람들이 글자를 읽는 데만 치중하는 잘못을 저지르는 것은 훈련이 부족해서 언어를 마음대로 사용하지 못하고 언어에 얽매이기 때문이다.

논증을 찾아라

명제에 대해 살펴보았으니 이제 분석하며 책을 읽는 데 도움이 되는 제7원칙을 알아본다. 제7원칙은 모아놓은 문장들을 어떻게 읽어야 하는지 다룬다. 앞서 우리는 이 원칙에 문단이라는 말을 쓰지 않는다고 했다. 그 이유는 문단을 어떻게 나눌지 작가들 사이에 정해놓은 약속 같은 것이 없기 때문이다. 몽테뉴나 로크, 프루스트 같은 작가들이 쓴 문단은 대단히 길고, 마키아벨리, 홉스, 톨스토이가 쓴 문단은 비교적 짧은 편이다. 최근에는 신문이나 잡지의 영향을 받아 대부분 작가가 빠르고 쉽게 읽도록 문단을 나눈다. 지금 이 문단도 긴 편이다. 더 편하게 읽게 하려면 '몽테뉴나'라고 한 부분에서 나누었어야 했다.

그런데 단순히 문단 길이만이 문제가 아니다. 여기서도 골치 아픈 문제가 바로 언어와 사고의 관계다. 제7원칙에서 이야기하는 논리의 단위는 '논증 주장'인데, 논증은 명제들이 순서대로 연결되어 하나의 결론에 이른 것으로, 여기에는 이유를 설명하는 명제들도 포함되어 있다. 저자가 중요하게 사용한 키워드는 단어나 구로 되어 있고 명제는 문장으로 되어 있지만 이와 달리 논증은 문법적 요소와 관계가 없다. 논증은 문장 한 줄로 완벽하게 표현할 수도 있고, 문단 가운데 있는 문장 몇 개로 이루어질 수도 있고, 한 문단이 하나의 논증일 수도 있고, 여러 문단이 모여 하나의 논증을 형성할 수도 있다.

또 한 가지 어려운 점은 "어떤 책이든 논증을 서술하지 않는 문단이 많다"라는 것이다. 어떻게 증거들을 모았는지 자세히 설명하는 문장들을 모아놓은 문단도 있을 테고, 본론에서 벗어나 논증에 비해 덜 중요한 문장들을 모아놓은 문단도 있을 것이다. 이런 부분은 빨리 읽고 지나가도 된다. 결론적으로 제7원칙은 이렇게 말할 수 있다.

제7원칙: 가능하다면 중요한 논증을 담고 있는 문단을 찾아라

그런 문단을 찾을 수 없다면 하나의 결론으로 이끌어가는 명제들을 문단들에서 한두 개씩 찾아내 논증을 구성해 보라.

논증을 선도하는 문장을 찾아내면 문단을 만들어 보는 것이 그렇게 어렵지 않다. 여기에는 다양한 방법이 있다. 직접 종이에 명제들을 써서 모아 문단을 만들 수 있다. 하지만 더 좋은 방법은 앞서 이야기했듯이 하나로 묶어도 좋을 문장들을 찾아 여백에 번호를 써넣어 연결해 놓는 표시를 하는 것이다.

저자가 논증을 분명하게 찾아보도록 도움을 주는 일도 있다. 위대한 저자들은 자기 생각을 감추지 않고 드러내려고 한다. 하지만 다 그런 것은 아니다. 기하학이나 수학책을 쓴 유클리드, 갈릴레이, 뉴턴 같은 저자들은 하나의 문단에 하나의 주장을 담는 이상적 형식을 사용한다. 수학 이외 분야의 서적들은 대부분 한 문단에 두 개 이상의 논증을 담거나 하나의 논증이 여러 문단에 걸쳐 있는 경우가 많다. 구성이 느슨한 책일수록 문단이 늘어지는 경향이 있다. 그래서 한 장chapter에 들어 있는 문단을 모두 읽어도 단 하나의 논증밖에 찾지 못하는 경우도 있다. 또 열심히 찾아도 헛수고만 하는 책도 있고, 아예 찾고 싶은 마음이 들지 않는 책도 있다.

좋은 책은 논증을 진행하면서 대체로 요약을 곁들인다. 장이나 그

이하 더 세분한 내용마다 끝부분에서 저자가 자신의 논증을 요약한다면 앞에 있는 내용을 복습할 수도 있고 그 내용을 한꺼번에 볼 수도 있다. 다윈은 『종의 기원』 마지막 장에 '개설과 결론'이라는 제목을 붙이고 자신의 모든 논증을 요약했는데, 그 책을 끝까지 읽은 이들은 그 마지막 장에서 큰 도움을 얻는다. 물론 끝까지 읽지 않는다면 이런 도움을 받지 못한다.

분석하며 읽기 전에 책을 잘 살펴본다면, 요약한 부분이 있는지, 있다면 어디에 있는지 알 수 있다. 그리고 책 내용을 잘 이해하려고 이를 아주 유용하게 활용할 수 있다.

구성이 그다지 좋지 않거나 느슨한 책은 논증 단계가 생략되어 있기도 하다. 독자들이 일반적으로 알고 있는 상식이라면 그런 명제들을 생략해도 어떤 불편함이나 어려움은 없다. 하지만 생략으로 오해를 하거나 의도적으로 오해를 불러일으키는 경우가 있다. 연설가들이나 운동가들은 자신의 논증과 관계가 밀접하나 이를 분명하게 이야기하면 도전이나 비난을 받을 소지가 있는 내용을 생략하는 수법을 즐겨 쓰기도 한다. 가르치는 일을 목적으로 하는 정직한 저자들이라면 이런 속임수를 쓸 일은 없다. 하지만 주의 깊게 읽으면서 논증 단계를 모두 분명하게 짚어 보는 것이 좋다.

어떤 종류의 책이든 독자도 저자와 똑같은 의무가 있다. 논증이 있는 책이라면 그것이 무엇인지 알아내야 하고, 그것을 잘 요약할 수 있어야 한다. 좋은 논증은 요약할 수 있다. 그리고 논증을 바탕으로 한 또 다른 논증도 있다. 자세하게 분석해 보면 하나를 증명하고 나서 그것으로 다른 것을 증명하는 경우가 있다. 그리고 다시 그 증명으로 먼저 증명한 내용을 더 깊이 다루기도 한다. 그래도 추론하는 단위는 하나의 논증이다. 어쨌든 책을 읽으며 이렇게 논증이 복잡하게 연결된 경우를 발견했다면 좀 더 포괄적인 논증의 구성을 놓치지 않았다고 볼 수 있다.

그런데 이런 질문이 생길 수 있다. 논증의 구조를 논리적으로 파악할 줄 아는 논리학자가 아닌 다음에야 어떻게 책에서 논증을 찾아내며, 더 나아가 저자가 논증을 하나의 문단에 잘 맞춰 이야기하지 않으면 어떻게 논증을 찾아 구성하는 것까지 기대할 수 있겠는가?

분명하게 답하지만, 결코 논증을 '논리학자처럼' 알아야 할 필요는 없다. 게다가 이 세상에 논리학자라고 할 사람은 별로 없다. 지식을 전달하거나 뭔가를 가르치는 책들에는 대부분 논증이 있는데, 그 책들은 전문적으로 논리를 파악할 줄 아는 사람들이 아니라 평범한 일반 독자들을 위한 책이다.

이런 책을 읽을 때 아주 큰 이해력이 필요한 것은 아니다. 앞서 이야기한 것을 다시 반복하면, 인간 정신이 책을 읽는 동안 깨어서 잘 작용하기만 한다면 그리고 저자가 중요한 의미로 사용하는 단어와 명제를 발견할 수 있다면 논증도 찾아낼 수 있다.

그렇지만 이 원칙을 적용하는 데 도움이 될 만한 것이 몇 가지 있다. 먼저 논증은 모두 몇 개 진술로 되어 있다. 당연히 그중에는 왜 저자가 제시하는 결론을 인정해야 하는지 이유를 대는 부분이 있다. 결론이 먼저 나오면 그 이유를 찾아보아야 하고, 만일 이유가 먼저 나오면 이어지는 결론을 찾아야 한다.

두 번째로 두 종류 논증을 구분해야 한다. 하나는 몇 가지 특정한 사실을 증거로 삼아 어떤 일반적 결론을 이끌어내는 것이고, 또 하나는 좀 더 심도 있는 결론을 증명하려고 일반적 진술들을 제시하는 것이다. 이를 귀납법과 연역법이라고 한다. 중요한 것은 이 명칭이 아니라 이 둘을 구분할 줄 아는 능력이다.

과학책에서는 이 차이를 확실하게 찾아볼 수 있다. 갈릴레오는 그의 『새로운 두 과학』에서 수학적 증명으로 얻은 실험 결과를 설명한다. 또 생리학자 윌리엄 하비는 『혈액 순환에 관하여』에서 "심실의 박동으로 혈액이 폐와 심장으로 흘러 들어가고 온몸으로 공급된다는 사실을 추론과 실험으로 알 수 있다"라고 기술하였다. 때로는 명제를 증명하는 데 다른 일반적 진리로부터 추론하는 방법과 실험 결과를 제시하는 방법을 함께 사용할 수도 있고, 한 가지 방법만 사용할 수도 있다.

세 번째로 저자의 말을 따르면 자신이 '가정假定'해야 할 것은 어떤 것들인지, 어떤 것을 증명할 수 있는지, 또는 스스로 증거가 되므로 어떤 것은 따로 증명할 필요가 없는지 찾아보아야 한다. 모든 것을 정의 내릴 수 없듯이 모든 것을 증명할 수는 없다. 모든 명제를 증명해야 한다면 아예 증명할 엄두조차 내지 못할 것이다. 하지만 그렇지 않은 명제들은 원리, 조건, 가정을 사용하여 증명한다. 그리고 증명된 명제들은 또다시 증거로 사용할 수 있다.

바꾸어 말하면 논증은 출발점이 있어야 하는데, 기본적으로 그 시작점은 두 가지로 볼 수 있다. 저자와 독자 간에 동의한 '가정'이거나, 저자나 독자가 부인할 수 없는 '자명한 명제'다. 동의되었다면 어떤 가정이라도 괜찮으며, 자명한 명제는 좀 더 살펴보려고 한다. 자명한 명제는 중복어tautology를 사용하는 경향이 흔한데, 중복어라는 말이 궤변 같은 느낌이 든다. 토끼를 모자 속에서 꺼내는 것처럼 말이다. 즉 단어의 정의에 진리를 넣어 두고 다시 꺼내 그 속에 있다는 것을 발견하고 놀라듯이 말이다. 어쨌든 항상 그런 것은 아니다.

"아버지의 아버지는 할아버지다"라는 명제와 "전체가 부분보다 크다"라는 명제는 차이점이 있다. 첫 번째 명제는 중복어를 사용했지만 두 번째 명제는 그렇지 않다. "전체가 부분보다 크다"라는 말은 어떤 단어를 사용하든 언어학상 어떻게 조합하든 그 말 그대로다. 일정한 질량의 전체는 일정한 부분을 가지고 있다.

예를 들어 한 페이지는 반으로 나눌 수도 있고 4분의 1로 나눌 수도 있다. 한정된 전체를 알고 한정된 그 전체의 일정한 부분을 안다면, 전체가 부분보다 크다 또는 부분이 전체보다 작다는 것을 이해할 수 있다. '전체'나 '부분'이라는 단어는 아주 기본적이고 정의 내리기 어려운 개념들이다. 이 두 단어를 '구별해' 정의 내릴 수 없다면 전체와 부분이 서로 어떤 '연관'이 있는지 표현함으로써 우리가 전체와 부분을 이해하고 있다는 것을 보여 줄 수밖에 없다.

또 거꾸로 했을 때 금방 틀린 말이라는 사실을 알 수 있다면 확실하다고 할 수 있다. 한 페이지를 반으로 잘랐을 때 그 반쪽이 자르기 전보다 크다고는 생각할 수 없으므로 자르기 전의 페이지를 '부분'이라 하고 자른 후 반쪽을 '전체'라고 할 수는 없다. 일정한 전체와 그 부분에 대해 이해한다는 것은 전체가 부분보다 크다는 것을 알고 있는 거라고 말할 수밖에 없으며, 우리가 알고 있는 것은 단어나 그 의미에서가 아니라 실재하는 어떤 전체와 부분의 관계로 안다. 이렇게 자명한 명제는 증명하기 어렵지만 부인할 수 없는 진리와 같다. 일반적 경험을 근거로 하며 상식이라고도 할 수 있다. 지식, 즉 철학이나 수학, 과학이나 역사와 같이 잘 수립되어 있는 어떤 학문에 속한 것이 아니기 때문이다. 그래서 유클리드는 이러한 것들을 '일반 개념'이라고 했다. 이러한 것들도 배움으로 아는 것이라고 할 수 있다.

그런데 로크는 할아버지에 대한 것과 같이 배우지 않아도 아는 명제와 전체, 부분에 대한 것과 같이 배우지 않으면 모르는 명제를 구분하지 못했다. 오늘날 중복어를 사용하는 명제에 대해서도 똑같은 실수를 할 수 있다. 중복어도 지식적인 것이 있어서 배우지 않으면 모를 수 있다는 점을 미처 생각하지 못한다.

해답을 찾아라

분석하며 읽는 데 필요한 중요한 단어, 명제, 논증에 관한 이 세 가지 원칙은 책 내용을 이해하는 데 마지막 단계인 제8원칙으로 이어진다. 그리고 분석하는 제1단계인 구조를 파악하는 작업과 제2단계인 내용을 해석하는 작업을 묶어 주기도 한다.

무엇에 관한 책인지 파악하는 마지막 단계는 저자가 그 책으로 해결하려는 주요한 문제를 찾아내는 것이었다. 제4원칙이 기억날 것이다. 이제는 저자가 사용한 단어의 의미나 명제, 논증을 파악했으므로 더 깊은 질문으로 이를 확인해야 한다. 저자가 풀어보려고 했던 문제 가운데 어떤 것이 해결되었는가? 문제를 풀어가는 동안 다른 문제를 던지지는 않았는가? 풀지 못한 문제가 있다는 것을 저자는 알고 있는가? 훌륭한 저자라면, 훌륭한 독자와 마찬가지로 문제를 풀었는지 못 풀었는지 알아야 한다. 당연히 저자가 독자보다 이 사실을 인정하기 더 어렵겠지만 말이다.

분석하며 읽는 마지막 원칙은 다음과 같다.

제8원칙: 저자의 해답이 무엇인지 찾아라

분석하며 읽기 위한 이 원칙과 앞서 말한 세 가지 원칙을 적용하며 읽었다면 자신이 책 내용을 이해했다는 것을 느낄 수 있다. 자기 능력보다 어려워 뭔가를 배울 수 있는 책을 읽기 시작했다면 여기까지 기나긴 여정을 와서 이제 그 책의 분석을 끝마친 것이다. 그렇다면 마지막 제3단계는 비교적 쉬울 것이다. 지금까지 눈과 마음은 활짝 열고 입은 굳게 닫은 채 저자를 따라왔다면 이제부터는 저자와 논쟁을 벌이고 당신 생각을 펼칠 시간이다.

분석하며 읽기 제2단계

지금까지 분석하며 읽는 제2단계를 설명했다. 다시 말해 책 또는 읽어야 할 어떤 글에 관해 던져야 할 기본적인 두 번째 질문에 답을 찾는 내용을 설명했는데, 두 번째 질문은 "무엇을 자세하게 이야기하는가, 어떻게 이야기하는가?" 하는 것이었다. 제5원칙에서 제8원칙까지를 적용하면 분명히 이 질문에 답하는 데 도움이 된다. 저자가 사용하는 단어의 의미를 파악하고, 중요한 명제와 논증을 찾아내고, 저자가 던진 물음의 해답을 확인했다면, 저자가 그 책에서 말하는 것을 알게 된 것이며, 나머지 두 가지 기본 질문을 던질 준비가 된 것이다.

분석하며 읽는 또 한 단계를 마치며 지난 단계처럼 복습해 보자.

Ⅱ. 분석하며 읽기 제2단계: 내용을 해석한다.

5. 중요한 단어를 저자가 어떤 의미로 사용하는지 파악하라.

6. 가장 중요한 문장에서 저자가 제시하는 주요 명제를 찾아라.

7. 저자의 논증을 문장과 연관 속에서 구성해 보거나 찾아보라.

8. 저자가 풀어낸 문제와 그렇지 못한 문제를 구분하고, 풀지 못한 문
제를 저자도 알고 있는지 파악하라.

10장
공정하게 비평하기

앞 장 마지막 부분에서 긴 여정을 왔다고 이야기했다. 그렇다. 책의 윤곽을 어떻게 파악하는지, 내용을 어떻게 이해하는지 배웠다. 이제 분석하며 읽는 마지막 단계에 왔으며, 앞서 기울인 노력의 열매를 거두게 될 것이다.

책을 읽는다는 것은 일종의 대화를 하는 것이다. 저자만 이야기하고 독자는 아무 대꾸도 할 수 없는데 어떻게 대화냐고 반문할지 모른다. 그렇게 생각한다면 독자로서 의무를 제대로 이해하지 못하고 독자에게 주어진 기회를 잡지 못한 것이다.

사실, 마지막으로 이야기하는 사람은 독자이다. 저자가 이야기를 다 하고 나면 그다음은 독자 차례다. 책과 그 책을 읽은 사람 사이의 대화는 이렇게 순서가 있고 상대방이 이야기할 때 끼어들지 못한다. 하지만 독자가 예의가 없다면 순서는 지켜지지 않고 불쌍한 저자는 반론을 펼 수도 없으며 "잠깐만, 반대 의견을 이야기하기 전에 끝까지 기다려주십시오"라고 부탁할 수도 없다. 또 저자는 독자가 자기 의견을 잘못 이해했다거나 요점을 놓쳤다고 항변할 수도 없다.

일반적으로 서로 의견이 다른 사람들 사이의 대화는 예의를 지켜야 좋은 대화가 된다. 여기서 예의 바르다는 것은 우리가 생활 속에서 정중하다는 뜻으로만 말하는 것이 아니다. 중요한 것은 그런 관습이 아니라 '지적인' 에티켓을 지키는 것이다. 그렇지 않으면 대화는 유익한 커뮤니케이션이 아니라 불쾌한 말다툼으로 끝나고 만다. 여기서 대화는 서로 의견이 같든 다르든 중요한 내용을 이야기하는 것을 말한다. 그래서 서로 예의를 지켜야 유익한 대화로 뭔가를 배우는 좋은 점을 얻게 된다.

책이 독자에게 이야기하고 독자가 다시 이야기하는 특별한 경우도 일반 대화와 마찬가지다. 좋은 책이라면 저자가 예의를 잘 지키며 대화하는 셈이다. 그렇다면 독자는 이에 어떻게 응해야 할까? 독자로서 충실하려면 어떻게 해야 할까?

독자는 책을 읽고 나서 이야기할 기회와 더불어 그럴 의무도 있다. 분명히 기회는 기회다. 독자가 평하는 것을 막을 길은 없다. 그런데 의무는 책과 독자 사이 관계의 본질에 좀 더 깊이 뿌리박혀 있다.

지식을 전달하는 부류의 책이라면 저자의 목적은 가르치는 것이다. 저자는 독자에게 무엇인가를 알려주고 확신하게 하려고 한다. 그리고 독자가 "당신이 이러이러하다고 이야기한 것을 알게 되었고, 정말 그런 것 같다"라고 이야기하면 마침내 저자의 노력은 결실을 거둔 것이다. 하지만 독자가 저자와 의견이 다르고 의문을 품게 되더라도 저자의 의도와 노력은 존중받아야 한다. 독자는 저자에게 존중받을 만한 판단을 할 의무가 있다. 공감한다고 할 수 없다면 적어도 왜 그런지 이유를 밝히거나 판단을 유보하고 질문을 던져야 한다.

지금 우리는 이미 여러 번 이야기한 것을 되풀이하고 있다. 좋은 책은 능동적으로 읽어야 진가를 알 수 있다. 읽는다는 행위는 그 책이 이야기하는 것을 이해하는 데서 끝나지 않는다. "판단하는 일, 비평하는 작업이 있어야 다 읽은 것이다." 별로 의욕적이지 않은 독자는 그렇지 못하다. 책을 분석하거나 이해하지도 못한다. 아니, 이해하려고 노력을 기울이지 않을뿐더러 그냥 내팽개쳐놓고 잊어버리고 만다. 엉터리로나마 칭찬하는 척하는 것보다 더 나쁜 것은 전혀 깊이 생각해 보지도 않고 무조건 악평하는 것이다.

책에서 배우는 미덕

저자가 하는 이야기에 응답하는 것도 책을 읽는 행위로, 책을 분석하며 읽는 제3단계이다. 앞의 두 단계와 마찬가지로 원칙이 있다. 이 중에는 지적 에티켓에 관한 일반적 이야기도 있다. 이 장에서는 그 점을 다룬다. 나머지 원칙은 비평에 초점을 맞춘 구체적 기준으로 다음 장에서 이야기한다.

평범한 독자는 좋은 책을 비평할 능력이 없다고 생각하는 경향이 있다. 독자와 저자는 비슷한 사람들이 아니다. 그런데 사람들은 저자가 비슷한 부류의 배심원에게 판결받아야 한다고 여긴다.

베이컨이 독자들에게 한 충고를 기억해 보자. "트집을 잡거나 반박하려고 책을 읽어서는 안 된다. 무조건 믿거나 그대로 인정할 생각으로 읽어서도 안 된다. 이야깃거리나 설교 자료를 구하려고 읽지도 마라. 다만 깊이 생각하고 성찰하려고 읽어야 한다." 월터 스콧은 "의심하거나 조롱하려고 책을 읽는" 사람들에게 신랄한 비난을 던진다.

물론 일리가 있지만 이처럼 책에 대해 절대적 충성심을 갖는 것도 바람직한 일은 아니다. 저자의 가르침을 받는다는 의미에서 독자들은 저자보다 어리다고 볼 수 있다. 하지만 그렇다고 해서 독자가 하는 이야기를 들을 필요가 없다는 말은 아니다. 세르반테스는 "나쁜 책은 없다. 한 가지라도 좋은 점을 찾을 수 있다"라고 했는데 그보다는 "아무 결점도 찾을 수 없을 만큼 훌륭한 책은 없다"라고 하는 것이 더 나을 것이다.

책이 독자들을 가르치므로 책은 독자들보다 한 수 위라고 할 수 있다. 따라서 그 책을 이해하기 전까지는 독자가 책을 비평해서는 안 된다. 책을 다 이해해야 비로소 독자와 저자는 거의 동등한 위치에 서게 된다. 독자로서 새로운 권리와 특권을 행사할 자격을 갖춘다. 이렇게 독자가 비평할 자격을 갖추지 않으면, 저자에게는 불공평하다. 독자들이 자기와 동등한 위치에 이르도록 저자 나름대로 노력했으니 말이다. 저자는 독자가 자신과 대화를 나누고 반응을 보여 주기를 바라며, 독자는 저자의 동료로서 그렇게 해주는 것이 당연하다.

여기서 배움의 미덕을 이야기하는데, 사람들이 잘못 생각하는 것이 있다. 수동적이고 유순하면 잘 배운다는 것이다. 하지만 그렇지 않다. 오히려 배우는 것은 지극히 적극적인 일이다. 독립적으로 판단하는 능력을 자유롭게 행사하지 못하는 사람은 진짜 뭔가를 배웠다고 할 수 없다. 그저 훈련을 받았을 뿐이다. "그래서 가장 잘 배우는 독자는 가장 비평적이다." 책을 끝까지 읽고 나서 독자는 저자가 이야기하는 문제에 대해 자기 생각을 정립하고자 애쓰며 그 책에 응답하는 사람이 되어야 한다.

'끝까지 읽고 나서'라고 한 이유는 무엇인가를 배우려면 교사 이야기를 끝까지 듣고 내용을 이해한 다음에 판단하지 않으면 안 되기 때문이다. 한 가지 덧붙일 것은 노력했다고 해서 잘 배운 것이라고 이야기할 수는 없다는 점이다. 독자는 책 내용을 이해하는 방법을 알아야 하듯이 책을 판단하는 방법도 알아야 한다. 책을 읽는 제3단계 원칙은 책에서 배우는 연습을 하는 마지막 단계로 가는 길잡이다.

설득력 있는 문체

가르치는 기술과 배우는 기술, 저자가 글을 사려 깊게 잘 쓰는 기술과 독자가 책을 신중하게 잘 읽는 기술은 서로 밀접한 관계가 있다. 우리는 이미 책을 잘 읽고 글을 잘 쓰는 데는 똑같은 문법과 논리의 원칙이 바탕이 된다는 것을 살펴보았다. 지금까지 이야기한 원칙들도 저자는 어떻게 글을 이해하기 쉽게 쓸 수 있는지, 독자는 어떻게 책을 잘 이해할 수 있는지에 관한 것이라고 할 수 있다. 그런데 마지막 원칙들은 단순히 이해하는 것을 넘어 비평하도록 하는 것이다. 이쯤에서 문체가 등장한다.

설득력 있는 문체를 사용하는 경우는 많다. 보통 연설가나 정치선전쯤을 연상하기 쉬운데, 평범하게는 인간 사이에 일어나는 모든 커뮤니케이션에 포함되어 있다. 이야기하는 사람은 상대방이 그 이야기를 이해할 뿐 아니라 긍정해 주기를 바란다. 정말 의사를 제대로 전달하려는 목적이 있다면 상대방을 설득하고 확신하게 하고 싶을 것이다. 즉 어떤 이론적인 내용을 믿게 하거나 행동이나 감정에 큰 영향을 줄 수 있도록 설득하고 싶을 것이다.

마찬가지로 이야기를 듣는 사람도 제대로 이해하려면 '반응'뿐만 아니라 '책임'감 있게 들을 줄 알아야 한다. 듣고 있는 이야기의 흐름을 따라 그 이야기가 전하려는 의도를 파악하는 것이 반응하는 것이다. 그런데 독자로서 태도를 분명하게 밝힐 책임도 있다. 저자가 하는 이야기를 받아들인다면 이제 그 내용은 저자 것이 아니라 독자 것이 된다. 스스로 책임 있게 판단을 내리지 않고 다른 사람 의견을 따르는 것은 자유가 없는 노예나 마찬가지다.

말하는 사람이나 글을 쓰는 사람이 설득력 있는 문체를 잘 구사한다는 것은 상대방을 믿게 하고 이해하게 하는 방법을 안다는 것이다. 상대방을 설득하여 믿게 하는 것, 이것이 커뮤니케이션의 궁극적인 목적이며 커뮤니케이션의 다른 면들도 모두 이 목적을 이루려는 것이다. 문법적으로나 논리적으로 글을 이해하기 쉽게 잘 쓰는 것만으로도 훌륭한 재주이지만, 결국 이로써 목적을 이루려는 것이다. 마찬가지로, 독자나 이야기를 듣는 사람도 자신을 확신하게 하거나 설득하려는 사람에게 잘 응하는 재주가 있어야 한다. 더 나아가 문법 이해와 논리력은 읽는 것을 이해하도록 도와줄 뿐 아니라 책을 다 읽고 나서 비평하는 길을 닦아놓는 것과 같다.

판단하기 전에 완전히 이해하는 것이 중요하다

글을 쓰고 읽는 정교한 작업을 진행하는 데는 문법, 논리 그리고 설득력 있는 문체를 파악하는 기술이 함께 어우러져야 한다. 책을 분석하며 읽을 때 제1, 2단계는 문법에 대한 이해와 논리력이 있어야 하고, 제3단계는 넓은 의미에서 설득력 있는 문체를 잘 구사해야 한다.

이제 제9원칙을 살펴보자. 앞에서 여러 번 이야기해서 낯설지 않을 것이다. 주의를 기울여 듣고 확실하게 이해하기 전에 반응을 보여서는 안 된다. 앞의 원칙들을 적용해서 충분히 읽고 나야 비로소 자기 의견을 드러내고 비평할 권리를 갖게 되는 것이다. 그리고 이는 권리일 뿐 아니라 의무이기도 하다.

즉 분석하는 독서에서 제3단계는 앞의 두 단계 이후에 온다. 앞의 두 단계는 서로 순서 개념 없이 연결되어 책 읽는 데 서툰 사람도 어느 정도 이를 병행할 수 있다. 물론 책을 아주 잘 읽는 사람이라면 거의 완전히 병행하여 전체를 부분으로 나누고 동시에 사고와 지식, 단어의 의미, 명제, 논증이라는 요소들로 전체를 다시 구성하면서 책 내용을 이해할 수 있다. 책을 잘 읽는 사람이든 그렇지 않은 사람이든 자신이 읽은 내용을 확실히 이해하기 전에는 비평할 준비가 안 된 것이다.

제9원칙: 의견이 같거나 다르다고 표명하거나 판단을 보류하기 전에 확실한 이해가 먼저 있어야 한다

모든 비평은 같은 의견, 다른 의견 또는 판단을 보류하는 세 가지로 나눠 볼 수 있다. 그리고 비평하려면 늘 의견이 달라야 한다고 잘못 생각하는 일은 없어야 하며 저자 의견에 찬성하는 것도 반대하는 것만큼이나 어렵게 비평하는 것이다. 저자 의견에 찬성하든 반대하든 독자의 판단은 틀릴 수도 있는데, 그나마 충분한 이해 없이 찬성이나 반대를 하는 것은 어리석고 건방진 일이다.

확실하지 않으면 판단을 보류하는 것이 비평의 올바른 자세다. 이는 무엇인가 아직 분명하지 않다는 태도를 드러내 저자 이야기를 확신하지 못하거나 설득당하지 않았다는 것을 보여 주는 것이다.

상식적인 이야기를 왜 이렇게 강조하는지 의아스러운가? 그 이유는 먼저 많은 사람이 비평하는 것과 반대하는 것을 같다고 생각해 건설적 비평마저 반대하는 것이라고 여기는 오류를 범하기 때문이다. 그리고 이 원칙을 분명하게 알지만 실행에 옮기는 사람이 별로 없기 때문이다. 마치 황금률처럼 알기는 하되 입으로 말하는 데서 그치고 마는 것과 같다.

저자들은 책을 제대로 읽어 보지도 않은 비평가들에게 혹평을 받은 경험이 누구나 한 번쯤 있다. 이는 마치 무슨 이야기를 했는지 모르지만 틀린 이야기라고 하는 것과 같다.

이런 비평에는 마땅한 대응책이 없다. 가장 무난한 방법은 다시 비평을 부탁하는 것인데, 이때 똑같은 말만 되풀이하고 '자신의 언어로' 만족할 만한 설명을 하지 못한다면 제대로 이해하지 못했다는 것이며, 그렇다면 그 비평은 무시해도 좋다. 제대로 이해하지도 못한 엉뚱한 비평에 신경 쓸 필요는 없다. 하지만 무슨 이야기인지 분명하게 이해한 사람을 만나면 공감하는 것을 기쁘게, 또는 반대하는 것을 진지하게 받아들일 것이다.

다양한 부류의 학생을 오래 가르친 경험으로 볼 때, 이 원칙은 잘 지켜지기보다 깨어지기 일쑤다. 저자가 무슨 이야기를 하는지 모르면서도 주저하지 않고 판단을 내려버리는 학생들이 많다. 이해하지 못한 채 반대하는 것 못지않게 자신이 어떻게 이해했는지 설명하지 못하면서 찬성을 표하는 것도 나쁘다. 이런 학생들이 벌이는 토론은 내용이 없는 말장난에 지나지 않는다. 자신이 왜 판단하지 못하는지 알지 못하는 독자도 나을 것이 없다.

이 원칙을 지키려면 몇 가지 유의해야 할 점이 있다. 훌륭한 책을 읽고 있다면 쉽사리 다 이해했다고 장담하기 전에 신중해야 한다. 장담할 수 있다는 것은 이미 여러 가지 노력을 기울였다는 뜻이며, 정말 그런지 스스로 판단하고 이 판단에 더 책임을 져야 한다.

물론 이해하지 못했다고 말하는 것도 하나의 비평일 수 있다. 최대한 노력을 기울여 읽고 난 후에도 이해하지 못할 경우다. 최대한 노력했는데도 이해하지 못한다면 그것은 책이 이해할 수 없게 쓰였기 때문일 것이다. 그러나 좋은 책이라면 이해하지 못하는 일이 있을 수 없다. 좋은 책인데 이해하지 못하는 것은 독자들에게 문제가 있다고 봐야 한다. 그래서 분석하며 읽을 때는 비평하는 제3단계에 들어서기 전에 충분히 시간을 두고 두 단계를 거쳐 분석하는 독자의 의무를 다하여 저자가 잘못 쓴 탓이 아닌데도 이해하지 못하겠다는 말을 하는 일은 없도록 해야 한다.

특히 주의할 점이 두 가지 더 있다. 일부분만 읽고 그 책을 모두 이해한다고 이야기하면 안 되며, 같은 저자의 다른 저서와 연결되어 있어 그 책도 마저 읽어야 완전히 이해할 수 있는 경우도 있다. 후자일수록 비평하는 데 더 신중해야 한다.

아리스토텔레스의 『시학』에 대한 비평 가운데 이런 성급한 예를

찾아볼 수 있다. 아리스토텔레스의 『시학』은 심리학이나 논리학, 형이
상학 저서에서도 일부 중요하게 다루는데 비평가들은 이를 모두 이
해하지 않고 찬성한다거나 반대한다고 비평한다. 플라톤이나 칸트,
애덤 스미스, 카를 마르크스와 같이 한 권에 그들의 지식과 사상을
담을 수 없었던 저자들도 그렇다. 칸트의 『순수이성비판』을 읽는 사
람은 『실천이성비판』을, 애덤 스미스의 『국부론』을 읽는 사람은 『도덕
감정론』을, 마르크스의 『자본론』을 읽는 사람은 『공산당 선언』까지
읽지 않고는 찬성이나 반대를 표명할 만큼 완전히 이해했다고 볼 수
없다.

조리 있게 비판하는 것이 중요하다

비평할 때 두 번째 원칙도 첫 번째 원칙처럼 말은 쉽지만 분명히
짚고 넘어가야 할 내용이다.

제10원칙: 찬성하지 않으면 트집을 잡거나 따지려는 것처럼 하지 말고 조리
있게 비판하라

자신이 틀렸다는 것을 알고 있다든가 틀렸을지도 모른다는 느낌
이 든다면 논쟁에서 이길 수 없다. 잠시나마 이긴 것처럼 보일지도
모르지만 곧 틀렸다는 것이 세상에 다 드러나고 만다.

아리스토텔레스의 『윤리학』에서 한 구절을 읽어 보자.

특히 우리는 철학자로서, 지혜를 사랑하는 자로서 우리와 가까운 것들이 파

괴된다고 해도 진리를 수호하는 것이 우리 의무라고 생각한다. 그래서 둘 다 소중하지만 친구보다 진리가 더 고귀하다.

여기서 아리스토텔레스는 사람들이 간과하기 쉬운 점을 충고한다. 사람들이 대개 진리를 깨닫는 것보다 논쟁에서 이기는 것을 중요시한다는 점이다.

대화를 언쟁이라고 생각하는 사람은 그 이야기가 옳든 그르든 무조건 반대해서 성공해야만 직성이 풀린다. 이런 식으로 책을 읽는 사람은 자기 의견과 다른 점을 찾는 데 골몰한다. 논쟁하고 따지기를 좋아하는 사람은 어디서나 꼬투리를 찾아낸다.

혼자서 책을 읽을 때 논쟁에서 독자를 이길 상대는 아무도 없다. 그곳에 없는 저자는 자신을 방어할 기회가 없다. 저자를 묵사발로 만들고 싶으면 책을 처음부터 끝까지 열심히 읽을 필요도 없다. 처음 몇 페이지만 읽어도 충분히 저자를 공격하고 혼자서 만족스러워할 수 있다.

하지만 책이든 실제 교사든 그와 대화해서 무언가를 배우고 깨닫는 것이 중요하다는 사실을 아는 사람이라면, 다른 사람을 넘어뜨리는 것이 아니라 지식을 얻는 것이 진정한 승리라는 것을 아는 사람이라면, 트집이나 잡는 것은 쓸데없는 일이라는 사실을 안다. 그렇다고 결코 독자가 저자 의견에 반박하거나 저자의 틀린 부분을 밝히면 안 된다는 것은 아니다. "반박하려면 찬성할 자세도 갖추어야 한다"라는 것이다. 반박하든 찬성하든, 진리를 알려는 것이어야 한다. 단지 솔직한 것이 중요하다고 말하는 것이 아니다. 독자로서 인정해야 할 것은 인정해야 한다. 하지만 의견이 다른 데도 저자 의견에 억지로 찬성해야만 한다는 느낌을 가져서는 안 된다. 그런 느낌이 드는 것도 트집을 잡고 싶은 것이나 마찬가지다. 이 원칙에서 이야기하는 것은 책을 머리로 읽어야지 감정으로 읽어서는 안 된다는 점이다.

의견을 좁혀라

비판하는 데는 지금 이야기하는 세 번째 사항도 앞서 다룬 두 가지와 밀접한 연관이 있다. 의견이 서로 다르더라도 이를 좁힐 수 있다. 위에서 '트집을 잡으려' 반대해서는 안 된다고 했는데, 이는 '대책 없는' 반대를 주의하라는 것이다. 이성적인 사람이라면 누구나 찬성할 수 있는 이야기에 반대한다는 것은 소득 없는 토론일 뿐이다. 여기서 중요한 것은 '찬성할 수' 있다는 점이다. '찬성한다'고 하지 않고 '찬성할 수 있다'고 한 것은 비록 찬성하지 않음에도 찬성한다고 할 수 있는 것이 중요하다는 뜻이다. 계속 강조하지만 의견을 좁힐 가능성이 있기는커녕 무조건 반대하려는 것은 쓸데없는 일이다.

인간은 이성적인 동물이라서 생각이 달라도 다른 사람 의견을 인정할 수 있다. 이성적인 판단이 그렇게 찬성할 수 있게 한다. 인간은 이성이 불완전해서 서로 의견이 다른 것이다. 인간은 감정과 편견을 가지고 있다. 그리고 의사소통을 하려고 사용할 수밖에 없는 언어도 불완전한 매개체로, 인간의 생각을 그대로 투영하기에도 부적합한데 감정이나 이해관계마저 덧입혀진다. 하지만 인간은 이성적이므로 이런 장애를 극복할 수 있으며 결국 의견이 서로 분명하게 달라도 오해에서 비롯한 문제라면 해소할 수 있다.

지식이 부족해서 의견이 다른 경우도 있다. 즉 잘 모르면서 잘 아는 사람 의견에 반대할 때가 있다. 잘 아는 사람은 이런 사람의 잘못을 비판할 권리가 있다. 이런 식으로 의견이 다른 문제도 해결할 수 있다. 지식이 부족할 경우 배우면 되기 때문이다.

그런데 이보다 더 심각한 문제로 의견 차이를 좁히지 못하기도 하는데 그 원인을 이성적으로 설명하기는 불가능하다. 어쨌든 앞서 이야기한 대로 대부분 오해와 무지를 제거하면 의견 일치를 볼 수 있다. 어느 정도 대화가 진전된 상태면 마지막엔 의견 차이를 좁힐 가능성이 분명히 있다. 그러려면 다른 사람 생각을 바꾸고 싶은 만큼 자기 생각도 달라질 준비를 하고, 자기가 오해했거나 어떤 점을 모를 가능성이 있다는 사실을 미리 인정해 두어야 한다. 의견이 다르니까 누군가를 가르쳐야겠다고 생각한다면 이때야말로 가르침을 받을 기회라는 점도 결코 잊으면 안 된다.

그런데 많은 사람이 의견이 다르면 가르치거나 배우는 기회로 활용할 수 있다는 생각을 하지 못하는 것이 문제다. 그저 견해 차이가 있다고 생각하는 데서 그치고 만다. 이 의견은 내 것, 저 의견은 당신 것, 이렇게 각자 자기 견해를 사유재산처럼 침해할 수 없는 권리로 보고, 커뮤니케이션으로 뭔가를 배우는 유익함이 있다는 생각은 별로 하지 않는다. 그렇다면 처음부터 끝까지 똑같은 의견을 고수하면서 각자 자기 의견을 주거니 받거니 하다가 결국 승자도 없고 패자도 없고 또 아무도 잃은 게 없으니 불만스러울 것도 없는 그런 대화는 탁구 경기보다도 못한 것이다.

우리는 이런 생각에 찬성하지 않는다. 반대로 대화로 지식을 쌓을 수 있고 토론으로 깨달음을 얻을 수 있다고 생각한다. 개인적 의견이 아니라 순수한 지식 문제인 경우 다음과 같이 두 가지로 해결해 볼 수 있다. 분명하게 의견이 달라 보이기는 해도 사이좋게 마음을 합해 그 차이를 좁혀 보는 방법과 정말 순수하게 지식적 쟁점이 서로 다른 경우 사실과 이성에 호소해서 그 차이를 좁혀가는 것이다. 의견이 다르면 결국 인내심을 가져야 합리적으로 해결할 수 있다. 간단히 말해, 서로 의견이 다르다는 것은 논의할 만한 문제라는 뜻이다. 그리고 적절한 증거를 바탕으로 이성적으로 이해할 수 있다는 근거에 입각해 논의하지 않으면 아무 소용없다.

독자와 저자 사이의 대화에 이 원칙을 적용하면 어떻게 될까? 독자가 책을 읽고 나서 책 내용에 찬성할 수 없을 때 상황이 이와 같을 것이다. 그렇다면 독자는 먼저 오해하는 것은 아닌지 확인해야 한다. 완전히 이해하기 전에 성급하게 판단을 내려서는 안 된다는 원칙을 잘 지키며 주의 깊게 읽었다면 오해는 없다고 볼 수 있다. 그런데도 의견이 다르다면?

먼저 저자에게 찬성하지 않는 이유가 순전히 지식 부족 때문인지 아니면 개인적으로 의견이 다른지를 구분해야 한다. 그다음 지식이 문제라면 해결할 수 있다는 점을 염두에 두고 좀 더 깊이 이해하려고 노력한다면 그 문제에 대한 저자의 가르침을 받아들여 생각이 달라질 수 있다. 만일 생각을 바꿀 수 없다면 아마 그 비평이 정당할 것이며 거꾸로 저자를 가르칠 수도 있고, 저자가 살아 있거나 그 자리에 함께 있다면 저자 생각이 달라질 수도 있다.

앞에서 이야기한 것을 다시 생각해 보자. 저자가 내세우는 명제들이 근거가 없다면 그저 저자 개인의 의견이라고 봐도 된다. 근거가 있는 지식과 별 볼 일 없는 견해를 구분하지 못한다면 책을 읽어도 제대로 배울 것이 없고, 기껏해야 저자에 대해 개인적 흥미나 채우고, 책은 지식을 습득하는 것과는 거리가 먼 사례연구 정도에서 그치고 말 것이다. 물론 이렇게 책을 읽고 나서도 의견이 같거나 다를 수 있는데, 책 내용이 아니라 사람에 대한 의견일 뿐이다.

하지만 독자가 사람이 아니라 책에 관심이 있다면 비평할 의무를 진지하게 받아들여야 한다. 그래서 저자가 쓴 내용뿐 아니라 독자 자신의 의견도 지식의 문제인지 단순히 개인적 견해인지 구분하고, 더나아가 찬성하든 안 하든 그 근거를 대야 한다. 물론 찬성하면 저자가 제시하는 근거를 똑같이 사용해도 된다. 하지만 찬성하지 않는다면 독자 스스로 근거를 제시해야 한다. 그렇지 않으면 지식의 문제인데도 개인의 견해로 그치고 말 것이다.

따라서 제11원칙은 다음과 같다.

제11원칙: 어떤 비평을 하든 지식 차원에서 하는 비평인지 개인 견해를 이야기하는지 명확히 구분하고 그 비평의 근거를 제시하라

세상에 '확고부동한' 지식이 많다는 뜻으로 이렇게 이야기하는 것은 아니다. 앞 장에서 이야기한 대로 자명한 명제들은 증명할 수는 없어도 부인할 수 없는 진리처럼 보인다. 하지만 대부분 지식은 결코 절대적이지 않다. 지금 우리가 알고 있는 지식도 수정된 것이며, 지금 진리라고 믿는 것들도 언젠가는 새로운 증거를 바탕으로 진리가 아

닌 것으로 드러날지도 모른다.

그렇다고 해서 여기서 강조하는 지식과 개인 견해를 구분하는 중요성이 사라지는 것은 아니다. 지식은 '변호할 수 있는 견해', 이런저런 증거로 뒷받침되는 견해라고 할 수 있다. 우리가 참된 지식을 안다면 아는 것을 다른 사람이 확신하게 할 수 있어야 한다. 거꾸로 견해는 뒷받침되는 것이 없는 판단이라고 할 수 있다. 그래서 견해 앞에 '개인적인', '단순한'이라는 수식어를 붙이는 것이다. 개인적인 느낌이나 편견 이상의 증거나 근거가 없다면 뭔가가 정말이라고 주장할 수 없다. 다른 사람들도 받아들이도록 객관적인 증거가 있어야 그것이 진리라든가, 그것을 안다고 이야기할 수 있다.

이제 이 장에서 이야기한 세 가지 원칙을 정리해 보자. 간단히 말해 이 세 가지는 모두 비평하며 읽는 조건과 독자가 저자 글에 어떻게 '반응하는 것'이 좋은지 이야기한다.

첫째, 독자는 성급하게 비평하려 들지 말고 저자의 글을 완전히 이해해야 한다.

둘째, 트집을 잡거나 따지려고 하면 안 된다.

셋째, 저자와 의견이 다를 때 지식 문제라면 일반적으로 해결할 수 있음을 기억하고, 단순히 견해를 밝히는 데서 그치지 말고 왜 저자와 다른 생각을 하는지 근거를 바탕으로 설명해야 한다.

11장
저자에게 찬성하기,
반대하기

　책을 읽고 나서 독자가 맨 처음 할 수 있는 이야기는 그 책을 이해했느냐, 못 했느냐이다. 사실 책을 이해했다고 해야 더 많은 것을 이야기할 수 있다. 이해하지 못했다면 조용히 책을 다시 한번 들여다봐야 한다.

　그 대신 "이해하지 못하겠다"라고 한마디 던질 수도 있다. 이해하지 못하겠다는 말 자체가 하나의 비평이 될 수도 있는데 그러려면 근거가 필요하다. 이해하지 못한 것이 독자의 잘못이 아니라면 어떤 부분이 문제인지 지적할 수 있어야 한다. 책의 구조가 엉망이라든가, 부분적으로 연결이 되지 않는다든가, 저자 이야기가 모호하다든가 하는 점을 분명하게 지적할 수 있어야 한다. 그 책을 이해할 수 없다는 주장을 뒷받침할 근거를 제시한다면 그것만큼 비평 의무를 다하는 길은 없다.

　그러나 좋은 책을 읽는다는 것은 그 책을 이해할 수 있어야 한다는 뜻이다. 그런 좋은 책을 읽고 '이해했다'고 하자. 책 내용을 이해했을 뿐 아니라 저자가 하는 말에 모두 찬성했다면 더 할 일이 없다.

분석하며 읽기를 모두 끝마친 것이다. 모르던 것을 알게 되었고, 그 사실을 믿게 된 것이다. 하지만 책 내용에 찬성하지 않거나 판단을 보류하는 경우에는 아직 할 일이 남아 있는 것이다. 그리고 대부분 보류하는 경우보다 찬성하지 않는 쪽이 많다.

저자가 독자와 논쟁을 벌이려 하고, 독자에게 의견을 듣고 싶어 하는 한 훌륭한 독자가 되려면 논쟁의 원칙을 잘 지켜야 한다. 지적이고 논리적일 뿐 아니라 예의도 갖추어야 한다. 이 장에서는 그런 이야기를 하려고 한다. 저자 주장에 단순히 끌려가는 데서 그치는 것이 아니라 당당하게 자기주장을 내세울 수 있어야 비로소 진정한 의미의 찬성이나 반대를 할 수 있다.

찬성이나 반대가 무슨 의미가 있는지는 좀 더 깊이 생각해야 한다. 저자가 사용하는 용어의 의미도 파악하고 저자가 진술하는 내용도 이해하는 독자는 저자와 같은 생각을 할 수 있다. 사실 해석하는 모든 과정은 언어라는 매개체를 바탕으로 정신적 만남을 이끌어내는 것이다. 책을 이해한다는 것은 저자와 독자가 일종의 같은 의견을 갖는다는 것이다. 저자와 독자는 어떤 생각을 표출하는 데 언어의 용법에 동의한 것이다. 이렇게 동의함으로써 독자는 저자의 언어에서 저자가 표현하려는 아이디어를 이해할 수 있다.

독자가 책을 이해했다면 어떻게 동의하지 않을 수 있을까? 비평하며 읽는다는 것은 독자에게 자기만의 생각이 있어야 한다는 뜻인데, 책을 이해하면 그 생각과 저자의 생각이 하나가 된다. 그렇다면 독자적인 생각은 도대체 무슨 역할을 할까?

어떤 사람들은 '동의'에도 두 가지 의미가 있다는 것을 미처 구분하지 못하는 잘못을 한다. 한마디로, 서로 이해한다면 의견도 같아야만 한다는 생각은 잘못되었다. 그런 사람들은 의견이 서로 다른 이유가 모두 오해에서 비롯한다고 생각한다.

저자가 우리가 사는 세상에 대해 판단을 내린다는 사실을 기억한다면 이것이 오류라는 것을 분명히 알 수 있다. 즉 저자는 우리에게 사물이 존재하고 움직이는 방식에 대한 이론적 지식이나 우리가 어떻게 해야 하는지에 대한 실용적 지식을 준다고 주장하는데, 분명 저자의 주장은 옳을 수도 있고 그를 수도 있다. 그리고 그의 주장은 참되고 근거가 있을 때 정당화될 수 있다. 그렇지 않으면 그의 주장은 근거 없는 것이다.

예를 들어 "모든 인간은 평등하다"라는 말은 모든 인간이 두뇌, 체력, 그 밖의 다른 능력을 평등하게 타고났다는 뜻으로 받아들일 수 있다. 하지만 우리가 알고 있는 사실에 비추어 보면 그 말에 찬성할 수 없으며, 틀린 말이라고 생각한다. 그런데 우리는 지금 오해하고 있는지도 모른다. 이 말의 뜻을 "모든 인간은 평등한 정치적 권리를 갖는다"라고 해석한다면 말이다. 그러면 의미를 제대로 이해하지 못했기 때문에 일어난 잘못을 수정할 수 있다. 그래도 여전히 그 말에는 찬성할 수도 있고 반대할 수도 있다. 그리고 "반대한다면 정말 논쟁거리가 된다." 그래서 상대방 처지는 이해하지만 그의 의견에는 반대하는 것이다.

사물이 현재 어떠하다는 사실의 문제나 어떻게 되어야 한다는 방침의 문제는 공통 이해를 바탕으로 해야 진정한 논의거리가 될 수 있다. 그래서 논쟁을 벌이는 사실에 제대로 찬성하거나 반대하려면 저자가 사용하는 어휘들에 먼저 찬성하는 것이 필수적이다. 책을 올바로 해석해 저자의 마음과 만나야 저자와 같은 생각 또는 다른 생각을 할 수 있기 때문이다.

선입관과 판단

이제 올바로 이해하는 데도 반대하는 경우를 생각해 보자. 앞서 이야기한 원칙을 잘 지키면, 반대하는 경우는 저자가 틀렸다고 생각하는 점이 있기 때문이지 괜히 선입관prejudice을 가지고 감정적으로 대립하는 것은 아니다. 이제 논쟁을 이상적으로 잘 진행하려면 세 가지 조건을 갖추어야 한다.

첫째, 인간은 이성적이지만 동물이기도 하므로 토론할 때 감정적일 수 있다는 점을 인정해야 한다. 사람은 대단한 감정의 소용돌이에 빠져 있으면서도 이성적이라고 생각할 수 있으며, 이성적으로 이야기하는 것이 아니라 감정을 분출하는 것처럼 보일 때도 있다.

둘째, 독자는 자신의 관점을 분명히 파악해야 한다. 자신의 선입관, 즉 성급하게 판단하는 것이 무엇인지 알고 있어야 한다. 그렇지 않으면 상대편도 그런 당연한 의견을 가지고 있다는 것을 인정하지 못하는 것이나 마찬가지다. "훌륭한 논쟁은 서로 당연하다고 보는 문제를 놓고 싸우지 않는다." 예를 들어 저자는 독자에게 뭔가를 인정해 달라고 분명하게 요구하는데, 독자가 자신과 의견이 다른 상대방도 인정받아야 한다는 사실을 무시하고 그의 요청을 무시해서는 안 된다. 선입관으로 반대 의견을 갖게 되었거나 그 선입관을 인정하지 못한다면, 저자 의견에 공정하게 귀 기울일 수 없다.

셋째, 공평하게 생각하려고 노력해야 거의 불가피한 편파적·맹목적인 것을 잘 해결할 수 있다. 물론 당파성 없이 논쟁하기는 불가능하다. 하지만 둘 다 상대방 처지가 되어 보려고 노력한다면 열기는 줄어들고 빛은 환해지는 논쟁을 벌일 수 있다. 다른 책들도 들여다보며 통합적으로 읽을 수 없으면, 예의를 지키며 반대하기보다는 트집을 잡으려는 식으로 진행되기가 쉽다.

이 세 가지 조건은 이상적이고 유익한 지적 대화를 나누는 데 필수적이다. 그리고 책을 읽는 것이 저자와 독자 사이의 대화인 이상 이것은 분명히 책을 읽는 데도 적용된다. 이는 세 가지 조건에는 반대하더라도 예의를 지키는 독자가 되려는 데는 좋은 충고가 된다.

모든 이상이 그렇듯이 완전하지는 못할지라도 노력해야 한다. 인간이 이상을 완전히 충족하리라고 기대할 수는 없다. 하지만 자신의 단점을 잘 파악하고 인정해야 한다. 지금까지 논쟁을 벌이면서 바람직한 지성인으로서 예의를 지키려는 원칙을 어긴 일도 있을 것이다. 자신이 저자보다 월등하다는 듯 편견이나 내세우고, 반대 의견을 근거도 없이 비난하며 책을 비평하는 것이 아니라 공격하느라 애썼을지도 모른다.

제대로 대화하거나 올바른 비평적 태도로 책을 읽으려면 훈련이 필요하다. 그래서 이 세 가지 이상적인 조건을 충족하지 못하더라도 어렵지 않게 따르는 방법을 몇 가지 들려주려고 한다. 책을 거꾸로 비평해 보는 네 가지 방법을 따라 독자 스스로 감정이나 선입관에 사로잡히지 않도록 도움을 받기 바란다.

이 네 가지 방법은 다음과 같이 간단히 요약할 수 있다. 저자의 말을 이해할 수는 있지만 찬성할 수 없을 때 저자에게 할 수 있는 이야기로 풀어보았다. ① 그 정도 아는 것으로는 부족하다. ② 잘못 알고 있다. ③ 논리적이지 않아 설득력이 부족하다. ④ 완전하지 않으니 좀 더 분석해 보라.

이것이 전부라고 이야기할 수는 없다. 어쨌든 반대하는 독자가 지켜야 할 중요한 점들이다. 모두 개별적인 문제처럼 보이지만 서로 연관되어 있어 다른 문제와 겹칠 수도 있다.

하지만 저자가 지식이 부족하다든가 잘못 알고 있다든가 논리적이지 못하다는 점을 분명하고 자세하게 짚어내지 못하면서 이런 이야기를 해서는 결코 안 된다. 책 한 권에 올바른 지식이 모두 담겨 있을 수는 없다. 또 처음부터 끝까지 비논리적이기만 한 책도 없다. 이런 말을 하려면 독자는 분명하고 구체적으로 그런 부분을 보여 주어야 하며 독자의 의견을 뒷받침하는 근거가 있어야 한다.

저자의 타당성을 판단하라

그런데 네 번째 이야기는 다른 세 가지와 좀 다르다. 이 네 가지를 간단히 살펴보고 그 차이점을 알아보자.

1. 저자가 '아는 것이 부족하다'는 것은 저자가 풀어 가려는 문제와 관련 있는 지식이 부족하다는 뜻이다. 아무 상관없는 문제에 대해 아는 것이 부족하다고 이렇게 이야기해서는 안 된다. 그리고 이렇

게 이야기하려면 저자가 모르는 지식이 무엇인지, 어떤 연관성이 있는지, 그 지식을 적용함으로써 저자의 결론과 어떤 차이가 있는지를 분명하게 설명해야 한다.

몇 가지 예를 들어보자. 다윈은 멘델이나 훗날 학자들이 실험으로 연구한 유전학을 잘 몰랐다. 유전 체계를 몰랐다는 것이 『종의 기원』의 중요한 결함 중 하나다. 기번은 로마의 멸망에 대해 후대의 역사 연구에서 밝혀진 몇 가지 사실은 몰랐다. 보통 과학이나 역사 분야에서는 이렇게 미처 알지 못했던 점들을 후대 학자들이 발견한다. 대체로 관찰 기술이 더 발전하고 지속적인 연구를 해오면서 이런 일들이 생긴다. 하지만 철학은 그렇지 않다. 세월이 흐르면서 얻는 것도 있지만 잃는 것도 있다. 예를 들어 고대인은 인간이 가슴으로 느끼고 상상하는 것과 머리로 이해하는 것을 분명하게 구분했다. 그러나 18세기에 들어와 데이비드 흄은 고대 철학자들의 훌륭한 업적이 있음에도 심상images과 관념ideas을 구분하는 데 무지함을 보여 주었다.

2. 저자가 '잘못 알고 있다'는 것은 뭔가를 틀리게 주장한다는 뜻이다. 지식 부족으로 그런 오류가 생기는 것은 아니다. 원인이야 무엇이든 사실과 다른 주장을 하는 것이다. 사실은 그렇지 않거나 그럴 확률이 없는데도 사실이 그렇다고 주장하고, 알지 못하는 것을 안다고 주장한다. 저자가 이끌어가는 결론과 관련된 내용만 이런 잘못을 지적해야 한다. 이렇게 지적하려면 저자의 주장과 반대되는 진리나 좀 더 폭넓은 가능성을 분명하게 밝혀야 한다.

예를 들어 스피노자는 정치 논문에서 민주주의는 군주 정치보다 원시적인 형태라고 했다. 이는 정치사에서 확인된 사실에 정반대되는 것이다. 여기서 스피노자는 자기주장에 이런 오류를 담고 있다. 아리스토텔레스는 암컷의 유전자가 동물의 생식에서 하는 역할을 잘못 알았으므로 결국 생식 과정에 대해 찬성할 수 없는 결론을 내렸다. 아퀴나스는 천체의 물질과 지구의 물질은 근본적으로 다르다는 잘못된 주장을 했다. 현대 천문학자들은 이 오류를 수정하고 고대와 중세 천문학에 발전을 가져왔다. 하지만 물질과 형상으로 이루어진 모든 사물의 본질에 대한 아퀴나스의 형이상학적 내용은 그 오류에 아무런 영향을 받지 않는다.

지금까지 다룬 두 가지 비평 방법은 서로 관계가 있다. 아는 것이 부족하면 오류를 범하게 된다. 잘못 알고 있는 것도 어떤 면에서는 아는 것이 부족한 것과 마찬가지라고 할 수 있겠지만 그 결과에 차이가 있다. 즉 관련 지식이 부족하면 어떤 문제를 풀지 못한다든가 어떤 결론을 뒷받침해 주지 못한다. 그러나 잘못 아는 지식은 문제를 잘못 풀거나 수긍할 수 없는 결과를 이끌어낸다. 결국 이 두 가지 오류 모두 저자에게 잘못된 전제에서 시작하게 한다. 저자는 더 많은 것을 알아야 하고, 제시하는 증거나 근거는 양적으로나 질적으로도 합당한 것이어야 한다.

3. 저자가 '논리적이지 못하다'는 것은 추론해 나가는 데 잘못을 범한다는 뜻이다. 일반적으로 이러한 잘못에는 두 종류가 있다. 하나는 잘못된 결론, 즉 제시한 근거에서 잘못된 결과가 도출된 것이다. 그리고 모순, 즉 저자가 이야기하는 두 가지 내용이 양립되지 않는

다. 어떤 경우든 독자는 저자 주장에서 설득력이 부족한 부분을 자세하고 정확하게 보여 주어야 한다. 그리고 중요한 결론에 영향을 미칠 때만 비평할 문제가 된다. 책 한 권에는 별로 중요하지 않은 내용이 서로 모순되는 일이 있을 수도 있다.

이 세 번째 경우는 예를 들기가 쉽지 않다. 훌륭한 책들 가운데 이런 오류를 범하는 경우는 거의 없기 때문이다. 또 있다 해도 교묘하게 감추어져 있어 독자가 날카롭게 파헤치지 않으면 발견할 수 없다. 하지만 마키아벨리의 『군주론』에서는 명백한 잘못을 찾아볼 수 있다.

> 신생 국가이든 오래된 국가이든 모든 국가의 주요한 토대는 좋은 법이다. 국가가 잘 무장되지 않은 곳에는 좋은 법률이 있을 수 없으므로, 그들이 잘 무장한 곳에는 좋은 법률이 있다는 결론이 나온다.

단순히 좋은 법은 충분한 경찰력에 달렸다는 사실에서 경찰력이 충분하면 좋은 법을 가지고 있다는 논리를 이끌어낼 수는 없다. 좋은 법이 경찰력과 관련 있다는 첫 번째 내용부터 의문스러운데 이를 무시하고 어쨌든 '잘못된 결론'이 도출된 것이다. 좋은 법을 좌우하는 것이 효과적인 경찰력이라는 말보다는 건강이 행복을 좌우한다는 말에 더 수긍이 갈 것이다. 건강이 행복을 좌우한다는 말에서 건강한 사람이 언제나 행복하다는 결론을 이끌어낼 수는 없다.

홉스는 자신의 저서 『법의 기초』에서 모든 신체는 움직이는 물질의 양에 불과하다고 주장하며 몸의 세계에는 어떠한 특성도 존재하지 않는다고 말한다. 그리고 다른 곳에서는 인간은 그 자체로 아무 것도 아니며 움직이는 원자들의 집합체일 뿐이라고 주장한다. 그러나 색깔, 냄새, 미각 등 감각적 특성의 존재를 인정하면서 그것들은 단지 두뇌 속 원자들의 운동에 불과하다고 결론짓는다. 이 결론은 처음에 취한 의견인 움직이는 몸의 세계에는 어떠한 특성도 없다는 것과 모순된다. 움직이는 모든 몸에 대해 말한 것은 두뇌의 원자를 포함한 특정 집단에도 적용되어야 한다.

이 세 번째 비평 방법도 앞의 둘과 비슷해 보인다. 물론 저자는 증거나 근거들부터 잘못되어 결론에 제대로 도달하지 못할 수 있다. 그러나 여기서 말하는 것은 '좋은 근거를 바탕으로 추론을 제대로 하지 못하는' 불완전한 추론 과정이다. 사실이 아닌 전제나 불충분한 근거에서 시작한 추론 과정에서 설득력이 부족하다는 사실을 발견하는 것은 당연한 일이다.

근거 있는 전제로부터 말이 안 되는 결론에 다다른 사람은 뭔가 잘못 알고 있는 것이라고 볼 수도 있다. 하지만 잘못된 추론 과정으로 생기는 오류와 관련 사항에 대한 불충분한 지식 등의 문제점으로 생기는 오류는 구분할 필요가 있다.

저자의 완전성을 판단하라

앞의 세 가지 비평 방법은 저자의 주장이나 추론 과정이 올바른지 아닌지를 보는 것이다. 이제 독자가 저자에게 반대할 만한 네 번째 이야기를 살펴보자. 이 비평 방법은 저자가 의도한 바가 완벽하게 이루어졌는지, 저자가 충분히 할 몫을 다하는지를 판단하는 것이다.

이를 다루기 전에 먼저 염두에 두어야 할 것이 있다. 앞서 말한 세 가지 반론을 제기할 만한 근거가 없다면 책을 이해한 이상 저자에게 동의할 의무가 있다는 점이다. 이 시점에서 찬성하는지 반대하는지를 결정할 신성한 권리도 자유도 없다.

저자가 중요한 문제에 대해 뭔가를 모른다든가 잘못 알고 있다든가 논리적이지 않다고 할 수 없다면 반대할 명분이 없다. "전제된 이야기나 논리를 펴나가는 과정에서 잘못된 내용은 없습니다. 하지만 그런 결론에 동의할 수는 없습니다"라고 이야기할 수는 없다. 이렇게 이야기하고 싶다면 그것은 단순히 그 결론이 마음에 들지 않기 때문일 확률이 높다. 이는 반대하는 것이 아니라 단순히 감정이나 편견을 드러내는 것이다. 마음에 들지 않아도 저자 주장이 설득력이 있다면 인정할 줄 알아야 한다. 앞의 세 가지 방법으로 반론을 제기할 수는 없어도 저자 주장이 옳다는 생각이 들지 않는다면 제대로 이해했는지 먼저 의심해 봐야 한다.

앞의 세 가지 방법은 저자가 사용하는 어휘나 명제, 논증과 연관이 있다. 네 번째는 전체 구조를 바탕으로 불완전성을 지적하는 것이다.

4. '분석이 완전하지 않다'는 것은 제기한 문제를 모두 풀어내지 못했다거나 자료들을 최대한 활용하지 못한다거나 그 자료들의 의미나 파생되는 다른 결과를 미처 보지 못했다거나 관련 내용을 명확히 구분하지 못했다거나 하는 것이다. 그렇다고 그 책이 불완전하다고 하는 것만으로는 충분하지 않다. 누구나 어떤 책이나 그렇게 이야기할

수 있다. 인간은 불완전하고 인간이 하는 작업도 그렇기 때문이다. 독자 스스로 또는 다른 책의 도움을 받거나 해서 불완전한 부분을 정확하게 짚어내지 못하면 불완전하다고 하는 것은 아무 소용없다.

간단히 예를 살펴보자. 아리스토텔레스가 『정치학』에서 정부 유형을 분석한 내용을 보면 불완전하다. 당시 시대 상황에 국한되어 있고 노예제도를 인정하는 잘못을 범했기에 보통선거를 바탕으로 하는 진정한 민주주의 구조를 미처 생각지 못했고, 오늘날의 연방정부나 국회제도 같은 것을 생각하지 못했다. 좀 더 분석하여 이러한 정치 실체까지 생각했어야 한다. 유클리드는 『기하학 원론』에서 평행선의 관계에 대해 충분한 가정을 세우지 못한 불완전한 설명을 하고 있다. 듀이의 『사고의 방법』도 사고를 분석하면서 연구와 발견 이외에 독서나 학습을 하면서 사고하는 것은 다루지 않아서 불완전하다. 영생을 믿는 기독교인에게 에픽테토스나 마르쿠스 아우렐리우스가 이야기하는 행복론은 불완전하게 느껴질 것이다.

불완전하다는 것을 지적하는 이 네 번째 이야기는 엄격히 말해 반대하는 것이기보다는 저자가 쓴 내용의 한계를 지적하는 비평이라고 봐야 한다. 앞의 세 가지 반론의 이유는 찾아볼 수 없고, 부분적으로 책 내용에 동의하지만 불완전한 점을 발견했다면 전체적으로 판단을 보류하는 셈이 된다.

같은 분야의 관련 서적들을 이 네 가지 기준을 참고로 비평하며 비교할 수 있는데, 내용이 옳을수록, 오류가 적을수록 비교적 나은 책이라고 할 수 있다. 지식을 얻으려고 읽는다면 주어진 주제를 충분히 다룬 것이 가장 좋은 책이다. 어떤 저자는 다른 저자가 알지 못하는 것을 알 수 있고, 다른 사람과 달리 잘못 가정한 저자도 있을 수 있고, 똑같은 근거를 바탕으로 하지만 다른 저자보다 논리나 설득력이 부족할 수도 있다.

그런데 한층 깊이 있게 비교하려면 주어진 문제를 얼마나 완벽하게 분석했는지를 살펴보아야 한다. 비교한 내용 가운데 가치 있는 훌륭한 내용이 얼마나 들어 있느냐 하는 것이 완전성을 측정하는 기준이 된다. 이때 저자가 사용하는 어휘의 의미를 파악해 두면 정말 유용한데, 중요한 어휘의 수가 보통 중요한 내용의 수와 상관관계가 있기 때문이다.

이 네 번째 비평 방법은 책을 분석하며 읽는 세 단계와 연관이 있다. 구조의 윤곽을 파악하는 마지막 단계는 저자가 풀어가려는 문제가 무엇인지 찾아내는 것이었다. 그리고 해석을 하는 마지막 단계는 저자가 어떤 문제를 풀어냈고 어떤 문제는 풀어내지 못했는지를 알아내는 것이었다. 비평하는 마지막 단계는 완벽한가에 대한 것이다. 저자가 문제를 얼마나 잘 설명하는지를 파악하는 만큼 윤곽을 완벽하게 그릴 수 있고, 저자가 문제를 얼마나 잘 풀어나갔는지를 살펴보는 만큼 해석을 완벽하게 할 수 있는 것이다.

분석하며 읽기 제3단계

지금까지 분석하며 읽기 위한 원칙들을 하나하나 살펴보았다. 이제 그 원칙들을 모두 순서대로 정리해 보자.

I. 분석하며 읽기 제1단계: 무엇에 관한 책인지 알아낸다.

1. 책을 종류와 주제에 따라 분류하라.

2. 전체 내용이 무엇에 관한 글인지 최대한 간략하게 이야기해 보라.

3. 주요 부분을 찾아 어떤 순서에 따라 전체적으로 어떻게 구성되어 있는지 파악하라.

4. 저자가 풀어가려는 문제를 분명하게 찾아내라.

II. 분석하며 읽기 제2단계: 내용을 해석한다.

5. 중요한 단어를 저자가 어떤 의미로 사용하는지 파악하라.

6. 가장 중요한 문장에서 저자가 제시하는 주요 명제를 찾아라.

7. 저자의 논증을 문장과 연관 속에서 구성해 보거나 찾아보라.

8. 저자가 풀어낸 문제와 그렇지 못한 문제를 구분하고, 풀지 못한 문제를 저자도 아는지 파악하라.

III. 분석하며 읽기 제3단계: 지식을 잘 전달하는지 비평한다.

A. 지성인으로서 에티켓

9. 책을 완전히 파악하고 해석하기 전까지 비평하지 않는다(의견이 같거나 다르다고 표명하거나 판단을 보류하기 전에 확실한 이해가 우선되어야 한다).

10. 반대한다고 트집을 잡거나 따지지 말고 조리 있게 비판하라.

11. 어떤 비평을 하든 지식 차원에서 하는 비평인지 개인 견해를 이야기하는지 명확히 구분하고, 그 비평의 근거를 제시하라.

B. 비평할 내용의 기준

12. 저자가 잘 알지 못하는 부분을 제시한다.

※ 주의: 12, 13, 14가 반대하는 근거이다. 이 중 어느 것에도 해당하지 않는다면 15에
비추어 전체 판단을 보류하더라도 최소한 부분적으로나마 찬성해야 한다.

7장 끝부분에서 분석하며 읽기 위한 첫 네 가지 원칙을 잘 지키
면 책을 읽을 때 품게 되는 기본적인 물음, 즉 "전반적으로 무엇에 관
한 책인가?"에 답할 수 있다고 했다. 또 9장 끝에서는 해석하는 네
가지 원칙을 잘 지키면 두 번째 물음 "무엇을 어떻게 자세히 이야기
하는가?"에 답할 수 있다고 했다. 지성인으로서 에티켓과 비평 기준
에 관한 나머지 일곱 개 원칙은 "맞는 이야기인가?", "그래서?"라는
질문에 답하는 데 도움을 줄 것이다.

"맞는 이야기인가?"는 우리가 읽는 글 어느 것이나 해당하는 질문
이다. 수학, 과학, 철학, 역사, 정치, 어떤 서적이든 '진실'을 물어야 한
다. 인간 정신이 이룩한 작품에 진실하다고 평하는 것보다 더한 영예
는 없다. 마찬가지로 잘못된 점을 비평해 주는 것도 책을 진지하게
대하는 태도이다.

하지만 이상하게도 역사 이래 요즘처럼 이렇게 훌륭한 비평 기준
이 흔들린 때가 없었다. 진실을 가볍게 여기는 데도 비평가들에게 갈
채를 받거나 대중의 인기를 얻는 일이 많아지고 있다. 많은 독자, 특
히 근래에 나온 책들의 서평을 쓰는 사람들은 자신이 읽은 책을 판

단하고 비평하는 데 다른 기준을 적용한다. 진실하고, 명쾌하고, 깨우쳐 주는 내용이 아니라 센세이션하거나 선정적이거나 유혹적이거나 충격적인 내용이 더 높은 평가를 받는다. 요즘 진실에 상관하지 않는 책들이 쏟아져나와 이런 사태를 불러왔다. 진리를 이야기하는 책이 다시 주류를 이루게 된다면 쓰이고, 출판되고, 읽히는 책은 훨씬 줄어들 것이라는 심각한 추측까지 낳을 정도이다.

읽은 책이 어떤 면에서든 진실하지 않다면 더는 붙들고 있을 필요가 없다. 하지만 진실한 책이라면 마지막 질문을 풀 때까지 읽어야 한다. 책에서 말하는 사실에 어떤 의미가 있는지 알아내지 못하면 지식을 얻었다고 할 수 없다. 확연히 드러나든 은연중 암시되든, 사실은 해석해야 지식이 된다. 모르는 것을 알려고 책을 읽는다면 끊임없이 '그래서?'라는 질문을 던져야 한다.

앞서 살펴본 네 가지 질문은 독자의 의무를 요약해 놓은 것이다. 그중 첫째, 둘째, 셋째 질문은 인간의 언어 소통에서 본질에 해당한다고 볼 수 있다. 커뮤니케이션이 복잡하지 않다면 구조적 윤곽을 파악할 필요가 없다. 언어가 불투명하지 않은 완벽한 매체라면 해석할 필요도 없으며, 진리나 지식에 오류나 무지가 있을 수 없다면 비평할 필요도 없다. 네 번째 질문에서는 지식과 이해를 구분한다. 지식을 전하는 책을 읽었다면, 그 지식을 습득하기 위해 할 일이 남아 있다. 읽기만 해도 뭔가 조금은 알게 되었다 하더라도 계속 그 의미를 파악하려고 노력해야 한다.

3부로 넘어가기 전에 다시 한번 강조하지만, 분석하며 읽는 여러 원칙은 이상적인 것들이다. 이대로 완벽하게 책을 읽을 수 있는 사람은 거의 없다. 그러나 얼마나 성취했는지를 재는 척도가 된다. 그 원칙을 어느 정도 지켰느냐에 따라 훌륭한 독자가 된다.

누군가가 책을 '잘 읽는다'고 할 때도 이 이상적인 원칙을 염두에 두고 이야기해야 한다. 그런데 우리는 질적으로 잘 읽는다고 하기보다 양적으로 잘 읽는다고 말하는 일이 많다. 책을 많이 읽기는 하되 잘 읽지 못한다면 결코 칭찬받을 일이 아니다. 토머스 홉스는 "내가 대부분 사람처럼 책을 많이 읽었다면 그들처럼 멍청한 사람이 되었을 것이다"라고 했다.

역사상 훌륭한 저자는 훌륭한 독자였다. 이는 그 당시 필독서 목록에 들어가는 책을 모두 읽었다는 뜻이 아니다. 그들은 대부분 오늘날 대학생들이 읽어야 할 책보다도 적게 읽었을 것이다. 하지만 그들은 책을 정말 잘 읽었다. 책을 완전하게 읽어냈기에 저자가 될 수 있었다. 일반적으로 좋은 학생이 좋은 교사가 되는 것처럼, 훌륭한 독자가 훌륭한 저자가 될 수 있다.

그렇다고 글을 쓰라는 것은 아니다. 다만 숫자에 연연하여 수박 겉핥기식으로 많은 책을 읽기보다 한 권을 읽더라도 여기서 이야기한 원칙을 잘 지키며 이상적으로 읽기 바란다. 물론 원칙을 따라 잘 읽어야 할 책은 많다. 하지만 단순히 훑어보기만 해도 되는 책이 훨씬 더 많다. 책을 잘 읽으려면 먼저 훑어보기만 해도 되는 책인지 찬찬히 잘 읽어야 할 책인지 구분해야 한다.

12장

책 읽을 때
도움이 되는 것

　책을 읽을 때 그 책 이외에 다른 책의 도움을 받으며 읽는 것을 '외조적外助的, extrinsic 독서'라고 하고, 다른 책의 도움 없이 그 한 권만 읽는 것을 '내조적內助的, intrinsic 독서'라고 하기로 하자. 지금까지 우리는 외부의 도움을 받으며 책을 읽는 것은 언급하지 않았다. 또 지금까지 살펴본 독서 원칙도 무슨 뜻인지 알려고 다른 책의 도움을 얻으며 읽어야 하는 경우는 고려하지 않았다.

　이렇듯 기본적으로 독자라면 다른 도움 없이 자기 힘으로 책을 읽어야 한다고 생각한 데는 그럴 만한 이유가 있다. 하지만 꼭 그렇게 해야 한다고 계속 고집하는 것은 잘못이다. 외부 도움이 필요할 때도 있다. 가끔은 완전히 이해하려면 꼭 그래야 하는 경우가 있다.

　지금까지 외조적 독서를 말하지 않은 이유는 내조적 독서와 외조적 독서가 책을 읽고 비평하는 과정에서 융합되기 때문이다. 다시 말해, 책을 해석하고 비평하고 심지어 윤곽을 파악하는 과정에서까지 우리 경험, 그 전에 읽은 책들에 대한 경험이 작용하지 않을 수 없다. 분석적으로 읽을 줄 알면서 그 전에 책을 한 번도 읽은 적이 없는 사람은 없다. 독자는 자기 독서 경험이나 삶의 경험에 비추어 자기 의견이나 결론을 판단한다. 상식적으로 생각해도 다른 책들과 완전히 단절된 채 외부의 어떤 영향도 받지 않는 책은 있을 수 없다.

그런데 지금까지 다른 책의 도움을 받으며 읽는 것을 언급하지 않은 주된 이유는 그것에 지나치게 의지하는 독자들이 너무 많기 때문이다. 책을 사전을 찾아보며 읽는 것은 바람직하지 않다. 그렇다고 잘 모르는 단어의 뜻을 사전에서 찾아보면 절대로 안 된다는 말은 아니다. 잘 모르는 부분의 뜻을 알아보려고 주석을 참고하는 것도 그다지 바람직하지 않다. 무엇보다 다른 도움을 받기 전에 스스로 알아내려고 애쓰는 것이 가장 좋은 방법이다. 스스로 이해하려고 노력해 보면 다른 도움이 별로 필요하지 않다는 것을 느낄 것이다. 독서에 대한 외부의 도움은 네 가지로 분류할 수 있다. 첫째, 독서와 관련 있는 경험, 둘째, 다른 책, 셋째, 주석서註釋書나 발췌문, 넷째, 참고도서이다.

이 장에서는 이를 살펴보려고 한다. 언제 무엇을 참고하는 것이 좋은지 모든 경우를 다 설명할 수는 없지만 일반적으로 도움이 되는 경우를 정리해 볼 수는 있다. 그리고 전체적으로든 부분적으로든 '앞에서 이야기한 원칙을 지키며 충실히 읽었는데도' 이해할 수 없을 때 이런 외부의 도움을 받아야 한다.

경험에서 얻는 도움

어려운 책을 이해하는 데 도움을 주는 경험의 종류는 두 가지로 나눌 수 있다. 6장에서 일상적 경험과 특별한 경험의 구분을 다루었다. 일상적 경험은 살아 있는 누구나 겪는 일들이다. 특별한 경험은 능동적으로 그런 경험을 구할 때 얻을 수 있다. 가장 좋은 예가 실험실에서 하는 실험과 같은 것이다. 실험실에만 국한되는 것이 아니라 인류학자가 널리 알려지지 않은 부족을 연구하려고 아마존 지역을 탐험하는 것도 특별한 경험이 될 것이다. 그 학자는 일반인이 접할 수 없는 경험을 얻을 수 있다. 만일 많은 사람이 그 지역에 가게 된다면 그것은 특별한 경험이 될 수 없다. 달에 간 우주인은 정말 특별한 경험을 한 것이다. 대부분 사람은 다른 행성에 있으면 어떤지 알 기회를 가질 수 없다. 먼 훗날은 일반적 경험이 될지도 모르지만 말이다.

모든 사람이 공통적으로 가질 수 있어야 일반적 경험인 것은 아니다. '공통적'이라는 말이 '보편적'이라는 뜻은 아니다. 예를 들어 부모에 대한 경험은 모든 인간이 경험할 수 있는 것은 아니다. 태어날 때부터 고아인 아이들도 있기 때문이다. 하지만 가정생활은 대부분 평범하게 경험할 수 있다. 남녀 간의 사랑도 모든 사람의 공통 경험이라고 할 수는 없어도 일반적 경험이라고는 말할 수 있다. 어떤 사람은 경험하지 못할 수도 있지만 대다수는 특별한 일이 없다면 할 수 있는 경험이다. 학교 문턱에도 못 가본 사람들이 있지만 교육받는 것도 일반적 경험이라고 할 수 있다.

이러한 두 종류의 경험은 책의 종류에 따라 연관성이 달라진다. 일반적 경험은 주로 소설이나 철학책을 읽을 때와 연관성이 있다. 소설의 있을 법한 이야기는 대부분 일반적 경험을 바탕으로 하는 것으로, 그런 책들이 진실한지 아닌지도 우리 자신을 포함한 대부분 사람의 삶의 경험으로 가려낼 수 있다. 철학자도 인류의 공통 경험에 호소하는 글을 쓴다. 철학자는 실험실에서 연구하지 않으며, 그들의 주장을 이해하거나 실험하도록 어떤 특별한 경험을 요구하지도 않는다. 또한 철학자는 우리가 날마다 살아가는 이 세상을 이해하는 상식을 이야기한다.

반면 과학책은 특별한 경험과 연관이 있다. 과학책에 있는 귀납적 논지들을 이해하고 판단하려면 과학자가 제시하는 증거를 알 수 있어야 하는데, 설명하는 실험 내용이 너무나 생생하고 분명해서 어렵지 않을 때도 있고, 설명하고 있는 현상을 삽화나 도표로 이해를 도울 수도 있다.

역사책은 일반적인 경험과 특별한 경험 모두 관련이 있다. 역사는 인물, 사건, 행동, 절정 등으로 된 하나의 이야기라고 볼 수 있다. 소설이나 희곡을 읽을 때 영향을 주는 일반적 경험이 여기서도 연관이 있다. 또 역사가가 연구하는 토대로 삼은 경험 가운데 특별한 것도 있다. 예를 들어 독자가 쉽게 접할 수 없는 문서들을 읽었을 수도 있고, 고대 문명의 유적지를 조사하거나 우리가 쉽게 갈 수 없는 먼 지역 사람들과 이야기를 나누었을 수도 있다.

그런데 책을 이해하는 데 어떻게 이런 경험이 도움이 될까? 가장 확실하게 도움받는 방법은 9장에서 이야기한, 책을 제대로 이해했는지 알려고 하는 방법, 즉 이해한 것에 대해 구체적인 예를 들어보는 방법을 적용하는 것이다. 학생들에게 질문을 던지면 막상 이해했다고 하면서도 구체적으로 예를 들지 못하는 경우를 많이 보게 된다. 그렇다면 정말 이해했다고 할 수 없다. 잘 이해할 수 없는 부분이 있으면 이렇게 구체적인 경우를 생각해 보는 것이 도움을 받는 것이다.

아리스토텔레스의 『윤리학』에서 한 가지 예를 찾아보자. 아리스토텔레스는 계속 미덕이란 부족함과 지나침 사이의 중용이라고 하며 구체적인 예를 들고 있다. 이런 예를 한 가지 들어보라. 실례를 들 수 있다면 아리스토텔레스의 이야기를 이해한 것이고, 그렇지 못하다면 다시 읽어봐야 한다.

다른 책에서 받는 도움

한 가지 주제에 대해 한 권 이상의 책을 통합적으로 읽는 법은 뒷부분에서 다룬다. 여기서는 특정한 서적을 읽을 때 다른 책의 도움을 어떻게 받는 것이 바람직한지 몇 가지를 살펴본다. 특히 이 방법은 명작을 읽을 때 적용할 수 있다. 사람들은 굳게 결심하고 그런 책을 읽으려고 집어 들었지만 곧 좌절한다. 물론 그 한 권을 잘 읽는 방법을 몰라서이기도 하겠지만, 또 다른 이유가 있다. 밀접한 관계가 있는 책들을 봐도 된다는 생각은 못 하고 오로지 그 책 하나만 붙잡고 끝까지 읽어야 한다고 생각하기 때문이다.

명작들은 연관된 책들이 다양하고, 어떤 순서에 따라 쓰인 것들이 많다. 저자들은 그 이전 시대 저자들에게서 영향을 받기에 앞선 시대의 글을 먼저 읽었다면 도움을 받을 수 있다. 쉽게 이해하기 위해 관련 있는 서적들을 쓰인 순서와 서로의 연관성에 따라 읽는 것이 다른 책의 도움을 받으며 읽는 기본 원칙이다.

다른 책의 도움을 받으며 읽는 것은 책에서 앞뒤 문맥을 파악하며 읽을 때 도움받는 것의 연장이라고 할 수 있다. 이미 앞서 중요한 단어와 명제를 찾아 해석하려면 문맥을 앞뒤로 잘 살펴야 한다고 했다. 이처럼 읽고 있는 책을 해석하는 데 도움을 받으려면 좀 더 넓은 맥락에서 관련된 책을 읽어 보라는 것이다.

좋은 책은 긴 대화 속의 한마디라고 할 수 있다. 훌륭한 저자는 훌륭한 독자다. 따라서 그들이 읽은 책을 읽어 보면 그들이 쓴 책을 이해하는 데 도움이 된다. 책과 책의 대화는 시대를 관통해 이루어진다. 오늘날 읽는 책은 과거의 책이 되고 과거의 책이 오늘날 읽힌다. 과거에 쓰인 책을 먼저 읽고 현재 책들을 읽는 것이 더 자연스럽고 도움이 되겠지만 거꾸로 읽어도 상관없다.

그런데 관련 서적을 읽는 것이 도움이 되는 경우는 과학책이나 소설보다 역사책이나 철학책을 읽을 때다. 철학은 특히 중요하다. 철학자들은 서로의 책을 읽는 훌륭한 독자이기 때문이다. 소설이나 희곡을 읽으면 다른 책을 읽을 필요가 별로 없다. 물론 문학비평과 같은 서적은 예외다. 정말 좋은 책이라면 그 책만 읽는 것으로 충분하다.

주석서나 발췌문에서 받는 도움

세 번째로 도움이 되는 것은 주석서나 발췌문 등이다. 그런데 그런 글들은 지나치지 않게 정말 잘 사용해야 한다.

그 이유는 첫째, 그런 주석서가 언제나 옳은 것은 아니기 때문이다. 물론 주석 내용은 무척 유용하다. 하지만 생각만큼 우리 기대를 충족해 주지는 못한다. 대학생이나 고등학생들이 자주 사용하는 참고서도 도움은커녕 안 보느니만 못할 때도 있다. 이런 책들은 교사가 과제로 내주는 내용을 학생들이 모두 알 수 있도록 도와주려는 취지가 있지만 완전히 잘못 해석해서 오히려 교사나 교수들이 가르치는 데 방해가 되기도 한다. 좋은 점을 하나 찾자면 시험을 앞둔 학생들에게 틀림없이 도움이 된다는 것이다.

둘째, 이런 주석의 내용이 옳다고 해도 많이 사용하는 것이 좋지 않은 이유는 이것이 완전하지 못하기 때문이다. 즉 독자 스스로 책을 읽으면서 발견할 수도 있는 의미를 주석서의 저자는 알아내지 못할 수도 있다는 뜻이다. 그런 주석을 읽다 보면 독자가 정확히 더 잘 이해했는데도 이해의 폭이 좁아질 수 있다.

그래서 유의해야 할 점을 한 가지 지적해 두려고 한다. 다른 것의 도움을 받으며 읽을 때 지켜야 할 기본적 유의사항일 수도 있다. '그 책을 다 읽기 전에는' 다른 사람이 그 책에 대해 풀어 쓴 글을 읽지 마라. 특별히 그 책을 학술적으로 풀었거나 비평을 한 책은 절대로 먼저 읽지 말아야 한다. 그 책을 먼저 읽는 것이 최선의 방법이다. 다 읽고 난 후에도 이해가 되지 않는 부분을 살펴보는 것이 순서다. 주석을 먼저 읽고 나면 다른 학자나 비평가가 중요시한 점만 눈여겨보고 중요한 다른 내용은 지나쳐버릴 수 있다.

해설서를 쓴 저자와 똑같은 처지에서 그 책을 먼저 다 읽고 이해한 후 그 해설서를 읽으면 꽤 재미있을 수도 있겠지만, 해설서를 먼저 읽으면 해설서 저자의 뜻대로 이해해 버리고 만다. 책을 미리 다 읽은 후라면 해설서에 잘못된 점이 있더라도 영향을 받지 않을 수 있지만, 전적으로 해설서에 의존하고 진짜 읽어야 할 책은 들여다보지 않는다면 전혀 이해하지 못하거나 잘못 이해하는 심각한 문제를 가져올 수 있다.

더 큰 문제는 해설서나 주석을 습관처럼 보면 그런 책 없이는 아무것도 이해하지 못하게 된다는 것이다. 그런 책이 있어야 이해할 지경에 이르렀다면 그야말로 나쁜 습관을 들인 독자가 된 것이다.

발췌문이나 개요서를 읽을 때도 이런 원칙을 지켜야 하는데, 다음 두 경우에만 도움이 된다. 먼저, 앞에서 읽었던 내용을 되새길 때 도움이 된다. 이상적인 것은 책을 분석하며 읽을 때 스스로 발췌문을 만들어 두는 것이지만 그렇지 못했을 경우라도 발췌문이나 개요서는 큰 도움이 된다. 두 번째로 하나의 주제를 놓고 여러 책을 읽는 통합적 독서를 할 경우, 그 책이 그 주제에 맞는지 알아보고 싶을 때 도움이 된다. 하지만 발췌문이 그 책을 직접 읽는 것을 결코 대신할 수 없다. 다만 그 책을 읽어야 할 필요가 있는지, 읽고 싶은 책인지 판단할 때 도움이 된다.

참고도서 사용법

참고도서는 여러 종류가 있다. 그중 가장 많이 사용하는 사전과 백과사전의 사용법은 뒤에서 구체적으로 알아본다. 그 밖의 다른 참고도서에 해당하는 이야기를 살펴보자.

참고도서를 잘 사용하려면 아는 것이 많아야 하는데, 구체적으로 네 종류 지식이 필요하다. 즉 참고도서는 모를 때 본다고 해서 다 알게 해주는 만능 서적이 아니다. 책이 생각까지 대신해 줄 수는 없다.

첫째, 참고도서를 잘 활용하려면 알고 싶은 것이 무엇인지 희미하게나마 알고 있어야 한다. 참고도서에서 알고 싶은 것이 무엇인지 질문을 던질 수 있어야 한다. 무지의 안개 속에서 헤매고 있다면 아무리 좋은 참고도서라도 소용이 없다.

둘째, 알고 싶은 것을 어디에서 찾아야 하는지 알아야 한다. 어떤 질문을 하며, 그 질문에 대한 답은 어떤 참고도서에서 찾는지 알아야 한다. 모든 질문에 다 답을 해주는 참고도서는 없다. 주요 참고서적들의 특징을 전반적으로 잘 알아야 하나하나 효과적으로 사용할 수 있다.

셋째, 참고서적을 효과적으로 사용하기 전에 그 특정한 책이 어떻게 구성되어 있는지 알아야 한다. 즉 그 참고서적을 어떻게 사용하는지 모른다면 무엇을 알고 싶은지, 어떤 참고서적에서 찾아야 하는지 안다 해도 아무 소용없다. 참고서적은 읽는 데도 기술이 필요하지만 만드는 데도 기술이 필요하다. 저자나 편집자는 독자가 어떤 정보를 찾을지 미리 파악하고 그에 따라 책을 만든다. 모든 것을 정확하게 예측하기는 어렵지만 말이다. 어쨌든 책을 읽을 때 머리말이나 서론을 먼저 읽어야 하는 것처럼 편집인의 충고나 사용법을 먼저 읽고 나서 사용해야 한다.

참고서적이 모든 질문에 답을 해줄 수는 없다. 예를 들어 톨스토이의 『인간은 무엇으로 사는가?』에서 하나님이 천사에게 했던 세 가지 질문, 즉 "인간에게 있는 것은 무엇인가?", "인간이 갖지 못한 것은 무엇인가?", "인간은 무엇으로 사는가?" 하는 질문은 참고서적에서 그 답을 찾아볼 수 없다. 톨스토이가 제목으로 사용한 또 다른 질문인 "인간에게는 얼마나 많은 땅이 필요한가?"에 대한 답도 찾을 수 없다. 이런 식의 질문은 많다. 결국 참고서적에서 답을 찾을 만한 문제와 그렇지 못한 문제를 구분해야 하는데, 사람들 의견이 일반적으로 일치하는 문제는 참고서적에서 답을 찾을 수 있다. 그렇지 않은 질문은 참고서적이 필요 없다. 언젠가는 참고서적에서 그런 답도 찾아볼 날이 올지도 모르지만 말이다.

사람의 생년월일, 사망일과 같은 사실은 의견이 달라질 리 없다. 단어나 사물에 대해 정의를 내리거나, 역사 이야기를 간략히 서술하는 것도 그렇다. 하지만 도덕적 문제나 미래 문제는 각기 의견이 달라서 참고도서 같은 데서 답을 찾을 수 없다. 오늘날에는 자연계가 질서정연하다는 것을 알기에 자연계에 관한 거의 모든 사실을 참고서적에서 찾아볼 수 있다. 하지만 옛날부터 그랬던 것은 아니다. 이렇게 인간이 알 수 있는 것이 무엇인지도 시대를 따라 많이 변해왔기에 참고서적의 역사도 흥미롭다.

넷째, 바로 지금 이야기한 내용이다. 참고서적을 똑바로 사용하려면 알고 싶은 것이 '무엇인지' 알아야 하고, '어떤 참고서적에서' 찾아야 하는지, '어떻게' 찾아야 하는지 알아야 하며, 마지막으로 저자나 편집자가 '알아야 할 만한 내용'이라고 생각하는지 아닌지를 알아야 한다. 참고서적을 사용하는 데도 이렇게 알아두어야 할 것이 많다. 따라서 전혀 지식이 없는 사람은 참고서적을 능숙하게 사용할 수 없다.

사전 사용법

참고도서의 하나인 사전에도 위에서 이야기한 주의 사항이 모두 해당한다. 하지만 사전은 재미있게 읽을 수 있다. 누구나 한번쯤 심심할 때 사전을 펼쳐 들고 앉은 적이 있을 것이다. 시간을 보내는 데 이만큼 좋은 방법도 없다.

사전에는 어려운 지식과 재미있는 잡학이 가득 차 있다. 물론 무엇보다 사전으로서 충실한 내용이 더 많다. 아무튼 사전을 잘 활용하려면 사전이라는 특별한 책을 찾아 읽는 법을 알아야 한다.

그리스인에 대해 유럽 역사상 유일하게 무식한 이들이라고 한 철학자 조지 산타야나의 말은 두 가지 의미가 있다. 대다수가 정말 교육을 받지 못했다는 뜻도 있지만, 그보다 교육받은 몇 안 되는 사람들조차 다른 나라의 군주들 앞에서 속수무책으로 있어야 했다는 의미다. 즉 여기서 교육은 로마인들이 자신들이 정복한 그리스 문화와 접촉해 무지에 눈을 뜨고 그리스 회당에서 교육을 받은 것과 같은 것을 뜻한다. 그래서 로마인들이 『일리아스』, 『오디세이아』나 '고대어'로 된 그리스 작품을 읽을 때 도움을 받으려고 호메로스풍 용어의 뜻을 해설한 것이 최초의 사전이었다는 것과 마찬가지로 오늘날 영어를 모국어로 쓰는 사람들도 제프리 초서나 셰익스피어의 작품을 읽으려면 사전이 필요하다.

중세시대에도 사전은 있었다. 그러나 학자들의 강론에 나오는 중요한 용어에 대한 토론을 모아 세상 지식을 열거해 놓은 일종의 백과사전 같은 것이었다. 르네상스 시대에는 그리스어나 라틴어와 같은 외국어 사전이 있었는데, 그 당시 가르치던 많은 책이 고대어로 되어 있었기 때문이다. 천박하게 여겨지던 서민들의 언어, 이탈리아어, 프랑스어, 영어가 점차 라틴어 대신 학계에서 사용되었지만 여전히 학문은 소수의 특권이었다. 이런 상황에서 사전은 주로 제한된 몇몇 사람이 우아하게 저작하거나 책 읽을 때 도움을 주는 것이었다.

지금까지 살펴본 대로 사전은 언어를 순수하게 보존하기 위해서이기도 하지만 처음부터 교육 목적으로 만들어졌다. 1857년에 만들어진 『옥스퍼드 영어사전』에서부터 새로운 사전의 개념이 생겼다고 볼 수 있는데, 상류층의 언어뿐 아니라 대중 언어까지 좋건 나쁘건 모든 어법의 정확한 역사적 기록을 제시했다. 하지만 사전이 기본적으로 교육 도구라서 자칭 최종 결정권자라고 하는 사전 편찬자와 역사가로서 사전 편찬자 사이의 갈등이 새롭게 떠올랐다.

이러한 사실은 책을 읽는 데 사전을 잘 활용하려는 원칙과 연관이 있다. 어떤 책을 읽든 첫 번째 원칙은 그것이 어떤 책인지 알아야 한다는 것이다. 즉 저자가 왜 그 책을 썼는지 그리고 자신이 그 책에서 무엇을 얻고 싶어 하는지 알아야 한다는 뜻이다. 단지 맞춤법을 확인하거나 발음을 알아보려고 사전을 찾는다면 그냥 찾아보면 된다. 하지만 사전에 언어가 발전해 온 과정을 구체적으로 보여 주는 풍부한 역사적 자료가 있다는 사실을 알게 된다면, 단어의 여러 가지 뜻만 살펴보는 데서 그치는 것이 아니라 그 순서와 관계도 눈여겨볼 것이다.

책을 읽으며 공부한다면 사전을 기본 목적대로 사용하면 된다. 즉 책에 쓰인 어휘 가운데 기술 용어, 고어, 문학적 비유, 시대에 뒤떨어진 의미로 사용되는 단어들에서 사전을 찾지 않고는 책을 읽기 어려울 때 사전을 사용하면 도움이 된다.

물론 저자가 사용한 어휘 외에도 책을 읽으면서 부딪치는 모르는 문제들은 많다. 하지만 앞서 주의한 바 있듯이 한쪽에 책을 펼쳐놓고 또 한쪽에 사전을 펼쳐놓고 있어서는 안 된다. 처음부터 단어를 너무 많이 찾으며 읽는다면 분명히 그 책의 통일성과 흐름을 제대로 따라가지 못한다. 사전은 기본적으로 전문용어나 처음 보는 단어가 있을 때 사용하는 것이다. 그리고 그런 단어들이 있다 해도 별로 중요해 보이지 않는다면 그 책을 다 읽을 때까지 찾아보지 않는 것이 좋다.

이 외에도 주의해야 할 점들이 있다. 예를 들어 공산주의, 정의, 자유에 대해 사전에 있는 내용을 인용해서 논쟁을 벌이려는 사람만큼 짜증 나는 이도 없다. 사전 편집자가 어휘의 용법에는 권위가 있다고 인정해 줄 수는 있지만 최고 지혜의 원천이라고 볼 수는 없다. 또 한 가지, 사전을 통째로 삼키지 마라. 즉 실제 경험과 상관없는 의미가 있는 단어들까지 근사하게 외워두고 써먹으려 하지 말라는 것이다. 한마디로, 사전은 사물이 아니라 단어를 취급하는 책이라는 사실을 잊어서는 안 된다. 이를 명심한다면 사전을 지혜롭게 사용하는 원칙을 찾아낼 수 있다. 단어는 다음과 같은 네 차원에서 찾아볼 수 있다.

1. 단어는 물질이다

쓸 수 있는 단어, 입으로 나오는 소리여서 쓰고 발음하는 일정한 맞춤법과 발음법이 있어야 한다. 늘 일정하지 않고 때로 변형되기도 하고, 어떤 교사들이 지적하는 것처럼 그런 법칙이 절대적인 것도 아니지만 말이다.

2. 단어는 말을 만드는 부품이다

하나의 단어는 구나 문장이라는 복잡한 구조 속에서 문법적으로 하나의 역할이 있다. 같은 단어라도 말의 어느 부분에서 쓰이느냐에 따라 그 쓰임새가 다양하게 달라질 수 있다.

3. 단어는 기호다

의미가 있다. 하나 이상의 의미가 있으며 때로는 서로 연관이 있거나 때로는 완전히 다른 두세 가지 의미가 서로 다양하게 얽혀 있다. 각기 다른 단어라도 같은 동의어, 같은 반의어가 있어 의미상 서로 연관이 있는 것도 있다. 더 나아가 기호로써 단어의 역할은 한 가지 사물에 하나의 이름을 명명하여 구분토록 하는 것이다. 우리가 느끼고 생각하는 것에도 추상적인 또는 구체적인 이름이 붙어 있다.

4. 단어는 관습적이다

단어는 인간이 만든 기호다. 그래서 모든 단어는 특정한 변형 과정을 거친 문화적 특성을 보여 주는 변천사가 있다. 이러한 단어의 역사는 어근, 접두사, 접미사 등에서 파생된 어원학상 변화다. 여기에는 철자나 발음이 달라진 물리적 변화도 포함되며 고어나 요즘은 쓰이지 않는 단어, 현대어, 표준어, 관용어구, 구어체, 은어 등에서 일어난 의미의 변화도 포함된다.

좋은 사전은 하나의 단어에 이 네 가지 유형의 답을 보여 준다. 단어에 대해 무엇을 알고 싶은지, 그 답을 어떻게 찾는지를 아는 것이 사전을 잘 활용하는 기술이다. 단어에 대해 가질 수 있는 질문은 위와 같은 것들이며, 사전은 잘 찾기만 하면 그 답을 보여 준다. 사전은 그 하나로 모든 걸 해결하는 책이다. 즉 단어에 대한 이 네 가지 정보를 제공하면서 또한 주의해야 할 점, 여러 가지 약어나 부호를 해석하는 방법까지 알려주기 때문이다. 따라서 사전 앞부분에 있는 설명이나 약어표를 잘 봐두지 않고서 사전을 잘 활용할 수 있으리라고 기대해선 안 된다.

백과사전 사용법

사전에 대해 이야기한 내용은 대부분 백과사전에도 해당된다. 백과사전을 읽는 것도 사전을 읽는 것만큼이나 재미있다. 기분 전환도 되고 오락거리도 되고 심지어 어떤 사람은 마음을 가라앉히기도 한다. 그렇다고 사전과 마찬가지로 처음부터 끝까지 읽는 것은 소용없는 일이다. 백과사전을 외우는 사람은 '박학다식博學多識한 바보'가 될 위험이 크다.

사전이 맞춤법이나 발음을 알아보려고 찾는 일이 많은 것처럼, 백과사전도 날짜나 장소와 같이 단순한 사실을 알아보려고 찾기도 하지만 이는 백과사전을 제대로 활용하지 못하는 것이다. 사전과 마찬가지로 백과사전도 정보를 찾는 도구에서 그치는 것이 아니라 교육 자료로 사용할 수 있다.

백과사전의 역사를 간단히 살펴보면 이를 알 수 있다. 'encyclopedia(백과사전)'라는 말은 그리스어에서 왔지만 정작 그리스인에게는 사전이 없는 것처럼 백과사전도 없었다. 이 단어는 지식을 담은 책을 뜻하는 것이 아니라, 교육을 받은 사람이라면 알아야 할 지식을 뜻한다.

또한 최초로 백과사전이 필요한 사람들도 로마인이었고 가장 오래된 사전은 『플리니우스Pliny 백과사전』이다. 흥미로운 것은 알파벳순으로 된 최초의 사전은 1700년대에야 나타났다는 사실이다. 그때부터 대부분 대백과사전이 알파벳순으로 만들어졌다. 이것이 가장 쉬운 배열 방식이며 이로써 백과사전 제작 방법이 크게 발전했다.

그런데 단어만 나열하면 되는 것이 아니라서 문제는 남아 있었다. 사전은 당연히 알파벳 순서로 만들지만 백과사전의 주제라고 할 세상만사도 알파벳순으로 나누면 충분할까? 그렇지 않다. 그러면 어떤 순서로 해야 할까? 이는 지식의 순서에 대한 물음이다.

지식의 순서를 정하는 것은 시대에 따라 바뀌었다. 모든 지식을 문법, 수사, 논리, 산술, 기하학, 천문학, 음악 등 주요 일곱 인문학으로 구분 짓고, 중세의 백과사전을 이 순서로 만들었다. 대학도 이와 같은 체계로 구성했고 학생들도 이 체계 아래서 공부하는 등 교육 분야에서 유용하게 쓰인 지식의 배열이었다.

하지만 현대의 대학은 중세시대와 많이 달라졌고 그 변화는 백과사전에서도 찾아볼 수 있다. 백과사전이 제공하는 지식을 전문 영역별로 구분하였는데, 대학 학부도 대충 이에 상응하였다. 지금도 이러한 배열이 백과사전의 뼈대를 이루지만, 사실상 그 내용은 알파벳순으로 배열되어 있는 것 같다.

훌륭한 독자나 백과사전을 잘 활용하는 사람이 찾아내려는 것은 이른바 사회학에서 말하는 하부구조라는 것이다. 백과사전에서 찾으려는 것이 사실적 정보임이 틀림없지만 그 사실 한 가지만으로 만족하는 것이 아니다. 즉 백과사전은 그 한 가지 사실을 다른 사실들과 연관 지어 보여 준다.

백과사전이 제공하는 지식은 단순한 정보의 차원이 아니라 정보들 사이에 상관관계가 있다는 사실을 바탕으로 한 것들이다. 알파벳순으로 된 백과사전에서 이러한 상관관계는 분명하게 드러나지 않는다. 물론 주제별로 된 백과사전에서는 뚜렷하다. 그러나 주제별로 된 백과사전은 독자들이 익숙하게 사용하지 못하는 등 단점이 많다.

이상적으로 가장 좋은 백과사전은 주제별로도 되고 알파벳순으로도 되어 있는 것이다. 즉 형태상으로는 자료들을 각기 알파벳순으로 배열했지만, 주제어나 개요, 목차가 있는 것을 말한다. 특히 목차는 가나다순으로 된 찾아보기와 달리 주제별로 배열되어야 한다. 아직까지는 이런 백과사전이 없지만 만들어 볼 만하다.

그런 이상적인 사전이 없는 대신 독자들은 훌륭한 사전이라면 갖추고 있을 편집자들의 도움말과 충고를 잘 따라 읽고 그나마 사전을 효과적으로 사용해야 한다. 가나다 순서로 된 전집의 한 권을 뽑아 찾으려 하면 사용자들에게 찾아보기를 먼저 읽으라는 안내문이 있는 사전들도 있다. 찾아보기의 순서상으로는 멀리 떨어져 있어도 주제가 같은 자료이면 하나의 표제 아래 묶어 두었기 때문에 아주 훌륭하다고 할 수는 없지만 어쨌든 목차의 기능이 있다고 볼 수 있다. 이는 가나다순으로 된 찾아보기라도 주요한 표제어 아래 주제들을 분석적으로 구분하여 배열했다는 사실을 보여 준다.

이때 주제어들도 가나다순으로 되어 있어야 하는데, 이 방법이 꼭 최상은 아니다. 브리태니커처럼 정말 좋은 백과사전의 찾아보기는 제공하는 지식을 어떻게 배열했는지 잘 볼 수 있도록 구성해 놓았다. 따라서 찾아보기를 사용하지 않고서 원하는 것이 없다고 탓하는 일은 없어야 한다.

백과사전을 사용할 때도 사전과 마찬가지로 해서는 안 될 사항이 몇 가지 있다. 백과사전도 좋은 책을 읽는 데 큰 도움이 된다. 나쁜 책은 사전이 필요하지 않다. 앞서 이야기했듯이 백과사전을 지나치게 의존하는 것은 좋지 않다. 백과사전 내용을 바탕으로 논쟁을 펼치는 것도 좋지 않다. 그래도 어떤 사실에 대한 의견이 다를 때 사전으로 확인하고 빨리 끝내는 것도 좋기는 하다. 사실 여부는 논쟁거리가 될 만한 것도 못 되며, 사전이 사실로 가득하기에 이런 헛수고를 일찌감치 막을 수 있다. 백과사전에는 사실 이외의 것들은 없다고 보면 된다.

마지막으로, 사전은 단어 설명이 서로 일치하는 데 반해 백과사전의 내용은 사실을 다룸에도 서로 일치하지 않는 것도 있다. 따라서 정말 관심 있는 주제를 백과사전에서 찾아보려고 한다면, 하나의 백과사전만 보지 마라. 두 개 이상을 읽어 보는 것이 좋은데, 서로 다른 시대에 쓰였다면 더 좋다.

사전에서 단어를 찾을 때 단어에 대해 기억해 두어야 할 점들이 있었다. 사전이 단어를 찾아보는 책이듯, 백과사전도 사실을 찾아보는 책이므로 비슷한 사항을 염두에 두어야 한다.

1. 사실은 명제다

사실에 대한 진술은 "에이브러햄 링컨은 1809년 2월 12일에 태어났다" 또는 "금의 원자번호는 79이다"와 같이 단어들의 조합으로 이루어진다. 사실은 단어와 같이 물리적인 것이 아니지만 설명이 필요하다. 완전한 지식, 즉 지식을 제대로 이해하려면 그 사실의 의미가 무엇인지, 자신이 찾고 있는 진실에 어떤 영향을 주는지를 알아야 한다. 사실이 무엇인지만 아는 것으로는 결코 충분하지 않다.

2. 사실은 '참된' 명제다

사실은 의견이 아니다. '그 사실은 이렇다'고 이야기하는 것은 일반적으로 그렇게 인정받는다는 뜻이지 결코 혼자서 또는 소수의 의견을 좇아 그렇게 믿는다는 뜻이 아니다. 사실에 있는 이러한 특성이 백과사전의 품격과 스타일을 만든다. 편집자의 개인 의견이 들어 있는 백과사전은 올바른 것이 못 된다. "이렇게 말하는 사람도 있고 저렇게 말하는 사람도 있다"라는 식으로 어떤 의견을 전달할 수도 있지만 그 경우에는 분명하게 밝혀야 한다. 의견이 아니라 사실을 보고해야 한다는 백과사전의 요건은 백과사전이 전달하는 내용의 한계를 정한다.

예를 들어 도덕적인 질문과 같이 의견 일치를 가져올 수 없는 문제를 다루는 것은 적절하지 않다. 혹시라도 그런 문제를 다룬다면 그것은 그 문제에 대해 사람들의 의견이 제각기 다르다는 사실을 보고하는 게 될 것이다.

3. 사실은 있는 그대로 보여 주는 것이다

사실은 단독적인 정보이거나 비교적 문제되지 않는 종합적 결론이다. 링컨 출생일은 단독적 정보이고, 금의 원자번호는 비교적 문제되지 않는 종합적 결론이다. 그리고 두 가지 모두 사물이 있는 그대로를 나타낸 것이다. 결국 사실은 사고나 개념이 아니며, 있는 그대로를 성찰해서 나온 이론도 아니다. 마찬가지로 있는 그대로를 설명한 것은 그것이 옳다는 일반적 동의가 없는 한 사실이 아니다.

한 가지 예외로, 그 항목과 관련 있는 주제, 사람 또는 학파에 대해 전체적으로든 부분적으로든 더는 옳다고 인정받지 않거나, 아직 완전히 인정받지 않은 이론을 그대로 설명해 줄 수는 있다. 예를 들어 우리가 천체에 대한 아리스토텔레스의 주장을 더는 진리로 믿지 않는다고 해도 아리스토텔레스 철학이라는 항목에서 다룰 수는 있다.

4. 사실은 다소 관습적이다

사실은 변한다. 한 시대에는 사실로 생각했던 명제가 다른 시대에는 사실이 아닐 수 있다. 엄격히 말해 진리나 있는 그대로 현실이란 변하지 않는 것이다. 따라서 사실도 '참되고' 있는 그대로 보여 주는 한 변할 수 없다. 하지만 우리가 참되다고 생각하는 모든 명제가 정말 참된 것은 아니다. 그리고 우리가 참되다고 생각하는 대부분 명제가 더 깊이, 좀 더 세밀하게 관찰하고 연구하면 그렇지 않을 수도 있다는 것을 인정해야 한다. 특별히 과학 분야의 사실이 그렇다.

사실은 어느 정도 문화적으로 결정된다. 예를 들어 과학자들은 원시인들과 달리 복잡하고 가설적인 현실 구조를 염두에 두고 사실 여부를 결정한다. 그렇다고 과학자와 원시인이 어떤 사실을 놓고 의견을 같이할 수 없다는 뜻은 아니다. 예를 들어 둘 더하기 둘이 넷이라는 사실이나 어느 물질의 전체가 부분보다 크다는 사실에 둘 다 동의할 것이다. 하지만 원시인은 과학자의 핵 입자에 관한 사실에 동의하지 못하고, 과학자는 원시인의 주술적인 사실에 동의하지 못할 것이다. 여기서 우리 자신도 문화적으로 영향을 받아서 원시인보다 과학자와 같은 생각을 하는 경향이 있으므로 이런 이야기를 하기도 조심스럽다. 바로 이런 점을 이야기하는 것이다.

위에서 이야기한 점들을 명심한다면 백과사전에서 사실에 대한 물음을 잘 풀 수 있다. 책을 읽으면서 백과사전의 도움을 받는 기술은 사실에 관해 올바른 질문을 던지는 기술이라고 볼 수 있다. 사전과 마찬가지로 우리가 할 수 있는 일은 질문을 던지는 것이다. 그러면 사전은 그 답을 알려줄 것이다. 그리고 백과사전이 지식을 구하는 최상의 방법이라고 생각해서는 안 된다. 백과사전에서 지식의 순서와 배열을 알게 되겠지만 아무리 중요한 주제라도 한계가 있다. 좀 더 완벽하게 알려고 해도 백과사전에서 찾을 수 없는 것들도 많다.

특히 두 가지가 확실히 생략되었다. 정확히 말하면 백과사전에서는 어떤 논쟁도 찾아볼 수 없다. 현재 널리 받아들여지는 주장이나 역사적으로 흥미 있는 주장을 보고할 뿐이다. 따라서 해설서라고 보기에는 주요한 요소가 한 가지 빠졌다. 또 백과사전에서 시나 문학작품은 찾아볼 수 없다. 시나 시인에 관한 사실들은 제공하지만 말이다. 상상력과 이성 모두 지식을 이해하는 데 필요하므로 백과사전이 지식을 구하는 데는 다소 만족스럽지 못한 도구일 수도 있다는 뜻이다.

3부

분야별로 다르게 읽는 법

13장
실용서 읽는 법

실용적인 분야에서는 규칙이 유감스럽게도 너무 일반화된 경향이 있다. 물론 규칙은 일반화될수록 줄어든다는 장점은 있다. 또 일반화될수록 이해하기 쉬워지고, 규칙 자체를 이해하기도 더 쉬워진다. 하지만 일반화될수록 그 규칙들을 적용해야 할 실제 상황이 복잡하면 오히려 규칙과 멀어지는 것도 사실이다.

앞서도 지식을 전달하는 해설서 같은 부류의 책에 적용하도록 분석하며 읽는 일반적 원칙을 이야기했다. 하지만 모든 책을 똑같이 일반적으로 읽을 수는 없다. 이런 책도 읽고 저런 책도 읽어야 하며 모든 특별한 책은 각기 종류가 다르다. 역사책이나 수학책, 정치·과학·철학책 등 말이다. 따라서 원칙을 지킬 때 융통성이 있어야 한다. 다행히 원칙을 적용하다 보면 종류에 따라 어떻게 달리 적용해야 하는지 알게 된다.

11장 끝부분에서 제시한 책을 잘 읽는 15개 원칙이 소설이나 시를 읽을 때는 해당하지 않는다는 점은 중요하다. 상상력의 산물은 지식을 전달하는 책들과 달리 그 구조를 파악하기 어렵다. 소설, 희곡, 시에는 특정한 용어나 명제, 논증거리가 없다. 다시 말해, 이런 작품들의 내용은 기본적으로 논리와는 거리가 멀고, 이런 작품의 비평도 다른 전제를 바탕으로 한다.

그렇다고 이런 문학작품을 읽는 데는 아무런 원칙도 필요하지 않다고 생각한다면 잘못이다. 다음 장에서 그런 책을 잘 읽는 원칙을 다룬다. 더 나아가 지식책을 읽는 원칙과 차이점을 살펴보면 좀 더 분명하게 이해할 수 있다.

소설과 시를 읽으려고 완전히 다른 15가지 원칙을 새로 배워야 한다고 걱정할 필요는 없다. 두 원칙의 관계는 이해하기 쉽다. 앞서 되풀이해 강조한 사실, 즉 책을 읽을 때 어떤 책을 읽든 네 가지 질문을 던져야 한다는 사실을 바탕으로 한다. 이 네 가지 질문은 소설이든 비소설이든 시, 역사, 과학, 철학, 어떤 책에나 해당한다. 그리고 지식책을 읽을 때 적용할 원칙이 이 네 가지 질문과 어떤 연관을 가지고 어떻게 파생되었는지 살펴보았다. 마찬가지로 문학작품을 읽을 때 적용할 원칙도 이 네 가지 질문에서 전개되었다. 내용이 본질적으로 다르다 보니 차이가 있지만 말이다.

따라서 여기서는 원칙보다 이 질문에 대해 좀 더 이야기해 봐야 한다. 중간중간 새로운 원칙이나 융통성 있게 변형된 원칙도 다룬다. 하지만 대부분 여러 종류의 책과 글을 읽는 방법을 제시하면서 기본적으로 던져야 할 제각기 다른 질문 그리고 예상할 수 있는 서로 다른 답에 초점을 맞추겠다.

지식을 전달하는 분야의 책들은 기본적으로 행동으로 옮기는 문제와 연관 있는 실용서와 뭔가를 알게 하는 이론서로 나뉘고, 더 나아가 이론서는 역사, 과학, 수학, 철학으로 나뉜다. 실용서의 구분은 모든 경계를 뛰어넘는다고 할 수 있으므로 그런 책들의 특성을 좀 더 살펴보고 읽을 때 주의할 사항을 살펴본다.

실용서의 종류 두 가지

실용서에서 기억해야 할 가장 중요한 것은 "책만 읽는다고 문제가 해결되는 것이 결코 아니다"라는 점이다. 이론서는 책에서 문제를 풀어 갈 수 있다. 그러나 실용서가 다루는 문제들은 실제 행동으로 풀어야 한다. 돈 버는 법을 알고 싶은데 친구 사귀는 법이나 리더 되는 법에 관한 책을 읽는 것은 도움이 안 된다. 똑같이 무엇을 해야 하는지 알려주는 책이지만 말이다. 행동으로 직접 옮겨 보지 않고는 아무 문제도 풀 수 없다. 즉 실제로 돈을 벌어봐야 해결된다.

예를 들어 이 책을 보자. 이 책도 실용서에 들어간다. 당신은 책 읽는 법이라는 문제를 풀고 싶다. 그런데 이를 확실히 터득하기 전에는 이 문제를 풀었다고 할 수 없다. 이 책은 문제를 대신 풀어 주지 않는다. 다만 도움을 줄 뿐이다. 실제로 이 책뿐 아니라 다른 많은 책을 읽으며 실천에 옮겨 보아야 한다. 그래서 행동만이 문제를 풀 수 있다고 하는 것이다. 그리고 행동은 책 속이 아니라 세상살이 속에서 일어난다.

모든 행동은 늘 시간과 장소 같은 어떤 특정한 상황에서 일어난다. 행동은 언제나 일반화되어 있을 수 없다. 행동에 앞서 내리는 판단은 더 특별할 수밖에 없다. 그런 특정한 상황을 말로 표현할 수 있다 해도 일일이 그럴 수 없고, 책에서도 거의 찾아볼 수 없다. 실용서의 저자가 독자들이 행동해야 할 구체적 상황을 하나하나 그릴 수 없기 때문이다. 아무리 도와주고 싶어도 구체적 상황에 대한 구체적 충고까지 줄 수는 없다. 똑같은 상황에 놓인 사람만이 그런 충고를 해줄 수 있을 테니 말이다.

하지만 실용서도 특별한 상황에 적용할 수 있는 다소 일반적 원칙을 말해 줄 수 있다. 그런 책을 활용하려는 사람은 그 원칙을 특정한 상황에 적용해 그대로 하기 위해서는 실제로 어떤 판단을 내려야 한다. 다시 말해, 독자가 그 원칙을 실제로 적용하려면 책 내용에 독자 나름대로 살을 붙여야 한다. 그런 특정한 상황에 따른 지식도 있어야 하고, 그 상황에 그 원칙을 어떻게 적용할지에 대한 판단이 서 있어야 한다.

원칙 즉 규정이나 제안, 어떤 일반적 지시 사항을 담은 책이 실용서라는 것은 이미 알 터이다. 하지만 실용서는 원칙 이외에 더 많은 것을 담고 있다. 원칙을 뒷받침하는 원리를 이야기하고 그것들을 좀 더 이해하기 쉽게 전달한다. 예를 들어, 책 읽는 것에 관한 이와 같은 실용서는 문법적·수사학적·논리적 원리를 간단히 설명하면서 원칙을 이야기한다. 원칙을 뒷받침하는 원리는 보통 과학적, 즉 이론적 지식의 단편이라고 할 수 있다. 한마디로 어떤 사물에 대한 이론이다. 결국 우리는 뭔가를 연결 짓는 이론을 이야기하는지도 모른다. '원칙이 그대로 훌륭하게 진행되도록 하는 이론적 원리' 말이다.

그래서 실용서는 크게 두 종류로 나뉜다. 이 책이나 요리책, 운전면허시험책 같은 책들은 기본적으로 원칙을 제시한다. 다른 내용이

들어 있다 해도 그것은 원칙을 제시하는 데 도움이 되는 것이다. 명저라고 할 수 있는 책은 별로 없다. 또 다른 실용서는 주로 원칙을 이끌어내는 원리를 다룬다. 훌륭한 경제, 정치, 윤리 등의 서적이 여기에 속한다.

이러한 구분이 정확하고 절대적인 것은 아니다. 같은 책에 원리와 원칙이 동시에 들어갈 수도 있다. 이때는 주로 어느 것을 강조하느냐에 따라 분류된다.

이렇게 두 가지로 책을 분류하는 데 별 어려움은 없다. 어느 분야건 원칙을 제시하는 책이라면 실용서로 분류된다. 원리를 이야기하는 책들은 처음에는 이론서처럼 보인다. 어떤 의미에서는 이론서라고 할 수도 있다. 어떤 실용적인 문제에 대한 이론을 다루었기 때문이다. 하지만 이런 책은 실용서로 구분해야 한다. 다루는 문제의 본질이 인간이 더 잘할 수 있거나 더 못하게 되거나 하는 인간 행동 분야에 관한 것이기 때문이다.

물론 원칙서라고 할 수 있는 책을 읽을 때 눈여겨보아야 할 것은 원칙이다. 원칙은 대체로 평서문보다 명령문으로 곧장 표현된다. "우물을 파도 한 우물을 파라"라는 식으로 명령한다. 또는 "우물을 파도 한 우물을 파야 한다"라는 평서문으로 말할 수도 있다. 두 가지 형식 모두 똑같은 이야기를 하는데, 꼭 두드러져야 할 필요가 있는 것은 아니지만 명령문이 좀 더 강조한다는 느낌이 든다.

평서문이든 명령문이든 원칙은 특정한 목적을 위해 어떻게 하라는 일종의 충고이므로 언제나 찾아내기 쉽다. 저자가 사용하는 단어를 파악하라는 독서 원칙도 그렇게 하는 게 좋다고 충고하는 것이다. 여기서 '좋다'는 것은 당연히 그렇게 읽을 만한 가치가 있다는 뜻이다.

이 책과 같은 실용서에 있는 논증은 원칙을 지키는 것이 바람직하다는 사실을 알려주려고 한다. 저자는 독자를 설득하려고 원리를 설명하거나 구체적으로 어떤 효과를 가져오는지 예를 보여줌으로써 원칙을 지키는 것이 바람직하다고 설명한다. 정말 이렇게 두 가지 주장이 들어 있는지 찾아보라. 원리를 열심히 설명하는 것이 보통 설득력이 다소 부족한 듯하지만 장점이 하나 있다. 그 원칙이 쓰인 예보다그 원칙을 사용해야 하는 이유를 더 잘 설명할 수 있다는 점이다. 원칙을 뒷받침하는 원리를 주로 다루는 책에서는 주요 명제와 논증이마치 이론서처럼 보인다. 명제들은 뭐가 어떠하다고 이야기하고, 논증은 그 사실을 입증하려고 하기 때문이다.

하지만 이런 책과 이론서는 중요한 차이가 있다. '실용적 원리'를설명하는 책을 읽는 독자는 풀어야 할 궁극적 문제가 실용적, 즉 더잘하도록 행동으로 옮기는 문제이기에 늘 글 뒤에 숨어 있는 의미를찾아내야 한다. 드러내놓고 설명하지는 않아도 원리에서 파생된 원칙을 찾으려고 해야 한다. 더 나아가 원칙을 실제로 어떻게 적용해야하는지도 터득해야 한다.

그렇게 읽지 않으면 실용서를 '실용적으로' 읽지 못한 것이다. 즉제대로 읽지도 못했고 이해도 못했으니 제대로 비평할 리도 없다. 원리를 보고 원칙을 찾아내 터득할 수 있다면, 어떻게 행동하라고 충고하는 원칙 속에서 그 실용적 원리도 찾아낼 수 있다.

이는 둘 중 어떤 부류의 실용서를 읽든 그 책을 이해하려면 해야할 일을 말하고, 또 비평의 궁극적 기준도 제시해 준다. 순수한 이론서의 경우 동의하거나 동의하지 않는 기준은 그것이 옳은가 옳지 않은가 하는 문제다. 하지만 실용적 진리는 이론적 진리와 다르다. 행동을 위한 원칙은 그 행동이 효과가 있는가 그리고 그 효과로 목표를 제대로 이룰 수 있는가 하는 두 가지 조건으로 실용적인지 아닌지를 판단할 수 있다.

저자가 생각하는 독자의 목표와 독자가 원하는 목표가 다를 경우를 생각해 보자. 저자의 충고가 아무리 바람직하다 해도 독자가 자기 목표를 이루어야 한다는 면에서 본다면 결국 독자는 저자 의견에 동의하지 않는 셈이다. 어떤 독자가 책을 주의 깊게 제대로 읽을 필요가 없다고 생각한다면, 이 책에서 이야기하는 원칙이 아무리 좋아도 그 독자에게 실용적인 책이라고 할 수 없다.

이는 중요한 이야기다. 어떤 실용서를 읽을지 판단할 때 독자는 자신의 기본적 원리나 전제와 저자의 원리와 전제가 일치하는지 일치하지 않는지 살펴봐야 한다. "실용서를 판단하는 기준은 목적이나 목표이다." 카를 마르크스만큼 경제적 정의에 관심이 없다면, 그의 경제 이론과 개혁 주장은 독자에게 실용적이지 못한 것이다. 에드먼드 버크처럼 자본주의의 불공정함을 제거하는 것보다 현상을 유지하는 것이 낫다고 생각한다면 말이다. 정말 그렇다면 『공산당 선언』이 터무니없이 잘못된 책이라고 생각할 것이다.

이러한 판단은 방법이 아니라 목표 차원에서 하는 것이다. 아무리 방법이 좋아도 목표에 관심이 없거나 찬성하지 않는다면 아무런 흥미가 없을 것이다.

설득하려는 책

여기서 간단히 말하려는 것은 실용서를 읽을 때 생각해야 할 다음 두 가지 질문의 실마리다. 첫째, 저자의 목적은 무엇인가? 둘째, 저자는 그 목적을 이루려고 어떤 방법을 제시하는가? 예를 들어 원칙을 설명하는 책보다 원리를 풀어가는 책에서 이 질문에 대한 답을 찾기가 더 어려울지 모른다. 목표와 방법이 분명하지 않기 때문이다. 하지만 그 실용서를 이해하고 비평하려면 필요한 일이다.

앞에서 살펴본 실용서의 특성 한 가지가 생각날 것이다. 실용서에는 웅변조나 선전과 같은 특성이 섞여 있다. 아무리 이론적이고, 다루는 원리가 '추상적'으로 보여도 독자에게 '가장 좋은 정부 형태'가 어떠한 것이라고 설득하려 들지 않는 정치철학책은 없다. 도덕을 논하는 책도 선하게 살아가는 방법을 충고하며 '선한 삶'에 대해 독자를 설득하려 한다. 이 책에서도 독자가 책을 잘 이해하려면 어떻게 해야 한다는 것을 계속 설득하려고 한다.

실용서를 쓴 저자들이 왜 늘 선전을 하거나 선동가 같아야 하는지 이해할 것이다. 그 책에 대한 최종 평가는 "저자가 제시하는 방법으로 목적을 달성할 수 있다고 인정하는가" 하는 것이므로, 저자는 결국 독자의 인정을 받으려 하기 때문이다. 그래서 저자는 독자의 정신뿐 아니라 마음에도 호소한다. 독자의 감정에 영향을 미쳐 원하는 방향으로 독자의 의지를 움직이려는 것이다.

사악하거나 나쁜 것은 아니다. 사람을 어떤 방식으로 생각하고 행동하도록 설득해야만 하는 실제 사건의 본질이다. 실용적 생각이나 행동은 정신에서만 일어나는 사건은 아니다. 감정도 빼놓을 수 없다. 마음에서 움직이는 것 없이 행동으로 옮기거나 진지한 판단을 하는 일은 없다. 만일 그렇다면 세상은 지금과 달리 좀 더 살기 좋은 곳이 되었을 것이다. 어쨌든 이를 모르는 저자가 실용서를 썼다면 그 책은 별 효과가 없을 것이며, 독자도 이를 모른다면 자신도 모르는 사이에 물건을 사버린 것과 같다.

이런 선전에 현혹되지 않는 좋은 방법은 그 책이 무엇을 목적으로 선전하는지 파악하는 것이다. 이런 의도를 알 수 없게 감춘 책은 정말 교활한 책이다. 이성적 판단을 흐리게 하고 마음에 호소하려는 식의 선전은 무슨 약인지도 모르고 먹게 만드는 것과 마찬가지다. 실용서를 잘 읽는 사람, 그 기본 어휘·명제·논증을 아는 사람은 그 속에 숨겨진 선전을 찾을 수 있다. 즉 '감정적으로 영향을 주려는 말'을 찾아낼 수 있다. 설득을 당한다는 것을 알면서 그 호소력 있는 내용을 깊이 생각할 수 있다. 그래서 세일즈맨의 설득도 거부할 수 있다. 물론 언제나 거부해야만 하는 것은 아니며, 생각 없이 충동적으로 물건을 사려고 할 때는 효과적이다. 어떤 설득에도 넘어가지 말아야 한다고 생각하는 독자가 있다면 아예 실용서는 읽지 말아야 한다.

또 한 가지 중요한 점이 있다. 실용서에 있는 실제적 문제의 본질과 선전적 특성으로 이론서보다 실용서의 저자는 그가 어떤 '인물'인지가 중요하다. 수학 이론을 쓴 저자에 대해서는 알아야 할 것이 없다. 잘 썼든 못 썼든 그가 어떤 사람인지와는 상관이 없다. 하지만 도덕적인 문제나 정치 논문, 경제이론을 이해하고 판단하려면 저자가 어떤 사람인지, 그의 생애와 그 시대를 알아야 한다.

예를 들어 아리스토텔레스의 『정치학』을 읽으려면 당시 그리스 사회가 노예제도를 기초로 했다는 사실을 미리 알아야 한다. 마키아벨리의 『군주론』을 읽을 때도 당시 이탈리아의 정치적 상황과 메디치 가문, 마키아벨리의 관계 등을 알아야 한다. 홉스의 『리바이어던』을 읽을 때는 그가 영국이 내란을 겪던 시기에 살았으며 사회적 폭력과 무질서에 병리적 압박을 받았다는 사실을 알아야 한다.

실용서 읽을 때 동의하려면

책을 읽을 때 던져야 할 네 가지 질문이 실용서를 읽을 때는 조금 변형된다. 이를 자세히 살펴보자.

첫 번째 질문, 이 책은 무엇에 관한 책인가 하는 것은 다르지 않다. 실용서도 뭔가를 설명하므로 이 첫 번째 질문을 풀어 가면서 그 책의 윤곽을 파악해야 한다.

그런데 제4원칙에서 저자가 풀어 가려는 문제가 무엇인지 찾아야 하는 것이 실용서에서는 더욱 중요해진다. 이미 저자의 목적이 무엇인지 파악해야 한다고 했다. 저자가 무엇을 하고 싶어 하는지 알아야 한다. 저자가 하고 싶어 하는 일이란 바로 독자에게 무엇을 하게 만들고 싶어 하는 것이기 때문이다. 이는 상당히 중요한 문제다.

두 번째 질문도 크게 다르지 않다. 그 책의 의미나 내용이 무엇인지 알려고 저자가 사용하는 어휘, 명제, 논증을 파악해야 한다. 그런데 여기서도 마지막 제8원칙에서 이야기한 것이 가장 중요하다. 저자가 제기한 문제 가운데 해결된 것과 그렇지 못한 것을 구분하는 것이다. 이 원칙을 실용서에 적용하면, 저자가 자신이 의도하는 것을 이루게 하려고 제시하는 방법을 찾아내 이해하는 것이다. 다시 말해 실용서에 적용할 때 제4원칙은 "저자가 독자로 하여금 무엇을 하기를 원하는지 파악하라"라는 것이고, 제8원칙은 "저자가 독자로 하여금 자신이 원하는 것을 하도록 어떻게 제안하는지 파악하라"라는 것이 된다.

세 번째 질문, 사실인가 하는 문제는 좀 달라진다. 이론서에서는 세상에 있는 사물이나 사건에 대한 저자의 설명을 독자의 지식으로 비교해 봐야 답을 할 수 있다. 일반적으로 독자의 경험과 일치한다면 옳은 말이라고 인정할 수 있다. 부분적으로라도 말이다. 그런데 실용서의 경우 중요하게 생각해야 할 점은 저자가 추구하는 목적과 이를 이루려고 제시하는 방법을 독자도 옳다고 생각하느냐, 정말 좋은 방법이라고 인정하느냐는 것이다.

네 번째 질문, 책을 읽고 나서 어떻게 되었는가 하는 문제는 전혀 달라진다. 이론서를 읽고 그 주제에 대한 생각이 다소 달라졌다면 일반적 견해가 수정된 것이다. 뭔가 달라지지 않았다면 그 책에서 배운 것이 별로 없다는 것일지도 모른다. 어쨌든 꼭 커다란 변화여야 하는 것도 아니고 행위가 달라져야 한다는 뜻도 아니다.

그러나 실용서를 읽고 저자 견해에 공감한다는 것은 분명히 행동에 영향을 미친다는 것을 뜻한다. 저자의 목적 또는 방법이 괜찮은 것이라고 인정하고 그렇게 설득당했다면, 저자가 원하는 대로 행동하지 않을 수 없다.

물론 항상 이런 일이 생기는 것은 아니다. 그런데 이런 일이 생기지 않는다는 것이 무슨 뜻인지 아는가? 저자의 목적과 그 방법을 독자가 분명히 동의하면서도 실제로는 받아들이지 않는다는 것이다.

예를 들어보자. 이 책의 제2부를 다 읽고 나서 ① 책을 분석하며 읽어야 한다는 데 동의하고, ② 그렇게 읽으려고 원칙을 따르기로 했다면, 이제 책을 그렇게 읽기 시작해야 한다. 만일 그렇지 않다면, 게으르거나 싫어서 그런 것만은 아니다. 실제로는 ①도 ②도 안 했기 때문이다. 그런데 한 가지 분명한 예외가 있다. 예를 들어 초콜릿 크림 만드는 법을 읽었다고 하자. 초콜릿 크림을 좋아하고, 저자가 초콜릿 크림을 만들겠다는 목적에도 찬성하고 그가 만드는 방법에도 찬성한다. 하지만 결코 부엌에 들어가지 않는 남성 독자라서 그 크림을 만들 일이 없다면? 이런 예외는 실용서의 유형을 구분해 주는 중요한 이야기다.

저자의 목적이 모든 사람에게 해당하는 보편적인 것인지 아니면 특정 부류의 사람에게 해당하는 것인지에 따라 이 예외를 구분할 수 있다. 저자의 목적이 이 책처럼 보편적인 것이라면 예외가 될 수 없다. 하지만 특정 부류의 사람에게만 적용되는 것이라면 독자는 자신이 그 부류에 속하는지 속하지 않는지 먼저 판단하고, 거기에 속한다면 그 저자가 말하는 대로 행동해야 할 의무가 있고, 그렇지 않다면 아마 그럴 의무도 없을 것이다.

"아마 그럴 의무도 없을 것이다"라고 한 것은 독자가 자신이 그 책의 목적과 연관 있는 부류에 속하는지 속하지 않는지 제대로 판단하지 못하는 실수를 저지를 가능성도 크기 때문이다. 초콜릿 크림을 만드는 글을 읽은 사람이 자신은 그렇게 만들지 않지만 자기 아닌 다른 사람-자기 아내 같은-은 그렇게 만들어야 한다고 생각하는지도 모른다. 이처럼 바람직한 목적이고 가능한 방법이라고 인정은 하지만 막상 그렇게 행동하지 못하는 경우가 많다. 더 정확히 말해 다른 사람들이 그렇게 하겠지 하고 미루는 것이다. 물론 이는 읽기의 문제라기보다는 심리적 문제이다. 어쨌든 심리적 요소도 우리가 실용서를 어떻게 효과적으로 읽는지에 영향을 미치므로 잠시 다루어 보았다.

14장
문학책 읽는 법

지금까지 대부분 사람이 읽는 것의 반 정도밖에 다루지 못했다. 반이라고 한 것도 너무 많이 어림잡았는지 모른다. 대부분 사람은 신문이나 잡지 또는 자기 일과 관련된 필독서들을 많이 읽는다. 종류별로 보면 비소설 분야보다 소설 분야를 더 많이 읽고, 비소설 분야에서는 신문이나 잡지와 같이 현재의 관심거리를 다루는 내용이 인기가 있다.

앞서 원칙을 다 이야기했다. 그리고 이 원칙을 설명하기 전에 어려운 문학작품을 어떻게 읽어야 하는지는 따로 이야기해야 한다고 했다. 지식을 전달하는 서적과 문학책을 한꺼번에 다루면 혼동이 올 수 있다. 이제 문학책 읽는 방법을 다루려 한다.

시작하기 전에 다소 이상한 역설을 설파하고 싶다. 문학작품을 읽는 법을 배우는 문제는 지식을 전달하는 책을 읽는 법을 배우는 문제와 본질적으로 많이 다르다. 그럼에도 사람들이 문학책 읽는 기술을 과학이나 철학, 정치, 경제, 역사책 읽는 기술보다 더 많이 아는 것 같다는 것은 역설이다. 왜 그럴까?

물론 사람들이 소설 정도는 잘 읽을 거라고 생각하기 때문일지도 모른다. 학생들을 가르쳐 보니 어떤 소설을 읽고 마음에 드는 부분을 이야기해 보라고 하면 입이 얼어붙는다. 소설을 정말 재미있게 읽은 것은 분명한데, 어떤 내용이 재미있었는지 이야기하거나 재미를 주는 요소가 무엇인지 말하지 못한다. 이는 훌륭한 비평가는 못 되더라도 좋은 독자는 될 수 있다는 것일까? 그러나 책을 충분히 이해하지 못하면 비평할 수 없다. 결국 소설을 읽고 마음에 드는 이유를 설명하지 못하는 사람은 수박 겉핥기식으로 읽은 것이다. 이보다 더 역설적인 점이 있다. 상상력의 산물인 문학작품은 배움보다는 즐거움을 준다. 배우는 것보다 즐기는 것이 더 쉽다. 그런데 왜 즐거운지 알아내기는 정말 어렵다는 역설이다. 미美는 진眞보다 분석하기 어렵다.

이 점을 명확하게 밝히려면 광범위한 미학적 감상에 대한 분석이 필요하지만, 여기서 이런 문제는 다룰 수 없다. 그럼에도 문학작품 읽는 법을 충고할 수는 있다. 먼저, 바람직한 방법보다는 '해서는 안 될 일'을 이야기하고, 그다음 비소설 분야의 책 읽는 방법에 대응해서 문학작품 읽는 원칙을 간단히 유추해 본다. 끝으로 다음 장에서는 소설, 희곡, 시 읽는 법을 구체적으로 살펴본다.

이렇게 읽으면 안 된다

해서는 안 될 일을 이야기하기 전에, 먼저 문학작품과 지식을 전달하는 서적의 기본적인 차이를 파악할 필요가 있다. 이 차이가 왜 소설을 철학책이나 시, 수학책처럼 읽어서는 안 되는지를 설명할 것이다. 가장 뚜렷한 차이는 그 글을 쓴 목적이 다르다는 것이다. 즉 독자가 경험한 또는 경험할 수 있는 것에 대한 '지식을 전달'하려는 것과 책을 읽어야만 얻을 수 있는 '경험을 전달'하려는 것으로 목적에 차이가 있다. 문학책은 경험을 전달한다는 목적을 이루면 독자에게 즐거움을 준다. 다른 목적으로 지성과 상상력에도 서로 다르게 호소한다.

우리는 감각과 상상으로 뭔가를 '경험'한다. 뭔가를 '알려면' 판단력, 이성을 사용한다. 그렇다고 상상력을 사용하지 않고 사고를 할 수 있다든가 경험이 이성적 통찰이나 깊은 사고와 상관없다는 것은 아니다. 어느 한 가지가 중심이 된다는 뜻이다. 허구는 주로 상상력에 호소한다. 그래서 문학을 과학이나 철학과 달리 상상력의 산물이라고 한다.

이러한 사실은 문학작품을 읽을 때 해서는 안 될 가장 중요한 내용과 관련이 있다. 이는 "문학작품이 미치는 영향력을 거부하지 말라"라는 것이다.

이미 능동적으로 책을 읽는 것이 얼마나 중요한지 이야기했다. 이는 어느 책에나 해당한다. 그런데 지식을 전하는 전문서를 능동적으로 읽는 것과 시를 능동적으로 읽는 것은 다르다. 전문서는 먹이를 쫓는 새처럼, 끊임없이 경계하며 언제든 달려들 준비를 하듯 읽어야 한다. 시나 소설을 읽을 때는 이런 능동성이 필요한 것이 아니다. 어색한 표현이지만 수동적 능동성 혹은 능동적 수동성이 필요하다. 즉 글을 읽을 때 그 이야기가 우리에게 어떤 영향을 주도록 내버려 두는 것이다. 우리가 감동하도록, 그 책이 독자에게 하고 싶은 대로 하도록 맡기는 것이다. 그 책을 향해 우리 자신을 열어 두는 것이다.

우리는 철학, 과학, 수학 등 우리가 살고 있는 현 세계를 형성해 온 지식을 담고 있는 전문서의 도움을 많이 받는다. 하지만 가끔 현실을 멀리 떠날 수 없다면 살 수 없을지도 모른다. 그렇다고 상상력의 산물인 문학작품이 늘 현실 도피적이라는 뜻은 아니다. 현실 도피라는 말은 비겁한 느낌이 든다. 그러나 현실에서 도피해야 한다면 더 깊고 좀 더 넓은 현실로 도피해야 한다. 즉 우리의 내면세계라는 현실, 세상을 향한 우리만의 독특한 비전의 세계로 말이다. 이러한 현실에서 발견하는 것은 우리를 행복하게 해준다. 일상적으로 느낄 수 없는 만족을 준다. 어쨌든 위대한 문학작품을 읽는 목적은 이러한 깊은 경험을 얻으려는 것이니 가장 심오한 세계를 맛보지 못하게 하는 것들은 모두 없애야 한다.

지식을 전하는 전문서와 문학작품의 이러한 기본적 차이는 또 다른 차이점을 보여 준다. 목적이 다르기에 사용하는 언어도 다르다. 문학 작가들은 복합적인 의미로 충만한 느낌과 에너지를 풍겨내고자 언어를 최대한 드러내지 않고 모호하게 사용하려고 한다. 논리적인 글을 쓰는 저자들이 한정된 의미로 단어들을 사용하는 것과 대조적으로 은유를 기본으로 작품을 구성한다. 단테의 『신곡』을 읽으면, 일반적으로 시나 소설이 그런 것처럼, 서로 연관되어 있으면서도 각기 다른 몇 가지 의미를 찾아볼 수 있다. 지식을 전달하는 전문서에서 찾아볼 수 있는 논리는 그것을 분명하게 밝히는 것을 목적으로 한다. 숨겨진 뜻이 있을 수 없다. 설명해야 할 내용은 모두 최대한 분명하고 명확하게 서술해야 한다. 반대로 문학작품은 서술하기보다 주로 함축된 의미를 내포하고 있다. 저자가 사용하는 단어보다 보이지 않는 행간에서 더 많은 내용을 찾을 수 있다. 시나 소설은 말하지 않는, 말할 수 없는 뭔가를 이야기한다.

이런 사실에서 해서는 안 될 일을 또 하나 찾아보면, "문학작품에서는 단어, 명제, 논증을 찾지 말라"라는 것이다. 마크 밴 도렌은 "시나 희곡에서는 글이란 것이 더 모호한 매체다"라고 했다. 예를 들어 '시가 하려는 이야기'는 시 속의 어느 문장에서도 찾을 수 없다. 서로 연결되어 서로에게 반응하는 단어들로 이루어진 시 한 편은 명제라고 하는 속박 속에 가둘 수 없는 그 무엇인가를 이야기한다(문학작품도 용어, 명제, 논증과 비슷한 요소들이 있기는 하다. 나중에 다룬다).

우리는 시나 소설, 특히 희곡과 같은 문학작품에서도 무언가를 배울 수 있다. 그러나 과학책이나 철학책에서 배우는 것과는 다르다. 우리는 일상생활에서 겪는 경험에서 뭔가를 배울 수 있다. 마찬가지로 우리 상상 속에 이야기가 만들어 놓은 다양한 경험에서 배울 수 있다. 이런 의미에서 시나 소설은 즐거움뿐만 아니라 배움도 준다. 하지만 과학과 철학이 우리에게 가르치는 의미는 달라서 이런 설명적인 책은 우리에게 새로운 경험을 주지 않는다. 우리가 이미 겪었거나 겪을 수 있을 경험을 이야기하는, 지식을 그대로 전달하는 책이다. 반면 문학작품은 우리가 배울 수 있는 경험을 창조하고, 거기서 배움을 이끌어낸다. 이런 책에서 배우려면 독자 스스로 그 경험을 생각해야 한다. 철학책이나 과학책은 이미 저자들이 사고한 것을 이해하기만 하면 되지만 말이다.

마지막으로 원칙은 다음과 같다. "지식 전달 서적에 적용하는 진실성과 일관성이라는 기준으로 비평하지 말라." 훌륭한 이야기의 '진실성'이라면 있을 법하다는 개연성을 말한다. 분명히 사실 같은 이야기라도 경험이나 연구로 증명되는 삶이나 사회를 그려야 하는 법은 아니다. 아리스토텔레스는 "시의 정확성의 기준과 정치의 정확성의 기준은 똑같지 않다"라고 했다. 물리학이나 심리학의 정확성과도 같지 않다. 해부학에서 기술적인 부정확성이나 지리학, 사학에서 오류도 비판 대상이 되어야겠지만, 저자가 그럴듯하게 잘 꾸며 놓은 문학 작품에서는 잘못 기술된 사실이 있다 해도 그 작품을 손상하지 않는다. 역사를 읽을 때 우리는 진실을 알고 싶어 한다. 그래서 진실을 알 수 없을 때 불만을 토로할 권리가 있다. 소설을 읽을 때는 소설가가 창조한 그리고 우리 안에 재창조된 사건과 인물의 세계에서 '일어날 수 있을 만한' 이야기면 된다.

철학책은 어떤가? 그 글의 원래 바탕이 되는 일반적 경험에 비추어 진실한지 아닌지 시험해 본다. 사실인가? 우리도 이렇게 느꼈던가? 지금까지 이를 깨닫지 못하고 생각했던가? 예전에 그렇지 않았더라도 지금은 분명히 그런가? 저자의 이론이나 설명이 복잡해도, 이 주제에 대해 예전에 가지고 있던 혼란스러운 생각이나 견해보다는 정말 단순한가?

이 질문들에 대부분 긍정적으로 답할 수 있다면 우리와 저자는 하나의 이해 공동체를 형성한 것이다. 즉 "그 문제를 우리는 똑같이 생각하는군요. 당신의 이론을 시험해 보고 옳다는 것을 알았습니다"라고 하는 것이다.

시는 그렇지 않다. 우리가 자신을 배신할지도 모른다는 의혹을 불러일으키는 베네치아 여인과 결혼한 무어인이 될 수 없는 한 『오셀로』라는 작품을 우리 경험에 비추어 시험할 수 없다. 설령 우리가 그런 무어인이라 해도 모든 무어인이 오셀로 같지 않고, 모든 베네치아 여인이 데스데모나 같지 않고, 그런 부부들이 모두 이아고 같은 사람을 알지도 않는다. 오셀로는 희곡에서만 찾아볼 수 있는 독특한 인물이다.

문학작품 읽을 때 일반적 원칙

하지 말아야 할 원칙뿐 아니라 해야 할 원칙이 더 있어야 문학작품을 잘 읽을 수 있다. 그런 제안은 지식을 설명하는 책을 읽을 때의 원칙에서 유추할 수 있다.

앞서 이야기한 대로 그 원칙은 크게 셋으로 나뉜다. 첫째는 통일성과 부분–전체 구조를 파악하는 것이고, 둘째는 중요한 단어, 명제, 논증을 찾아내 해석하는 것이고, 셋째는 저자 의견에 동의하는지 동의하지 않는지 비평하는 원칙이었다. 간단히 이 세 부류의 원칙을 구조적·해석적·비평적 원칙이라 했다. 여기서 시나 소설, 희곡을 읽을 때 적용할 수 있는 비슷한 원칙을 이끌어낼 수 있다.

먼저, 윤곽을 파악하는 구조적 원칙을 문학작품에 적용하면 다음과 같다.

1. 문학작품의 종류를 구분해야 한다

서정시는 감정적으로 경험할 수 있는 바탕 위에서 이야기를 이끌어 가고, 소설이나 희곡은 많은 등장인물과 행동, 서로 간의 반응으로 엮어 복잡하게 구성되어 있다. 물론 등장인물들의 감정도 이야기되기는 한다. 또 희곡과 소설은 누구나 구분할 줄 안다. 희곡은 전부 행동과 대사로 이야기를 서술하기 때문이다. 그리고 희곡 작가는 자신이 이야기하는 것처럼 쓸 수 없지만 소설가들은 그렇게 쓸 수 있다. 독자들은 글을 쓰는 데 이런 차이를 이해할 수 있어야 한다. 따라서 읽고 있는 문학작품이 어떤 부류에 속하는지 구분해야 한다.

2. 작품의 전체 통일성을 파악해야 한다

전체 흐름을 한두 문장으로 이야기할 수 있느냐 못 하느냐로 이를 파악했는지 못했는지 알 수 있다. 지식을 전달하는 서적들의 통일성은 풀어 가려는 주요 문제에 달렸다. 문학작품의 통일성도 저자가 풀어 가고 싶은 문제와 관련 있다. 그런데 그러한 문제들은 구체적인 어떤 경험을 전달하려 시도하는 것이다. 그래서 "문학작품의 통일성은 줄거리에서 찾아볼 수 있다." 명제나 논증이 아니라 간단한 줄거리 요약으로 전체 이야기를 파악했다고 할 수 있다. 줄거리에 통일성이 있다. 문학작품에서 사용하는 언어의 독특성으로 줄거리의 통일성이 깨지는 모순은 결코 없다. 서정시도 '줄거리'가 있다.

그런데 그 줄거리가 서정시든 희곡이든 소설이든, 독자가 재창조하는 구체적 경험은 아니다. 단지 그 경험을 담은 틀, 경험하게 하는 기회일 뿐이다. 줄거리는 통일성을 보여 주며, 그 작품을 읽는 경험에서 알 수 있다. 지식을 전달하는 전문서적은 내용을 논리적으로 요약한 것이 전체적 논증이라고 볼 수 있듯이 말이다.

3. 부분이 어떻게 전체를 구성하고 있는지를 파악해야 한다

전체 내용을 아주 간단히 요약하는 데서 그치지 않고 부분적 이야기가 어떻게 연결되어 전체 이야기를 구성하는지도 파악해야 한다. 이는 지식을 전달하는 서적들과 마찬가지다. 그런데 문학작품의 부분들은 인물과 사건을 묘사하면서 저자가 발단에서 결말에 이르기까지 줄거리를 이끌어가는 동안 다양한 단계로 전개된다. 그리고 그 부분들이 배열되는 방법이 다르다. 과학책이나 철학책에서는 순서가 논리적이어야 하지만 이야기는 발단에서 절정까지 전개되는 시간 흐름에 순서가 맞춰져야 한다. 이야기 구조를 파악하려면 어디서 시작해서 어떠한 과정을 거쳐 어디까지 가는지 알아야 한다. 즉 절정에 이르는 동안 생기는 여러 가지 위기가 무엇이고, 어디서 어떻게 절정에 이르는지, 그 이후에는 어떤 일이 생기는지 말이다.

여기서 중요한 결론을 얻을 수 있다. 첫째, 지식을 전달하는 서적은 부분적으로 발췌하여 읽을 수도 있겠지만 소설은 그럴 수 없다. 유클리드는 『제요소』를 13부로 출판하였는데, 1부 내용은 그것만 따로 떼어 읽어도 괜찮다. 구성이 훌륭한 전문서적들은 그렇다. 하지만 소설의 한 장章, 희곡의 일 막幕, 시의 몇 구절은 전체에서 떼어 놓으면 그 의미를 제대로 알 수 없다.

둘째, 문학작품을 읽을 때 적용할 해석의 원칙은 무엇인가? 이를 찾아볼 수 있다. 언어를 시적으로 사용하는 것과 논리적으로 사용하는 것의 차이가 해석 차이를 가르쳐 준다. 중요한 단어와 명제, 논증을 찾아내는 원칙에서 유추해 보자.

⑴ 문학작품의 요소는 에피소드, 사건, 등장인물, 등장인물의 생

각, 말, 감정, 행위 등이다. 이러한 것들이 저자가 창조한 세계를 이루는 요소들로, 저자는 이 요소들을 사용해서 자기 이야기를 한다. 지식을 전달하는 서적으로 치면 중요한 단어에 해당한다. 그런 서적에서 저자가 사용하는 단어의 의미를 독자가 파악해야 하듯이, 문학작품에서는 사건이나 인물에 대한 설명과 친숙해져야 한다. 그 인물들과 친해지고, 그 사건들을 생생하게 느끼면 비로소 그 이야기를 알게 된다.

(2) 중요한 단어들은 명제로 이어지는데, 문학작품의 요소들은 장면, 배경으로 이어진다. 작가는 등장인물들이 '살아 움직이는 실체'로 존재하는 세상을 창조한다. 따라서 독자는 현실에서 그러하듯이, 이 상상의 세계를 그대로 받아들여 마치 그곳에 있는 것처럼, 등장인물의 친구가 되어 사건들을 함께 겪고 감정을 나눌 수 있어야 한다. 이렇게 될 때 문학작품의 요소들은 장기판의 장기알들처럼 제각각 움직이는 것이 아니라 한 사회의 일원처럼 생동감 있는 관계가 될 것이다.

(3) 지식을 전달하는 서적을 읽을 때는 증거들을 바탕으로 추론하며 결론에 이르는 논증을 따라가게 된다. 문학작품을 읽을 때는 등장인물에 친숙해지고, 그들이 사는 상상의 세계에 들어가서 그들의 사회 법칙을 인정하고, 그들처럼 숨 쉬고, 그들이 먹는 것을 먹고, 그들이 걷는 길을 가면, 이제 그들을 좇아 그들의 모험을 함께하게 된다. 작품 속 요소들인 장면, 배경, 사회적 설정이 정적으로 연결되었다면, 줄거리가 결말을 향해 가는 것은 동적으로 연결되었다. 아리스

토텔레스는 줄거리가 작품의 정수라고 했다. 즉 생명이다. 작품을 잘 읽으려면 이야기의 맥박에 손가락을 댄 채 맥박이 뛰는 것을 민감하게 느껴야 한다.

문학작품을 읽을 때 해석의 원칙을 끝마치기 전에, 이 원칙이 지식을 전달하는 서적들을 읽을 때 해석의 원칙에서 유추했다는 점을 너무 염두에 두지 말라는 주의를 주고 싶다. 그 점에 너무 집착하다 보면, 문학작품에 있는 예술적 위대함을 발견하게 하려는 본래 목적이 산산조각 나 버릴지도 모른다. 소설이나 희곡을 읽을 때의 즐거움을 그대로 느끼면서 그 즐거움의 원천을 파악하는 기쁨을 더하려는 것이다. 즉 무엇을 좋아하느냐뿐 아니라 그것을 왜 좋아하느냐도 알게 될 것이다.

또 한 가지 주의할 점은 이 원칙이 주로 소설이나 희곡에 해당한다는 사실이다. 서술적인 행이 있는 서정시에도 당연히 해당한다. 그렇다고 해서 그 밖의 서정시에는 전혀 해당하지 않는다고 볼 수는 없다. 긴 이야기처럼 서정시도 구체적 경험을 표현하며, 독자들이 그 경험을 재창조하게 되고, 또 아무리 짧은 시라도 시작과 중간, 끝이 있게 마련이며, 등장인물이 있는 경우가 많지 않지만 적어도 화자話者라도 있기 때문이다.

셋째, 마지막으로 문학작품을 읽을 때 비평의 원칙은 무엇인가? 마찬가지로 지식을 전달하는 서적에 적용하는 일반적인 비평의 원칙에서 유추하여 생각해 볼 수 있다. 완전히 이해하기 전에는 비평, 즉 저자에게 동의한다거나 찬성한다고 이야기해서는 안 된다고 했던 것을 기억할 것이다. 문학작품의 경우는 이렇게 이야기할 수 있다.

"저자가 독자에게 경험하게 하려는 것을 완전히 감상하기 전에는 문학작품을 비평하지 말라."

중요한 결론은, 훌륭한 독자는 작가가 창조한 세계, 독자 안에 재창조된 세계에 의문을 품지 않는다는 사실이다. 헨리 제임스는 『소설의 기술』에서 "우리는 작가, 그의 주제, 생각, 기지를 모두 인정해야 한다. 우리 비평은 그가 만들어 놓은 것 안에서만 적용된다"라고 했다. 예를 들어 작가가 파리를 배경으로 썼다는 사실을 감상할 뿐이지 미네아폴리스를 배경으로 했더라면 더 좋았을 텐데 해서는 안 된다. 다만 파리를 배경으로 파리 사람들을 어떻게 다루는지를 비평할 권리만 있다.

바꾸어 말하면, 독자는 작품에 동의하거나 반대하는 것이 아니라 좋아하거나 싫어하는 것이라는 사실을 명심해야 한다. 지식을 전달하는 책에서는 '진眞'이 기준이었지만 순수문학을 비평하는 데는 '미美'가 기준이 된다. 그리고 문학작품의 아름다움은 그 작품을 읽을 때 주는 즐거움과 관계가 있다.

다음과 같이 정리해 볼 수 있다. 우선 좋다, 싫다를 말하기 전에 그 작품을 감상하려고 충분히 노력했어야 한다. 감상한다는 것은 작가가 독자에게 감정과 상상력으로 경험하게 하려고 만든 것을 경험했느냐는 것이다. 따라서 열심히 읽지 않으면 철학책을 '이해'할 수 없듯이 문학작품도 '감상'할 수 없다.

그렇게 읽고 나서야 비로소 판단할 자격이 갖춰진다. 그리고 당연히 처음에는 취향에 따라 판단하는데, 좋아한다 싫어한다 뿐만 아니라 왜 그런지도 이야기할 수 있어야 한다. 그 이유가 그 책에 대한 비평과 연관이 있긴 하지만, 독자 자신, 독자의 기호나 편견에서 나온 것일 확률이 크다. 그러므로 비평을 제대로 하려면 그 이유를 책에서 찾아 지적하면서 자기 반응을 객관화할 수 있어야 한다. 개인적으로 무엇이 좋고 싫은지, 그 이유는 무엇인지를 떠나 그 책이 어떤 점에서 좋고 나쁜지, 그 이유가 무엇인지를 이야기해야 한다.

소설이나 시가 주는 즐거움이 어디에서 오는지 잘 파악하면 할수록, 문학작품의 예술적 가치를 좀 더 잘 이해할 수 있다. 그렇게 되면 점점 비평 수준이 높아질 것이다. 그리고 문학적 취향이 비슷한 사람을 만나 자신의 비평을 함께 나눌 수도 있다. 더 나아가 문학작품에 대한 훌륭한 감각은 그것을 읽을 줄 아는 사람만이 얻는다는 사실도 깨닫게 될 것이다.

15장
소설, 희곡, 시 읽는 법

앞 장에서 이야기한 문학작품을 읽을 때 알아야 할 원칙은 소설, 서사시를 포함한 산문시, 희극이나 비극 등 희곡, 짧고 단순한 서정시 등 어떤 장르에나 모두 해당하는 일반적인 내용이다.

그렇지만 이 원칙은 문학작품의 장르별로 조금씩 달라져야 한다. 이 장에서는 그 점을 살펴보려고 한다. 특히 소설, 희곡, 서정시를 중점적으로 이야기하고 이어서 서사시나 그리스 비극과 같은 작품을 읽을 때 나타나는 특수한 문제들도 다루겠다.

그 전에 적극적으로 열심히 읽는 독자라면 어떤 책을 읽든 던져야 할 네 가지 질문 가운데서 마지막 질문을 좀 더 언급해야 한다. 이 질문들을 기억할 것이다. 첫째, 전반적으로 무엇에 관한 글인가? 둘째, 무엇을, 어떻게 자세하게 다루는가? 셋째, 전반적으로 또는 부분적으로 볼 때 그 글은 맞는 이야기인가? 문학작품을 읽을 때 이 세 가지 질문을 어떻게 적용해야 하는지는 앞에서 이야기했다. 그 소설, 희곡, 시의 줄거리를 설명할 수 있으면 첫 번째 질문에 답할 수 있는 것이고, 다양한 등장인물 각각의 역할을 구분하고 그들과 연관된 사건을 독자의 언어로 표현할 수 있으면 두 번째 질문에 답할 수 있는 것이며, 작품의 시적인 진실성에 이성적 판단을 내릴 수 있다면, 즉 그럴듯한 이야기인가, 마음에 드는가, 작품의 아름다움을 찾아볼 수 있는가 등의 질문에 답하고 그 이유를 이야기할 수 있다면 세 번째 질문에 답할 수 있다.

네 번째 질문은 '의의는 무엇인가?'이다. 지식을 전달하는 책에서는 독자가 어떤 행동을 하는지를 의미하는 질문이다. 여기서 '행동'이 꼭 뭔가를 한다는 뜻은 아니다. 앞서 말한 대로, 실용서를 읽고 그 내용에 동의한 독자가 저자가 말하는 방법을 익히기로 한 일종의 의무를 말한다. 이론적인 책은 의무가 아니라 정신적 활동이 필요하다. 즉 그 책이 전체적으로나 부분적으로 진실하다고 확신한다면 그 결론에 동의해야 하고, 그 주제에 대한 관점을 달리해야 할 내용이 있다면 독자의 생각을 다소 바꾸어 보는 정신적 활동 말이다.

문학작품의 경우, 먼저 이 네 번째 질문을 달리 해석해야 할 필요가 있다는 것을 인식하는 것이 중요하다. 어떤 의미에서는 소설이나 시를 읽는 것과 별 상관없는 질문일 수 있다. 엄격히 말해 소설, 희곡, 시를 잘 읽으려면, 분석하며 읽으려면 어떤 행위도 필요하지 않다. 문학작품을 읽을 때 해석의 원칙 등을 적용하고, 세 가지 질문까지만 답할 수 있으면 독자로서 의무를 다한 것일 수도 있다. '엄격히 말해'라고 한 것은 분명 문학작품은 독자에게 다양한 행동을 하도록 만들기 때문이다. 정치, 경제, 도덕, 어떤 문제든 같은 문제에 대해 지식책보다 더 요점을 잘 전달할 수도 있다. 조지 오웰의『동물 농장』이나『1984년』은 전체주의에 강력히 반발하는 작품들이다. 올더스 헉슬리의 『멋진 신세계Brave New World』도 기술 발달이 가져온 독재를 신랄하게 비난하고 있다. 알렉산드르 솔제니친의 『제1집The First Circle』은 소련 관료체제의 잔혹성과 비인간성에 대해 수백 가지 사례 연구나 보고서보다 더 많은 것을 말해 준다.

이런 작품들은 역사상 수없이 금지되거나 검열당하거나 삭제되는데, 그 이유는 말할 필요도 없다. E.B. 화이트는 이렇게 말한 적이 있다. "독재자는 자유를 외치는 글을 잘 쓰는 작가를 두려워하지 않는다. 의미심장한 농담을 지껄이는 술 취한 시인을 두려워한다."

그러나 읽고 나서 어떤 실제적 결과를 가져오려는 것이 소설이나 시의 본질은 아니다. 문학작품은 어떤 행동을 일으킬 수 있지만 꼭 일으켜야만 하는 것은 아니다. 문학작품은 예술의 영역에 속하기 때문이다.

순수예술fine art 작품은 우아하고refined 세련되며finished 순수예술이 아니라 그 자체가 목적end이라서 순수예술이다(fine의 라틴어 finis는 end의 뜻). 자신 이외의 어떤 목적을 향해 움직이지 않는다. 에머슨이 말한 미美처럼 그 자체로 존재 의미가 있는 것이다.

따라서 마지막 질문을 문학작품에 적용할 때는 조심해야 한다. 책을 읽고 뭔가를 해야 할 것 같은 느낌이 든다면, 정말 은연중 그 작품에 그런 느낌을 불러일으키는 글이 있는지 자문해 보는 것이 좋다. 일반적으로 시는 의미심장한 말을 할 때도 있지만, 그렇게 행동을 불러일으키는 글의 영역에 속하지는 않는다. 잘 살펴보고 반응하는 것이 좋다. 그런데 그렇게 반응해도 소설이나 시에 대한 반응이 아니라는 것은 분명히 해둬야 한다. 시나 소설을 잘 읽으려면 해야 할 일은 그 이야기를 경험하는 것뿐이다.

소설 읽는 법

소설을 읽을 때는 빨리 그리고 완전히 몰두한 채 읽으라. 이것이 제일 먼저 하고 싶은 충고다. 한 권을 앉은자리에서 끝까지 다 읽는 것이 가장 이상적이다. 바쁜 사람이 장편을 읽을 때는 불가능하겠지만 말이다. 어쨌든 가능한 한 짧은 기간에 웬만한 소설 한 권을 읽는 것이 좋다. 그렇지 않으면 무슨 일이 있었는지 잊어버리고 줄거리의 흐름을 놓쳐 헤매게 된다.

소설을 정말 좋아하는 어떤 독자들은 잠깐 멈추고, 음미하며, 가능한 한 아주 오래 질질 끌면서 읽는 경우도 있다. 하지만 이렇게 읽는 것은 사건이나 인물을 무의식적으로 느끼면서 바람직하게 읽는 것이라고 할 수 없다. 잠시 후 이 점을 살펴보겠다.

빨리 그리고 완전히 몰두한 채 읽으라고 했는데, 이는 문학작품이 독자에게 어떤 작용을 하도록 그대로 내버려두는 것이 중요하다는 뜻이다. 즉 독자의 머리와 마음속에 소설 속 인물이 들어가도록 하라는 것이다. 어떤 사건이 일어났다면 그 사건에 대한 의문도 접어두고, 이해가 되기 전에는 인물들이 왜 그런 행동을 하는지 비난도 하지 마라. 독자가 살고 있는 세계가 아니라 그들의 세계에 들어가 열심히 살아보면 그들의 행동도 이해가 될 것이다. 그리고 가능한 한 실제처럼 그 안에서 '살고 있다'는 느낌이 들기 전에는 그 세계를 판단하지 말아야 한다.

이 원칙을 따르면 그 책이 무엇에 관한 것인지 묻는 첫 번째 질문에 대한 답을 얻을 수 있다. 빨리 읽지 않으면 그 이야기의 일관된 흐름을 보지 못한다. 그리고 몰두해서 읽지 않으면 세밀한 내용을 파악하지 못한다.

소설에서 키워드라고 할 수 있는 것은 인물과 사건들이다. 그들과 친해지고, 그들을 구분할 수 있어야 한다. 하지만 조심해야 할 것이 있다.

『전쟁과 평화』 같은 작품을 읽기 시작할 때 많은 독자는 그 책에서 소개하는 다양한 인물과 특히 발음도 낯선 그 이름들을 보고 기가 죽는다. 그래서 곧 누가 누구인지 복잡한 관계를 구분할 수 없을 거라고 생각하고 포기해 버린다. 정말 긴 장편소설은 그렇다. 그런데 우리는 정말 좋은 소설이라면 가능한 한 길어지길 원한다.

아무리 소심한 독자라도 새로운 곳으로 이사 가거나, 새 학교·새 직장에 나가거나, 어떤 파티에 가게 되었다고 그처럼 포기하지는 않는다. 그 환경에 익숙해져 조금 지나면 수많은 사람 속에서도 낯익은 친구나 동료를 찾게 된다. 파티에서 만난 사람들 이름을 모두 외우지는 못해도 한 시간 동안 함께 이야기를 나눈 남자, 다음 날 저녁 데이트한 여자, 우리 아이와 같은 학교에 다니는 아이 이름 정도는 기억할 수 있다.

소설에서도 바로 그런 일이 일어난다. 모든 인물을 다 기억할 수는 없다. 대다수 인물은 주인공들의 행동을 끌어내는 배경으로 설정되었다. 『전쟁과 평화』를 다 읽고 나서야 누가 중요한 인물인지, 잊어서는 안 되는 인물인지 알게 된다. 피에르, 앙드레, 나타샤, 메리 공주,

니콜라스. 이들은 톨스토이 책을 읽은 지 몇 년이 지나도 즉시 떠올릴 만한 이름들이다. 사건들이 아주 많이 일어나도 곧 무엇이 중요한 사건인지 알게 된다.

일반적으로 저자는 이를 위해 상당한 도움을 준다. 독자들이 줄거리상 중요한 사건을 놓치지 않길 바라기에 다양한 방법으로 암시를 준다. 처음부터 모든 것이 분명하지 않다고 안달해서는 안 된다. 사실, 처음부터 분명해야 하는 것은 아니다. 소설은 인생과 같다. 우리의 삶에서도 그 당시에는 그 사건을 이해할 수 없어도 후에 되돌아보면 이해하게 되듯이 말이다. 소설을 읽는 독자도 다 읽고 나서 돌이켜보면 사건의 연관성이나 행동의 순서를 이해하게 된다.

여기서 같은 결론을 얻을 수 있다. 그 책을 잘 읽었다고 할 수 있으려면 끝까지 다 읽어야 한다. 그런데 역설적이게도 소설은 마지막 페이지에서 인생과 달라진다. 인생은 계속되지만 이야기는 끝난다. 등장인물은 책 밖에서 살 수 없고, 첫 페이지가 시작되기 전과 마지막 페이지 이후에 등장인물에게 어떤 일이 일어날 것인가 하는 상상은 독자마다 다르다. 그리고 그런 상상은 모두 무의미할 뿐이다. 『햄릿』의 서막에 쓰여 있듯이 우스꽝스러울 뿐이다. 『전쟁과 평화』가 끝나고 나서 피에르와 나타샤가 어떻게 되었는지 질문을 던질 필요가 없다. 정해놓은 시간 안에서 셰익스피어나 톨스토이가 창조해 놓은 것에 만족해야 한다. 그 이상은 없다.

우리가 읽는 대다수 책은 여러 가지 이야기로 되어 있다고 볼 수 있다. 읽을 수 없는 사람이 듣는 것도 이야기다. 심지어 그런 이야기를 읽는 것으로 우리 자신의 이야기를 만들어 간다. 이야기는 인간에게 없어서는 안 될 것처럼 보인다. 왜 그럴까?

이야기가 인간의 필수품인 한 가지 이유는 의식적 욕구뿐 아니라 많은 무의식적 욕구도 충족해 주기 때문이다. 지식책처럼 의식적 정신에만 영향을 준다고 해도 중요하다. 그러나 소설은 무의식 세계에도 영향을 주기에 중요하다.

이를 논하면 복잡해질 수도 있다. 간단히 말해서 분명한 이유 없이 어떤 사람은 좋아하고 어떤 사람은 싫어하는 것과 같은 차원이라고 할 수 있다. 독자는 소설에서 어떤 사람이 잘되고 못 되는 것을 보면서 그 책에 대해 좋은 감정 또는 나쁜 감정을 갖게 된다. 그 책이 예술적으로 훌륭한지 아닌지를 떠나서 말이다.

예를 들어, 등장인물이 유산을 상속받거나 그에게 어떤 좋은 일이 생기면 우리도 기분이 좋아진다. 그 인물에게 '동정적'일 때, 즉 독자가 그 인물과 자신을 동일시할 때 정말 그렇다. 그런데 우리는 자신이 그런 유산을 상속받고 싶어 한다고 인정하지 않고 단순히 그 책이 맘에 든다고 한다.

누구나 현실보다 더 열렬한 사랑을 하고 싶어 한다. 그래서 소설은 사랑 이야기가 많다. 소설에서 사랑하는 인물과 자신을 동일시하면서 기쁨을 얻는다. 그들은 마음껏 사랑하지만 우리는 그럴 수 없다. 그런데 우리는 이를 인정하고 싶어 하지 않는다. 우리의 사랑이 부족하다고 느끼기 때문이다.

또한 사람은 대부분 사디즘이나 마조히즘 성향이 있는데, 소설에서 승자나 패자 또는 두 사람 모두와 자신을 동일시함으로써 만족을 느낀다. 이런 사람들도 구체적으로, 또는 실제로 왜 그런지 그 이유는 모른 채 그저 "그런 책이 좋아"라고 말한다.

마지막으로 우리가 알고 있는 세상은 부조리하다고 느낀다. 왜 착한 사람들이 고통을 당하고 나쁜 사람들이 잘될까? 그 이유를 알 수 없어 괴롭지만 이는 사실이다. 하지만 이야기에서는 이런 혼란스럽고 기분 나쁜 상황이 다 잘 해결되어 우리를 만족시킨다.

소설이나 서사시, 희곡에는 정의가 존재한다. 그 속에 있는 사람들은 마땅한 대가를 받는다. 등장인물에게 신과도 같은 존재인 작가가 착한 일을 한 사람에게는 상을 주고 나쁜 일을 한 사람에게는 벌을 준다. 좋은 이야기, 마음에 드는 작품에서는 보통 그렇다. 하지만 나쁜 이야기에서 가장 화나는 일은 사람들이 이유 없이 잘되거나 고통당하는 것이다. 위대한 작가들은 이런 실수를 하지 않는다. 그들은 우리에게 정의가 승리한다는 확신을 심어 줄 수 있다.

비극에서는 착한 사람에게 가혹한 일이 생긴다. 하지만 그 영웅은 그런 운명에 처할 이유가 없다고 해도 자기 운명을 받아들인다. 그리고 우리는 그와 똑같이 용납하고 싶은 욕망이 생긴다. 그래서 '미리 알기만 한다면', 우리 앞에 무슨 일이 닥친다 해도 견뎌낼 수 있다. 셔우드 앤더슨의 소설 가운데 『도대체 왜 그럴까』라는 책이 있는데, 이 제목은 다른 많은 소설의 제목이 될 수 있을 법하다.

비극의 주인공들은 항상 그런 것은 아니지만, 결국 그 이유를 알게 된다. 그리고 독자는 그와 고통을 함께 나누지는 못해도 그의 느낌과 생각을 알 수 있다. 따라서 소설을 비평할 때, 무의식적으로 개인적인 특정한 욕구를 채워 "이유는 모르겠지만 어쨌든 이 책이 맘에 들어"라고 말하게 만드는 책과 거의 모든 사람의 무의식적인 깊은 욕구를 충족해 주는 책을 신중하게 구분해야 한다. 모든 사람의 욕구를 충족하는 작품은 수세기 동안 사라지지 않고 읽힐 위대한 작품이다. 인간이 변하지 않는 이상 이런 작품은 계속 인간의 마음에 들 것이며 인간이 지녀야 할 것, 정의에 대한 신념, 깨달음, 불안 해소와 같은 것을 제공해 줄 것이다. 우리는 이 세계가 과연 좋은 곳인지 모른다. 그리고 알 수도 없다. 하지만 위대한 작품의 세계는 좋은 세상이다. 그래서 가능한 한 오래 그리고 자주 그 속에서 살고 싶어진다.

서사시 읽을 때 주의할 점

서양의 위대한 유산 가운데 가장 칭송을 받으면서도 가장 안 읽히는 작품이 바로 서사시인 호메로스의 『일리아스』와 『오디세이아』, 베르길리우스의 『아이네이스』, 단테의 『신곡』, 밀턴의 『실낙원』 등일 것이다. 이 역설적인 현상을 설명해 보자.

과거 2,500년에 걸쳐 판단된 결과를 보면, 장편 서사시는 분명 인간이 쓸 수 있는 가장 어려운 장르다. 하지만 이를 쓰려는 사람이 별로 없었던 것은 아니다. 서사시가 수백 편 있고, 그중에는 워즈워스의 『서곡』이나 바이런의 『돈 주안』 같은 작품도 미완성이지만 널리 알려져 있다. 그 일에 매달려 완성해 보려 했던 시인들 덕택이다. 만일 어떤 시인이 위의 다섯 작품과 같은 작품을 쓴다면 그는 대단한 영광을 안게 될 것이다. 그러나 분명히 읽기에는 쉽지 않은 작품이다.

서사시가 시 형태로 쓰여 그런 것만은 아니다. 『실낙원』을 제외하고는 읽기 쉽게 산문으로 번역된 것들이 있다. 그보다는 주제를 다루는 방법, 고상한 문체 때문에 어려운 것 같다. 이 대작들이 독자들에게 요구하는 것은 주의력, 상상력 등 아주 많다. 실제로 이 작품들을 읽으려면 굉장히 노력해야 한다.

그렇다고 그런 노력을 하지 않고 읽으면 손해 보는 것이라고 할 수는 없다. 이런 명작을 읽고 얻는 것이 다른 책을 읽고 얻는 것보다 더 많다고 할 수는 없으니까. 하지만 불행히도 이런 훌륭한 책을 읽지 않으면 결국 얻는 것이 아무것도 없다.

이 걸작 서사시 다섯 편을 다 읽으면 좋다. 결코 실망하지 않을 것이며 더 큰 만족을 얻을 수 있다. 위대한 시인이라면 누구나 호메로스, 베르길리우스, 단테, 밀턴의 작품을 읽었다. 성경과 더불어 독서 목록의 뼈대를 구성하는 중요한 작품들이다.

희곡 읽는 법

희곡은 일종의 이야기이니 소설처럼 읽어야 하지만 소설처럼 글로 풍부하게 묘사하지 않았으므로 등장인물들이 살아 움직이는 세계를 그리려면 독자가 좀 더 적극적으로 읽어야 한다. 또 희곡과 소설은 본질적으로 비슷하더라도 중요한 차이점이 있다. 희곡을 읽을 때 '완성'된 작품을 읽는 것이 아니라는 점이다. 희곡은 무대에서 상연될 때 비로소 완성되므로 들어야만 알 수 있는 음악처럼, 희곡도 책으로 읽기만 하면 피부에 와닿을 수 없기에 독자가 생생하게 만들어주어야 한다.

그 유일한 방법은 희곡을 직접 보는 것처럼 읽는 것이다. 즉 전체든 부분이든 희곡이 어떤 내용인지 알고 무엇을 어떻게 다루었는지 등을 알면 일단 '연출'을 해본다. 배우들이 앞에서 지시를 기다리고 있다고 상상한다. 배우들에게 이 행은 어떻게 하고, 이 장면은 어떻게 하라고 이야기한다. 어떤 대사가 중요하고 절정 부분은 어떻게 연기하라고 설명한다. 그러면 그 희곡에 대해 더 많은 것을 알게 되어 재미있게 읽을 수 있다.

『햄릿』을 예로 들어보자. 2막 2장에서 폴로니어스가 왕과 왕비에게 햄릿이 자신의 구애를 거절한 오필리아에게 미쳐 있다고 말한다. 왕과 왕비가 의아해하자 폴로니어스는 휘장 뒤에 숨어서 햄릿과 오필리아가 나누는 대화를 엿들어 보자고 제안한다. 2막 2장 160~170행에 이 장면이 나온다. 곧이어 햄릿이 등장해서 폴로니어스에게 수수께끼 같은 말을 하자, 폴로니어스는 "미치긴 했지만 말이 되는 소리야!"라고 한다. 그리고 3막 초반에 햄릿이 등장하여 "사느냐 죽느냐"로 시작하는 그 유명한 독백을 하는데 오필리아가 등장한다. 햄릿은 오필리아에게 정중하게 이야기하다 느닷없이 "하하! 그대는 정숙하오?"(3막 1장 103행)라고 소리친다.

이제 문제가 생겼다. 햄릿은 폴로니어스가 왕에게 자기 이야기를 엿듣자고 하는 말을 들었을까? 또 폴로니어스가 자신이 그의 딸에게 미쳐 있다고 하는 말도 들었을까? 들었을 경우 햄릿이 폴로니어스, 오필리아와 나누는 대화와 듣지 못했을 경우 그들이 나누는 대화에는 차이가 있다. 그런데 셰익스피어는 아무런 지시문도 남기지 않았으니 독자나 감독이 이를 결정해야 한다. 따라서 독자의 결정이 그 희곡을 이해하는 데 중심이 될 것이다.

셰익스피어의 희곡을 읽을 때는 이렇듯 독자가 적극적이어야 하는 경우가 많다. 작가가 아무리 분명하게 독자가 이해해야 할 내용을 알려준다고 해도 독자는 언제나 적극적으로 읽는 것이 바람직하다. 대사를 듣기 전에는 무슨 말이 흘러나올지 알 수 없다. 따라서 무대 위에 올려놓듯이 해봐야 희곡을 정말로 읽었다고 할 수 있다. 그래 봤자 완전히 읽었다고 할 수는 없지만 말이다.

앞에서 예외적으로 소설 작가는 직접 독자에게 이야기할 수 있지만 희곡 작가는 그럴 수 없다는 흥미 있는 이야기를 했다(필딩이 쓴 『톰 존스』에서 명작이 독자에게 직접 이야기하는 예를 찾아볼 수 있다). 이런 예외적인 경우가 두 가지 있는데 이 둘 사이에는 거의 2,500년이라는 시간 차이가 있다. 그 한 가지 예는 고대 그리스 희곡 작가 아리스토파네스가 써서 오늘날까지 전해지는 고대 희곡에서 찾아볼 수 있다. 아리스토파네스의 희곡에서는 가끔 주연 배우가 관객 앞으로 가서 극과는 상관없는 정치적 발언을 한다. 이 발언은 작가의 느낌을 전하는 것이다. 그 효과는 유용한 예술적 장치들은 사라지는 법이 없기에 오늘날에도 간혹 찾아볼 수 있지만, 아리스토파네스가 했던 것만큼 효과적이지는 않다.

또 한 예는 상연되는 것뿐 아니라 읽히려고 쓰인 버나드 쇼의 작품이다. 그는 무대용 희곡과 읽기 위한 희곡을 같이 출판했는데, 그 희곡의 의미와 독자들이 이를 어떻게 이해해야 하는지를 설명한 긴 서문이 있다. 그가 쓴 서문을 읽지 않고 그의 작품을 읽는 것은 독자의 이해를 도우려는 그의 성의를 일부러 외면하는 것이다. 현대의 극

작가들은 이런 쇼의 방법을 모방했지만 쇼의 작품만큼 효과적이지는 못했다.

충고를 하나 할 텐데, 이는 특히 셰익스피어의 작품을 읽을 때 도움이 된다. 희곡은 대부분 시처럼 운(韻)이 있으며, 언어가 몇백 년 동안 계속 변천되어 다소 불투명하므로 잘 이해가 안 되는 부분은 소리 내어 읽는 것이 바람직하다. 마치 관객 앞에서 하는 것처럼 '감정을 표현하고' 천천히 읽으며 단어의 의미를 파악하려고 하면 도움이 된다. 간단한 방법이지만 어려운 문장을 분명하게 이해하게 해준다. 그런데도 모르면 사전이나 주를 참고해야 한다.

비극 읽을 때 주의할 점

대부분 희곡은 완성되었다고 볼 수 없어 읽을 만하지 못하다. 읽히기 위해서가 아니라 상연하기 위해서 쓰였기 때문에 그렇다. 지식 분야의 명저나 명작 소설, 명시 등은 많은데 희곡은 걸작이 많지 않다. 그렇지만 아이스킬로스, 소포클레스, 에우리피데스의 비극과 셰익스피어의 희곡, 몰리에르의 희극 그리고 현대 작품 몇 편은 걸작이라 할 수 있다. 이들은 인간이 언어로 표현할 수 있는 가장 심오하고 풍부한 통찰력을 담고 있다.

이 중에서도 그리스의 비극은 책을 많이 읽지 않은 독자들이 이해하기에는 무척 어렵다. 세 비극이 고대에 쓰였기 때문인데, 세 작품 모두 공통적인 주제를 다루고, 아이스킬로스의 『오레스테스』를 제외하면 오늘날까지 전해진다. 이 작품들이 어려운 또 다른 이유는 그리스 감독들이 이들을 어떻게 상연했는지 거의 알지 못해서 상연하기 불가능할 뿐만 아니라 이들이 당시 관객들에게는 잘 알려진 이야기를 바탕으로 했지만 우리는 그 희곡 외에 아는 바가 없기 때문이다.

예를 들어 조지 워싱턴과 벚나무 이야기처럼 오이디푸스 이야기가 널리 알려져서 소포클레스의 걸작이 그 잘 아는 이야기를 바탕으로 쓰였다고 이해하는 것과 『오이디푸스왕』을 읽고 그 배경이 된 이야기를 상상해내는 것은 차이가 있다. 그럼에도 희곡에는 그런 장애물을 뛰어넘는 능력이 있다. 그 작품들을 잘 읽는 것이 중요한데, 우리가 사는 삶에 대해 많은 이야기를 해줄 뿐 아니라 장 라신과 유진 오닐의 희곡들처럼, 후대에 쓰인 많은 작품의 문학적 틀을 형성하기 때문이다. 도움이 될 만한 두 가지 충고를 살펴보자.

첫째, 비극의 본질은 시간 부족에 있다는 점을 명심해야 한다. 그리스 비극에는 시간만 충분하면 해결되지 못할 이야기가 없다. 그 결과를 깊이 생각해 볼 시간 없이 순간적으로 결정하고 선택해야 한다. 비극의 주인공들은 실수하기 마련이고, 결국 그들의 선택은 잘못되었다. 지나고 보면 어떻게 했어야 하는지 알 수 있지만, 바로 그때도 그렇게 알 수 있을까? 그리스 비극을 읽으면서 늘 던져야 하는 질문이다.

둘째, 그리스 희곡을 상연한 것에 대해 우리가 아는 한 가지는 비극 배우들이 땅에서 몇 센티미터나 올라서도록 하는 높은 장화를 신고 가면을 썼다는 사실이다. 합창단은 가끔 가면을 쓰긴 했지만 장화를 신지는 않았다. 비극의 주인공과 합창단의 키를 비교하는 것은 매우 중요하다. 합창단의 대사를 읽을 때는 독자와 같은 상태의 사람들이 말하지만, 비극의 주인공들 대사는 거인의 입에서 나오는, 실제보다 큰 인물들이 이야기하는 것이라고 상상하며 읽어야 한다.

서정시 읽는 법

시를 간단하게 정의하면 시인이 쓴 글이다. 이는 분명한 말이지만 이의를 제기하는 사람도 있을 것이다. 시는 인간성을 자연스럽게 표현한 것으로 글뿐 아니라 신체 행위, 음악 또는 감정만으로도 표현할 수 있다. 언제나 시인들이 느끼는 뭔가가 있는 것은 물론이다. 시인은 시를 지으려고 내면 깊숙이 빠져든다거나 그들의 영혼 또는 정신 속에 깃들어 있는 신비한 '창조의 샘'이 그 근원이라든가 하는 낡은 이야기도 있다. 이런 점에서 누구나 언제든 고독감에서 시를 쓸 수 있다. 이런 정의에도 핵심이 빠지지 않았다는 것은 인정하지만 다음에서 말하려는 시의 의미는 훨씬 좁다. 시를 쓰려는 충동의 근원이 무엇이든 시는 단어들, 잘 정돈된 언어들로 이루어졌다고 할 수 있다.

이와 비슷한 또 다른 정의는 뭔가를 찬미하거나, 어떤 행동을 불러일으키거나, 리듬감 있게 쓰이지 않았거나, '시적 어투'라고 하는 특별한 언어로 쓰이지 않았다면 시, 특히 서정시라고 할 수 없다는 것이다. 이 문장에는 현대적인 개념과 오래된 개념을 섞어 놓았다. 시인이 쓴 글이 시라고 한 정의가 너무 광범위하듯이 수십 가지도 더 이야기할 만한 위 문장과 같은 정의는 너무 한쪽으로 치우쳤다.

광범위한 정의와 치우친 정의 사이에 모든 사람이 인정할 시라는 것의 핵심이 놓여 있다. 그 핵심이 무엇으로 이루어져 있는지 자세히 말하는 것은 문제가 많아 다루지 않겠다. 그래도 무엇을 말하려는지 이해할 수 있으리라 믿는다. 십중팔구 X는 시고 Y는 시가 아니라는 데 동의하리라 믿으며 이것으로 충분하다고 본다.

많은 사람이 스스로 서정시, 특히 현대시를 잘 읽을 수 없다고 생각한다. 어렵고, 애매하고, 복잡하고, 많은 주의를 기울여야 하는데도 그만큼 가치가 있어 보이지는 않는다. 여기서 두 가지를 말하려 한다. 첫째, 서정시나 현대시는 제대로 읽기만 한다면 생각처럼 많은 노력이 필요하지 않으며, 둘째, 얼마만큼 노력하든 가치가 있다는 것이다. 그렇다고 아무렇게나 시 한 편을 읽으면 된다는 뜻은 아니다. 좋은 시는 읽고 또 읽어도 좋고 평생 되새겨봐도 좋다. 읽을 때마다 새로운 기쁨과 즐거움을 발견하고, 세상과 자신에 대한 새로운 깨달음을 얻는다. 시와 가까이 지내는 일은 생각만큼 어렵지 않다.

서정시를 읽을 때 따라야 할 첫 번째 원칙은 이해할 수 있든 없든, 멈추지 말고 끝까지 읽으라는 것이다. 다른 책을 읽을 때도 강조했지만 철학이나 과학, 심지어 소설이나 희곡을 읽을 때보다 더 중요한 원칙이다.

사실, 많은 사람이 시, 특히 어려운 현대시를 읽기 힘들어하는 것은 이 첫 번째 원칙을 몰라서 그렇다. T.S. 엘리엇이나 딜런 토머스 등이 쓴 '모호한' 현대시를 읽을 때 각오하고 뛰어들지만 첫 구절, 첫째 연聯에서 막히고 만다. 읽는 순간 하나도 이해되지 않는데, 이러면 안 된다고 생각한다. 하지만 단어도 모르겠고, 복잡하게 얽힌 문맥도 파악이 안 되고, 결국 곧 포기해 버리고는 현대시는 자신이 읽기에 너무 어렵다고 결론을 내린다.

현대 서정시만 어려운 것은 아니다. 많은 명시가 언어와 사고가 복잡하게 얽혀 있다. 게다가 겉보기에 단순한 시들도 파고들면 매우 복잡하다. 그런데 훌륭한 서정시는 통일성이 있다. 끝까지 읽지 않고는 그 일관된 흐름을 이해할 수 없다. 우연히 찾을 수도 있겠지만, 대부분 밑에 깔린 기본 감정이나 경험을 찾아낼 수 없다. 특히, 첫 번째 행이나 첫 번째 연에서는 시의 본질을 거의 찾을 수 없다. 이는 부분적으로 결론 내릴 수 있는 것이 아니라 전체적으로 찾아내야 한다.

두 번째 원칙은 반복해서 읽고, '소리 내어' 읽으라는 것이다. 앞에서 셰익스피어의 작품과 같은 시적인 희곡을 읽을 때 그렇게 하라고 했다. 여기서도 그런 방법이 필수적이다. 시를 소리 내서 읽으면 단어를 읽는 바로 그 행위가 단어를 더 잘 이해하게 해준다는 것을 알 수 있다. 소리 내서 읽을 때 쉽게 이해되지 않는 부분은 잘 넘어가지 않는다. 그래서 눈으로 읽었을 때는 발견하지 못한 것이 귀에는 거슬리게 들려 이해하지 못한 부분을 찾아낼 수 있다. 그리고 리듬이 있는 시라면 그 리듬이 강조되는 부분을 보여 주어 이해하는 데 도움이 된다. 마지막으로, 시를 향해 자신을 열어 두고 있는 그대로 받아들일 수 있어야 한다.

서정시를 읽을 때, 이 두 가지 원칙이 무엇보다 중요하다. 시를 읽을 수 없다고 생각하는 독자가 이 원칙대로 하면 별 어려움을 느끼지 않을 것이다. 일단 시의 일관성 있는 흐름을 파악하게 되면 모호하다고 해도 그 시에 대해 질문할 수 있다. 지식을 전달하는 책에서와 마찬가지로, 이것이 바로 이해의 열쇠가 된다.

지식을 전달하는 서적들을 읽으며 던진 질문들은 문법과 논리에 관한 것이었다. 서정시를 읽을 때 던져야 할 질문은 구문론과 관련된 것도 있지만, 보통 수사학적인 것들이다. 특별한 용어들의 의미를 파악할 필요는 없지만 키워드는 찾아야 한다. 그리고 이 키워드는 문법적으로 구분한다고 찾을 수 있는 것이 아니라 수사학적으로 구분해야 찾을 수 있다. 왜 이런 단어가 불쑥 튀어나왔을까? 리듬감이 있어서 두드러져 보일까? 아니면 반복돼서 그럴까? 몇 개 연이 같은 사상을 나타내는가? 만일 그렇다면, 이 사상들은 어떻게 연결되어 있는가? 이런 질문들로 알아낸 것들은 시를 이해하는 데 도움이 된다.

훌륭한 서정시에는 대부분 어떤 갈등이 있다. 사람이든, 이미지든, 사상이든 두 상대가 서로 대립하고 둘 사이의 갈등이 묘사된다. 이는 찾기 쉽지만 갈등이 암시만 되어 있을 뿐 직접 서술하지 않은 경우가 많다. 예를 들어, 대다수 훌륭한 서정시는 사랑과 시간, 삶과 죽음, 덧없는 것들의 아름다움과 영원한 것의 승리 같은 갈등을 노래한다. 하지만 시에서 이런 단어들을 직접 언급하지는 않는다. 셰익스피어의 소네트는 거의 모두 '유수 같은 세월'의 덧없음을 노래한다. 반복해서 이야기하기 때문에 이를 분명히 알 수 있다.

잔혹한 시간의 손이 할퀴고 지나간
묻혀버린 시절의 영화를 내가 보았노라.

셰익스피어는 이 64번 소네트에서 인간이 원하는 모든 것을 앗아가는 시간의 승리를 나열하고 나서 이렇게 말한다.

폐허가 나에게 가르쳐 주었노라.

시간이 다가와 내 사랑을 앗아가리라는 것을.

이 소네트가 무엇에 관한 것인지는 의문의 여지가 없다. 유명한 116번 소네트도 마찬가지다.

사랑은 시간의 어릿광대가 아니니 그 장밋빛 입술과 두 뺨에

구부러진 시간의 낫이 닿아 있다 할지라도

사랑은 짧은 시간과 몇 주의 흐름 속에 아니 변하노라.

다만 운명의 끝자락까지 견디며 가나니.

하지만 이에 못지않게 유명한 138번 소네트는 이렇게 시작한다.

내 사랑이 진실로 이루어졌다고 맹세할 때

나는 그녀를 믿었다.

그녀가 거짓을 말하고 있다는 것을 알면서도.

이 구절에는 '시간'이라는 말이 없지만 사랑과 시간의 갈등을 노래한다는 것을 어렵지 않게 이해할 수 있다. 마벌Marvell의 유명한 서정시 "그의 수줍어하는 여인에게To His Coy Mistress"도 같은 주제를 다루었다는 것을 알아내기에 전혀 어렵지 않다. 다음과 같이 첫 부분에서 분명하게 보여 주기 때문이다.

우리에게 다만 세상과 시간이 충분하다면,

여인이여, 그대의 수줍음은 죄가 되지 않으련만.

이 세상에서 우리에게 주어진 시간이 별로 없다고 노래하며 그 이유도 다음과 같이 말한다.

…내 등 뒤에서 언제나 들려오는 것은

날개를 단 시간의 전차가 가까이 달려오는 소리,

그리고 저기 우리 앞에 놓인 것은

거대한 영원의 사막.

그래서 그는 그의 여인에게 간청한다.

우리의 힘과 모든 달콤함을 굴려

하나의 공을 만들어 봅시다.

그리고 굳게 막아선 인생의 철문이 있다 해도

힘껏 싸워 우리의 기쁨을 누립시다.

그래서 태양을 멈추게 할 수 없다면

우리가 그를 돌고 돌게 만들 것이오.

그런데 아치볼드 매클리시가 쓴 "그대, 앤드루 마벌"이라는 시의 주제도 똑같다는 것을 파악하기는 다소 어렵다.

> 그리고 여기 태양 아래서 고개 숙이라.
> 그리고 여기 정오를 향한 대지 위에서 고개를 들라.
> 끊임없이 다가오고 끊임없이 떠오르는
> 밤을 느끼게 되리니.

매클리시는 한낮의 태양 아래 누워 있는, 그러나 그 밝음과 따스함 속에서 '해 질 녘 대지의 한기'를 동시에 느끼는 어떤 사람(시인? 화자? 독자?)을 상상하게 한다. 그는 지는 해를 바라보면서 페르시아, 바그다드…처럼 역사 속에서 저버린 해를 상상한다. "레바논이 사라져가고 크레테," "그리고 스페인이 가라앉고/아프리카 해안의 금빛 나는 모래," 그리고 "이제 바다 위에 길게 늘어진 빛"도 곧 사라져버리고 말리라는 것을 느낀다. 결국 이렇게 끝을 맺는다.

> 그리고 여기 태양 빛 가운데 고개 숙이라
> 너무도 빠르게 너무도 은밀하게
> 밤의 그림자가 다가오는 것을 느끼리니.

이 시에는 '시간'이라는 단어도 사용하지 않고 사랑하는 사람 이야기도 없다. 하지만 '세상과 시간을 좀 더 가지고 있다면'이라는 주제가 있는 마벨의 서정시를 기억나게 한다. 그리고 시의 내용과 그 제목이, 여기서 살펴본 다른 시들의 주제인 사랑 또는 인생과 시간의 똑같은 갈등을 떠올리게 한다.

서정시를 읽을 때 마지막으로 주의해야 할 것은 저자나 저자가 살던 시대를 필요 이상으로 많이 알아야 한다고 생각한다는 점이다. 또 해설서나 비평, 전기를 지나치게 믿는 경향이 있다. 이는 시를 읽을 줄 아는 자신의 능력을 의심하기 때문이다. 읽으려고만 들면 누구나 시를 읽을 줄 안다. 작가의 일생이나 시대 상황을 안다면 도움이 되긴 하겠지만, 시의 여러 가지 정황을 잘 안다고 해서 시를 잘 이해할 수 있다고 장담할 수는 없다. 시를 이해하려면 읽고 또 읽어야 한다. 위대한 명시는 평생 읽어도 모자라다. 일생 반복해서 읽어야 한다는 의미가 아니라, 훌륭한 작품이라면 여러 번 읽을 가치가 있다는 뜻이다. 그 시를 다시 읽으면 그동안 알지 못했던 것을 더 많이 깨닫게 된다.

16장

역사책 읽는 법

   '역사'는 '시'와 마찬가지로 여러 가지 의미를 지닌 단어다. 이 장의 내용을 유용하게 활용하려면, 역사라는 단어의 의미를 분명히 해야 한다. 즉 그 단어를 어떻게 사용할지 설명해 두어야 한다.

   먼저, 사실로서 역사와 사실에 대한 기록으로서 역사에는 차이가 있다. 여기서는 '독서'의 문제를 다루기에 분명히 후자의 의미로 사용한다. 그런데 역사적이라는 기록에도 여러 종류가 있다. 어떤 사건이나 시대에 대한 문서집도 역사라고 할 수 있고, 어떤 역사적 사건에 개입했던 사람들의 진술을 기록한 것도 역사라고 할 수 있다. 일기나 서간문처럼 다른 의도로 쓰인 글도 그 시대를 보여 주는 역사로 해석할 수 있다. 역사라는 단어는 독자가 관심을 두는 시대, 사건과 연루된 거의 모든 기록을 일컫는 것이 될 수 있다.

   여기서 이야기하는 '역사'라는 단어의 의미는 그보다 더 좁을 수도 있고, 더 광범위할 수도 있다. 과거의 어느 한 시대나 사건에 대해 어느 정도 형식을 갖추고 서술적으로 설명한 것으로 국한하려고 해서 좁다고 한 것이다. 지금껏 그런 의미로 사용해 왔으므로 별다른 설명이 필요치 않을 것이다. 서정시의 정의처럼, 여기서 말하는 일반적 의미에 동의하리라 생각하며 그 의미에만 국한하기로 한다.

하지만 여기서 사용하는 의미도 오늘날 사용하는 많은 정의보다는 광범위하다. 모든 역사가가 동의하지 않을지 모르지만, history 끝에 story가 붙는 것으로 그 기본 의미를 보여 주듯이 역사의 본질은 서술이라고 생각한다. 문서집(한 묶음으로 된)도 이야기를 한다. 역사가들이 문서들을 '의미 있는' 순서로 배열하지 않기 때문에 그런 이야기들이 불분명하게 보일 수도 있다. 그 기록들이 체계적이든 그렇지 않든 은연중 이야기를 한다. 그렇지 않다면 그런 문서집들을 그 시대의 역사라고 할 수 없다.

역사가 무엇인지 여기서 말하는 개념에 모든 역사가가 동의하느냐 안 하느냐가 중요한 것은 아니다. 여기서 말하는 역사만 해도 그 종류가 상당히 많고, 앞으로 그 책들을 읽어야 한다. 이어서 다루는 내용이 도움이 되길 바랄 뿐이다.

역사적 사실의 불확실성

자동차 사고같이 간단한 사건에 대한 증언을 듣는, 아니면 어떤 사람이 살인했는지 안 했는지를 판단해야 하는 배심원이라면, 아주 간단한 사건인데도 그 사건을 본 사람들의 기억으로부터 과거의 이야기를 재구성한다는 것이 얼마나 어려운 일인지 알 수 있다.

법정에서는 그 현장을 생생하게 목격한 자가 출석한 가운데 바로 얼마 전에 일어난 사건을 다룬다. 게다가 엄중하게 증거가 필요한 원칙이 있다. 목격자는 어떤 것을 '가정'하거나 추측, 추정할 수 없다. 물론 거짓말을 해서도 안 된다. 신중한 증거가 있고 증인을 심문했다고 해서 '무슨 일이 벌어졌는지' 확실히 알 수 있을까?

법은 절대로 확신할 수 없으리라 가정한다. 배심원은 마음속으로 의심하기 마련이다. 판결에 영향을 미칠 수도 있으므로 그런 의구심은 '타당'해야 한다. 다시 말해, 양심상 문제를 제기하는 의문이어야 한다. 역사가는 거의 아주 오래전에 일어난 사건들을 다룬다. 그 사건들을 목격한 사람들은 이미 죽었고, 증거들은 법정에서처럼 엄격하고 신중하게 통제받지 않는다. 목격자들은 때로 가정, 추측, 추정을 하기도 하는데 그들이 거짓말하는 것은 아닌지 알고 싶어도 얼굴을 볼 수 없다. 그들을 심문할 수도 없고, 자신들이 무슨 이야기를 하는지 알기나 한지조차 장담할 수 없다.

법정에서 배심원이 판결을 내리는 경우처럼 비교적 단순한 문제의 진실을 알아내는 일도 어렵다면 역사에서 과연 어떤 일이 있었는지 알기가 얼마나 어려울까. 역사적인 '사실'은 그 단어에서 풍기는 신뢰감과 진실성에도 불구하고, 세상에서 가장 파악하기 어려운 일이다.

물론 어떤 역사적 사실은 꽤 확신할 수 있다. 미국 남북전쟁이 1861년 4월 12일 섬터 요새에서 발포로 시작되었고, 1865년 4월 9일 에퍼매톡스에서 리 장군이 그랜트 장군에게 항복하면서 끝났다는 것은 미국의 모든 달력이 잘못되지 않는 한 정확한 사실이다.

하지만 남북전쟁이 언제 시작해서 언제 끝났는지 정확히 안다고 해서 과연 많은 것을 알고 있을까? 사실 그 날짜들에 대해서도 의견이 분분하다. 달력이 잘못되어서가 아니라 링컨이 대통령으로 선출된 1860년 가을에 시작되어 리 장군이 항복한 5일 후 링컨이 암살 됨으로써 끝난 것으로 보아야 한다는 주장도 있다. 또 1861년보다 5 년이나 10년 혹은 20년 전에 발발한 것으로 봐야 한다는 주장도 있 고, 미국 외딴 지역에서는 여전히 싸움이 그치지 않아 1865년 5~7월 까지도 북군이 완전히 승리한 것은 아니라는 의견도 있다. 또는 미 국 전역에서 흑인들이 완전히 자유롭고 평등해질 때까지는 남북전쟁 이 끝나지 않은 것이라고 생각하는 사람들도 있다.

섬터 요새 발포로 남북전쟁이 시작되었든 아니든 그 사건은 1861 년 4월 12일에 일어났다고 알려져 있고, 또 맞는 사실이다. 그런데 왜 섬터 요새가 포격을 받았을까? 분명 이런 질문들이 이어질 수 있 다. 그럼 공격을 받은 후 전쟁을 피할 수는 없었을까? 만일 그랬다면 1세기도 훨씬 전 어느 봄날에 어떤 공격이 있었다는 사실을 놓고 왈 가왈부하는 일은 없지 않을까? 수없이 많은 공격이 어딘가에서 일어 나긴 했지만 전혀 아는 바가 없고 별로 관심도 없는데, 섬터 요새 전 투는 여전히 중요한 역사적 사실일까?

다양한 사관

과거 '이야기'인 역사는 과학보다는 픽션으로 분류된다. 픽션에 어 울리지 않는다 해도, 책을 분류하는 큰 두 줄기인 픽션과 과학 사이 에서 볼 때 역사는 과학보다는 픽션에 더 가깝다고 할 수 있다.

그렇다고 역사가가 시인이나 소설가처럼 없는 일을 '꾸며내는 것' 은 아니다. 소설가가 '소설가의' 사실을 꾸며낸다는 것도 너무 강조하면 문제가 될지 모른다. 소설가는 하나의 세계를 창조한다. 그렇지만 이 새로운 세계가 우리가 사는 세상과 완전히 다른 것은 아니다.

시인도 평범하게 느끼는 보통 사람이다. 우리가 볼 수 없는 것은 시인도 보지 못한다. 좀 더 잘 볼 수 있거나 약간 다르게 보는 것뿐이다. 그리고 우리가 사용하는 언어를 사용한다. 인간이 정말 다른 새 세계를 만드는 것은 꿈속에서뿐이다. 하지만 아주 환상적인 꿈에서 일어나는 사건이나 상상의 인물들조차 일상생활에 있는 것들로 꾸며졌으며, 이들이 전혀 새로운 방식으로 엮인 것일 뿐이다.

물론 훌륭한 역사가는 과거를 꾸며내지 않는다. 정확하거나 어떤 개념 또는 사실에 근거를 두어야 하는 자신의 책임을 다한다. 그럼에도 역사가가 늘 무언가를 만들어내야 한다는 점은 중요하다. 역사가는 사건의 일반적 유형을 찾아내거나 어떤 유형에 사건들을 맞춰 봐야 한다. 또는 어떤 인물이 왜 그런 일을 했는지 자신은 알고 있다고 가정하든지, 인간사는 신의 섭리라든가 하는 일반적 역사 이론이나 철학을 가지고 자신이 보는 역사를 거기에 맞춰야 한다. 아니면 그런 것들과 상관없이 사건을 그대로 보고만 하면 된다고 주장할 수도 있다. 그러나 이 경우, 역사가는 사건의 동기와 원인을 규정해야만 한다. 읽고 있는 책을 역사가가 어떤 방식으로 저술했는지 파악하는 것은 필수다. 어떤 태도도 취하지 않는 것은 인간이 어떤 일을 하는 데는 목적이 없다든가, 목적이 있더라도 알아낼 수 없다는 가정을 한다. 다시 말해, 역사에는 어떤 유형이 없다고 생각하는 것이다.

톨스토이는 역사에 대해 이런 이론을 펼쳤다. 물론 그는 역사가가 아니라 소설가다. 하지만 많은 역사가, 특히 현대의 역사가들도 똑같은 견해를 갖고 있다. 모든 인간 행동의 원인은 복잡하고, 깊이 감추어진 무의식적 동기가 있어서 왜 그런 일이 일어났는지 파악하기는 불가능하다는 것이 톨스토이의 생각이다.

역사 이론이 서로 다르고, 그 이론이 역사가의 서술에 영향을 미치므로 한 사건이나 한 시대를 제대로 이해하려면 두 가지 이상의 글을 읽는 것이 좋다. 이것이 역사책을 읽는 첫 번째 원칙이다. 관심이 있는 사건이 독자에게 실제적 중요성이 있을 때 이 원칙은 더더욱 중요하다.

예를 들어 미국인에게는 남북전쟁의 역사를 아는 것이 실제로 중요한 일일 것이다. 미국인은 여전히 그 유감스러운 큰 사건의 영향 속에서 살고 있다. 그런데 현대 역사학의 한 주류, 한쪽, 한 사람 눈으로만 그것을 바라본다면 제대로 이해할 수 있으리라고 기대하기 힘들다. 바로 다음 날 새 남북전쟁사를 펼치면 전날 읽었던 역사책이 '남부인의 시각에서 바라본 편파적인 역사'였다는 것을 알지도 모른다. 그 책을 쓴 역사가는 진지해 보였는데 말이다. 물론 그는 진지하게 그것을 썼을 것이다. 이런 일은 충분히 있을 수 있다. 어쨌든 모든 역사가는 '특정한' 관점에서 서술한다는 사실을 알아두어야 한다. 그러나 진실을 알아내려면 여러 관점에서 바라보아야 한다.

역사의 보편성

하나의 역사적 사건에 대해 항상 여러 글을 읽을 수 있는 것은 아니다. 그리고 여러 글을 읽을 수 없다면 '정말 무슨 일이 있었는지'

진실을 알아낼 기회가 그만큼 많지 않다는 것을 인정하지 않을 수 없다. 하지만 역사를 읽는 이유가 진실을 알아내려는 것만은 아니다. 그렇다면 역사책을 쓰는 전문 역사가만이 자신의 자료들을 철저하게 검증하면 된다. 빠짐없이 자료들을 살펴보고 그 사건에서 알아야 할 것들을 모두 알아두면 된다. 그런데 역사 독자는 별 책임 없이 그저 역사를 즐겨 읽는 아마추어이면서 한편으로는 전문 역사가가 되어야 한다. 투키디데스를 예로 들어보자. 그는 기원전 500년 말에 일어난 펠로폰네소스 전쟁을 기록한 당시의 유일한 역사가다. 따라서 그가 쓴 글을 대조해 볼 다른 책은 없다. 그렇다면 이 책에서 우리는 무엇을 배울 수 있을까?

그리스는 현재 작은 나라이고, 2,500여 년 전에 일어났던 그 전쟁은 오늘날 아무런 영향도 미치지 못한다. 그 전쟁에 참가했던 사람들은 이미 오래전에 죽었고, 그들이 전쟁을 벌인 구체적인 이유도 사라졌다. 오늘날 그 승리는 무의미하고 그 패배도 고통스럽지 않다. 승리한 도시나 패배한 도시 모두 먼지 속에 묻혀버리고 말았다. 생각해보면 남은 것이라곤 투키디데스의 펠로폰네소스 전쟁 기록이 전부다.

그래도 그 기록은 여전히 중요하다. 왜냐하면 투키디데스의 이야기가 그 후 인류 역사에 영향을 주었기 때문이다. 후대의 지도자들이 투키디데스의 글을 읽었다. 그러고는 자신들이 처한 상황이 비극적으로 분할된 그리스 도시 국가들의 상황과 매우 비슷하다는 것을 발견하고, 자신들의 처지를 아테네나 스파르타에 비유했다. 어떤 명분을 찾아 정당화하는 데 투키디데스의 글을 인용하고 그대로 따라 행동하기도 했다. 그 결과 세계 역사는 아주 작으나마 기원전 500년에 살았던 투키디데스의 가치관을 따라 변했다. 결국 우리는 그가 그 책을 기록하기 전에 어떤 일이 일어났는지 정확하게 기술했기 때문이 아니라 그 책을 기록한 이후 일어난 일들에 그 책이 어느 정도 영향을 미쳤기 때문에 읽는 것이다. 그리고 지금 무슨 일들이 일어나고 있는지 알려고 읽는다.

아리스토텔레스는 "시는 역사적이기보다 철학적이다"라고 했다. 이는 시가 좀 더 일반적이고 보편적이라는 뜻이다. 훌륭한 시는 그 시대 그 지역에서만 진실한 것이 아니라, 어느 시대 어느 곳에서나 진실하다. 모든 사람에게 의미가 있고 영향을 미친다. 역사는 그만큼 보편적이지는 않다. 시와 달리, 어떤 사건들에 묶여 있기 때문이다. 그래도 훌륭한 역사책은 보편적이다.

투키디데스는 후세 사람들이 자신이 본 실수를 되풀이하지 않고 자신의 조국이 겪은 고통을 겪지 않기를 바라는 마음에서 역사를 기록한다고 했다. 그래서 자기 이외의 다른 사람들, 그리스 이외의 다른 국민에게 의미 있는 인류의 실수를 기록한 것이다. 그러나 아테네인과 스파르타인이 2,500여 년 전에 저질렀던 실수는 투키디데스 시대 이후 오늘날까지 여전히 되풀이되고 있다.

역사를 제한된 시각으로 바라본다면, 즉 실제로 어떤 일이 있었는지만 알려고 한다면 투키디데스와 같은 훌륭한 역사인들의 가르침을 받을 수 없다. 투키디데스의 글을 잘 읽으려면 과거에 실제로 무슨 일이 있었는지 알아내려는 일조차 하지 않는 것이 좋을지도 모른다.

역사는 지금까지 이어지는 이야기다. 그리고 우리가 관심을 가지는 것은 현재와 미래이며, 미래는 어느 정도 현재에 따라 결정된다.

따라서 독자는 역사가, 2,000년도 훨씬 전에 살았던 투키디데스와 같은 사람에게서조차 미래를 배울 수 있다.

이제 역사책을 읽을 때 지켜야 할 두 가지 원칙을 정리해 보자. 첫째, 가능하다면 관심 있는 사건이나 시대에 대해 두 권 이상의 책을 읽어라. 둘째, 과거 특정한 곳에서 어떤 일이 있었는지 알기 위해서뿐 아니라 모든 시대와 모든 장소, 특별히 오늘날 인간이 어떻게 행동해야 하는지를 배우기 위해 읽어라.

역사책 읽을 때 던져야 할 질문

역사는 과학보다 픽션에 가깝지만 지식을 전달하는 책처럼 읽어야 한다. 따라서 그런 책을 읽을 때 해야 할 질문을 똑같이 할 수 있다. 하지만 역사의 특수성 때문에 약간 달리 질문하고 조금은 다른 답을 얻어야 한다.

첫 번째 질문을 이야기하면, 모든 역사책은 특정한 주제에 국한되어 있고, 독자들은 이를 어려움 없이 파악할 수 있다. 그래서 저자가 어떤 점에 국한해서 다루는지 신중하게 살펴보지 않는다. 예를 들면, 남북전쟁사는 19세기 세계사도 아니고, 1860년대 미국 서부의 역사도 아니다. 꼭 그래야 하는 것은 아니지만, 당시 미국의 교육 상황이나 개척자들의 운동, 자유의 확산 등은 무시해도 좋다. 따라서 역사책을 잘 읽으려면 그 책에서 다루는 것과 그렇지 않은 것을 정확히 파악해야 한다. 특히 그 책을 비평하려면 저자가 다루지 않은 것이 무엇인지 분명하게 파악해서 그것을 다루지 않았다고 저자를 비난하는 일이 없도록 해야 한다.

두 번째 질문을 보면, 역사가는 이야기를 하는데 거기에는 시간 흐름이 있다. 따라서 일반적인 윤곽은 정해져 있는 것이나 마찬가지이므로 이를 애써 찾지 않아도 된다. 그러나 이야기하는 방식이 여러 가지이므로 그 역사가가 어떤 방식으로 이야기하는지 알아야 한다. 연도별로 이야기하는지, 장마다 제목을 붙여 나누었는지, 그 시대의 경제·전쟁·종교·문학작품과 같이 주제별로 나누었는지 파악하고 그중에서 저자가 가장 중요하게 다루는 것이 무엇인지도 알아내야 한다. 이를 파악했다면, 즉 저자가 어떤 점을 가장 중요한 토대로 이야기하는지 말할 수 있다면, 더 잘 이해할 수 있다. 그가 기초로 삼은 것에 동의하지 않을 수도 있지만 어쨌든 많은 것을 배울 수 있다.

역사책은 다음 두 가지 사항을 비평하면 된다. 늘 그렇듯 먼저 무슨 이야기인지 이해하고 나서 사실성이 부족하지 않은지 판단하면 된다. 그런데 사람들은 그렇게 하지 않는다. 근거가 되는 자료를 눈앞에 보여 주고, 독자가 알기에 분명히 타당한 데도 역사가가 인간 본성과 인간사에 대한 이해가 부족하여 뭔가 잘못 이해하고 있다고 판단할 수 있다. 예를 들어, 책에서 경제적인 문제를 다루지 않는 옛 사가들에게서 그런 것을 느끼고, 또 역사 속 '영웅'들은 지나치게 희생적이거나 고상하게 묘사되어 의구심을 갖게도 한다.

둘째, 특히 독자가 그 주제에 대해 특별한 지식이 있다면, 역사가가 자료들을 제대로 활용하지 못했다는 것을 알 수 있다. 독자가 읽은 책을 저자가 읽지 않았다는 것을 발견하고 이를 못마땅하게 생각할 수도 있는데, 이 경우 역사가는 사실을 충분히 알지 못해서 훌륭한 역사책을 쓸 수 없다. 따라서 충분한 지식을 갖춘 역사가를 만나기를 바라야 한다. 어쨌든 첫 번째 비평이 더 중요하다. 훌륭한 역사가는 이야기꾼 기질과 과학자로서 재능을 겸비하고, 실제로 어떤 일이 '일어났는지'뿐 아니라 어떤 일이 '일어난 것 같은지'도 알아야 한다.

그래서 인간 행동에 역사보다 더 큰 영향을 미친 문헌은 없다. 철학적 유토피아에 대한 풍자나 묘사도 별 효과가 없다. 세상이 더 좋아지기를 원하지만 현실과 이상의 쓰디쓴 괴리감만 느끼게 할 뿐인 작가들의 이야기에 전혀 감흥을 느끼지 못한다. 하지만 과거에 살았던 인간들의 행동을 이야기하는 역사는 우리를 변화시키기도 하고, 우리 운명을 더 나은 것으로 바꾸어 놓기도 한다. 일반적으로, 정치가들은 무엇보다 역사에서 많은 것을 배워왔다. 역사는 이미 일어났던 일을 기술하므로 어떤 가능성을 제시하는 것이나 마찬가지다. 이미 일어난 일은 되풀이될 수도 있지만, 피할 수도 있다.

"그래서 어떻게 할 것인가?"라는 이 마지막 질문에 대한 답은 결국 현실적인 정치적 행위의 향방에 달렸다고 할 수 있다. 바로 이런 이유로 역사책을 잘 읽어야 한다. 불행히도 지도자들은 역사를 충분히 알지 못한 채 행동하곤 했지만, 세상이 점점 작아지고 위험해질수록 누구나 역사책을 더 잘 읽는 것이 중요하다.

전기와 자서전 읽는 법

전기는 실존한 어떤 사람 이야기다. 그래서 사실과 이야기가 혼합된 특성이 있다. 어떤 전기 작가들은 이 말에 반대할 것이다. 하지만 일반적으로 전기는 한 사람 또는 한 집단 사람들의 삶과 역사를 서술한다. 그래서 전기는 역사와 똑같은 문제들을 풀어가며, 독자도 저자의 목적이 무엇인지, 그 진실성의 기준이 무엇인지 등 다른 책을 읽을 때와 똑같은 질문을 던져야 한다.

전기는 몇 가지 종류가 있다. '결정판definitive'이라고 할 수 있는 전기는 전기를 쓸 만큼 중요한 인물의 인생에 대한 철저한 학문적 저서다. 살아 있는 사람에 대해서는 이런 전기를 쓸 수 없다. 앞서 불충분한 전기가 여러 편 나온 후에야 비로소 결정판이 쓰이는데, 저자는 모든 자료를 철저히 갖추어 서한들도 모두 읽고, 당시 역사 자료도 충분히 검토한다. 다만 자료를 수집하는 능력과 이것들로 훌륭한 책을 쓰는 능력은 다르므로 결정판 전기를 읽기가 늘 쉽지는 않으니 유감스러운 일이다. 학문적인 책이라고 모두 지루하다는 법은 없다. 위대한 전기 중 하나인 제임스 보즈웰의 『새뮤얼 존슨의 생애Life of Johnson』는 분명히 결정판이지만 특이하게도 재미있는 책이다.

결정판 전기는 역사의 한 단편이다. 한 인간의 눈으로 본 어떤 인물과 그 시대에 대한 역사이므로 역사책을 읽듯 읽어야 한다. 그런데 위임받아 쓰인 전기는 그렇지 않다. 이런 전기는 중요한 인물의 후손이나 친지들의 의뢰를 받아 쓰는데, 그 인물의 실수나 성공을 가능한 한 훌륭하게 보이려고 한다. 때로는 이런 전기가 훌륭한데, 저자가 관련 자료를 모두 확보할 수 있다는 장점이 있기 때문이다. 하지만 위임받아 쓴 전기는 결정판 전기와 같은 신뢰를 받지는 못한다.

독자는 역사책처럼 생각하지 말고 그 인물과 관련 있는 사람들이 그를 세상에 알리고 싶어서 쓴 한쪽으로 치우친 이야기일 수도 있다는 점을 염두에 두어야 한다. 위임받아 쓴 전기도 일종의 역사이긴 하지만 차이가 있다. 그 인물과 이해관계가 있는 사람들이 대중에게 그의 사생활에 대해 무엇을 알리고 싶어 하는지를 궁금하게 여길 수 있지만, 실제로 그의 사생활이 어떠했는지는 알 수 없다. 이런 전기는 그 책이 쓰인 시대, 그 시대의 관습, 생활방식, 사회적으로 허용된 행동이나 태도 또는 그렇지 못한 것 등에 대해 많은 것을 이야기해 준다. 하지만 그 인물의 실생활을 알아내리라는 기대는 할 수 없다. 진실을 알려면 한편만이 아니라 다른 사람들 이야기에도 귀를 기울이고, 거기 있던 사람들에게 물어보고, 그 뒤죽박죽된 이야기들을 잘 판단할 줄 알아야 한다. 결정판 전기는 이미 이런 작업을 거친 것이다. 위임받아 쓴 전기는 아직 이런 작업들이 남아 있는 셈이다.

그 외에 평범한 전기가 있다. 이런 책의 독자는 저자가 사실을 정확히 알고 전달해 주길 바라며, 무엇보다 다른 시대, 다른 장소에 살았던 실제 인물의 인생을 바라보는 것과 같은 느낌을 느끼고 싶어 한다. 인간은 호기심이 많은데, 특히 다른 사람들에 대해 많은 것을 궁금해 한다.

결정판 전기와 같은 신뢰도는 없을지 모르지만 좋은 책들이 꽤 있다. 아이작 월튼이 친구인 시인 존 던, 조지 허버트의 '인생'에 대해 쓴 책이나, 존 틴달이 친구 마이클 패러데이에 대해 쓴 『모험가 패러데이』 같은 책들이 없었다면 세상은 지금보다 훨씬 더 빈약해졌을 것이다. 교훈적인 전기도 있다. 도덕적인 목적으로 쓴 것들이다. 오늘날에는 어린이들을 위한 책 외에는 예전처럼 많이 쓰지 않지만, 여전히 일반적이다. 『플루타르코스 영웅전』이 그런 책이다. 플루타르코스는 동시대인들이 영웅이 되도록, 또 과거의 영웅들이 저질렀던 것과 같은 실수를 범하지 않도록 돕고자 과거 그리스와 로마의 영웅들 이야기를 썼는데, 그야말로 대단한 책이다. 거의 유일한 내용을 다루지만 전기로서 정보를 얻기 위해서보다는 인생관을 배우기 위해서 읽히는 편이다.

이 책의 주제는 훌륭한 사람들이나 악인들과 같이 흥미 있는 사람들이지 무덤덤한 사람들이 아니다. 플루타르코스도 이 사실을 알고 있다. 그의 원래 의도는 다른 사람들을 깨우쳐 주려는 것이라고 말하지만 이 책을 써나가며 점점 이 사람들 이야기를 하나씩 다루면서 이익을 얻는 사람은 다름 아닌 자신이라는 것을 확실히 알게 된다. 『플루타르코스 영웅전』은 후대에 깊은 영향을 준 역사책이라고 할 수 있다. 예를 들어 플루타르코스는 알렉산더 대왕이 아킬레스의 인생(호메로스의 작품으로 알게 되었을 것이다)을 본받았다고 썼는데, 그 후 정복자들은 플루타르코스가 쓴 알렉산더 대왕을 본받으려고 했다.

자서전은 다소 다른 흥미 있는 문제들을 보여 준다. 우선, 정말 진실한 자서전을 썼느냐가 의문스러울 수 있다. 다른 사람의 인생을 알기 어렵지만, 자기 자신의 인생을 알기도 쉽지 않다. 그리고 자서전은 아직 끝나지 않은 인생을 써야 한다. 반박하는 사람이 아무도 없다면, 덜 진실해지고 싶은 유혹을 뿌리치기가 쉽지 않다. 누구나 밝히기 싫은 비밀이 있고, 누구나 깨기 싫은 자신에 대한 환상이 있다. 100% 진실한 자서전을 쓰기도 어렵지만, 전혀 진실하지 않은 자서전을 쓰기도 불가능하다. 아무도 완벽한 거짓말쟁이가 될 수 없듯이, 저자가 숨기고 싶어 하는 일이 있다 해도 자서전은 뭔가를 이야기해 준다.

보통 루소의 『고백록』이나 그 당시(18세기 중엽) 쓰인 책 몇 권을 최초의 자서전이라고 한다. 이는 아우구스티누스의 『참회록』이나 몽테뉴의 『수상록』 같은 책을 빼놓은 것이다. 이를 빼놓은 것보다 더 큰 오류는 사실, 누군가가 어떤 주제에 대해 쓴 글을 자서전적이라고 할 수도 있다는 것이다. 플라톤의 『국가』나 밀턴의 『실낙원』, 괴테의 『파우스트』 같은 책들이, 분명하게 자서전이라고 말할 수는 없지만 상당 부분 그렇다. 인간성에 관심이 있는 사람이라면, 책을 읽는 가운데 부분적으로나마 저자의 성격을 파악하려고 한다.

그렇지만 이를 알아내려고 책을 읽어서는 안 되는데, 그런 문제에 지나치게 관심을 기울이면 감정적 오류에 빠져들게 된다. 하지만 글은 저절로 쓰이는 게 아니라 살아 있는 사람이 쓴 것임을 기억하자. 플라톤과 아리스토텔레스는 서로 비슷한 이야기도 하고 다른 이야기도 했는데, 그들의 생각이 완전히 똑같다고 해도 똑같은 책은 쓸 수 없다. 서로 다른 사람이기 때문이다. 심지어 『신학대전』과 같이 분명하게 드러나지 않는 작품에서도 토마스 아퀴나스가 어떤 사람인지 알 수 있다.

따라서 자서전이 18세기 중엽에 와서야 새로운 문학 장르로 인정받았다는 것은 별로 중요하지 않다. 자기가 쓴 책에서 자신을 완전히 드러낼 수 있는 사람은 없다. 몽테뉴는 이렇게 말했다. "내가 내 책을 만들기보다는 내 책이 나를 만든다. 나 자신에 대한, 내 인생의 총체적 한 부분인, 저자와 하나가 된 책이 말이다." 그리고 이렇게 덧붙였다. "사람들은 내 책에서 나를 알 수 있다. 그리고 내 책은 나를 통해 알 수 있다." 몽테뉴뿐 아니라 누구에게나 해당하는 이야기다. 휘트먼은 자신이 쓴 『풀잎Leaves of Grass』에 대해 "이것은 책이 아니다. 이 책을 만난 사람은 한 인간을 만난 것이다"라고 했다.

전기와 자서전을 읽는 데 또 한 가지 주의해야 할 점이 있다. 그 책의 주인공에 대해, 특히 자서전의 경우 저자 자신에 대해 많은 것을 밝혔는데도 평범하게 이야기하는 것들 속에 감추어진 비밀을 알려고 시간 낭비를 하지 말라는 것이다. 전기나 자서전은 논리적이거나 철학적이기보다는 정치적이며, 일종의 특수한 역사이므로 더 덧붙일 것이 없기 때문이다. 물론 어떤 사람의 일생에 대해 진실을 알고 싶다면 자서전을 포함해서 그 사람에 대한 전기를 다 찾아 읽어야 한다. 역사 또는 역사의 원인쯤으로 생각하고 전기를 읽고, 자서전도 철저히 읽되 무슨 책이든 완전히 이해하기 전에 비판해서는 안 된다는 점을 잊지 말라.

그래서 전기도 역사와 마찬가지로 실제적이고 도덕적인 행위를 불러일으킬 수 있다. 전기는 사람들에게 용기를 줄 수 있다. 인생 이야기, 누구나 한 번쯤 살아보고 싶은 성공적인 인생 이야기다.

시사 사건 읽는 법

분석하며 읽는 기술은 책뿐 아니라 읽어야 할 그 무엇에나 적용할 수 있다. 이제 그 말을 증명해 보려고 한다. 늘 분석하며 읽어야 하는 것은 아니다. 그렇지 않은 책들도 많다. 독서의 원칙을 항상 적용해야 하는 것은 아니지만, 무슨 책을 읽든 네 가지 질문은 꼭 던져야 한다. 가장 많은 시간을 들여서 읽는 신문, 잡지, 시사 관련 책과 같은 것을 읽을 때도 그렇다는 뜻이다.

역사는 1,000년 전에 혹은 100년 전에 끝난 것이 아니다. 세상사는 계속되고, 사람들은 무슨 일이 일어나는지, 어떻게 변하는지 계속 글을 쓴다. 현대사는 투키디데스의 책에 나오는 것처럼 위대하지 않을지도 모른다. 이는 먼 훗날 평가되어야 할 문제지만, 우리는 인간으로서 세상사를 이해하려고 노력해야 할 의무가 있다.

결국, 지금 무슨 일이 실제로 일어나는지 알아야 한다. '실제로'라는 단어를 사용한 데는 이유가 있다. 프랑스어로 뉴스 영화를 악튀알리테actualite's라고 한다. 시사적인 사건을 다루는 문헌의 개념은 '뉴스'와 같다. 뉴스를 어떻게 보고, 우리가 본 것이 사실인지 어떻게 알 수 있는가?

역사책을 읽을 때 제기되는 문제와 똑같은 문제에 부딪혔다. 과거에 무슨 일이 일어났는지 확실히 알 수 없는 것만큼이나 지금 무슨 일이 일어나는지도 확실히 알 수 없다. 그럼에도 알아내려고 최선을 다해야 한다.

지구상에서 벌어지는 모든 대화를 어디서나 한꺼번에 들을 수 있다면, 모든 사람의 마음을 들여다볼 수 있다면, 사건의 진상을 파악하기는 어렵지 않다. 하지만 인간은 한계가 있기에 기자들의 노고에 기댈 수밖에 없다. 기자들은 한정된 지역에서 무슨 일이 일어나는지 안다고 가정되는 사람들이다. 그들은 신문이나, 잡지, 책 등에서 이를 보도한다. 우리는 그러한 것들로 알 수 있을 뿐이다.

어떤 종류의 사건이든 기자는 실상을 반영하는 투명한 유리와 같아야 이상적이다. 하지만 인간의 정신은 투명한 유리가 아니다. 훌륭한 반사체도 못 되고, 실상이 투과될 때 좋은 여과기도 못 된다. 실상이 아닌 것, 진실이 아닌 것을 걸러내야 한다. 거짓이라고 생각되는 것은 당연히 보도하지 말아야 한다. 하지만 기자도 실수할 수 있다.

따라서 시사적인 사건 보도를 읽을 때 알아두어야 하는 가장 중요한 것은 "누가 그 보도를 하고 있는가"이다. 그 기자 이름 석 자를 알아야 한다는 것이 아니라 '어떤 생각을 하는 사람인가' 하는 것이다. 기자들은 다양한 부류로 나눌 수 있다. 사건을 여과하는 그들의 정신이 어떤 부류에 속하는지 알려면 몇 가지 질문을 해보면 된다. 시사 사건을 다루는 것이라면 무엇에나 해당하는 질문이다.

1. 글쓴이가 알리고 싶어 하는 것은 무엇인가?
2. 그는 누구를 이해시키려 하는가?
3. 그는 독자가 어떻게 생각한다고 보는가?
4. 어떤 특수 언어를 사용하는가?
5. 자신이 말하는 것을 정말 알고 있는가?

대부분 시사 사건을 다룬 책은 무엇인가를 알리고 싶어 하므로 이를 알아내기는 어렵지 않다. 책표지에 있는 광고문이 주요 내용이나 논제를 알려주거나 저자가 서문에서 이야기할 것이다.

그다음에는 저자가 누구에게 확신시키고 싶어 하는지 알아내야 한다. '내막을 잘 아는' 사람들을 대상으로 쓴 책인가? 당신도 거기에 포함되는가? 저자가 이야기하는 상황에 대해 당장 뭔가를 할 수 있는 소수를 대상으로 쓴 책인가? 아니면 모든 사람을 대상으로 쓴 책인가? 그 책의 대상이 아닌 사람이라면 읽고 싶지 않을 것이다.

그다음, 저자는 독자가 어떤 생각을 한다고 가정하는지 알아내야 한다. 여기서 독자의 생각이란 특별한 지식일 수도 있고, 의견이나 편견일 수도 있다. 저자들은 보통 자신과 생각이 같은 독자들만을 대상으로 글을 쓴다. 만일 그 저자와 생각이 전혀 다르다면, 책을 읽으면서 화가 날지도 모른다.

저자가 가정하는 것, 독자가 품은 생각에 대한 저자의 추정을 알아내기는 어렵다. 바실 윌리는 『17세기 배경』이라는 책에서 "자신이 습관적으로 하는 가정이 무엇인지 비판적으로 인식하기란 거의 불가능하다"라고 했다. 계속해서 그는 한 시대에 사실로 믿은 학설도 깊이 생각해 보거나 시대가 달라지면 사실이 아니라 학설일 뿐이라고 이야기한다. 동시대에 쓰인 책을 읽을 때는 거리라는 장점이 없기 때문이다. 따라서 기자 정신이라는 여과기뿐 아니라 우리 자신의 여과기로도 걸러내고 보아야 한다.

다음으로 저자가 특별한 언어를 사용하는지 파악해야 한다. 특히, 잡지와 신문을 읽을 때 중요한데, 현대사 관련 서적을 읽을 때는 언제나 해당한다. 어떤 단어들은 1세기 후에는 아무렇지도 않을 텐데 그 시기에 특별한 반응을 불러일으킨다. '공산주의', '공산주의자' 같은 단어가 그 예다. 언제 이런 반응들이 나타나는지 알아두어야 한다.

마지막으로, 가장 답하기 어려울지도 모를 다섯 번째 질문을 곰곰이 잘 생각해 보아야 한다. 독자가 읽는 책을 쓴 기자 자신은 사실을 아는가? 자신이 말하는 사람들의 은밀한 생각이나 결정에 개인적으로 관여하는가? 그 상황을 공정하게 설명하기 위해 알아야 할 것들을 다 알고 있는가?

다시 말해, 기자가 가질 수 있는 편견만 걱정할 문제가 아니다. '뉴스 조종' 이야기가 많은데 이는 일반 독자에게만 해당하는 이야기가 아니라 '내막을 잘 안다'고 생각하는 기자들에게도 해당한다는 사실이 중요하다. 사건의 진상을 알려주려는 세상에서 가장 선한 의도를 가진 기자라도 비밀스러운 행위, 타협 등은 '모를 수도 있다.' 기자 자신은 이 사실을 알 수도 있고 모를 수도 있다. 특히 후자의 경우, 독자들에게 위험하다.

이 다섯 가지 질문은 지식을 전달하는 책을 읽을 때 던져 보아야 할 질문들을 변형한 것에 지나지 않는다. 예를 들어 기자가 사용하는 특수 언어를 파악하는 것은 저자가 단어를 어떤 의미로 사용하는지 파악하는 것이나 마찬가지다. 하지만 이 시대를 다룬 시사적인 책이나 글은 독자에게 특별한 문제를 부과하므로, 약간 달리 질문해 본 것이다. 그 차이점을 하나의 경고로 요약하는 것이 무엇보다 효과적일 것 같다. "경고: 독자여, 깨어 있어라."

아리스토텔레스나 단테, 셰익스피어의 글을 읽을 때는 경계할 필요가 없다. 하지만 동시대 저자들은, 항상 그런 것은 아니지만, 독자가 어떻게 이해하느냐에 어떤 이해관계가 있다. 저자는 아니라고 해도, 저자가 알고 있는 정보의 출처에 따라 그런 이해관계가 있을 수 있다. 어쨌든 독자는 저자의 이해관계를 알아낸 뒤 이를 염두에 두고 읽어야 한다.

요약판 읽을 때 주의할 점

책을 읽을 때는 기본적으로 정보를 얻으려는 읽기와 이해를 하려는 읽기로 구분된다고 했다. 이는 책 읽기에 관해 지금까지 이야기한 모든 것의 밑바탕이 되는 사실이다. 그런데 때로는 이해한 것에 대한 정보가 필요해서, 즉 다른 사람들은 그 사실을 어떻게 해석하는지 알고 싶어서 읽기도 하는데, 이를 설명해 본다.

정보를 얻으려면 신문이나 잡지 또는 광고지를 읽는다. 오늘날 이런 자료들은 엄청나게 많은데 이를 다 읽을 시간이 있는 사람은 아무도 없다. 책 읽는 분야에서도 필요는 발명의 어머니다. 『타임』이나 『뉴스위크』 같은 뉴스 잡지들은 핵심 뉴스를 요약해 주는 매우 귀중한 기능을 한다. 이런 잡지를 만드는 사람들도 원래 독자이며, 정보를 얻는 읽기 능력이 일반 독자보다 뛰어난 사람들이다. 잡지들에서 관심을 끌 만한 것들을 작은 책 한 권으로 집약해 놓은 『리더스 다이제스트』도 그렇다.

물론, 훌륭한 걸작은 빠뜨리는 내용 없이 집약될 수 없다. 예를 들어 몽테뉴의 『수상록』을 요즘 잡지에 요약해서 싣는다면 결코 만족스럽지 못할 것이다. 이 경우에는 독자들이 원작을 읽도록 만들어야 요약판의 기능을 다했다고 할 수 있다. 하지만 일반 기사들은 요약해도 충분하며, 원래 기사보다 더 나을 수도 있다. 정보를 전달하는 것이기 때문이다. 『리더스 다이제스트』 같은 책을 만들어내는 기술은 무엇보다 읽는 기술, 그리고 간단명료하게 쓰는 기술이다. 시간이 있다 해도 그런 기술이 없는 사람을 대신해 만들어내며, 정보의 핵심이 있으면서도 지면을 채운 내용은 별로 많지 않다.

그렇더라도 시사 뉴스와 정보를 요약해 놓은 정기간행물을 읽어야 한다. 정보를 얻고 싶다면 요약판이 좋든 나쁘든 읽지 않을 수 없다. 독자가 요약판을 읽는 것은 최종적으로, 그 잡지 편집인들이 원래 자료를 읽는 것과 같다. 그 많은 내용을 다 읽어야 하는 수고는 덜어 주었지만 책 읽는 수고를 완전히 덜어 주지도 못하고, 덜어 줄 수도 없다. 그리고 정보를 얻으려는 읽기뿐 아니라 이해하려는 읽기도 마찬가지다.

요약판이 간결하면 할수록 정선하는 작업이 많아진다. 1,000페이지가 900페이지가 되었다면 별로 걱정할 게 없지만, 1,000페이지가 10페이지나 한 페이지로 요약되었다면 어떤 내용이 생략되었는지 생각해 봐야 한다. 따라서 집약되어 있으면 있을수록, 요약한 사람의 특성을 파악하는 것이 중요하다. 앞에서 한 경고, 즉 "독자여, 깨어 있어라"에 여기서는 더욱더 귀를 기울여야 한다. 결국 고도로 행간을 읽어내야 한다는 결론에 이르게 된다. 무엇이 생략되었는지 알아내려고 원본을 참고할 수는 없다. 요약본 안에서 이를 추측해 내야 한다. 그래서 요약본을 읽는 것이 때론 가장 힘든 일이다.

17장
과학책과 수학책 읽는 법

이 장의 제목은 오해를 불러올 수도 있는데, 모든 종류의 과학책과 수학책 읽는 법을 다루려는 것이 아니기 때문이다. 고전으로 불리는 걸작과 대중적인 현대 서적 두 종류만 국한해서 이야기한다. 내용이 어려운 전문 논문이나 한정된 주제를 다루는 책을 읽을 때도 적용할 수 있긴 하지만, 얼마나 도움이 될지는 모른다. 그 이유는 두 가지인데, 하나는 여기서 그런 책을 다룰 만한 능력이 없기 때문이다.

또 다른 이유는 다음과 같다. 대략 19세기 말까지 쓰인 주요 과학책은 일반 독자를 위한 것이었다. 갈릴레이나 뉴턴, 다윈 같은 저자들의 책은 그 분야의 전문가들이 읽기를 꺼렸다. 사실은 그런 독자들이 읽어주기를 원했지만 알베르트 아인슈타인이 "과학의 행복한 어린 시절"이라고 부른 그 당시까지만 해도 제도적인 전문 교육기관이 없었다. 그리고 역사나 철학뿐 아니라 과학책도 읽어야 책을 잘 읽는 지성인으로 여겨졌으며, 이런 확실한 구분이나 넘을 수 없는 경계도 없었고, 오늘날처럼 과학책에서 일반 독자들을 도외시하는 경향도 없었다.

오늘날 과학책은 전문가들이 전문가를 대상으로 쓰는 추세다. 구체적인 문제에 대한 진지한 커뮤니케이션은 그 분야에 전문 지식이 없는 독자들은 읽을 수 없다. 분명히 장점은 있다. 전문 이론이 빨리 교류되어 즉시 문제점을 발견하고 해결하는 등 과학의 빠른 발전을 가져왔다. 하지만 평범한 독자들과는 동떨어진 이야기다.

과학이 다른 분야에 비해 더 극단적이긴 하지만 어느 분야나 마찬가지다. 철학자들도 오늘날은 다른 철학자들만 대상으로 하고, 경제학자들은 경제학자들을 대상으로 한다. 역사가들까지도 모든 사람을 대상으로 글을 쓰는 종래의 방식보다 전문가들끼리 전문적인 지식 교류가 더 편리하다는 생각을 하기 시작했다.

이런 상황에서 일반 독자들은 어떻게 해야 하는가? 우리는 모든 분야의 전문가가 될 수 없으므로 이제 대중적인 과학책으로 국한해야 한다. 이들 중에는 훌륭한 책도 있지만 그렇지 않은 책도 있다. 이런 차이를 알아내는 것만이 중요한 것은 아니다. 훌륭한 책을 잘 이해하면서 읽을 줄 아는 것도 중요하다.

과학책을 왜 읽는가

급속히 발전한 학문 분야의 하나가 바로 과학사다. 지난 몇 년간 이 분야에서 눈에 띄는 변화를 볼 수 있었다. '순수한' 과학자들이 과학사가들을 하찮게 여기게 된 것도 오래전 일이 아니다. 과학사가들은 한 분야의 역사를 연구하는 사람들로 여겨졌다. 첨단영역까지 다룰 수 없었기 때문이다. 과학사가들에 대한 과학자들의 태도를 조지 버나드 쇼의 유명한 말로 요약해 볼 수 있다. "할 수 있는 자는 하라. 할 수 없으면 가르치라."

오늘날은 이런 분위기를 찾아보기 어렵다. 과학사 분야를 중요시하게 되었고 훌륭한 과학자들은 그 분야 역사를 연구하고 기록한다. 이른바 '뉴턴 산업'이라고 하는 것에서 그 예를 찾아볼 수 있다. 오늘날 많은 나라에서 아이작 뉴턴 경이라는 명사의 업적을 바탕으로 집중적이고 광범위한 연구가 진행되고 있다. 최근 관련 서적들도 쏟아지고 있는데, 그 이유는 기업적으로 이루어지는 과학 연구의 본질에 대해 그 어느 때보다 관심이 높아지고 있기 때문이다.

그래서 망설임 없이 과학 고전 가운데 몇 권만이라도 읽어 보라고 권유한다. 읽으려는 노력도 해보지 않고는 아무 변명도 할 수 없다. 노력할 생각만 한다면 뉴턴의 『프린키피아』 같은 어려운 책도 읽을 수 있다.

과학책을 읽는 데 가장 도움이 될 만한 조언은 이것이다. 저자가 풀어 가려는 문제를 가능한 한 분명하게 이야기해 보라는 것이다. 앞에서 다룬 적이 있듯이 분석하며 읽는 이 원칙은 무엇보다 과학책이나 수학책과 관련이 있다.

다시 말하면, 오늘날 평범한 일반 독자는 뭔가를 배우려고 과학 고전을 읽는 일은 없다. 다만 과학사나 과학철학을 이해하려고 읽는다. 이것이 바로 평범한 독자들이 과학책을 읽어야 하는 이유다. 과학책이 부여한 이 의무를 다하는 길은 위대한 과학자들이 풀어 보려고 했던 문제들, 또한 그 문제들의 배경을 알아보는 것이다.

과학이 발전한 발자취를 따라가 보고 사실, 가설, 명제, 논증이 서로 연결되어 있는 방법을 추적하는 것은 가장 성공적으로 그 기능을 다한 인간 이성의 활동에 참여해 보는 것이다. 이것만으로도 과학을 역사학적으로 연구해야 할 충분한 이유가 된다. 더 나아가 이러한 연구는 과학을 어렵게 생각하는 태도를 어느 정도 버리게 하는 데도 도움이 된다. 소크라테스 시절부터 오늘날에 이르기까지 교육은 알 수 없는 것들을 풀어가는 연단이라고 인식되어 왔다. 무엇보다도 중요한 것은 과학책을 읽는 것이야말로 이 교육의 중심 목적이며 본질인 정신 활동이라는 사실이다.

고전 과학책 읽는 법

과학책은 실험실에서 한 실험이든 자연을 있는 그대로 관찰한 것이든, 어떤 분야의 연구 결과나 관찰 결과를 보고하는 책이다. 과학이 풀어가는 문제는 어떤 현상을 최대한 정확하게 기술하고, 서로 다른 현상들 사이의 내적 관계를 추적하는 것이다.

훌륭한 과학책에는 수사학적이거나 선동적인 내용은 없다. 그렇지만 초기 가설에 대한 어떤 편견 같은 것이 있다. 독자는 저자가 '가정'한 내용과 그 주장에서 '입증'한 내용을 구분해 보면 그런 편견을 알 수 있다. 저자가 '객관적'일수록 독자에게 이런 편견을 당연한 것으로 받아들이도록 분명하게 요구한다. 과학적 객관성이란 '편견의 부재'가 아니다. 오히려 이에 대한 '솔직한 고백'이 객관성을 낳는다.

보통 과학책에서 사용하는 주요 용어들은 일반적이지 않은 기술적인 단어들이다. 비교적 눈에 잘 띄며, 그런 단어들로 명제들을 쉽게 파악할 수 있다. 주요 명제들은 늘 일반적인 것들이다. 그래서 과학의 내용은 시간 흐름과 관계가 없으며 과학자는 역사가와 달리 시간, 공간에 얽매이지 않으려 한다. 일반적으로 사물들이 어떻게 실재하며, 어떻게 움직이는지를 이야기하려고 한다.

과학책을 읽는 데는 두 가지 커다란 어려움이 있다. 하나는 논증에 관한 것이다. 과학은 주로 귀납적 논증이다. 즉 기본적 논증이란 관찰할 수 있는 증거를 참고로 일반적 명제를, 실험을 거쳐 하나의 사례를 또는 꾸준한 조사로 수집한 방대한 사례들을 입증해 놓은 것이다. 연역적 논증도 있다. 이미 입증된 다른 명제를 통해 입증된 명제들로 이루어진 논증이다. 증거는 과학이 철학과 그렇게 다르지 않다. 하지만 귀납적 논증은 과학만의 특성이라고 할 수 있다.

과학책에 있는 귀납적 논증을 이해하기가 어려운 이유는 과학자들이 자신들의 편견을 바탕으로 정리한 증거를 따라가야 하기 때문이다. 불행히도 그 책 한 권만 달랑 손에 들고는 알 수 없을 때도 있다. 책만 가지고 알 수 없을 때는 직접 경험하도록 도와주는 수단을 찾아야 한다. 책에서 언급하는 것들과 비슷한 장치들을 두 눈으로 보고 작동시켜 보거나 박물관에 가서 그 표본이나 모델을 봐야 한다.

과학사를 이해하고 싶다면, 고전만 읽는 것이 아니라 직접 경험해 그 역사에서 이야기하는 중요한 실험을 잘 알아야 한다. 고전이 된 책뿐 아니라 고전이 된 실험도 있다. 과학 고전은 그 위대한 과학자가 결론에 이르게 된 과정을 눈으로 직접 보고 손으로 직접 만져본 사람들이 더 쉽게 이해할 수 있다.

그렇다고 해서 책에서 이야기하는 단계를 모두 거치지 않고는 알 수 없다는 뜻은 아니다. 라부아지에의 『화학 원소』라는 책을 예로 들어보자. 1789년에 출판된 이 책은 이제 더는 화학 교과서로 사용하지 않는다. 그럼에도 이 책에서 사용하는 방법은 당시에 가히 혁명적이었으며, 화학 원소 개념은 오늘날에도 여전히 쓰이고 있다. 요점은 책을 처음부터 끝까지 자세하게 읽을 필요가 없다는 것이다. 예를 들어, 과학에서 사용하는 방법의 중요성을 강조하는 서문만 읽어도 알 수 있다. 라부아지에는 물리학에 대해 이렇게 썼다.

물리학은 세 가지로 구성되어야 한다. 과학의 대상이 되는 일련의 사실, 이 사실들을 보여 주는 사고, 사실을 표현하는 언어… 그리고 사고가 언어를 수단으로 소통되고 보존되듯이, 과학을 발전시키지 않으면 어느 분야의 과학 용어도 발전될 수 없고, 학술 용어를 발전시키지 않으면 과학도 발전할 수 없다.

라부아지에는 이를 정확히 실행했다. 1세기 전 뉴턴이 용어들을 체계화함으로써 물리학을 발전시킨 것처럼, 용어들을 개선하여 화학 분야의 발전을 가져왔고 그 과정에서 미분, 적분이 나왔다. 미적분학이라고 하니 과학책을 읽을 때의 두 번째 어려움이 생각난다. 그것은 바로 수학책에 있는 문제다.

수학책 읽는 법

많은 사람이 수학을 싫어하고 수학책은 전혀 읽을 수 없다고 생각한다. 그 이유를 확실히 아는 사람은 없다. 어떤 심리학자들은 언어만큼 기호를 따라가지 못하는 '기호 문맹'이 있다고 한다. 또 수학을 가르치는 데 문제가 있다고 생각하는 사람들도 있다. 다행히 최근 수학을 좀 더 잘 가르치려는 연구들이 이루어지고 있다. 부분적으로는 이런 문제도 있다. 수학은 하나의 언어이며, 다른 언어처럼 배울 수 있다는 말을 들어본 적이 없다는 사실이다. 우리는 언어를 두 번 배운다. 먼저 말하기를 배우고, 그다음에 읽기를 배운다. 다행히 수학은 쓰이기만 하므로 한 번만 배우면 된다.

앞에서 살펴보았듯이, 쓰이는 언어를 배운다는 것은 기초적인 읽기를 배워야 한다는 것이다. 초등학교에서 읽기 수업을 하는 것은 책에 있는 기호를 인식하는 법을 배우고, 이 기호들 사이의 연관성을 암기하려는 것이다. 책을 잘 읽는 사람이라도 가끔 이런 기초적인 읽기를 한다. 모르는 단어가 나올 때 사전을 찾아보는 것처럼 말이다. 문맥이 잘 파악되지 않을 때도 기초적인 읽기 수준에 있는 것이다. 이런 문제들을 해결해야 비로소 그보다 한 차원 높은 읽기를 하게 된다.

수학도 언어이므로 어휘, 문법, 구문과 같은 것들이 있고 이를 배워야 한다. 어떤 기호와 기호들 간의 연관성을 암기해야 하는데, 언어가 달라서 문제도 다르다. 그렇지만 '이론적으로' 영어나 프랑스어, 독일어를 배울 때보다 어렵지 않다. 사실 기초 단계에서는 더 쉬울 수도 있다.

언어는 상호 이해할 수 있는 어떤 주제에 대해 인간들 사이에 의사소통을 하는 매개체다. 평범한 대화의 주제는 감정과 연관된 것들이 많다. 이런 주제는 두 사람 사이에 '완전한' 이해가 가능할 수 없다. 하지만 서로 다른 두 사람도 전기회로나 이등변 삼각형, 삼단논법과 같이 감정과 떼어 놓은 제3의 내용은 이해할 수 있다. 감정적인 의미가 개입된다면 이해하기 어려운데, 수학은 이런 문제를 피할 수 있다. 수학 용어나 명제, 방정식 등에는 감정적인 의미가 없다.

또 수학이 얼마나 아름다울 수 있는지, 얼마나 이해하기 쉬운지에 대한 이야기도 들어본 적이 거의 없다. 지금이라도 늦지 않았으니 이를 알아보자. 조금 고생스러우면 어떤가? 유클리드의 『기하학 원론』은 이제까지 쓰인 책 중 가장 아름답고 알기 쉽다.

예를 들어 제1권에 나오는 다섯 가지 명제를 살펴보자. 기초 기하학에서 명제는 두 종류가 있는데, ① 도형 작도 문제의 진술, ② 도형과 다른 부분 사이의 관계에 대한 법칙들이다. 작도는 직접 해봐야 할 문제이고, 법칙은 증명해 봐야 할 문제다. 유클리드가 작도 마지막 부분에는 '해야 할 것을 끝마쳤음Quod erat faciendum'을 뜻하는 Q.E.F.를, 법칙의 마지막 부분에는 '증명해야 할 것을 끝마쳤음Quod erat demonstran-dum'을 뜻하는 Q.E.D.를 사용한 것을 볼 수 있다.

『기하학 원론』에 처음 나오는 세 가지 명제는 모두 작도와 관련된 것이다. 왜 그럴까? 법칙을 증명하는 데 그 작도법이 필요하기 때문이다. 네 번째 명제에는 분명히 나타나지 않았지만 법칙과 관련된 다섯 번째 명제에서는 분명하게 알 수 있다. 그 명제에서 이등변 삼각형의 밑각의 크기가 같다고 하는데, 이는 명제 3을 이용한 것이다. 거꾸로 명제 3은 명제 2의 작도법을 바탕으로 하고, 명제 2는 명제 1을 포함하고 있다. 그래서 이 세 가지 작도법은 명제 5를 위해 필요하다는 것을 알 수 있다. 작도는 필요조건과 비슷해서 작도나 필요조건 모두 기하학을 증명하는 데 사용된다. 필요조건은 그 가능성을 '가정'할 수 있는 것이고, 기하학 명제는 그 가능성을 '증명'할 수 있는 것이다. 예를 들어 명제 20에서 정의하는 양변이 똑같은 삼각형이 실재하느냐는 의문이 생길 수 있는데, 명제 1은 별다른 문제 없이 직선이나 원과 같은 것들이 있다는 '가정'으로부터 이등변 삼각형과 같은 것이 있다는 것을 보여 준다.

이등변 삼각형의 밑각이 똑같다는 명제 5로 되돌아가 보자. 그 이전 명제들과 가정들을 한 단계씩 언급하는 가운데 그런 결론에 이르게 됐다면 이제 그 명제는 증명된 것이다. 즉 '어떠한 것이 옳다'면(이등변 삼각형에 대한 가정들), 그리고 거기에 첨가된 사실들도 유효하다면(정의, 필요조건, 앞선 명제들), '그 밖의 다른 것들도 옳다'는 결론을 보여 주는 것이다. 그 명제는 '만일—그렇다면'의 관계를 주장하는 것이지, 가정의 진실성을 주장하는 것도 아니고 결론의 진실성을 주장하는 것도 아니다. 또 가설과 결론의 이러한 관계는 명제가 증명되기 전까지는 참되다고 볼 수 없다. 증명되어야 할 것은 정확히 그 관계의 진실성이지 그 어느 것도 아니다.

이를 아름답다고 이야기한다면 과장일까? 그렇지 않다. '정말 제한되어 있는 문제에 대한 정말 논리적인 해설'이다. 해설의 명쾌함과 문제의 제한되어 있는 본질 모두 매력적이지 않을 수 없다. 일상 대화는 아무리 훌륭한 철학적 대화라 해도 이런 식으로 문제를 제한하기는 어렵다. 그리고 철학적인 문제는 이런 식으로 논리를 명쾌하게 사용하기도 어렵다.

여기서 명제 5와 간단한 삼단논법의 차이를 살펴보자.

동물은 모두 죽는다.
인간은 모두 동물이다.
따라서 인간은 모두 죽는다.

동물과 사람이라는 것이 존재하며, 동물은 죽는다는 사실을 가정하면서 이등변 삼각형의 각에 대한 결론처럼 명쾌한 결론을 내렸다. 하지만 문제는 동물과 인간이 실재한다는 것이다. 실재하는 어떤 것, 참일 수도 있고 아닐 수도 있는 것을 가정했다. 여기서는 수학에서와 달리 이 가정을 살펴봐야 한다. 유클리드의 명제는 이런 문제가 없다. 즉 이등변 삼각형과 같은 것이 있는지 없는지는 문제가 되지 않는다. '만일' 그것이 있다면, '만일' 이러저러한 방식으로 정의되어 있다면, '그렇다면' 뒤이어 두 밑각이 같다는 결론이 나오지 않을 수 없다. 이에 대해서는 아무런 의문도 있을 수 없다. 지금부터 영원히.

과학책에 있는 수학적 내용 읽기

유클리드 이야기로 조금 벗어나긴 했지만, 과학책에 있는 수학적 내용은 과학책을 읽는 데 장애가 되기도 한다는 생각에서 살펴보았다. 이 문제에 대해 두 가지 사항을 더 이야기해 보겠다.

먼저, 기초적인 수학책은 자기 생각보다 더 잘 읽을 수 있다. 유클리드의 책으로 시작해 보라고 권유했는데, 『기하학 원론』을 읽느라

며칠 밤을 고생했다면 수학에 대한 두려움은 많이 사라졌으리라고 확신한다. 유클리드의 책을 다 읽은 후에는 아르키메데스, 아폴로니어스, 니코마코스 같은 그리스 수학자들의 고전을 훑어보는 것도 좋다. 정말 어렵지 않으며, 띄엄띄엄 읽어도 좋다.

두 번째로 '수학책을 혼자서 그대로' 읽어 볼 생각이 있다면 물론 처음부터 끝까지 그대로 읽으면 된다. 한 손에는 연필을 들고, 다른 책보다 더 열심히 여백에다 뭔가를 적으면서 말이다. 하지만 그런 것이 아니라면 '수학적 내용이 있는 과학책'을 읽으면 된다. 용감하게 건너뛰면서 말이다.

뉴턴의 『프린키피아』를 예로 들어보자. 이 책에는 작도법이나 법칙 등 많은 명제가 있는데, 이를 모두 자세하게 읽을 필요는 없다. 명제를 읽고, 이를 이해하고자 증거들을 훑어보고, 추론이나 부명제, 명제와 책 전체의 연관성 사이의 관계를 필수적으로 다루는 고전 주석 등을 읽어 보면 된다. 그러면 뉴턴이 어떻게 체계화하는지, 즉 먼저 무엇이 나오고, 그다음에는 무엇이 나오는지, 부분적인 내용이 어떻게 어우러져 있는지 파악할 수 있다. 골치 아픈 도표도 넘어가고, 간헐적인 내용도 그저 훑어 지나가면서 읽되, 뉴턴이 핵심 내용을 이야기하는 문단은 찾아내야 한다.

"세계의 체계"라는 제목을 붙인 제3권의 마지막 부분에서도 그런 요점을 찾을 수 있다. 뉴턴이 '일반적인 고전 주석'이라고 한 이 부분은 앞에서 읽은 내용을 요약해 놓았을 뿐 아니라, 물리학이 다루는 가장 중요한 문제들을 이야기한다.

뉴턴의 『광학』도 읽어볼 만한 과학 고전이다. 그 책에는 수학 이야기가 거의 나오지 않는다. 여기저기에 있는 도표가 수학처럼 보이지 않게 하기는 하지만 말이다. 이 도표들은 어두운 공간을 지나 태양빛이 나오는 구멍들, 광선을 차단하는 프리즘, 여러 색 광선이 비치도록 놓아둔 백지 등을 실험한 내용을 보여 주는 것뿐이다. 그중에는 쉽게 따라 할 수 있는 실험들도 있는데, 색깔을 아름답고 쉽게 설명해 놓아 재미있다. 이런 실험 결과 외에 세 책마다 뒷부분에 나와 있는 다양한 명제와 토론 등도 읽고 싶을 것이다. 제3권의 마지막 부분에 있는 과학 이야기는 유명한데, 그것만 읽어도 괜찮을 만한 내용이다.

과학책을 쓴 저자들은 수학적인 내용을 이야기하는 경우가 종종 있는데, 앞에서 이야기한 대로 그 간결성, 명쾌함, 제한성 때문에 그렇다. 뉴턴의 책처럼 수학적인 내용을 깊이 살펴보지 않아도 이해할 수 있는 경우도 있다. 수학이 정말 싫을지 모르지만, 그런 내용이 들어 있지 않으면 더 어려울 수도 있다. 운동과 물질의 힘에 관한 갈릴레이의 유명한 논문 『새로운 두 과학』이 그런 경우다. 특히 현대인들이 읽기에 어려운 책인데 주로 수학적인 내용을 이야기하기 때문이 '아니라' 대화 형식으로 되어 있기 때문이다. 대화 형식은 플라톤과 같은 거장이 철학책에서 사용했을 때는 효과적이었을지 모르지만, 과학책에는 적당하지 않다. 그래서 갈릴레이가 뭔가 혁명적인 이야기를 한다는 것은 알겠지만, 도대체 그것이 무슨 이야기인지는 이해하기 어렵다.

물론 모든 과학 고전에 수학적 내용이 있는 것은 아니다. 그리스 의학의 창시자 히포크라테스의 작품에는 수학적인 내용이 전혀 없다. 그 책을 잘 읽어 보면 히포크라테스가 보는 의학, 즉 사람들이 아플 때 치료하려는 것이라기보다 사람들의 건강을 지키는 기술이라는 견해를 파악할 수 있다. 불행히도 오늘날에는 그렇게 생각하는 사람들이 많지 않지만 말이다. 혈액 순환에 관한 윌리엄 하비의 책이나 자석에 대한 윌리엄 길버트의 책에도 수학적인 내용은 없다. '그 분야에 전문가가 되려는 것이 아니라 단지 알고 싶어서'라면 이런 책들도 읽기에 별로 어렵지 않다.

대중적인 과학책 읽을 때 주의할 점

어떻게 보면 대중적인 과학책을 읽는 데 따로 덧붙여야 할 이야기는 별로 없다. 대중적인 과학책은 책이든 기사든, 전문가들이 아니라 좀 더 많은 일반인을 위해 쓰인 글이다. 따라서 과학 고전을 몇 권 애써 읽은 적이 있다면 이런 책들을 읽는 것은 별로 어렵지 않다. 과학에 관한 책이긴 하지만 독자들이 부딪칠 만한 두 가지 문제를 피해 가기 때문이다. 즉 실험 설명이 비교적 많지 않고(그 대신 실험 결과만 이야기한다), 수학적 내용도 거의 없다는 점이다(수학에 관한 서적이 아니라면).

항상 그런 것은 아니지만, 보통 과학 기사가 과학책보다 읽기 쉽다. 예를 들어 월간잡지인 『사이언티픽 아메리칸』 또는 좀 더 전문적인 주간지 『사이언스』에 게재되는 글들은 매우 훌륭하다. 내용을 아무리 훌륭하고 신중하고 책임감 있게 편집했어도, 그런 간행물들은 16장 마지막 부분에서 이야기한 문제들이 있다. 그런 기사를 읽을 때, 우리는 그 정보를 여과해서 전해 주는 기자의 도움을 받는다. 홀

름한 기자라면 다행이지만, 그렇지 않더라도 어쩔 수 없다.

과학에 대한 대중적인 글은 하나의 이야기라는 점에서 볼 때 결코 읽기가 쉽지만은 않다. 실험이나 도표, 수학 공식이 전혀 없는 DNA에 관한 3페이지짜리 기사라 해도 독자는 상당한 노력이 필요하다. 정신을 바짝 차리지 않으면 제대로 이해할 수 없다. 그래서 무엇보다 능동적으로 읽는 자세가 중요하다. 주제를 파악하고, 전체와 부분의 관계를 알아내고, 용어를 이해하고, 명제와 논증을 찾아내야 한다. 비평하기 전에 완전히 이해해야 한다. 이런 원칙들은 이제 낯설지 않을 것이다. 그러나 과학책을 읽을 때는 특별히 꼭 적용해야 한다.

짧은 기사는 보통 정보를 전달하려는 것이 주요 목적이므로 능동적인 사고를 많이 할 필요는 없다. 저자가 제공한 내용을 이해하려고 노력하기만 하면 될 뿐 더 할 일은 없다. 화이트헤드의 『수학 원리』나 링컨 바넷의 『우주와 아인슈타인 박사』, 배리 카머너의 『원은 닫혀야 한다The Closing Circle』 같은 훌륭한 대중적인 책은 더 많은 노력이 필요하다. 오늘날 특별한 관심으로 중요한 환경 위기에 대한 배리 카머너의 책이 특히 그렇다. 글은 간단하지만 끊임없이 주의를 요구한다. 전체적으로 자세히 읽은 독자라면 놓치지 않을 함축적인 내용을 담았다. 13장에서 이야기한 대로, 실용적인 서적은 아니라도 그 이론적인 결론은 중요한 결과를 가져온다. 환경 위기라는 그 책의 주제를 간단히 언급하면, 문제가 된 환경이 바로 우리 것이라는 이야기다.

결국 그 환경이 어떤 위기를 겪고 있다면, 우리가 그 위기와 관련되어 있다는 것은 피할 수 없는 사실이다. 저자가 직접 이렇게 이야기하지는 않지만 말이다. 이런 위기에서 우리가 할 수 있는 일은 이렇게 행동한다든가, 저러한 행동을 그만둔다든가 하는 것이다. 따라서 카머너의 책은 본질적으로는 이론서이지만, 그 이상의 의미를 담아 실용서 영역에 속한다고 볼 수 있다.

그렇다고 카머너의 책은 중요하고 화이트헤드나 바넷의 책은 중요하지 않다는 의미는 아니다. 원자의 연구사를 이론적으로 설명하는 『우주와 아인슈타인 박사』라는 책으로 사람들은 원자폭탄으로 대표되는 원자 물리학의 위험을 알게 되었다. 따라서 이러한 이론서도 역시 실용적인 결과를 가져왔다고 볼 수 있다. 오늘날 사람들이 핵전쟁의 커다란 위험을 걱정하지 않는다고 해도 여전히 이와 같은 이론서를 읽어야 할 필요성은 있다. 원자 핵물리학이 이 시대에 이루어진 커다란 업적 가운데 하나이기 때문이다. 인간에게 큰 희망을 주는 동시에 커다란 위험을 보여 준다. 이런 문제에 관심이 있는 독자라면 가능한 한 모든 것을 알아야 한다.

화이트헤드의 『수학 원리』는 이와 약간 다른 위험을 보여 준다. 수학은 현대의 주요 미스터리 중 하나다. 다른 시대에 있었던 종교적 미스터리와 비슷한 그런 주요한 문제일지도 모른다. 이 시대가 어떤 시대인지 모든 것을 알고 싶다면, 수학이 무엇인지, 수학자들이 어떤 역할을 하고 어떻게 생각하는지 이해해야 한다. 화이트헤드의 책은 그 주제에 대한 난해한 분야까지 깊이 다루지는 않지만, 수학적 추론의 원리에 관해 매우 뛰어나게 설명하고 있다. 별것 아닌 것 같아도, 수학자는 마법사가 아니라 평범한 사람이라는 것을 보여 준다. 그리고 이러한 깨달음은 사고와 경험의 폭을 넓히고 싶어 하는 독자에게 중요하다.

18장
철학책 읽는 법

어린이들은 좋은 질문을 던지곤 한다. "사람들은 왜 그래요?" "고양이는 왜 그래요?" "세상의 이름은 뭐예요?" "하나님은 왜 지구를 만드셨어요?" 다소 어리석어 보이는 질문들이지만 아이들의 입에서 그런 연구가 시작되었을지도 모른다. 아리스토텔레스에 따르면 철학은 의문으로 시작되었다고 한다. 그리고 그 의문은 어린 시절 시작되어 대부분 어린 시절에 끝나버리고 만다.

어린이는 원래 질문이 많다. 어린이와 어른을 구분하는 것은 질문의 수가 아니라 질문의 특성이다. 어른은 인간의 본성인 듯한 호기심을 잃지는 않지만, 그 호기심의 질은 떨어진다. 어떤 사물이 왜 그런지 알고 싶어 하지만, 그 이유는 알고 싶어 하지 않는다. 하지만 어린이의 질문은 백과사전이 답해 줄 수 있는 것으로 제한되어 있지 않다. 유치원에서부터 대학에 이르는 동안 무슨 일이 일어나길래 질문을 멈추게 되거나 어떤 사실에 대한 호기심이 무뎌지게 되는 것일까? 좋은 질문에도 별로 관심을 보이지 않는 정신은 가장 좋은 답의 의미를 이해할 수 없다. 답을 알기는 쉽다. 하지만 진짜 질문, 심오한 질문들이 생생하고 호기심 가득한 적극적인 정신을 키우는 것은 별개 문제다.

왜 어린아이들이 타고나는 이런 정신을 키워야 할까? 어른들은 어린 시절의 호기심을 그 본래의 깊이대로 간직하지 못한다. 어쩌면 학교가 기계적 학습의 끔찍한 무게로 그 정신을 둔하게 만들어 버리는 것일지도 모른다. 부모의 잘못이 더 클지도 모른다. 어린아이들의 질문에, 답을 할 만한 질문에조차 답해 주지 않거나, 아예 질문을 못 하도록 만들어 버리곤 한다. 분명하게 답할 수 없는 질문에 당황하면 이를 감춰 버리고, 아이들의 용기를 빼앗아 버린다. 그러면 아이들은 질문이 지나치게 많은 것이 버릇없는 것이라는 인상을 받게 된다. 인간의 호기심은 결코 죽지 않는다. 하지만 대학생이 되면 어른들처럼 대부분 정보만 요구하는 그런 질문으로 호기심의 질은 떨어져 버린다.

이 문제를 해결할 방법은 아는 바가 없다. 여기서 어린아이들이 던지는 난해하고 기이한 질문에 대답하는 법을 이야기할 만큼 무모하지도 않다. 하지만 위대한 철학책도 어린아이들이 던지는 것과 같은 심오한 문제를 던지고 있다는 놀라운 사실을 깨닫기를 바란다. 성숙한 이해력이 있으면서 동시에 어린아이의 눈으로 세상을 보는 능력을 갖춘다는 것은 극히 드문 일이다. 그리고 이런 사람이 있다면 인간의 사고에 중요한 공헌을 할 수 있을지도 모른다.

실존을 이해하려면 어린아이같이 생각해서는 안 된다. 어린아이들은 분명히 그런 것을 이해할 수 없다. 하지만 어린아이들이 보듯이 볼 수 있어야 하고, 그들이 질문하듯이 질문할 수 있어야 한다. 어른들의 삶 같은 복잡함은 진리를 파악하는 데 방해가 되기도 한다. 위대한 철학자는 이 복잡함을 깨끗이 제거하고 단순함을 볼 수 있는 사람들이다. 전에는 매우 어려웠지만 그들의 입을 거치면 단순해진다. 그들의 글을 읽으려면 우리도 어린아이같이 단순한 질문을 던질 수 있어야 하며, 성숙한 지혜로 답할 수 있어야 한다.

철학자들이 던지는 질문

그렇다면 철학자들은 어떻게 '어린아이같이 단순한' 질문을 던질까? 이 질문들은 적어 보면 단순해 보이지 않지만 기본적이고 근본적이기 때문에 가장 단순한 것이다.

존재나 실존에 대한 다음 질문을 예로 들어보자. 존재하는 것과 그렇지 않은 것은 어떤 차이가 있는가? 존재하는 모든 사물의 공통점은 무엇이며, 존재하는 모든 것의 특성은 무엇인가? 사물이 존재하는 방식에 차이가 있는가? 인간이 인식할 수 있든 없든, 어떤 것은 인간의 정신 외부에서 존재하는 반면 어떤 것은 인간의 정신 내부에 존재하는가? 존재하는 모든 것은 물질 상태로 존재하는가, 아니면 물질적으로 구현된 것들과 별개로 존재하는 것이 있는가? 모든 것은 변하는가, 아니면 변하지 않는 것도 있는가? 필연적으로 존재하는가, 아니면 존재하는 모든 것이 존재하지 않을 수도 있다고 해야 하는가? 가능한 존재 영역은 실제로 존재하는 것의 영역보다 더 큰가?

철학자들이 존재의 본질과 그 영역에 관심을 둘 때 묻는 전형적인 질문이다. 말로 하거나 이해하기에는 어렵지 않은 질문이나 답을 하기에는 무척 어려운 질문이다. 사실 너무 어려워 최근에는 만족할 만한 답을 할 수 없다고 생각하는 철학자들도 있다.

'변화나 생성'에 대한 질문도 있다. 경험으로 볼 때, 주저 없이 존재한다고 생각하는 것들도 모두 변할 수밖에 없다고 말한다. 존재하다가 사라진다. 존재하는 동안에도 대부분 움직인다. 커지거나 작아지기도 하고, 무겁거나 가벼워지기도 한다. 익은 사과나 숙성한 고기처럼 색깔이 변하기도 한다.

변화를 일으키는 것은 무엇인가? 모든 변화 과정에서 변화를 겪으면서도 변하지 않는 것이 있는가? 전에는 알지 못했던 것을 배울 때, 지식을 얻었다는 측면에서 분명히 변화가 일어났지만, 사람은 예전과 같다. 만일 그렇지 않다면, 배움으로 변화되었다고 말할 수 없다. 모든 변화가 이런가? 예를 들어, 출생과 죽음―존재하다가 사라지는 것―처럼 뚜렷한 변화가 있는 것이 그런가, 아니면 장소의 이동, 성장, 변질과 같이 좀 덜 근본적인 변화가 그런가? 얼마나 많은 종류의 변화가 있는가? 기본 요소나 조건이 똑같이 변화 과정에 개입하는가, 그리고 모두 똑같은 원인이 작용하는가? 변화의 원인이 무엇인가? 변화를 일으키는 다른 유형의 원인이 있는가? 변화―생성―의 원인이 존재의 원인 또는 실존의 원인처럼 똑같은가?

존재에서 생성으로 그 관심이 바뀌고, 생성과 존재를 연관 지으려는 철학자들이 이러한 질문들을 던진다. 다시 말하지만, 말하거나 이해하기에는 어렵지 않은 질문들이지만 분명하게 답을 하기에는 어려운 질문들이다. 어쨌든, 철학자들이 세계와 세계에 대한 경험에 관해 어떻게 어린아이같이 단순한 태도로 시작하는지를 볼 수 있다.

불행히도, 이런 질문들을 좀 더 깊이 살펴볼 여유가 없다. 다만 철학자들이 제기하고 답하기 위해 애쓰는 질문들을 몇 가지 더 열거해 보면, 존재와 생성에 관한 것뿐 아니라 필연성과 우연성, 물질과 비물질, 육체적인 것과 비육체적인 것, 인간 정신의 능력, 인간 지식의 본성과 한계, 의지의 자유 등이 있다.

이 모든 질문은 이론적 영역과 실용적 영역을 구분할 때 사용했던 기준에서 보면 사색적 또는 이론적이라고 할 수 있다. 하지만 철학은 이론적인 질문들에 한정되지 않는다.

'선과 악'을 예로 들어보자. 어린아이들은 선과 악의 차이에 관심이 많다. 잘못을 저지르면 볼기짝을 맞을지도 모르기 때문이다. 하지만 어른이 되어서도 그 질문을 멈추지 않는다. 선과 악을 구분하는 보편적 기준이 있을까? 어떠한 상황에서도 선하기만 한 또는 악하기만 한 것이 있을까? 햄릿이 몬테뉴의 말에 "선하거나 악한 것은 없다. 다만 생각이 그렇게 만들 뿐"이라고 한 것은 맞는 말일까?

물론 선과 악은 옳고 그름과 같은 것이 아니다. 선과 악, 옳고 그름은 서로 다른 부류의 사물을 지칭하는 것 같다. 특히, 옳은 것은 선하다고 느끼지만, 그른 것이 악하다고 느끼지는 않는다. 그렇다면 어떻게 정확하게 구분할 수 있을까?

'선'은 중요한 철학 용어다. 그런데 일상생활에서도 쓰이는 중요한 단어다. 그 의미를 이야기하려는 것은 무모한 일이다. 미처 알기도 전에 철학에 깊이 빠져들게 할지도 모른다. 선한 것들은 많다. 좀 더 자주 쓰는 표현을 빌리면, 선이 많다. 선을 순서대로 배열할 수 있을까? 이 선이 저 선보다 더 중요할 수 있을까? 어떤 선은 다른 선에 의존하는가? 선끼리 갈등하는 상황이 있는가? 그래서 한 가지를 선택하려고 다른 것을 희생하는 상황이 있는가?

이런 질문도 지면상 더 나열할 수 없고, 실제 영역에서 생기는 다음 몇 가지 질문을 더 나열하는 데서 그치겠다. 선과 악, 옳고 그름, 선의 순서 외에 의무와 책임, 선행과 악덕, 행복과 인생의 목적, 인간관계와 사회적 영향 속에서 정의와 권리, 국가와 개인의 관계, 선한 사회, 정의로운 정치, 정의로운 경제, 전쟁과 평화와 같은 것들이 있다. 지금까지 이야기한 두 부류의 질문은 철학을 양분하는 중요한 기준이 된다. 먼저 이야기한 질문들, 존재와 생성에 관한 질문들은 이 세계에서 '존재'하거나 '발생'한 것과 관련이 있으며 이론적 또는 사색적인 철학으로 분류된다.

두 번째 부류의 질문들, 선과 악, 옳고 그름에 관한 질문들은 '당연'히 이루어지거나 추구되어야 하는 것들과 관련이 있으며 실천적 철학, 더 정확히 말해 규범적 철학으로 분류된다. 요리책처럼 뭔가를 만드는 법을 가르쳐 주거나, 운전면허시험책처럼 뭔가를 하는 방법을 가르쳐 주는 책은 독자가 훌륭한 요리사나 운전사가 되어야 한다고 강요할 필요가 없다. 독자가 뭔가를 하고 싶어 한다고 가정하고 노력만 하면 성공할 수 있는 법을 이야기해 주는 책이다. 이와는 대조적으로, 선한 삶을 영위하는 목적이나 선한 사회를 건설하는 목적과 같이 모든 인간이 당연히 추구해야 할 목적에 관한 규범적 철학책은 요리책이나 운전면허시험책과 달리 이런 목적을 성취하려면 당연히 해야 할 방법들을 가장 보편적으로 기술하고 있다.

또 철학자들이 던지는 질문은 철학의 양대 산맥 아래에 있는 하위 분야를 구분해 준다. 사색적인 또는 이론적인 철학책은 존재나 실존을 주로 다룰 때 형이상학적이 된다. 생성에 관한 책, 변화의 본질과 유형, 그 조건과 원인에 관한 책이라면, 본질을 다루는 철학에 속한다. 지식, 인간 지식의 원인, 범위, 한계 그리고 그 확실성과 불확실성을 다루는 책이라면 지식의 이론이라고 할 수 있는 인식론에 속한다. 이론 철학과 규범 철학을 구분하는 경계를 이루는 것은 선한 삶과 개인행동에서 옳고 그름에 대한 의문과 같이 윤리학 영역에 속하는 것들과, 선한 사회와 공동체와의 연관 속에서 개인의 행동에 대한 의문과 같이 정치 또는 정치 철학의 영역에 속하는 것들이다.

현대 철학과 위대한 전통

이 세상에 존재하는 것과 이 세상에서 일어나는 것, 또는 인간이 해야만 하고 추구해야만 하는 것에 관한 질문을 간단히 '1순위 질문'이라고 하자. 그렇다면 '2순위 질문'도 있을 것이다. 1순위 지식에 관한 질문, 1순위 질문에 답할 때 생각하는 내용, 언어로 그 생각들을 표현하는 방식에 관한 질문들이다.

1순위 질문과 2순위 질문을 구분하는 것은 철학에서 어떤 일이 일어나는지를 설명하는 데 도움이 된다. 오늘날 다수 철학자는 철학이 더는 1순위 질문들에 답할 수 있다고 믿지 않는다. 그들은 대부분 2순위 질문, 사고를 표현하는 언어와 연관이 있는 질문에만 관심을 둔다.

비판받을 만한 일이 전혀 없으므로 그들에게 가장 좋은 길일지도 모른다. 그런데 문제는 대체로 일반 독자들이 가장 관심이 큰 1순위 철학 질문을 완전히 포기해버린 것이다. 사실, 현대 과학이나 수학처럼, 철학책도 더는 일반인들을 위해 쓰이지 않는다. 2순위 질문에 관심이 있는 사람들도 소수이며, 과학자들처럼 철학자들도 동료 철학자 외에는 다른 사람들의 생각에 관심이 없다.

결국 현대 철학책은 철학자가 아닌 사람들이 읽기에 매우 어렵다. 현대 철학책이 2순위 질문과 관련된 것만 다루는 한 이 책에서도 현대 철학책을 어떻게 읽어야 하는지 충고해 줄 수 없다. 하지만 독자들이 읽을 수 있고, 읽어야만 하는 철학책들이 있으며 주로 1순위 질문들을 다룬다. 그리고 이 책들이 철학자뿐 아니라 평범한 독자들을 대상으로 쓰였다는 것도 우연은 아니다.

1930년대까지만 해도 철학책은 일반 독자들을 위해 쓰였다. 철학자들은 동료 철학자뿐 아니라 일반 지성인들도 읽기를 희망했다. 철학자들이 제기하고 답하려 했던 질문들은 모든 사람의 관심사였기에 누구나 철학자들이 생각하는 바를 알아야 한다고 생각했다.

플라톤 이후 걸작 철학책은 이런 관점에서 쓰였다. 이 책들은 일반인도 쉽게 접할 수 있는 것들이다. 원하기만 하면 읽을 수 있다. 이 장에서 이야기하려는 것은 바로 이를 도와주려는 것이다.

철학적 방법에 관해서

적어도 철학이 1순위 질문을 하고 이에 답하려는 것인 이상 철학적 방법이 무엇인지 알아두어야 한다. 앞에서 이야기한 어린아이와 같이 단순한 질문으로 고민하는 철학자라고 가정해 보자. 예를 들어,

존재하는 모든 것의 특성 또는 변화의 본질과 원인에 대한 질문으로 고민한다면 이제 어떻게 하겠는가?

만일 질문이 과학적이라면, 답을 하려고 실험이나 광범위한 관찰로 특별한 연구를 해야 한다. 만일 질문이 역사적이라면 다소 달라지겠지만, 역시 연구해야 한다는 것을 알 것이다. 하지만 존재하는 모든 것이 어떤 특성이 있는지를 보여 주는 실험은 없다. 변화가 무엇인지, 왜 변화가 일어나는지 알아내고자 들여다볼 문서도 없고 관찰해 볼 현상도 없다. 그 질문에 깊이 생각해 보는 수밖에 없다. 그렇다. 한마디로 사고 외에는 방법이 없다.

물론 완전한 백지상태에서 사고하는 것은 아니다. 훌륭한 철학이라면 결코 경험에서 분리된 '순수한' 사색일 수 없다. 생각은 아무렇게나 엮일 수 없다. 철학적 질문에 대한 답이 타당한지를 검사하는 엄격한 테스트가 있다. 그런데 이런 테스트는 인간이기 때문에 누구나 하는 경험, 그런 공통적 경험을 근거로 한다. 당신도 공통적 경험으로 변화라는 현상에 익숙할 것이다. 우리 주변에 있는 모든 것은 변화한다는 것을 보여야 한다. 변화를 경험할 수 있는 한 우리도 변화의 본질과 원인에 대해 위대한 철학자들과 같이 생각할 수 있다.

철학자는 우리보다 훨씬 더 잘 생각한다는 점에서 우리와 차이가 있다. 철학자들은 가장 날카로운 문제를 정형화하고, 신중하고 명확하게 답안을 작성했다. 어떻게 했을까? 연구로 그런 것이 아니다. 우리보다 더 많은 경험을 얻으려고 노력하기 때문도 아니다. 우리보다 경험을 더 깊이 생각하기 때문이다.

이해만으로는 충분하지 않다. 철학자들이 제기하고 답을 찾으려

애쓴 문제들이 모두 철학적인 것은 아니라는 점을 알아야 한다. 그러나 철학자 자신도 이 점을 늘 알고 있는 것은 아니며, 이런 중대한 문제에 대한 무지와 실수로 독자들을 어려움에 빠뜨릴 수도 있다. 이러한 어려움을 피하려면 진정한 철학적 문제와 철학자들이 다루기는 하지만 후대의 과학적 연구로 미루어 두어야 할 문제를 구분할 수 있어야 한다. 철학자들은 그러한 질문들도 과학적인 연구로 답할 수 있다는 점을 미처 알지 못했다.

그 한 예로 고대의 철학자들이 지구와 천체의 차이점에 관해 던진 질문을 살펴보자. 망원경이 없었던 그들이 관찰하기로는 천체에 장소의 변화만 일어나는 것 같았지, 식물이나 동물처럼 존재하다가 사라지는 것 같지도 않고, 크기 변화나 질적 변화가 있는 것 같지도 않았다. 지구상에 있는 것들은 모두 여러 측면에서 변하는 데 반해 천체는 장소 변화라는 한 가지 변화만 있기 때문에 고대인들은 천체와 지구가 서로 다른 물질로 구성되어 있다고 결론지었다. 망원경을 발명한 이후 천체는 우리가 공통적인 경험으로 알 수 있는 것보다 훨씬 더 변화한다는 지식을 얻게 되리라는 것을 고대인들은 전혀 짐작하지 못했다.

결국 고대 철학자들은 후대에 이루어질 과학적 연구로 그 답을 얻게 될 질문으로 남겨두었다. 그리고 이러한 연구는 갈릴레이가 망원경으로 목성의 위성들을 발견했을 때 시작되어 케플러가 천체는 지구상의 물체와 똑같다는 놀라운 주장을 하기까지 이르게 되었다. 그리고 우주 어디에 있든 상관없이 똑같은 운동의 법칙이 천체에 적용된다는 뉴턴 법칙의 바탕이 되었다.

전체적으로 볼 때, 혼란스러운 결과를 가져오기는 했지만 철학자들의 작품에 오점을 남긴 과학지식 부족이나 오해는 별로 심각한 문제는 아니다. 그 이유는 과학적 질문이나 역사학적 질문이 아니라 철학적 질문이기 때문이다. 그리고 다시 강조하지만, 그런 질문에 답하려면 사고하는 것 외에 방법이 없다. 존재의 특성을 관찰할 망원경이나 현미경을 만들 수 있다면 물론 그런 것을 이용해야 한다. 하지만 그런 장치는 있을 수 없다.

그런 실수는 철학자들만 하는 것이라고 말하려는 것은 아니다. 인간이 어떤 삶을 영위해야 하는가 하는 질문으로 고민하는 과학자를 상상해 보라. 이는 규범 철학에 속하는 질문으로 이에 답하는 유일한 방법은 그 문제를 사고하는 것뿐이다. 그런데 과학자가 이를 알지 못한 채 실험이나 연구로 답을 제시하려고 한다면? 1,000명에게 어떤 삶을 살고 싶은지 질문하고 그들의 답을 근거로 답을 제시하겠다고 마음먹을 수도 있다. 하지만 그런 답은 천체에 대한 아리스토텔레스의 생각이 틀렸던 것처럼 전혀 엉뚱한 것이 될 수 있다.

철학을 기술하는 스타일

철학을 하는 방법은 하나뿐이지만 서양의 위대한 철학자들이 사용해 온 해설 스타일에는 다섯 가지가 있다. 철학책을 읽는 학생이나 독자들은 그 스타일을 구분하고 장단점을 파악해야 한다.

1. 철학적 대화

철학을 처음 기술한 방법은 플라톤이 『대화』에서 사용한 방법이다. 그 스타일은 대화 형식에 구어체적이기까지 하다. 몇 사람이 소크라테스와 한 가지 주제를 놓고 토론하는데, 어설픈 이야기 끝에 소크라테스가 주제를 분명하게 보여 주는 데 도움이 될 만한 내용과 질문을 끌어낸다. 플라톤 같은 거장의 손에서 이 스타일은 독자들에게 스스로 깨닫게 하는 방법으로 사용되었다. 소크라테스의 이야기를 드라마 형식으로 보여 줄 때 이런 스타일은 매우 효과적이다.

위에서 '플라톤 같은 거장'이라고 표현했지만 그와 '같은' 철학자는 아무도 없다. 키케로나 버클리 같은 다른 철학자들도 대화 형식을 사용하지만 그다지 성공적이지 못해서 그들의 대화는 무미건조하고 지겹고 거의 읽지 못할 정도다. 플라톤이 지금까지 나온 그 어느 책에도 뒤지지 않을 만큼 재치 있고 재미있으면서도 심오한 철학적 대화를 기술했다는 것 자체가 그의 위대함을 보여 주는 것이다. 하지만 플라톤 외에는 아무도 그만큼 효과적으로 사용할 수 없었다는 것은 또한 철학을 기술하는 스타일로 부적절하다는 뜻이기도 하다.

화이트헤드가 말한 것처럼, 모든 서양 철학은 '플라톤이 쓴 책의 주석서'일 뿐이다. 후세 그리스인들도 이렇게 말했다. "내 생각이 가는 곳마다 이미 그곳에서 돌아오고 있는 플라톤을 만난다." 하지만 이를 잘못 이해해서는 안 된다. 플라톤은 어떤 철학적 체계나 학설을 정립하지는 않았다. 그래서 우리는 계속 이야기해 나가야 한다. 그리고 계속 질문도 던져야 한다. 플라톤과 그의 앞에 있던 소크라테스가 후세 철학자들이 반드시 다루어야 할 중요한 질문들을 제기하도록 발판을 마련해 놓았기 때문이다.

2. 철학 논문이나 에세이

아리스토텔레스는 플라톤의 가장 훌륭한 제자로 20년 동안 플라톤 문하에서 공부했다. 아리스토텔레스도 대화를 썼다고 하지만 현재 전해지는 것은 없다. 남아 있는 것은 어려운 몇 가지 주제에 관한 지독히 어려운 에세이들뿐이다. 아리스토텔레스는 분명히 훌륭한 사색가였는데 학자들은 현재 남아 있는 저서들이 너무 어려워 원래 강의용 책이었거나 자신이 쓴, 또는 스승의 말을 듣고 어느 제자가 쓴 해설서였으리라고 생각한다. 그 진위는 알 수 없지만 어쨌든 아리스토텔레스의 논문은 새로운 스타일이었다.

아리스토텔레스가 다룬 주제와 그가 사용한 스타일은 그 후 몇 세기 동안 철학하는 방법과 그 분야를 정립하는 데 도움이 되었다. 무엇보다 대중적인 책을 썼는데, 대부분 대화로 된 그 책들 가운데 하나만 전해진다. 그리고 문서집이 있다. 우리가 잘 아는 문서집 가운데 158개 그리스 도시 국가의 헌법을 모아놓은 것이 있다. 그중 1890년 한 고문서에서 찾아낸 아테네 헌법만이 남아 있다. 마지막으로 물리학, 형이상학, 윤리학, 정치학, 시학 같은 것을 다룬 논문들이 있는데 이론적이거나 규범적인 순수철학책들이다. 이 가운데 『영혼에 관하여』와 같은 책은 철학 이론과 초기 과학 연구를 혼합해 놓았다. 그리고 생물학 논문과 같이 자연사 분야의 과학책도 있다.

이마누엘 칸트는 철학적으로는 플라톤의 영향을 많이 받았지만 아리스토텔레스의 스타일을 사용했다. 그의 논문은 어떤 면에서 아리스토텔레스와 달리 순수예술 작품이라고 할 수 있다. 먼저 주요 문제를 이야기하고 나서 철저하고 조직적인 방법으로 주제를 다루고, 마지막에 가서 특별한 문제를 다룬다. 칸트와 아리스토텔레스의 명쾌함은 하나의 주제가 순서에서 나타난다. 즉 철학적인 시작과 중간, 끝이 있다. 특히 아리스토텔레스의 경우, 다른 철학자들이나 일반인들의 견해와 반대 견해를 설명해 준다.

이런 점에서 볼 때 논문 스타일은 대화 스타일과 비슷하다고도 볼 수 있다. 하지만 칸트나 아리스토텔레스의 논문에는 드라마의 요소는 없다. 플라톤처럼 견해 차이나 의견 차이를 보여 주기보다는 직설적인 설명으로 철학적 견해를 피력하고 있다.

3. 반대 견해에 대처하기

토마스 아퀴나스의 『신학대전』에서 완성된 중세 철학 스타일은 앞에서 이야기한 두 가지 스타일과 비슷하다. 플라톤은 오늘날까지 이어지는 철학적 문제들을 제기했고, 소크라테스는 어린아이처럼 단순하지만 심오한 질문을 대화 형식으로 물었다. 그리고 아리스토텔레스는 다른 철학자들의 반대를 인식하고 그에 답했다. 아퀴나스의 스타일은 질문을 던지고 반대 의견에 답하는 혼합된 스타일이다. 『신학대전』은 논문, 질문 등 여러 항목으로 나뉘어 있는데, 각 항목의 형식이 똑같다. 즉 질문하고, 그 질문에 반대되는(틀린) 답을 제시하고, 그 답이 틀렸음을 보여 주는 주장을 펼친다. 우선 성경에서 인용된 것과 같은 권위 있는 텍스트를 이용해서 반박하고 마지막으로 '내 대답은'이라고 시작되는 자신의 대답이나 결론을 제시한다. 그 문제에 대한 자신의 견해를 밝히고 틀린 주장에 각각 대응하는 것이다.

일반인들은 깔끔하고 체계적인 이 스타일을 좋아하는데, 아퀴나스가 철학을 기술하는 가장 중요한 특징은 이것이 아니다. 반대 견해를 분명히 인식하고, 자신과 다른 견해를 제시하고, 자신의 의견에 대한 반대에 일일이 대응하려는 것이 더 돋보인다. 진리는 반대와 갈등에서 도출된다는 생각은 중세에 일반적인 것이었다. 아퀴나스 시절의 철학자들은 학생들이나 관심 있는 사람들이 모여 공개 토론을 할 때 자기 견해를 방어할 준비가 되어 있어야 했다.

중세시대에는 책이 별로 없고 구하기도 힘들었으므로 구두로 논쟁할 수밖에 없었다. 공개 토론으로 반대 의견들의 검증을 거치지 않고는 진리로 받아들여지지 않았다. 철학자는 고독한 사색가가 아니라 소크라테스가 말한 지식 시장에서 적들과 맞서는 자들이었다. 따라서 『신학대전』은 논쟁과 토론의 정신으로 새겨진 작품이다.

4. 철학의 체계화

17세기에 데카르트와 스피노자라는 뛰어난 두 철학자가 네 번째 스타일을 발전시켰다. 인간 지식의 본질을 체계화하는 데 수학이 적격이라는 생각에 매료된 이 두 철학자는 수학을 체계화하는 방식과 비슷하게 철학을 체계화하려고 했다.

데카르트는 위대한 수학자였으며, 몇 가지 틀린 점도 있지만 당당한 철학자이기도 했다. 그는 철학에 수학의 옷을 입히려 했다. 2,000년 전 유클리드는 기하학에서 정립한 형식적인 틀과 명확성을 철학에 부여하려고 했다. 완전히 성공하지는 못했지만, 사고에 대한 명확성과 정확한 구분을 요구한 그의 노력은 당시 혼란스러운 지적 분위기에서 어느 정도 인정받을 수 있었다. 또 다소 전통적인 형식으로 자신의 견해에 반대하는 의견에 대응하는 글을 포함한 철학 논문을 쓰기도 했다.

스피노자는 그 개념을 더 발전시켰다. 그는 명제, 증거, 추론, 부명제, 주석과 같은 것들로 엄격한 수학적 형식에 따라 『에티카』를 썼다. 형이상학과 도덕적인 주제에 대해서는 이런 방식이 그다지 만족스럽지 않다. 아무래도 철학보다는 기하학이나 그 밖의 수학적 주제를 다루는 데 적절하다. 스피노자 책을 읽을 때도 뉴턴 책을 읽을 때처럼 상당한 부분 뛰어넘어도 괜찮다는 데서 이를 알 수 있다. 칸트나 아리스토텔레스의 책을 읽을 때는 건너뛸 수 없다. 논리적 전개가 연결되어 흐르기 때문이다. 그리고 희곡이나 시를 건너뛰며 읽을 수 없듯이 플라톤의 책도 그렇다.

절대적인 수사학적 원칙 같은 것은 없을지도 모른다. 그럼에도 스피노자가 시도했던 것처럼 수학적 형식으로 철학책을 쓴다는 것이나, 갈릴레이가 그랬던 것처럼 대화 형식으로 과학책을 쓴다는 것이 정말 가능한 일인지는 의문스럽다. 사실상 두 사람 모두 전달하고 싶은 것을 전달하는 데 실패했으며, 그 주요 원인은 그들이 선택한 방법에 있는 것 같다.

5. 격언체 스타일

앞에서 말한 네 가지 스타일만큼 중요하지는 않지만 언급하고 넘어가야 할 스타일이 하나 있다. 니체가 『차라투스트라는 이렇게 말했다』에서 사용했고 몇몇 프랑스 철학자도 사용한 격언체 스타일이다. 19세기에 이런 스타일이 인기가 있었던 것은 서양 독자들 사이에서 대두된 동양의 지혜서에 대한 관심 때문일 것이다. 또는 파스칼의 『팡세』를 모델로 한 것일지도 모른다. 물론 파스칼은 짧은 수수께끼 같은 문장의 형태로 자기 책을 남기려 한 것은 아니고 에세이 형식으로 책을 마무리하기 전에 세상을 떠나서 그렇다.

격언체 스타일의 큰 장점은 스스로 터득하게 한다는 것이다. 독자는 실제로 쓰여 있는 것보다 더 많은 이야기를 하는 것 같다는 느낌을 받는데, 언급된 내용을 연결하고 자기 견해를 논리적으로 주장하며 더 많이 생각하게 되기 때문이다. 하지만 동시에 큰 단점도 있는데, 전혀 해설적이지 않다는 것이다. 저자는 치고 달리는 주자와 같아서 주제를 이야기하고, 그에 대한 진실성을 제시하고 나서는 옹호하는 내용도 없이 다음 주제로 넘어가 버리고 만다. 따라서 시를 좋아하는 사람들이 격언체 스타일의 철학책을 좋아하지만, 저자의 생각 흐름을 따라가거나 비평하기를 좋아하는 진지한 철학자들은 이를 싫어한다.

우리가 아는 한 이외에 서양에서 사용된 주요 철학 스타일은 없다. 모든 철학자가 꼭 이 다섯 가지 스타일 중 하나를 사용한다는 것은 아니다. 어떤 철학자는 둘 이상의 스타일을 사용하기도 한다. 또 과거나 현재나 논문 또는 에세이 스타일이 일반적인데, 칸트처럼 매우 형식적이고 어려운 책에서 대중적 에세이나 서한집 같은 책까지 광범위하게 적용된다. 대화 스타일은 쓰기 어려운 것으로 유명하며 기하학적 스타일은 쓰기도 어렵지만 읽기도 매우 어렵다. 격언체 스타일은 철학적 견지에서 볼 때 가장 적합하지 않은 스타일이다. 토마스 아퀴나스와 같은 스타일은 요즈음 별로 사용하지 않는다. 그 모든 장점에도 불구하고 현대 독자들이 좋아하지 않는다는 것은 부끄러운 사실이다.

철학책을 잘 읽는 데 도움이 되는 실마리

지금까지 이야기한 내용으로, 철학책을 읽을 때 가장 중요한 것은 그 책에서 답하려는 물음을 찾아내는 것이라는 사실을 분명히 알 수 있다. 그 질문은 분명하게 언급될 수도 있고 은연중에 드러날 수도 있다. 어떤 경우든 그 질문을 찾아내야 한다.

이 질문에 저자가 어떻게 답하는가 하는 문제는 그의 기본적인 의견에 큰 영향을 받는다. 앞서 바실 윌리의 글에서 저자가 언급하지 않은 숨은 가정을 찾아내는 것이 얼마나 어려운 일인지 살펴보았다. 어느 책이나 그렇지만 특별히 철학책은 더더욱 그런 어려움이 있다. 위대한 철학자는 부정직하게 자기 가설을 숨기거나 정의나 주장을 불분명하게 표현한다는 비난을 받지 않는다. 어느 누구보다도 분명하게 보여 주는 것이 대가들의 특징이다.

그럼에도 위대한 철학자들은 그들 책의 기조가 되는 특정한 기본적 견해가 있다. 그 책에서 이야기한다면 이를 파악하기 어렵지 않다. 하지만 그 책에서는 이야기하지 않고, 다른 책에서 다룰 수도 있다. 아니면 어느 한 권에서 분명하게 다루지 않고 모든 작품에 배어 있을 수도 있다. 철학자들의 기본적인 주장을 예를 들어 설명하기는 어렵다. 철학자들이 반박할 수도 있고, 여기서는 그런 반박에 대응할 여유도 없다. 그렇지만 플라톤의 기본적 견해는 철학적 주제에 대한 대화가 인간 행위 중 가장 중요한 것이라고 할 수 있다. 이런 기본적 주장은 특히 대화 스타일에서는 전혀 드러나지 않는다. 소크라테스가 『변명』에서 깊이 성찰되지 않은 인생은 살 가치가 없다고 했을 때 자신의 기본 생각을 이야기한 것일지도 모르지만 말이다. 플라톤도 『제7서한』에서 이를 언급하는데, 문제는 다른 곳에서도 간단하게나마 그런 견해를 표현했다는 것이다. 예를 들어 『프로타고라스』나 『국가』 1권에서 말이다.

아리스토텔레스의 예도 찾아볼 수 있다. 아리스토텔레스의 책을 읽을 때 중요한 것은 그 책에서 이야기하는 것이 언제나 다른 책에 있는 내용과 관련되어 있다는 것을 염두에 두어야 한다는 사실이다. 그래서 『논리학』에서 설명해 놓은 논리의 기본 원칙은 『물리학』의 밑바닥에도 깔려 있다.

또 한 가지 중요한 것은 아리스토텔레스의 논문이 그 하나로 완성된 책이 아니라 그 기본적 원칙이 늘 만족스러울 만큼 명확하게 언급되지 않는다는 점이다. 『윤리학』에서는 행복, 습관, 덕, 쾌락 등 많은 것을 이야기하는데, 그의 기본 사상은 매우 주의 깊게 읽지 않으면 파악할 수 없다. 행복은 '최고'의 선이 아니라 '전체'선이라는 것이 그의 기본 사상이다. 최고의 선은 많은 선 가운데 하나일 뿐이기 때문이다. 이러한 생각이 『윤리학』에 담긴 모든 사상과 견해에 영향을 주지만 분명하게 언급되어 있지는 않다.

하나의 예가 더 있다. 칸트의 성숙한 사상은 비판 철학이라고 알려져 있다. 그는 '비판'과 '독단'을 대조했는데, 그가 말하는 '독단'은 인간 지성의 한계를 인식하지 못한 채 순수한 사고만으로 가장 중요한 진리에 도달할 수 있다는 억측을 뜻한다. 칸트는 제일 먼저 필요한 일이 정신의 원천과 힘에 대한 비판적인 조사와 평가라고 한다. 즉 그 이전의 철학자들에게서는 찾아볼 수 없는 인간 정신의 한계가 그의 기본 원칙이다. 『순수이성비판』에서는 분명하게 언급해서 완전히 드러나 있지만 미학에 관한 그의 명저 『판단비판』에서는 언급하지 않았다. 그래도 그의 기본적인 견해는 똑같다.

철학책에서 기본 견해를 찾아내는 것에 대해 말해 줄 수 있는 것은 이것이 전부다. 어떻게 찾아야 하는지 확실하게 말해 줄 수 있는 것이 아니기 때문이다. 때로는 이를 찾아내는 데 몇 년씩 걸린다. 읽고 또 읽으면서 말이다. 그렇지만 바로 이것이 책을 잘 읽고 철저하게 읽어야 하는 이상적인 목적이다. 그리고 이것이야말로 궁극적으로 저자를 이해하려면 해야 할 일임을 명심해야 한다. 기본적인 사상을 찾아내는 것이 아무리 어려워도 지름길을 택하라고 권하지는 않겠다. 스스로 얻은 깨달음은 다른 사람의 생각보다 훨씬 가치 있다.

저자의 기본 사상을 발견했다면 이제는 그가 책에서 이를 잘 지켜나가는지 살펴보아야 한다. 불행히도 가장 위대한 철학자라고 하는 사람조차 그렇지 못할 때가 있다. 에머슨은 일관성이란 '정신없는 장난꾸러기'라고 했다. 참 태평스러운 표현이다. 어쨌든 철학자가 일관성이 없다는 것은 심각한 문제임이 틀림없다. 만일 어느 철학자가 일관성이 없다면, 처음부터 이야기한 것이 진짜인지, 결론에 가서 달라진 것이 진짜인지 가려내야 한다. 어쩌면 둘 다 아닐 수도 있다.

철학책을 읽는 것은 철학과 과학의 차이점과 관련된 특성이 있다. 여기서는 형이상학적 논문들이나 자연철학에 관한 책과 같이 이론적 철학책에 대해서만 생각해 보려고 한다.

철학이 다루는 문제는 사물의 본질을 과학처럼 기술하는 것이 아니라 설명하는 것이다. 철학은 현상들의 관계 이상의 것을 질문하고, 그 현상의 밑바닥에 놓인 궁극적인 원인과 조건을 꿰뚫어 보려고 한다. 이러한 문제들을 만족할 만하게 탐구하려면 그 답이 명쾌한 논리적 주장과 분석으로 뒷받침되어야만 한다.

그러므로 독자는 단어의 의미와 처음에 나오는 명제를 파악하는 데 큰 노력을 기울여야 한다. 철학자들도 과학자들처럼 전문용어를 사용하는데, 보통 일상적인 언어에서 쓰는 단어를 특별한 의미로 사용한다. 그래서 독자들은 신경 써서 읽어야 한다. 친숙한 단어들을 평범하게 사용하는 경향으로만 생각하는 데서 그친다면 그 책이 도대체 무슨 말을 하는지 알아듣지 못하고 만다.

물론 철학적 토론에서 사용하는 기본 용어들은 추상적인데, 이는 과학에서도 마찬가지다. 일반적 지식은 추상적 용어를 사용하지 않고는 표현할 수 없다. 추상적이라고 특별히 어려운 것은 없다. 일상생활에서 대화할 때 사용하는 것이다. 하지만 사람들은 '추상적', '구체적'이라는 단어들을 어려워한다.

평범한 이야기에서 추상적 단어를 사용한다. 감각을 통해 지각하는 것은 언제나 특정하고 구체적이며, 머리로 생각하는 것은 항상 추상적이고 일반적이다. '추상적인 단어'를 이해한다는 것은 그 단어가 표현하는 개념을 가지고 있다는 뜻이다. '개념을 가지고 있다'는 것은 구체적으로 경험한 것의 일반적 양상을 이해한다는 것이다. 그렇게 말하는 일반적 양상은 볼 수도, 만질 수도, 상상할 수도 없다. 그럴 수 있다면 감각과 정신 사이에는 아무런 차이도 없는 것이다. 일반적인 개념이 지칭하는 것을 상상하려고 하는 사람은 아무리 애써봐야 골치만 아프고 추상적인 것들에 좌절감만 느낄 것이다.

과학책을 읽을 때 독자가 초점을 맞춰야 할 것이 귀납적 논증이어야 한다면, 철학책을 읽을 때는 철학자의 원칙에 온 주의를 기울여야 한다. 독자가 추정해 봐야 하는 것일 수도 있고 자명한 것일 수도 있다. 어쨌든 가정을 해보는 데는 아무 어려움도 없지 않은가. 반대 전제일지도 모르지만 그다음 어떤 내용이 나오는지 보기 위해서라도 그냥 가정해 보는 것이다. 믿지 않는 것을 믿는 척해 보는 것도 정신 운동에 좋을 수 있다. 그리고 자신의 잘못된 판단을 분명히 알게 될수록 다른 사람들이 저지른 오판을 하지 않게 된다.

철학자의 기본 주장을 제대로 이해하지 못하는 문제는 원인이 다른 데 있다. 저자에게 분명해 보이는 자신의 기본 명제들은 어떻게든 책에 드러나게 마련이다. 그런데 그런 명제들은 다른 명제들로 입증되기보다는 경험에서 직접 나온다.

명심할 것은, 여러 번 이야기했듯이, 철학자의 기본 주장을 이끌어낸 경험은 과학자의 특별한 경험과는 다른 인류의 공통적 경험이다. 철학자들은 실험실에서 일하지 않는다. 따라서 철학자들의 기본 주장을 이해하고 검증하려면 체계적 연구로만 얻을 수 있는 특별한 경험 같은 것은 필요하지 않다. 독자의 상식과 현재 살고 있는 이 세계에 대한 일상적 관찰만 있으면 된다.

다른 말로 하면, 철학책을 읽는 방법은 철학책을 쓰는 방식과 비슷하다. 풀어갈 문제 앞에 서 있는 철학자는 생각하는 방법 외에는 해결 방법이 아무것도 없다. 독자도 철학책에서 보여 주는 문제 앞에 서 있다면 읽는 방법, 즉 생각하며 읽는 수밖에 없다. 도움을 받을 수 있는 것도 인간의 정신 외에는 아무것도 없다.

독자와 책의 이러한 필연적 고독은 분석하며 읽는 원칙을 이야기할 때부터 짐작할 수 있었던 문제다. 이제 앞에서 설명한 대로 그 어떤 책보다도 철학책을 읽을 때 독서 원칙을 더욱더 적용해야 하는 이유를 알 것이다.

어떤 답을 따를까

훌륭한 철학 이론서들은 훌륭한 과학 논문처럼 수사학적이거나 선동적이지 않다. 저자의 '인격'을 우려하거나 사회적·경제적 환경을 조사할 필요도 없다. 하지만 그 저자와 같은 문제를 다루는 철학자들의 작품을 읽어 볼 필요가 있다. 철학자들은 사상의 역사 속에서 서로 오래 대화한다. 누군가의 이야기에 마음을 굳히기 전에 그 대화에 귀 기울여 보는 것이 좋다.

철학자들도 서로 의견이 다르다는 사실은 독자에게 별로 문제가 되지 않는다. 두 가지 이유 때문에 그렇다. 첫째, 오래된 문제인데도 의견이 다르다는 사실은 그 문제가 풀리지 않은 또는 풀 수 없는 문제임을 보여 준다. 어디에 진짜 수수께끼가 있는지 알아내는 것은 좋다. 둘째, 다른 사람들과 의견이 다르다는 데 그다지 신경 쓸 필요는 없다. 독자가 할 일은 스스로 마음먹는 것뿐이다. 즉 철학자들이 쓴 책을 바탕으로 한 길고 긴 대화에서 어느 것이 참되고 어느 것이 그른지 판단하면 된다. 그리고 철학책을 잘 읽어야, 즉 같은 주제에 대해 다른 철학자들의 책도 읽어야 판단할 자격이 생긴다.

사실, 철학적 질문들의 가장 두드러진 특징은 누구나 스스로 그 질문에 답해야 한다는 사실이다. 다른 사람의 의견을 받아들이는 것은 문제를 해결하는 것이 아니라 회피하는 것이나 마찬가지다. 그리고 그 답은 뒷받침해 주는 견고한 기반이 있어야 한다. 즉 과학처럼 전문가의 증언에 의지할 수 없다는 뜻이다.

그 이유는 철학자들이 던지는 물음은 다른 누군가가 던지는 물음보다 훨씬 중요하기 때문이다. 어린아이들은 제외하고.

신학책 읽는 법

신학에는 자연 신학과 교의학 두 종류가 있다. 자연 신학은 철학의 한 지류로 형이상학의 마지막 장쯤 된다. 예를 들어, 인과관계가 끝없는 과정인지, 모든 것은 그 원인이 있는지를 묻고, 거기에 그렇다고 답한다면 자신이 원인의 원인을 찾아 끝없이 되돌아가는 과정에 빠져 있다는 것을 깨닫게 된다. 따라서 그 자체의 원인을 가지고 있지 않은 최초의 원인을 설정해야 한다. 아리스토텔레스는 이 원인이 없이 생긴 원인을 움직임 없이 움직이게 하는 것, 부동不動의 동인動因이라고 불렀다. 이를 어떤 이름으로 부르든—하나님을 부르는 다른 이름이라고까지 할 수 있다—중요한 것은 아무런 도움 없이—본능적인 작용으로–머릿속에 있는 그 개념에 도달했어야 한다는 것이다. 교의학은 그 기본적 주장이 어떤 종교의 전달자를 신봉하는 신앙에 대한 사항들이라는 점에서 철학과 다르다. 교의학 연구는 교리와 그 교리를 전파하는 교회의 권위에 좌우된다.

신앙이 없고 어느 교파에도 속하지 않는 사람이라도 수학의 가설을 다루는 것과 똑같이 그 교리를 다루면 책을 '잘' 읽을 수 있다. 하지만 염두에 두어야 할 것은 신앙에 관한 이야기라고 신앙이 있는 사람만이 이해할 수 있는 것은 아니라는 사실이다. 신앙이 있는 사람에게 신앙은 불확실한 견해가 아니라 지식의 가장 확실한 형태다.

오늘날은 이런 책을 읽기 힘들어하는 독자들이 많은데, 그들은 교의학 책에 대해 한두 가지 잘못된 생각을 한다. 첫째는 저자의 기본 주장이라고 할 신앙 조항을 일시적이나마 이해하기 꺼린다는 점이다. 그러면 독자는 저자의 기본 주장에 대한 반발로 책을 읽기 어렵고, 결국 전혀 눈을 돌리지 않는다. 둘째는 교리적인 책이라고 해서 그 안에 있는 주장이나 이를 뒷받침하는 추론, 결론, 모두 완벽하게 앞뒤가 잘 맞는다고 생각한다는 점이다. 물론 일리가 있지만 추론 과정에 설득력이 없다면 가장 받아들여지기 쉬운 기본 주장마저 엉뚱한 결론을 끌어내는 책들도 있을 수 있다.

여기서 이야기하는 것은 신앙이 없는 독자가 신학책을 읽을 때 어려움에 부딪히게 된다는 것이다. 그런 독자는 신학책을 읽는 동안 저자의 기본 주장을 인정하고, 다른 책들을 읽을 때와 마찬가지로 주의를 기울여 읽으면 된다. 신앙이 있는 독자도 어떤 어려움에 부딪히겠지만 유독 신학책을 읽을 때만 생기는 문제는 아니다.

경전 읽는 법

읽기에 아주 흥미 있는 책이 한 가지 있다. 지금까지 한 번도 이야기를 꺼내지 않은 이 책을 우리는 '경전'이라고 한다. 예전에는 '신성하다'거나 '거룩하다'고 했지만 지금은 경전을 그렇게 생각하지 않는다. 그 대표적인 예가 성경이다. 정통 마르크스주의자들에게는 마르크스의 책이 성경처럼 읽힌다. 마오쩌둥의 책도 '신실한' 중국 공산주의자들에게는 경전이나 마찬가지다.

경전의 개념은 위의 책들과 같은 것으로 국한되지 않는다. ① 교육기관, ② 가르칠 교리, ③ 믿고 따르는 무리가 있는 교회나 정당, 단체와 같은 기구를 생각해 보자. 그 구성원들은 그런 책들을 '경건하게' 읽고 그 권위를 의심하지 않는다. 신앙인들은 그들이 가지고 있는 신앙 때문에 그 '신령한' 책에 있는 오류나 말도 안 되는 이야기를 발견하지 못한다.

정통 유대인들은 구약성서를, 기독교인들은 신약을, 이슬람교도들은 코란을, 마르크스주의자들은 마르크스나 레닌, 스탈린이 쓴 책을, 정통 프로이트 심리학자들은 프로이트 책을, 미 육군 장교들은 보병교범을 그렇게 읽는다. 이 외에도 훨씬 많은 예를 찾아볼 수 있다.

사실, 대부분 완전히 경전이라고 할 수는 없을지라도 경전처럼 읽어야 할 것들이 있다. 법학도는 고시에 합격하려고 특정한 책들을 이런 식으로 읽어야 한다. 의사나 다른 전문가들도, 우리 모두, 마치 교수가 해석해 준 대로 책을 읽지 않으면 '낙제'할지도 모르는 위험을 안고 있는 학생들처럼 그렇게 읽어야 할 책이 있다(물론 모든 교수가 학생들이 자기와 의견이 다르다고 해서 학생들을 낙제시키지는 않는다).

이런 책 읽기의 특징은 '정통orghodox'이라는 한 단어로 표현할 수 있다. 이 말은 '옳은 의견'이라는 뜻의 그리스어에서 유래했다. '하나밖에 없는 유일한 옳은 책 읽기'가 있다면 바로 이런 책들을 위한 것이다. 다른 책 읽기나 해석에 비하면 '기본'도 모른다는 말부터 지독한 욕까지 먹을 만한 그런 책 읽기일지도 모른다. 그리고 의무처럼 읽히는 특성도 있다. 신실한 독자는 그 책을 '이해해야 할 의무'와 그 안에 있는 내용이 어떤 의미에서든 '진실'하다는 것을 깨달아야 할 의무가 있다. 혼자서 할 수 없다면, '도와줄 수 있는 누군가를 찾아야 할 의무'도 있다. 목사, 랍비, 어느 학파의 지도적 인사, 교수 등을 말이다. 어쨌든 자신에게 주어진 답을 받아들여야 할 의무도 있다. 본질적으로 자유라는 것이 없는 책 읽기일지도 모르지만 다른 책을 읽을 때는 결코 얻을 수 없는 충만함을 얻을 수 있다.

이제 여기서 멈추어야 한다. 성서를 읽는 문제는 책 읽기 분야를 통틀어 가장 어려운 문제다. 하나님 말씀이라는 믿음이 있다면 말이다. 성서를 어떻게 읽어야 하는지를 다루는 책은 일반 책을 읽는 기술을 다루는 책보다 훨씬 많다. 하나님 말씀은 분명히 인간이 읽을 수 있는 책 가운데 가장 어렵게 쓰였다. 하지만 그것이 하나님 말씀이라고 믿는다면 읽어야 할 책 중 가장 중요한 책이다. 그리고 성도들은 이 어려운 과제를 감당하려고 노력한다. 적어도 유럽 사회에서 성서는 책 이상의 의미를 가지지만 '책'이라는 말도 맞는다. 가장 많은 사람이 읽었을 뿐 아니라, 가장 신중하게 읽히는 책이기 때문이다.

19장
사회과학책 읽는 법

오늘날 우리가 읽는 거의 모든 책이나 글에 사회과학이라는 개념과 용어가 퍼져 있다.

예를 들어 현대의 신문, 잡지 등은 "언제, 어디서, 누가, 무엇을, 어떻게, 왜"라고 간단히 사실을 보고하는 데서 그치지 않는다. 언론인들은 뉴스를 해설하고 논평하고 분석하는 일까지 한다. 그리고 이렇게 해설하고 논평하는 데 사회과학의 개념과 용어를 도입한다.

이러한 개념과 용어는 사회 비평이라는 제목으로 분류되는 상당수 책과 글에도 반영되어 있다. 오늘날 인종 문제, 범죄, 법 집행, 빈곤, 교육, 복지, 전쟁과 평화, 좋은 정부와 나쁜 정부 같은 주제의 문헌이 쏟아져 나온다. 그중에는 사회과학 사상과 용어를 빌려 쓴 것들이 많다.

사회과학 문헌은 논픽션에만 국한되지 않고 픽션이라고 할 만한 중요한 범주가 있다. 그 목적은, 예를 들어, 기술혁신의 사회적 중요성을 탐구하도록 사회의 모델을 만든다든가 하는 것이다. 소설, 희곡, 영화, 텔레비전 등에서는 사회 권력의 구성, 재산과 소유의 유형, 부의 분배 등을 묘사하고 있다. 이들은 사회적 중요성이 있다거나 '현대적 메시지'를 담고 있다고 말할 수 있는데, 사회과학의 요소들을 도입하기도 하고 유포하기도 한다.

더 나아가 이 분야 전문가들은 그런 문제에 자발적·적극적으로 대처해 나가는 공공기관의 요청을 받아 정치, 사회, 경제에 대해 다루지 않는 문제가 거의 없을 지경이다. 사회과학 전문가들은 이런 문제들을 공식화하는 데 도움을 주거나 도움을 달라는 요청을 받는다. 사회과학 분야가 점점 확산되는데도 우리는 사회과학책을 고등학교나 대학에 가서야 처음 접하게 된다. 사실, 사회과학 과목을 수강하는 학생들은 종전의 문학이나 언어 과목을 수강하는 학생들보다 훨씬 앞서가고 있다. 그리고 사회과학 수강생은 '순수'과학을 다루는 과목을 수강하는 학생보다 훨씬 많다.

사회과학이란 무엇인가

지금까지 사회과학이 단 하나의 독립된 학문 분야인 것처럼 이야기했다. 하지만 결코 그렇지 않다. 그렇다면 사회과학은 무엇인가? 이 질문에 답하는 한 가지 방법은 사회과학이라는 이름 아래에 있는 대학 학과를 알아보는 것이다. 사회과학대학에는 보통 인류학과, 경제학과, 정치학과, 사회학과 등이 있다. 대학 안에서 하는 학문으로, 인간 사회의 체계적인 지식을 추구하는 학과라고 볼 수 있다. 법학, 교육학, 경영학, 행정학, 복지학 등은 이와 달리 대학 밖의 직업적 훈련을 주요 목표로 한다는 이유로 사회과학의 개념과 방법을 도입했는데도 사회과학대학에 포함하지 않을 때도 있다.

오늘날에는 대학에서 학과 간 교류를 위한 기구나 센터 등을 많이 세우는 추세다. 여기서는 종래의 사회과학이나 직업학교 분야를 서로 뛰어넘어 통계학, 인구학, 선거학(투표와 선거에 관한 학문), 정책 결정, 사원채용과 처우, 행정, 인간 생태학 등의 이론과 방법을 연구한다. 그리고 수십 가지가 넘는 이런 분야의 전문가들이 이룩한 지식을 통합한 보고서나 연구 결과를 만들어낸다. 그런 연구 결과나 결론이 타당한지 판단하는 문제는 접어 두더라도, 어떠한 분야의 노력이 엮여 있는지 판별하는 데조차 상당한 지식이 필요하다.

심리학은 어떤가? 사회과학이 문화, 제도, 배경적 요소에 초점을 맞추는 반면, 심리학은 개인적 특성에 관한 것이라고 볼 수 있는데, 자신들의 분야를 엄밀하게 따지는 사회과학자들은 이런 이유로 심리학을 사회과학 분야에서 제외하려는 경향이 있다. 그렇지 않은 사회과학자들은, 생리 심리학은 생물학 분야에 넣지만, 개인도 사회 환경과 떨어질 수 없다는 이유로 그 외의 심리학은 사회과학에 포함시킨다. 심리학은 학생들 사이에 인기가 아주 많은 과목이다. 미국에서는 어느 과목보다도 심리학 수강생 수가 많다. 그리고 심리학 문헌도 가장 전문적인 수준에서 가장 대중적인 수준까지 종류가 엄청나게 많다.

행동과학은 어떤가? 어떤 점에서 사회과학에 속한다고 볼 수 있는가? 원래 행동과학이라는 용어는 사회학, 인류학, 생물학에서 행동에 관련된 부분, 경제학, 지리학, 법학, 심리학, 정신의학, 정치과학 등을 포함한다. 행동을 강조하는 것은 체계적으로 조사할 수 있고 증명 가능한 결과들을 만들어낼 수 있는 행동, 즉 관찰할 수 있고 측정할 수 있는 행동임을 강조한 것이다. 최근에 행동과학이라는 용어는 사회과학이라는 용어와 거의 동의어처럼 쓰이지만 많은 학자는 이렇게 사용하는 데 반대한다.

마지막으로 사학은 어떤가? 사회과학이 역사 연구로 많은 자료와 일반화된 표본을 얻는다는 것은 널리 알려진 사실이다. 하지만 역사를 특정한 사건과 인물에 대한 설명이라고 볼 때, 체계적인 지식을 구성한다는 좁은 의미에서는 과학이라고 할지 몰라도, 모형들에 대한 체계적 지식이나 행동과 발전에 대한 법칙이 저절로 만들어진다는 의미에서 볼 때는 과학이 아니다.

그렇다면 사회과학이 무엇인지 정의할 수 있는가? 적어도 사회과학 서적을 읽는 법을 설명하는 이 장에서만은 정의할 수 있다. 어느 사회과학자나 인정하는 대로 인류학, 경제학, 정치학, 사회학 같은 분야는 사회과학의 핵심을 이룬다. 여기에 덧붙여 모두는 아니라도 법학, 교육학, 행정학 분야의 많은 서적, 경영학, 사회복지학 분야, 심리학 서적 상당수가 사회과학책에 속한다고 해도 사회과학자들이 용인하리라고 본다. 부정확한 면이 없지 않지만, 다음 내용을 계속 읽어가면 더욱 분명하게 규정지을 수 있다.

사회과학책 읽을 때 쉬운 점

상당수 사회과학책은 가장 읽기 쉬운 글처럼 보인다. 자료들은 독자들이 낯익은 경험에서 나왔고—이런 점에서 사회과학은 시나 철학과 비슷하다—설명하는 스타일은 소설이나 역사책을 읽을 때와 같은 이야기 방식이다.

게다가 우리는 사회과학 용어에 친숙하고 종종 이 용어를 사용하기도 한다. 문화, 내부집단, 소외, 지위, 입력/출력, 인프라 구조, 인종적, 행동주의적, 인구조사 등과 같은 용어는 일상생활에서 대화할 때나 글을 읽을 때 자주 접하는 것들이다.

'사회'라는 단어를 보자. 그 앞에 붙일 수 있는 형용사가 얼마나 많은지 카멜레온 같은 단어이지만, 혼자서보다는 더불어 살아가는 사람들을 가리키는 그 광범위한 개념은 여전히 그 안에 스며 있다. 예를 들면, 이상異常 사회, 미개 사회, 풍성한 사회, 첨단 사회, 원시 사회, 상류 사회 등 끝도 없이 나올 수 있다.

'사회적'이라는 형용사는 친숙한 의미를 지닌 단어다. 사회적 권력, 사회적 압력, 사회적 약속과 어느 곳에나 있는 사회적 문제까지 널리 쓰인다. 특히 사회적 문제라는 말은 사회과학에 관한 글을 쓰거나 읽을 때 사회적이라는 단어가 그럴듯하게 쉽게 사용된 것을 찾아볼 수 있는 좋은 예다. 당신은 지난 몇 주 동안, 아니면 몇 달 동안 '정치적·경제적·사회적 문제'라는 구절을 한 번 이상 읽거나 써본 적이 있을 것이다. 그리고 정치적·경제적 문제가 무슨 뜻인지 분명히 알 것이다.

그렇다면 저자가 사회적 문제라고 했을 때도 어떤 뜻으로 썼는지 아는가? 사회과학에서 많이 쓰이는 전문용어나 은유는 그 안에 스며 있는 깊은 정서와 더불어 읽기 쉽다는 착각을 하게 한다. 그 말들이 가리키는 것들은 독자들에게 이미 친숙한 것들로, 거의 매일 읽고 듣는다. 더 나아가 독자는 그 단어들에 확고한 느낌이나 의견을 가지고 있다. 철학도 우리가 공통으로 알고 있는 세계를 다루지만, 철학적 물음에는 '명확한' 견해를 갖기가 쉽지 않다. 하지만 사회과학이 다루는 문제에 대해서는 확고한 견해를 갖는다.

사회과학책 읽을 때 어려운 점

역설적이게도 사회과학책을 읽기 쉬운 것으로 보이게 하는 바로 그 요소들이 읽기 어렵게도 한다. 예를 들어 마지막에 언급한 요소를 생각해 보자. 독자는 저자가 다루는 문제에 어떤 관점이 있으리라는 것이었다. 그런데 많은 독자는 읽고 있는 것에서 멀리 떨어져서 개인적이지 않은 질문을 해야 하는 책임을 다하지 못할까 봐 걱정한다. 하지만 분석적으로 읽을 때는 이를 피할 수 없다. 책 읽기 원칙, 특히 윤곽을 파악하고 해석하는 원칙에서 이를 은연중에 보여준다.

책을 읽을 때 해야 하는 질문 가운데서 처음 두 가지에 답하려면, 시작하기 전에 독자 의견을 먼저 점검해 보아야 한다. 책에서 무슨 이야기를 하는지 귀 기울이기를 꺼린다면 그 책을 이해할 수 없다. 사회과학책에 나오는 용어나 명제들을 이미 잘 알고 있다는 것 또한 이해하는 데 장애가 된다. 많은 사회과학자도 이를 알고 있다. 그들은 과감히 대중적 잡지나 신문 등에서 전문적인 용어나 개념을 사용하기를 거부한다. 그 한 예가 국민총생산GNP이다. 전문 경제서적에서 이 개념은 비교적 제한된 의미로 사용된다. 하지만 기자들이나 칼럼니스트들은 이런 개념을 지나치게 광범위하게 사용한다. 진짜 무슨 뜻인지도 모르면서 말이다. 분명히 저자가 핵심 용어를 혼란스럽게 사용하면 독자도 혼란스럽지 않을 수 없다.

사회과학과 물리학, 화학과 같은 이른바 자연과학을 구분하는 것으로 이 점을 분명히 해보자. 순수과학 분야의 과학책 저자는 자신의 가설과 증명하고 싶어 하는 것, 자신이 사용하는 단어의 의미를 분명하게 보여 주고 명제들도 파악하기 쉽게 해놓는다. 지식을 전달하는 서적을 읽을 때는 용어를 파악하고 명제들을 찾는 것이 중요한데, 대부분 책은 독자들을 위해 책에 이러한 작업을 쉽게 해놓았다는 것을 뜻한다. 그래도 여전히 수학책을 읽기가 어려울 수 있다.

결론을 뒷받침해 주는 실험이나 관찰 근거나 논증을 확실히 파악하지 못하면 그 책을 비평하기 어렵다. 즉 맞는 이야기인가? 그래서? 라는 두 가지 질문에 답을 하기 어렵다. 그럼에도 이런 과학책을 읽는 것이 지식책들 중 쉬운 편에 속한다.

다른 말로 하면, 순수과학자들은 "자신의 용법을 명기해 놓았다" 라고 할 수 있다. 즉 자신의 주장을 논리적으로 펴가는 데 어떤 용어들이 필수적인지, 어떻게 사용하는지 알려준다. 이는 보통 책 첫머리에 정의, 조건, 원칙 등의 형태로 나타나 있다. 용법을 명기하는 것은 이 분야의 특징이기에 게임과 같다거나, '게임 구조'가 있다고들 한다. 용법을 명기하는 것은 게임의 원칙을 세우는 것과 같다. 포커 같은 카드 게임을 하고 싶다면 정해놓은 규칙을 따라 해야지 투페어와 트리플의 순서를 바꾸자는 둥 왈가왈부해서는 안 된다. 마찬가지로 자연과학책을 읽을 때도 저자가 명기한 내용을 그대로 받아들이고 읽어야 한다.

얼마 전까지만 해도 용법을 명기한다는 것이 사회과학에서는 흔하지 않았다. 사회과학이 전형적으로 수학화하지 않았다는 것과 사회과학이나 행동과학에서 용법을 명기하는 것이 자연과학보다 '더 어렵다'는 두 가지가 이유 때문이었다. 원이나 이등변 삼각형을 정의하는 것과 경제 침체나 정신 건강과 같은 것을 정의 내리는 것은 별개 문제다. 사회과 학자가 그런 용어의 정의를 내리려 해도 독자는 그 용법에 의문을 품는 경향이 있다. 결국, 사회과학자는 책을 써 내려가는 동안 내내 그 단어의 의미를 규정짓느라 고민하고 그 고민은 독자들에게 문제가 된다.

사회과학책을 읽기 어려운 가장 중요한 원인은 그 분야 서적들이 순수한 한 가지 분야이기보다는 여러 분야가 섞인 데서부터 비롯한다. 앞에서 역사가 어떻게 소설과 과학의 혼합물이 되는지, 그리고 이 사실을 염두에 두고 어떻게 읽어야 하는지를 살펴본 적이 있다. 이런 식으로 뒤섞인 책들은 많고 읽은 적도 많을 것이다. 하지만 사회과학에서는 상황이 다르다. 사회과학책은 과학, 철학, 역사, 소설적 요소까지 다양하게 뒤섞여 있다.

사회과학이 항상 같은 종류들로만 뒤섞여 있다면 이미 이에 익숙해졌을지도 모른다. 하지만 전혀 그렇지 않다. 이 책에서 저 책으로 마구 변해 가는 듯한 책 속에서 독자들은 읽는 내용이 어떤 분야의 특성이 있는지 알기에도 바쁘다. 책마다 서로 달라 읽기가 어려운데, 한 권을 읽는 동안에도 달라지니 구별하기가 정말 어려운 일이다.

분석하며 책을 읽을 때 독자가 밟아야 할 첫 단계는 무엇에 관한 글인가 하는 질문에 답하는 것이었다. 소설의 경우에는 답하기가 쉽다. 과학책이나 철학책도 비교적 답하기 쉽다. 역사책도 혼합된 형태이지만, 적어도 독자는 자신이 역사를 읽고 있다는 것 정도는 안다. 하지만 사회과학을 이루는 다양한 분야의 특성들은 독자에게 그 질문에 답하기 매우 어렵게 만든다. 사실, 그 문제는 사회과학을 정의 내리는 문제만큼이나 어렵다.

그럼에도 분석하며 읽으려면 그 질문에 어떻게든 답을 해야 한다. 단순히 부과된 과제가 아니라 가장 중요한 일이다. 읽고 있는 책이 어떤 분야의 특성이 있는지 파악할 수 있다면 그 책을 이해하는 길에 들어선 것이다.

사회과학책의 윤곽을 파악하는 데는 특별한 문제가 없지만 저자가 주로 사용하는 용어의 의미를 파악하는 것은 매우 어렵다. 용법을 제대로 명기하지 못하는 저자의 무능력 때문이다. 그렇지만 핵심 용어는 보통 일반적 의미로 이해해도 가능하다. 거기서부터 명제와 논증으로 넘어가면 되는데, 훌륭한 책이라면 이에 별문제가 없다. 하지만 그래서?라는 질문은 독자에게 상당한 제약을 가한다. 그리고 여기서 전에 설명한 상황이 벌어질 수 있다. 즉 독자가 "저자의 결론을 비난할 수는 없지만, 그 의견에 찬성하지 않아"라고 말하는 상황 말이다. 이는 저자의 방법과 그 결론에 대해 독자가 지닌 편견 때문에 생긴다.

사회과학 문헌 읽기

이 장에서는 '사회과학책'이라고 하지 않고 '사회과학 문헌'이라는 말을 자주 쓰는데, 그 이유는 사회과학에서는 한 가지 주제를 다룬 책을 여러 권 읽는 것이 관례이기 때문이다. 사회과학이 고전이라고 할 만한 책이 거의 없는 비교적 새로운 분야이기 때문만은 아니다. 사회과학을 읽을 때 기본적으로 '특정한 저자나 책'보다 '특정한 문제'에 눈을 두기 때문이다. 예를 들어 법 집행에 관심이 있어 그 주제에 관해 책을 수십 권 읽을 수도 있고 인종 관계나 교육, 세금, 지방자치에 관심을 가지고 읽을 수도 있다. 어떤 주제든 권위 있는 서적이라고 할 만한 것이 단 한 권이 아니기에 여러 권을 읽어야 한다. 사회과학 저자들 스스로 시대에 맞춰 끊임없이 개정판을 내놓는 데서 이를 알 수 있는데, 그 새 책은 금세 이전 판을 구판으로 만들어 버리고 만다.

앞에서 살펴본 대로 철학도 어느 정도 비슷한 상황이다. 철학자를 완전히 이해하려면 그에게 영향을 주고, 그가 읽었던 철학책도 읽어야 한다. 역사도 어느 정도는 그렇다. 과거의 진실을 발견하려면 책을 한 권 이상 읽는 것이 좋다. 하지만 이러한 분야에서는 명작을 한 권 찾아볼 수 있는 그만큼 가능성이 크다. 그런데 사회과학은 다르다. 한 권을 읽는 것보다 여러 권을 읽어야 할 필요성이 훨씬 크다.

한 가지 주제로 여러 권을 읽을 때 분석하며 읽는 원칙을 그대로 적용할 수 없다. 물론 한 권씩 읽을 때는 그 원칙들을 지키며 읽어야 한다. 하지만 여러 권을 잘 읽으려면 새로운 원칙이 필요하다. 이제 분석하며 읽기라는 제3수준의 책 읽기에서 통합적인 책 읽기라는 제4수준으로 넘어갈 때가 되었다. 사회과학의 특징으로 생긴 그 필요성을 이해했다면 넘어갈 준비도 충분히 갖춰진 셈이다. 사회과학을 왜 제3부 마지막 장에서 다루었는지 그 이유도 분명하게 알게 되었을 것이다. 지금까지 이야기한 내용은 모두 이런 식으로 구성되어 있다.

우리는 실용서를 읽는 데서 시작했다. 실용서는 독자가 그 책의 내용을 인정하고 동의한다면 어떤 행동을 해야 할 의무가 있다는 점에서 다른 책들과 다르다. 그러고 나서 소설과 시를 다루었는데, 이들은 지식을 전달하는 책들과는 다른 특수한 문제들이 있다. 마지막으로 과학과 수학, 철학, 사회과학과 같은 이론적이면서 지식을 전달하는 세 부류의 서적을 다루었다. 사회과학은 통합적으로 읽어야 할 필요성 때문에 마지막에 다루었다. 따라서 이 글은 3부의 맺음말이면서 4부의 서론인 셈이다.

HOW TO READ A BOOK

4부

책 읽기의 궁극적 목적

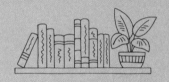

20장

통합적 읽기

◆ 독서의 제4수준 ◆

지금까지 한 가지 주제를 다룬 책을 두 권 이상 읽는 법에 대해서는 구체적으로 이야기하지 않았다. 어떤 분야는 두 권 이상 읽는 것이 좋다든가, 어떤 관련된 책과 저자들을 같이 읽는 것이 좋다든가 하는 이야기를 가끔 하기는 했다. 통합적 읽기를 하려면 먼저 특정한 주제를 다룬 책을 두 권 이상 읽어야 한다는 것을 알아야 한다. 그다음 일반적으로 어떤 책들을 읽어야 하는지 알아야 한다. 이 두 번째 사항이 첫 번째보다 훨씬 어렵다.

'같은 주제를 다룬 책 두 권 이상'이라는 구절을 살펴보면 금세 그 어려움을 알 수 있다. '같은 주제'란 무슨 뜻인가? 역사의 한 시대나 사건과 같은 주제라면 쉽게 알 수 있다. 하지만 다른 영역에서는 그렇게 분명하게 드러나지 않는다. 『바람과 함께 사라지다』나 『전쟁과 평화』는 모두 전쟁에 대한 소설이지만 그 이상 닮은 점은 없다. 스탕달의 『파르마 수도원』은 톨스토이 소설에서와 똑같은 나폴레옹 전쟁 이야기를 다룬다. 하지만 둘 다 전쟁 이야기도 아니고 일반적 전쟁 소설도 아니다. 전쟁은 그 이야기의 상황과 배경을 제공하지만 저자가 우리 관심을 고정하는 것은 이야기다. 물론 전쟁에 대해서도 뭔가를 알게 된다.

사실, 톨스토이도 스탕달이 워털루 전투를 설명한 것을 읽고 많은 것을 알게 되었다고 했다. 하지만 전쟁을 공부하려는 목적으로 이런 소설을 읽는 사람은 없다. 소설만 그렇다고 생각했을지도 모른다. 소설가는 지식을 전달하는 책을 저술하는 방식과 다르게 글을 쓴다는 사실 때문에 말이다. 하지만 지식을 전달하는 책에서도 이럴 수 있다.

예를 들어 사랑에 관심이 있다고 해보자. 사랑을 다룬 책은 엄청나게 많으니 읽을 책의 목록을 만드는 것은 별로 어렵지 않다. 사람들에게 물어본다든지, 도서관 열람카드를 살펴본다든지, 그 주제에 대한 훌륭한 논문에 나와 있는 참고도서 목록을 본다든지 해서 읽고 싶은 책의 목록을 만들었다고 해보자. 소설가나 시인 같은 문학가들이 사랑을 주제로 다룬 책을 많이 썼겠지만 특별히 그 이외의 책에서 고르려 한다고 해보자. 이제 그 목록에 있는 책을 살펴보자. 무엇을 알아냈는가?

대충 훑어보기만 해도 무척 광범위하다는 것을 알게 된다. 사랑이라 불리는 인간의 행동은 한두 가지가 아니다. 인간의 영역으로 국한할 수도 없다. 어느 정도 책을 읽어 본 사람이라면 사랑은 우주의 거의 모든 것이 가지고 있는 속성이라는 것을 알 수 있다. 즉 존재하는 모든 것은 사랑을 하거나 사랑을 받는다.

사람들은 돌멩이가 지구의 중심을 사랑한다고 말한다. 불꽃의 상향 운동도 사랑의 작용이며, 자석에 철이 이끌리는 것도 사랑의 효과라고 한다. 고등 동물은 말할 것도 없고 아메바, 짚신벌레, 달팽이, 개미의 사랑하는 일생에 관해 쓴 책들도 있다. 인간에 대해서 말하자면, 많은 저자가 남자, 여자, 어린아이, 자기 자신, 인류, 돈, 예술, 가정, 정의, 주장, 직업, 모험, 사상, 전원생활, 사랑 그 자체, 비프스테이크나 와인 등에 대한 사랑을 이야기한다는 것을 알 수 있다. 어떤 논문에서는 천체의 운동이 사랑의 영감을 받아서 이루어진다고 썼고, 천사와 악마는 그 사랑의 질이 다르다고 쓴 논문도 있다. 그리고 기독교에서 하나님은 사랑이라고 이야기한다.

이렇게 광범위한데 우리가 연구하는 주제가 무엇이라고 어떻게 설명할 수 있겠는가? 하나의 주제가 있기는 할까? "음악을 사랑한다", "꽃을 사랑한다", "인류를 사랑한다"라는 말은 똑같은 의미로 사랑한다는 말을 사용하는 것일까? 사람들은 음악을 즐겨 듣지만 꽃이나 인류는 즐겨 들을 수 없고, 꽃을 잘 가꾸거나 돌볼 수 있지만 음악이나 인류를 잘 가꿀 수는 없다. 인류를 사랑한다는 것이 무슨 뜻이든 음악이나 꽃을 사랑하는 것과는 다르다. 그런데 모두 똑같은 단어를 사용한다. 겉으로는 드러나지 않는 어떤 깊은 이유가 있는 걸까? 질문이 아무리 어렵더라도 '같은 주제'가 무엇을 뜻하는지 알아야 답을 할 수 있다.

이런 혼란스러운 상황에서 결국 인간 사이의 사랑으로 국한해 버릴지도 모른다. 방금 전 이야기한 세 가지 사랑과는 상관없이, 동성이든 이성이든, 비슷한 또래든 아니든, 어떤 사랑이든 말이다. 하지만 그 인간의 사랑에 대해 몇 권만 읽었다 해도 여전히 광범위하다는 것을 알 것이다. 예를 들어 어떤 저자는 소유욕 또는 모든 동물이 이성에게 이끌리는 감정을 성적 욕구라 하고, 어떤 저자는 순수하게 베푸는 것이 사랑이라고 한다. 그렇다면 '자신'을 위해 뭔가가 필요한 소유욕과 '타인'의 유익에 필요해서 나오는 베풂은 어떤 공통점이 있는가?

인간의 사랑에 대한 다양한 개념에서 공통적 의미를 찾아낼 수 있다고 생각해 보자. 실제로 그렇게 할 수 있다고 생각한다. 그렇게 공통적 의미를 찾아냈다고 해서 모든 문제가 해결된 것은 아니다. 사람들 사이에서 사랑이 어떻게 드러나는지 살펴보자.

남자와 여자는 연애할 때와 결혼 후 사랑이 똑같을까? 20대와 70대일 때 사랑도 똑같을까? 여자는 남편에 대한 사랑과 자녀에 대한 사랑이 똑같을까? 자녀는 자라는 동안 부모에 대해 똑같은 사랑을 품고 있을까? '사랑'과 '우정'은 언제나 다른 감정을 지칭하는 말인가? 나이가 달라도 친구가 될 수 있을까? 재산이나 학력 등에 차이가 있어도 친구가 될 수 있을까? 형제자매도 서로 친구가 될 수 있을까? 돈을 꿔준 사람과 빌린 사람도 친구가 될 수 있을까? 그렇지 못하다면 그 이유는? 남학생은 선생님을 사랑할 수 있을까? 선생님이 이성이냐 동성이냐에 따라 차이가 있을까? 인간은 로봇을 사랑할 수 있을까? 행성에서 온 우주인이 있다면 그를 사랑할 수 있을까? 한 번도 만난 적이 없는 영화배우나 대통령을 사랑할 수 있을까? 누군가를 미워한다면, 이 또한 사랑의 다른 표현일까?

사랑에 대한 책을 읽으면서 떠올릴 수 있는 정말 몇 가지 안 되는 질문이다. 이외에도 많지만 이쯤에서 그만두자. 그런데 통합적인 읽기에는 묘한 패러독스가 있다. 통합적으로 읽는다는 것이 같은 주제에 대해 두 권 이상의 책을 읽는 것이므로 읽기 전에 주제를 이미 파악했다는 뜻이겠지만, 다 읽고 나서야 주제를 알게 된다는 역설이다.

사랑의 경우 수십 수백 권을 읽고 나서야 비로소 지금 무엇을 읽고 있는지 파악할 수 있다. 그리고 다 읽고 나서는 그중 절반이 주제와는 상관없는 내용이라는 것을 알게 될 것이다.

통합적으로 읽기 전 살펴보기

책을 읽는 네 가지 수준은 상위 수준에 그 이전의 하위 수준이 모두 포함되어 누적되는 특성이 있다고 여러 번 이야기했다. 이제 통합적 읽기에서 그것이 무슨 뜻인지 설명할 때가 되었다.

살펴보기와 분석하며 읽기 사이의 관계를 설명할 때, 살펴보기의 두 단계, 훑어보기와 겉만 핥아보기는 분석하며 읽기의 두 단계를 대비한 것이라고 했다. 훑어보기는 어떤 책을 읽든 그 주제를 파악하고, 어떤 종류의 책인지 알아보고, 그 구조를 파악하는, 분석하며 읽기의 첫 번째 단계를 대비한 것이다. 겉만 핥아보기는 저자가 사용한 단어의 의미를 파악하고, 명제를 파악하고, 이어 그 논증을 파악하면서 책 내용을 해석하는 두 번째 단계를 대비한 것이다.

마찬가지 방식으로 살펴보기와 분석하며 읽기는 통합적인 읽기를 위한 준비라고 생각할 수 있다. 살펴보기가 독자들에게 유용한 도구가 되는 것은 바로 통합적 읽기에서다.

사랑이라는 주제로 쓰인 수백 권의 도서목록이 있다고 생각해 보라. 그 책들을 모두 분석하며 읽는다면 그 주제도 잘 알게 될 뿐 아니라 어떤 책이 주제에 맞고 어떤 책은 별 상관없는 책인지도 알게 될 것이다. 그런데 책을 수백 권 분석하며 읽으려면 10년은 족히 걸릴 것이다. 하루 종일 이 일에만 매달려 있다 해도 몇 달이 걸릴 것이다. 앞에서 언급한 대로 통합적 읽기의 패러독스에도 분명히 지름길이 필요하다.

그 지름길은 바로 훑어보기 기술이 제공해 준다. 많은 도서목록이 있을 경우 제일 먼저 할 일은 '그 목록에 있는 책을 모두 훑어보는 것'이다. '모두' 훑어보기 전에 분석하며 읽어서는 안 된다. 훑어보며 읽는다고 복잡한 주제를 다 알 수 있게 된다든가, 저자가 전해 주는 지혜를 다 얻는 것은 아니지만 두 가지 기본 기능을 수행하게 된다. 첫째, 주제에 대한 분명한 이해를 얻을 수 있어서 목록에 있는 '어떤' 책을 분석적으로 읽을 때 도움이 된다. 둘째, 방대한 양의 도서목록을 처리하기 쉽게, 적은 양으로 줄여 준다.

학생, 특히 대학원생이나 연구생들에게 이보다 더 좋은 충고는 없을 듯싶다. 경험상 이 정도 고등 교육을 받은 학생들은 능동적으로 분석하며 읽는 능력이 있다. 많지는 않지만, 그리고 완벽하다고 할 수도 없지만, 적어도 그 학생들은 책에서 알맹이를 얻는 법과 이를 조리 있게 진술하는 법과 계획한 대로 활용하는 법을 안다. 하지만 '어떤 책을 다른 책보다 빨리 읽는 법'을 모른다면 그들의 노력은 대단한 헛수고가 될 것이다. 책마다, 글마다 똑같은 시간과 똑같은 노력을 기울인다면, 결국 좋은 책을 그만큼 잘 읽지 못하고, 쓸데없는 책에 시간 낭비를 하는 셈이 된다.

살펴보기 실력이 있는 독자는 머릿속에 있는 독서 카드에 책을 분류하고 그 내용을 대충이나마 아는 데서 그치지 않는다. 아주 짧은 시간에 '그 책이 주제에 관해 뭔가 중요한 이야기를 하는지 아닌지'를 알아낸다. 아직 그 뭔가가 무엇인지 정확히 모르지만 말이다. 아마 그 내용은 다음 수준의 책 읽기로 알게 될 것이다. 어쨌든 그는 둘 중 하나는 알게 되었다. 다시 들여다보아야 할 책인지, 아무리 재미있고 알려주는 것이 많아도 다시 읽을 필요가 없는 책인지.

사람들이 종종 이런 충고를 무시하는 데는 이유가 있다. 분석하며 읽을 때, 실력 있는 독자는 초보 독자라면 나눠서 밟아야 할 단계들을 한꺼번에 밟는다고 했다. 마찬가지로, 통합적으로 책을 읽기 위한 이런 준비 단계, 즉 어떤 책들을 분석하며 읽기 전에 모든 책 목록을 살펴보는 일도 분석하며 읽는 것과 동시에 할 수 있을 듯이 보인다. 하지만 아무리 실력 있는 독자라도 그럴 수는 없다. 많은 젊은 학자가 이런 실수를 했다. 이 두 단계를 하나로 묶을 수 있다는 생각으로 모든 책을 똑같은 속도로 읽었다. 이는 어떤 책을 읽을 때 너무 빠른 속도일 수도 있고 너무 느린 속도일 수도 있다. 그래서 결국 그들이 읽는 책 대부분을 제대로 읽지 못한 것일 수도 있다.

살펴보기로 읽기에 적당한 책들을 파악했다면, 이제 통합적 읽기를 시작하면 된다. 여기서 "그 책들을 분석적으로 읽으라"라고 하지 않고 통합적으로 읽으라고 한 것을 눈여겨봐야 한다. 물론 주제에 맞는 문헌들을 하나씩 분석적으로 읽어야 한다. 하지만 "분석적으로 읽는 기술은 한 권만 읽을 때 적용된다"라는 사실을 잊어서는 안 된다. 분석하며 읽는 것은 바로 그 책을 이해하려는 것이 목적이기 때문이다. 앞으로 살펴보겠지만, 통합적으로 읽을 때는 그 목적이 다르다.

통합적 읽기의 다섯 단계

이제 통합적으로 읽는 법을 설명할 준비가 되었다. 수많은 책을 살펴본 후 조사하고 싶은 주제에 대해 꽤 알 수 있을 만한 책들을 파악했다. 이제 어떻게 할까?

통합적 읽기에는 다섯 단계가 있다. 원칙이라 하지 않고 단계라고 했다. 왜냐하면 그중 어느 한 단계라도 밟지 않으면 통합적으로 읽기가 매우 어려워지기 때문이다. 이제 순서대로 살펴본다.

1단계 : 관련된 문단을 찾아라

분석적으로 읽는 법을 알고 있으니 원한다면 그 책들을 철저하게 읽을 수도 있다. 하지만 이는 각각의 책을 우선시하고 알고 싶은 문제는 그다음이 되는 셈이니 순서가 뒤바뀐 것이다.

"통합적인 책 읽기에서 중요한 것은 독자와 독자가 관심이 있는 주제이지 그 책이 아니다."

따라서 첫 단계는 관련 있다고 판단된 책들을 모두 다시 살펴보는 것이다. 그 목적은 필요한 내용에 가장 부합되는 문단들을 찾으려는 것이다. 그 책의 내용 전체가 주제나 알고 싶어 하는 문제와 직접 연관되어 있지는 않다. 아주 드문 경우지만 만일 그렇다면 그 책을 빨리 읽어야 한다. 그 책을 읽는 것이 목적이 아니라 다른 목적, 즉 어떤 문제에 대한 관점을 알아내려고 읽는다는 사실을 잊지 않도록 말이다.

앞에서 이야기한 대로 그 책이 관련 있는 책인지 아닌지 파악하려고 책을 살펴볼 때 이 단계를 동시에 밟을 수도 있다. 대부분 그렇지만 항상 그럴 수 있으리라고 생각해서는 곤란하다. 책을 살펴보는 첫째 목적이 통합적으로 읽으려는 주제에 맞는 책을 찾으려는 것이었음을 잊으면 안 된다. 목록에 있는 많은 책을 살펴보기 전까지는 알고 싶어 하는 문제를 충분히 이해하지 못할 수도 있다. 그래서 '관련 있는 책'을 파악하면서 동시에 '관련 있는 문단'을 찾아내려고 하는 것은 위험한 일일 수도 있다. 책을 잘 읽는 실력 있는 독자가 아니라면, 혹은 주제를 이미 잘 알고 있지 않다면, 이 두 단계를 따로 떼어서 읽는 것이 좋다.

여기서 중요한 것은 통합적으로 읽는 과정에서 처음에 읽은 책과 나중에 읽는 책 사이에 차이점을 알아내는 것이다. 나중에는 그 문제나 주제를 좀 더 분명히 알게 된 후 읽게 되므로 그 두 단계를 동시에 밟을 수 있다. 하지만 처음에는 엄격하게 분리해서 읽어야 한다. 그렇지 않으면 관련 문단을 찾는 데 심각한 오류를 범할지도 모르고 나중에 이 오류를 수정하느라 많은 시간과 노력을 낭비하게 될 것이다.

무엇보다 독자가 해야 할 과제는 그 특정한 책을 모두 이해하는 것이 아니라, '저자가 그 책을 쓴 목적과는 거리가 멀지도 모르는 관계에서' 그 책이 어떻게 유용한지 알아내는 것이다. 이 단계에서 저자의 의도는 별로 중요하지 않다. 저자는 의도한 바 없이 독자가 문제를 풀어가는 데 도움을 줄 수 있다. 통합적으로 읽을 때 독자가 읽는 책은 독자에게 도움을 주는 것이지 다른 게 아니다. 이런 의미에서 볼 때 통합적으로 읽는 것은 독자가 최대한 능동적으로 책을 읽는 것이다. 분석하며 읽는 것도 능동적으로 읽는 것이지만 독자는 그 책을 주인을 섬기는 듯한 관계 속에서 읽는 것이다. 통합적으로 읽을 때는 독자가 바로 주인이 되어야 한다.

따라서 저자와 예전과는 다소 다른 방식으로 협약해야 한다.

2단계: 저자에게 단어의 의미에 맞추도록 하라

해석하며 읽을 때(분석하며 읽기의 2단계), 첫 번째 원칙은 저자와 협약하는 것, 즉 저자가 사용하는 핵심어를 찾아내고 그 단어를 어떻게 사용했는지 알아내는 것이었다. 하지만 이제 수많은 저자를 만나야 하는데, 그들이 모두 똑같은 단어를 똑같은 의미로 사용할 리 없다.

"이제는 다름 아닌 독자가 중요한 단어를 선정하고, 거꾸로 저자에게 그에 맞추도록 해야 한다."

통합적으로 읽을 때 가장 어려운 단계일지도 모른다. 정말 저자에게 '자신의 언어를 사용하는 것이 아니라 독자의 언어를 사용'하도록 만든다는 것이다. 평범한 책 읽기 습관은 이와 반대다. 몇 번이나 지적했듯이, 분석하며 읽고 싶은 책의 저자는 우리보다 더 뛰어난 사람이다. 책이 걸작일수록 그렇다. 그래서 그 책을 이해하려고 아무리 능동적으로 읽어도 저자가 사용하는 단어의 의미나 그 주제로 엮은 내용을 그대로 받아들이는 경향이 있다. 그러나 통합적으로 읽을 때, 저자의 용어를 그대로 받아들이면 금세 길을 잃고 말 것이다. '그 저자'의 책은 이해할지 모르지만, 다른 책은 이해할 수 없고, 결국 독자가 관심을 둔 주제에 대해 많은 것을 알아낼 수 없게 된다.

우리는 어느 저자의 용어든 그대로 받아들이기를 단호하게 거부할 뿐 아니라, 어느 저자의 용어도 우리에게 도움이 되지 않으리라는 사실을 기꺼이 받아들여야 한다. 다시 말해, 독자와 저자 사이에 용어가 일치하는 일이 있어도 우연일 뿐이라는 사실이다. 그리고 이런 우연의 일치는 불편하다. 어느 저자가 사용한 어떤 용어를 사용한다면 그가 사용한 다른 용어도 사용하고 싶어지기 때문이다. 이는 도움이 되기는커녕 방해만 될 뿐이다.

간단히 말해, 통합적으로 읽는 것은 상당한 번역 연습이라고 볼 수 있다. 프랑스어를 영어로 번역하는 식으로 번역하는 것을 말하는 게 아니다. 하지만 어떤 언어를 공통으로 쓰든 독자가 풀어가려는 문제에는 구체적인 관심이 없어서 이를 다루는 이상적인 용어를 만들어내지 않았을지도 모르는 수많은 저자에게 공통적인 용어를 부여하는 것이다.

통합적으로 읽으면서 용어들을 설정하는 데는 두 가지 유익이 있다. 첫째, 한 사람이나 단 몇 사람이 아니라 모든 저자를 이해하는 데 도움이 될 수 있고, 둘째, 독자가 문제를 풀어가는 데 도움이 될 수 있다. 이를 이해하면 세 번째 단계로 넘어가게 된다.

3단계: 질문을 명확히 하라

해석하며 읽을 때 두 번째 원칙은 저자의 핵심 문장을 찾아내는 것이다. 그리고 더 나아가 저자의 명제들을 이해하는 것이다. 명제는 저자가 중요하게 생각하는 단어들로 만들어지는데, 독자도 통합적으로 읽을 때 이와 비슷한 일을 해야 한다. 하지만 이 경우 독자가 중요한 용어를 설정했으니 "중립적인 명제들을 설정하는 것도 독자의 과제다." 이렇게 하는 가장 좋은 방법은 알고 싶은 문제에 관한 질문의 틀을 만들고, 저자들에게 각각 답하도록 하는 것이다.

이는 매우 어려운 일이다. 질문은 문제를 풀어가는 데 도움이 되는 방식과 순서로 만들어져야 하는데, 저자들이 답할 수 있는 방식으로도 그 틀을 짜야 하기 때문이다. 어려운 것은 독자가 답을 얻어야 할 질문을 저자는 질문으로 다루지 않을 수도 있다는 점이다. 주제에 대한 시각은 독자와 저자가 매우 다를 수도 있다.

때로는 저자가 독자 질문에 아무런 답도 내놓지 않을 수도 있다는 사실을 받아들여야 한다. 이 경우, 그 저자는 질문에 침묵하거나 답을 정하지 않았다고 기록해야 한다. 하지만 답을 분명하게 보여 주지 않을지라도 은연중 나타나는 답을 찾아볼 수 있다. 그리고 '만일' 그 저자가 질문에 대해 생각했다면 그런 식으로 대답했으리라고 결론지어야 한다. 이때 저자 입에서 직접 답을 얻으려는 욕심을 부려서는 안 된다. 그렇다고 다루는 문제에 대한 명백한 답만 중요시할 수도 없다. 이런 식으로 답을 찾다가는 아무 문제도 풀지 못한다.

앞에서 연구하는 데 도움이 되는 순서로 질문을 던져야 한다고 했다. 물론 그 순서는 주제에 따라 다르지만 일반적으로 살펴보면, 먼저 '연구하고 있는 현상이나 사상의 실체, 특성'에 대해 질문해야 한다. 저자가 그런 현상이 실재한다든가 그런 사상에 어떠한 특성이 있다고 이야기한다면, 그다음으로 '그 현상은 어떻게 알려졌는지 또는 그 사상은 어떻게 드러나는지'를 질문해야 한다. 그리고 마지막으로, '앞에서 했던 질문들에 대한 답의 결론'을 물어야 한다.

모든 저자가 똑같이 답하지는 않을 것이다. 만약 그렇게 한다면 만장일치의 답을 얻어낸 것이니 아무 문제도 없다. 하지만 저자들은 서로 다르게 답할 것이므로 통합적으로 읽으면서 다음 단계를 밟아야 한다.

4단계: 쟁점을 규정지으라

질문이 명확하다면, 저자들이 각기 다르게, 어쩌면 찬성과 반대로 양분될지도 모르는 답을 한다면 쟁점을 규정지어야 한다. 이렇게 답한 저자와 저렇게 답한 저자 또는 반대로 답한 저자 사이의 쟁점 말이다.

모든 저자가 두 가지로만 답했다면 쟁점은 비교적 단순하다. 하지만 하나의 질문에 그 이상 답을 하게 마련이다. 그 경우 서로 반대되는 답을 나눠 놓고 관점에 따라 구분해야 한다.

질문을 똑같이 이해했는데도 상반되는 답을 하는 경우 진짜 쟁점이 생긴 것이다. 하지만 생각만큼 흔한 경우는 아니다. 답이 서로 다른 것은 '주제에 대한 견해 차이'에 따른 것인 만큼 '질문에 대한 개념 차이'도 그 원인이 된다. 통합적으로 읽을 때 독자가 해야 할 일은 쟁점이 분명하게 엮일 수 있도록 규정짓는 것이다. 이러한 작업으로 독자는 어떤 저자도 사용하지 않은 방식으로 질문의 틀을 형성해야 할 때도 있다.

다루고 있는 문제를 이야기하는 과정에서도 쟁점이 많을 것이다. 하지만 이들은 분류가 된다. 예를 들어, 연구하는 사상의 특성에 대한 질문은 수많은 쟁점을 낳을 수 있다. 질문과 밀접한 관계가 있는 수많은 쟁점은 그 주제에 대한 '논쟁'이라고 할 수 있다. 이러한 논쟁은 복잡할지도 모른다. 이를 명쾌하게 알 수 있도록 분류하고 정리하는 것은 독자의 몫이다. 이제 논쟁을 분류하고 정리하면 통합적으로 읽는 마지막 단계를 밟게 된다.

5단계: 논의되고 있는 내용을 분석하라

지금까지 살펴본 책들에서 관련된 문단을 찾아내고, 모든 저자에게 통용될 수 있는 중립적인 용어를 설정하고, 답으로 해석할 수 있을 만한 질문들의 틀을 만들어 순서를 매기고, 질문에 대한 서로 다른 답들에서 쟁점을 파악해 잘 엮어 보았다.

이 네 단계는 분석하며 읽을 때의 처음 두 가지 원칙에 대응하는 것이다. 즉 이 원칙을 따르면 무엇을 이야기하는가 그리고 어떻게 이야기하는가에 대한 답을 찾을 수 있었다. 책 한 권을 분석하며 읽을 때는 맞는 이야기인가? 그래서?라는 두 가지 질문이 남는다. 이제 통합적으로 읽을 때도, 다루는 문제의 내용을 질문했을 때 답해야 하는 일이 남아 있다.

연구를 시작하려는 문제가 단순한 것이 아니라 수세기 동안 많은 사상가가 고민했지만 의견이 일치되지 않은 오래된 문제라고 가정해 보자. 이런 가정하에서 통합적으로 읽으려는 독자가 해야 할 일은 단순히 주제나 주제에 관한 내용을 분명하게 보여 주는 질문들을 순서대로 틀에 맞춰 던지는 것으로 끝나지 않는다. 이런 부류의 문제들은 진실성을 쉽게 찾을 수 없다. 사실, 이런 질문에 대한 답에서 그 진실성 여부를 알게 되리라고 생각하는 것 자체가 말도 안 된다. 오히려 그 진실성은 '서로 반대되는 답들의 갈등' 속에서 찾을 수 있다.

전부는 아니더라도 대부분 설득력 있는 증거와 뒷받침되는 타당한 근거가 있는 답들 말이다.

진실은 발견할 수 있는 한, 어떤 명제나 주장에 있는 것이 아니라 서로 다른 답을 '정돈해 놓은 내용' 속에 있다. 따라서 독자 자신이나 다른 사람들이 그 진실성을 파악하도록 하려면 질문하고 답하는 데서 그쳐서는 안 된다. 특정한 순서로 질문하고, 그 순서를 지킬 수 있어야 하며, 그 이유도 말할 수 있어야 한다. 그리고 답을 분류한 근거로 살펴본 책들의 내용을 지적해 보여 줄 수 있어야 한다. 그래야만 알고 싶었던 문제의 내용을 분석했다고 할 수 있고, 이해했다고 할 수 있다.

사실, 그보다 더 많은 일을 한 것일지도 모른다. 다루는 문제의 내용을 철저하게 분석하는 것은 다른 사람들도 그 문제를 연구할 때 좀 더 좋은 결과를 가져오도록 도와주는 밑거름이 된다. 이름 모를 훌륭한 사상가가 난관을 헤쳐갈 수 있게 죽은 나무를 치우고 길을 닦아주는 것이다. 분석 작업을 하지 않고는 불가능할지도 모른다. 문제의 차원이 눈에 보이지 않을지도 모르니까.

객관적이고 공평하게 읽기

주제나 문제의 내용을 충분하게 분석하면 주요 쟁점이나 기본적인 반대 쟁점을 파악할 수 있다. 그렇다고 모든 내용에 반대 의견이 있는 게 특징이라는 뜻은 아니다. 오히려 대부분 동의하는 경우에 반대가 따라온다. 즉 저자들은 대부분 쟁점에 반대하는 견해도 가지고 있다. 논쟁거리가 되는 견해에 하나의 의견만 고집하는 경우는 찾아보기 어렵다.

어느 분야든 사물의 본질에 대한 인간의 의견이 일치하면, 공통적으로 가지고 있는 그 의견이 진실할 것이라고 가정하게 한다. 하지만 의견이 일치하지 않으면 그 반대 가설을 설정한다. 즉 어느 정도 공감대를 형성하든지, 반대 의견이 있다면 완전히 진실한 의견이라고 보지 않는다는 뜻이다.

물론, 서로 대립하는 의견들 속에 완전히 옳은 의견이 하나 있고, 나머지는 모두 틀렸을 수도 있다. 하지만 그 틀린 나머지 의견이 '완전한 진리의 일부분을 조금씩' 보여 줄 수도 있다. 그리고 별로 흔하지는 않은, 평이하고 동떨어진 반대를 제외하고 '서로 일치하지 않은 모든 의견이 틀린 것'일 수도 있다. 모든 사람이 동의하는 의견도 틀리는 경우가 있는 것처럼 말이다.

통합적으로 읽는 목적이 결국 책들을 읽으며 답을 찾거나 연구하는 문제를 풀어내는 것이 아니라는 이야기다. 통합적으로 책을 읽고 작성한 보고서가 특히 그렇다. 그 내용이 어떤 중요한 쟁점을 파악하고, 분석하고, 어떤 견해의 참과 거짓을 증명하려고 주장하거나 시도하는 것만 다룬다면 변증법적인 것이 못 될 뿐 아니라 독단적인 것에 지나지 않는다. 그렇다면 통합적인 분석은 더는 통합적이지 못하다. 단순히 그런 유의 내용에 목소리만 하나 더하는 것이며, 결국 공평하고 객관적인 성격을 잃어버린 것이다.

의견이 하나 더 생긴 것이 중요한 쟁점을 논의하는 광장에 아무 무게도 더하지 못한다는 것이 중요한 게 아니다. 요점은 지식을 추구하는 데 공헌하는 것이 이와는 다른 유형이어야 한다는 것이다. 즉 철저하게 객관적이고 완전히 공평하게 기여해야 한다. 통합적인 분석으로 성취하려는 특수한 자질은 한마디로 '변증법적 객관성'이라고 요약할 수 있다.

간단히 말해, 통합적으로 읽는다는 것은 '모든 쪽을 바라보고 어느 한쪽으로 치우치지 않으려 하는 것'이다. 완전한 객관성은 불가능하다. 아무 쪽에도 치우치지 않고 편견 없이 쟁점을 제시하고 반대 의견을 공정하게 다루는 것은 가능할지 모른다. 하지만 모든 쪽을 바라보는 것은 어느 한쪽으로 치우치지 않는 것보다 더 어렵다. 모든 쪽을 바라보면 통합적으로 읽는 데 실패할지도 모른다. 쟁점의 모든 면을 빠짐없이 헤아려볼 수는 없다. 그럼에도 그렇게 시도해야 한다. 어느 한쪽으로 치우치지 않는 것이 모든 쪽을 바라보는 것보다 쉽지만 어려운 점이 있기는 마찬가지다.

통합적으로 책을 읽을 때는 어떤 유혹에도 넘어가지 말고 자기 마음을 확실하게 알아야 한다. 서로 반대되는 의견의 진실성을 '분명하게' 판단하길 피하는 것이 완벽한 변증법적 객관성을 띠는 것은 아니다. 미처 알아채지 못한 여러 방법으로 편파성을 띨 수도 있다. 논리적인 주장을 요약할 때나, 강조·무시·의문 조나, 지나가듯 언급하는 말투나, 핵심 질문에 대한 여러 가지 답을 제시하는 순서 등에서 말이다.

이런 위험을 피하려면 확실한 방지책을 마련해 활용하면서 신중하게 통합적으로 읽어야 한다. 그 방지책은 관련 있는 문단을 되풀이해 읽으면서 '저자가 쓴 원문을 끊임없이 참고하는 것'이다. 그리고 많은 사람에게 자신이 해놓은 작업의 결과를 제시할 때, 저자의 의견이나 주장을 그대로 인용해야 한다. 그렇다고 해서 문제를 분석하는데 중립적 용어를 찾아야 할 필요성이 있다고 앞에서 했던 말에 모순되는 것은 아니다. 저자의 주장을 요약해서 제시할 때, 앞에서 말한 대로 저자의 언어가 아니라 중립적 언어로 제시해야 한다. 하지만 그 요약에는 문맥에 어긋나지 않도록 조심스럽게 인용한 저자의 이야기가 들어 있어야 한다. 그래야 독자들은 저자의 해석이 옳은지 그른지 판단할 수 있다.

독자의 확고한 의지가 있어야만 통합적으로 읽을 때 변증법적 객관성에서 멀어지는 오류를 피할 수 있다. 이를 위해서 편파적일 수 있는 진술을 삼가고, 지나치게 강조하거나 무시하려는 경향을 자제하고, 대립된 질문들의 균형을 잡으려는 세심한 노력이 필요하다. 마지막 분석 단계에서 보고서를 제출하든 구두로 발표하든 그 결과를 독자가 판단할 수 있지만, 만족할 만큼 노력을 기울였는지도 독자만 알 수 있다.

통합적 읽기의 예: 진보의 개념

한 가지 예를 들어보면 통합적 읽기가 어떤 효과가 있는지 알 수 있다. 진보의 개념을 생각해 보자. 이 주제를 임의로 정한 것은 아니다. 이에 대해 광범위하게 연구했다(이 연구 결과는 철학연구소의 도움으로 『진보의 개념The Idea of Progress』, New York: Praeger, 1967이라는 책으로 출판되었는데, 연구소 소장과 부소장도 저술에 참여했다). 역사적이면서 철학적인 이 중요한 개념을 연구하는 데 몇 년이 걸렸다.

첫 번째 과제는 관련된 문단을 살펴볼 도서목록을 작성하는 일이었다. 최종적으로 450권이 넘었는데, 여러 권의 책과 논문, 그 밖의 자료를 몇 시간 동안 살펴보고 이 작업을 마쳤다. 다른 중요한 개념도 그렇겠지만 진보라는 개념도 관련 있다고 생각하는 자료들을 우연히 찾은 경우도 많다. 최근에 나온 책 제목 가운데 '진보'라는 단어가 붙은 책이 많지만, 특히 오래전에 나온 책들은 주제와 관련이 있어도 그런 제목을 붙이지 않았다.

소설과 시도 읽기는 했지만 전체적으로 지식을 전달하는 부류의 책에 초점을 맞추기로 했다. 이미 통합적으로 읽을 때 소설이나 희곡, 시를 포함하기는 어렵다는 것을 살펴보았다. 여러 가지 이유가 있는데, 첫째, 이야기의 본질은 줄거리지 쟁점에 대한 논의가 아니다. 둘째, 가장 이야기를 많이 하는 등장인물조차 어떤 쟁점에 대해 명확한 의견을 밝히는 경우가 거의 없다. 셋째, 예를 들어 토마스 만의 『마의 산Magic Mountain』에 나오는 세템브리니처럼, 등장인물이 연설하는 경우도 있지만, 그것이 저자의 견해라고 판단할 수는 없다. 일반적으로 소설과 같은 작품이 어떤 견해를 취하는지 판단하려면 상당한 통합적 해석 노력이 필요하다. 그런 대단한 노력에도 그 결과는 매우 의심스럽기 때문에 그만두는 것이 현명하다.

많은 책에서 진보를 다룬 내용은 분명히 혼란스러웠다. 이런 어려움 속에서 할 일은 중립적인 용어를 설정하는 것이다. 아주 복잡한 일이지만 다음과 같은 실례를 들어 설명해 보겠다.

'진보'라는 단어는 많은 저자가 다르게 사용하고 있다. 대부분 의미의 그림자를 반영하는 데 지나지 않는데, 이를 다음과 같이 분석할 수 있다. '몇몇' 저자는 개선이 아니라 역사 속에서 어떤 상향 운동과 같은 뜻으로 사용한다. '대부분' 저자는 인간 조건이 더 나아지는 역사적 변화를 뜻하는 데 사용한다. 진보라는 개념의 본질은 개선이므로 똑같은 단어를 두 견해에 모두 사용할 수는 없다. 이 경우 다수 의견을 따르고, '비개선적 향상'이라고 주장하는 저자들은 소수 의견으로 구분해야 한다. 요점은 비록 그 저자들은 진보라는 단어를 사용하지만 소수 견해를 이야기할 때 '진보'라는 단어를 사용할 수 없다는 것이다.

통합적으로 읽는 세 번째 단계는 질문을 명확히 하는 것이었다. 그리고 진보의 경우 첫 번째 질문을 정확하게 잘했다는 것이 연구 결과 드러났다. 첫 번째 질문은 역사 속에서 진보가 일어나고 있느냐는 것이다. 역사적 변화의 일반적 과정이 인간의 조건을 개선하는 방향으로 흐르는 것이 사실인가? 기본적으로, 문헌에서 세 가지 답을 찾을 수 있다. ① 그렇다, ② 아니다, ③ 알 수 없다. 하지만 그렇다고 답하는 데도 여러 방식이 있고, 아니라고 답하는 데도 다양한 방식이 있고, 알 수 없다고 답하는 데도 적어도 세 가지 방식이 있다.

이 첫 번째 질문에 대해 갖가지 방식으로 밀접하게 연관된 답들은 진보에 대한 '일반적' 논쟁이라고 부르기로 한 것으로 구성되어 있다. 일반적이라고 한 것은 주제에 대해 뭔가 중요한 내용을 이야기한 저자들이 그 논쟁에서 찾아낼 수 있는 다양한 쟁점에 대한 의견이 있다는 의미에서다. 하지만 진보가 일어난다고 주장한 진보적인 저자들의 쟁점으로 구성된 '특별한' 논쟁도 있다. 이 쟁점들은 '진보적인 저자들'이 모두 진보가 역사의 사실이라고 주장하는 진보의 본질이나 특성과 관련이 있다.

여기에는 세 가지 쟁점이 있는데, 다음과 같은 질문으로 말할 수 있다. ① 진보는 필연적으로 일어나는가 아니면 우연히 일어나는가? ② 진보는 영원히 지속되는가 아니면 결국 끝이 있거나 '정점'에 이르게 되는가? ③ 인간의 제도뿐 아니라 본성에도 진보가 있는가? 즉 인간이라는 동물 자체에 진보가 있는가 아니면 인간 삶의 외부 조건에만 진보가 있는가?

마지막으로, 진보적인 저자들 사이에서만 부수적 쟁점들이 있는데, 진보가 일어나는 '면'에 관한 것들로 6가지 영역으로 나눌 수 있다.

① 지식의 진보, ② 기술적 진보, ③ 경제적 진보, ④ 정치적 진보, ⑤ 도덕적 진보, ⑥ 순수예술의 진보다. 마지막으로 이야기한 순수예술의 진보에 대해서는 특별한 문제가 제기될 것 같다. 심미적인 진보가 일어난다는 주장을 하는 저자는 아무도 없을 것 같다는 생각에서 말이다.

방금 설명한 진보를 분석한 구조는 통합적인 읽기의 네 번째, 다섯 번째 단계, 쟁점을 규정짓고 논의되는 내용을 분석하려는 노력을 보여 준다. 그리고 통합적으로 책을 읽을 때 항상 해야 하는 작업이다. 물론 통합적으로 읽은 보고서를 꼭 작성해야 하는 것은 아니다.

신토피콘과 그 사용법

이 장을 자세히 읽어보면 많이 이야기하긴 했지만 풀지 못한 문제가 있다. 바로 통합적 읽기의 패러독스다. 그 패러독스는 이런 것이라고 할 수 있다. 어떤 책을 읽어야 할지 모른다면 통합적으로 읽을 수 없다. 하지만 통합적으로 읽지 못하면 어떤 책을 읽어야 할지 모른다. 통합적 읽기의 근본 문제라고 할 수 있다. 어디서부터 시작해야 할지 모른다면 통합적으로 읽지 못하고, 어디서 시작해야 할지 대충 안다고 해도 관련 있는 책과 관련 있는 문단을 찾는 데 걸리는 시간은 나머지 단계를 밟는 데 걸리는 시간을 모두 합해 놓은 것보다 더 걸릴 수도 있다.

물론 이론적으로나마 해결 방법이 있기는 하다. 이론적으로는 전해져 내려온 주요 문헌들을 샅샅이 잘 알아서 어디에 어떤 개념을 이야기하는지 찾을 수 있을지도 모른다. 하지만 그런 사람이 있다면, 아무 도움도 필요 없는 사람일 테고, 통합적으로 책을 읽는 것이 무엇인지 모르지도 않을 것이다.

만일 그런 지식이 없다면, 그런 지식이 있는 누군가에게 물어보면 될지도 모르지만 그런 사람에게 물어본다 해도 그의 충고는 도움이 되는 만큼 방해가 될지도 모른다. 그가 그 주제를 전문적으로 연구한 사람이라 해도, 관련 있는 문단만 이야기하는 데서 그치기는 어려울 것이다. '어떻게 읽어야 하는지'까지 이야기해 주고 간섭하려 들지도 모른다. 만일 그 사람이 그 주제를 전문적으로 연구하지 않았다면, 뭔가 더 많이 알고 있는 것처럼 보여도 실제 그렇지 않을지 모른다.

그러므로 수많은 주제에 대해 어디서 관련 문단을 찾을 수 있는지 알려주는 참고서가 필요하다. 그 문단을 어떻게 읽어야 하는지는 알려주지 않고, 그 의미나 중요성에 아무런 편견이 없는 그런 참고서 말이다. 1940년대에 『서양의 위대한 명저들』이라는 제목으로 출간된 신토피콘Syntopicon이 그런 참고서다. 3,000여 개 주제 아래에 그 주제를 다루는 참고도서와 페이지 수를 나열해 놓았다. 어떤 것은 여러 페이지에 걸쳐 본문을 알려주기도 하고, 어떤 것은 핵심 단락이나 부분적인 문단을 알려준다. 가르쳐 주는 책을 찾아 그 페이지를 펼치는 시간 외에 아무것도 더 필요한 것이 없다.

물론 신토피콘도 커다란 단점이 하나 있다. 여러 권으로 된 색인일 뿐이며, 그 안에 포함되지 않은 다른 책들에서 찾아볼 수 있는 문단들은 자세하게 다루지 않았다는 점이다. 그럼에도 통합적으로 책을 읽으려 할 때 적어도 어디에서 시작해야 할지를 알려주며, 어떤 주제든 그 안에 포함된 책들은 읽어봄 직한 것들이다. 따라서 신토피콘은 어떤 문제에 대한 연구를 시작하려는 학자나 독자들이 연구 전에 해야 할 일을 미리 대신해서 시간을 절약하게 하고 신속하게 주제에 관해 독립적으로 생각할 수 있도록 해준다.

신토피콘은 초보자에게 더 도움이 되고, 세 가지 효과, 즉 쉽게 시작할 수 있도록 하고, 다른 관심을 불러일으키게 하며, 교육적인 효과를 가져오게 한다.

또한 신토피콘은 고전을 처음 대할 때 부딪치는 어려움을 이기고 쉽게 시작할 수 있도록 해준다. 고전은 읽고 싶어도 막상 읽지 못한 책들이다. 누구나 읽으라고 권유하고, 쉬운 책으로 시작해서 점점 어려운 책을 읽도록 짜인 목록도 있지만, 보통 책 한 권을 모두 읽거나 상당 부분을 읽어야 하는 부담이 있어 신토피콘의 도움은 상당히 크다. 하지만 일반적인 경험으로 봤을 때 이런 도움이 바람직한 결과를 낳는다고 볼 수는 없다.

신토피콘의 도움을 받아 주요 고전들을 통합적으로 읽으면 또 다른 문제를 해결할 수 있다. 관심이 있는 주제를 다룬 특정한 책을 읽을 수 있도록 하면서 걸작을 대할 수 있게 한다는 점이다. 비교적 짧은 구절들이지만, 상당히 많은 저자의 책을 읽을 수 있는데, 명저를 한 권 완전히 읽기 전에 미리 그것을 맛보게 도와준다.

신토피콘의 도움을 받으며 통합적으로 읽다 보면 다른 것을 연상하는 효과를 가져온다. 즉 특정한 주제에 대한 독자의 현재 관심에서 시작해 연관된 다른 주제에도 관심을 불러일으킨다. 그리고 일단 관심이 생기면 탐구하지 않을 수 없으며, 앞선 관심으로 상당한 내용은 이미 읽은 셈이다.

마지막으로, 신토피콘의 도움을 받으면 '교육적 효과'도 가져온다. 세 가지 면에서 그 효과를 거둘 수 있는데, 이는 통합적으로 읽는 수준에서 얻을 수 있는 큰 장점 가운데 하나다.

첫째, 읽고 있는 구절이 어떤 주제와 연관이 있다는 사실은 그 구절의 해석을 이끌어 준다. 그렇다고 그 구절의 의미를 가르쳐 주는 것은 아니다. 주제와 여러 가지 다른 방식으로 연관이 있기 때문이다. 따라서 독자는 '그 구절이 주제와 어떤 연관이 있는지 정확히 파악해야 한다.' 이렇게 할 줄 아는 것은 책을 읽는 데 주요한 기술을 갖게 되는 것이다.

둘째, 여러 저자의 갖가지 책에서 같은 주제에 관한 수많은 구절을 모아놓은 것은 '독자가 읽는 각 구절을 예리하게 해석할 수 있도록' 도와준다. 그중에서도 같은 책에서 발췌한 구절들을 연결해 읽을 때 더 분명하게 해석할 수 있다. 이렇게 대비하면서 읽으면 서로 다른 책에서 발췌한 구절의 의미가 서로 다르거나 반대일 경우 눈에 띄게 된다. 그리고 어느 저자의 글을 읽을 때, 다른 저자의 글로 상세히 설명하거나 해설할 수 있는 경우도 있다.

셋째, 몇 가지 다른 주제에 대해 통합적으로 읽을 때, 신토피콘에서 같은 구절이 다른 주제로도 동시에 분류되어 있다는 사실이 교육적 효과를 준다. 즉 독자는 그 부분을 다른 주제와 연관해서 다소 다르게 해석할 수도 있어 그 의미를 더욱 확대할 수 있다. 이렇게 복합적으로 해석하는 것은 독서의 기본일 뿐 아니라 어느 구절에 있는 풍성하고 복잡한 의미의 줄기를 잡으려고 늘 정신을 차리고 읽도록 해준다. 초보 독서가든 성숙한 학자나 연구가든 이 장에서 이야기하는 방식으로 책을 읽고 싶은 사람들에게는 신토피콘이 도움이 되리라고 본다. 밝혀둘 것은 여기서 이야기하는 수준인 통합적 책 읽기에서 통합적syntopical이라는 단어는 신토피콘을 이용한 책 읽기라는 의미도 포함하고 있다.

통합적 책 읽기의 바탕이 되는 원리

통합적으로 읽는 것이 불가능하다고 말하는 사람도 있다. 그들은

'중립적'이라 해도 저자들에게 공통적인 용어를 적용한다는 것이 잘못이라고 말한다. 단어는 수학의 기호처럼 취급할 수 없는데, 어느 저자가 신성하게 여기는 용어를 다른 것으로 바꾼다면 그 '문맥 속에서' 읽히지 못하기 때문에 위험하다고 주장한다. 또 살았던 시대와 장소가 전혀 동떨어져 있고, 스타일과 방법이 완전히 다른 저자들의 글을 마치 똑같이 보편적인 이야기를 하듯이 읽는다는 것도 사실을 왜곡할 수 있다고 반대한다. 저자가 이야기하는 주제 못지않게 주제를 다루는 방식도 중요하므로, 무엇을 이야기하는지, 어떻게 이야기하는지를 동시에 파악하지 않으면 제대로 이해할 수 없다고도 한다.

분명히 밝히지만, 이런 비난에 모두 동의하지 않는다. 하나씩 그 답을 정리해 보자.

첫째, '용어' 이야기다. 어떤 생각을 하나 이상의 용어로 표현할 수 있다는 것을 부인하는 것은 하나의 언어에서 다른 언어로 번역하는 것이 불가능하다고 하는 것과 비슷하다. 저자가 사용하는 용어를 신성한 것으로 취급해야 한다는 견해는 저자가 특정한 의미를 부여한 하나의 단어를 다른 것으로 바꾸기는 곤란하다는 것뿐이다. 이는 맞는 말이지만 어렵다고 불가능한 것은 아니다.

둘째, '저자의 개별성과 독자성' 이야기다. 통합적 읽기에 반대하는 사람들의 의견은 예를 들어, 아리스토텔레스가 그 시대에 입던 로브를 걸치고 우리 사무실에 들어와서는 우리가 사용하는 언어와 고대 그리스어를 모두 아는 사람의 통역으로 이야기할 경우 서로 이해하지 못하리라는 뜻이다. 정말 그럴까? 물론 아리스토텔레스는 이런저런 것들을 보고 놀라겠지만 10분도 채 안 되어 우리와 철학적 토론을 벌일 수 있으리라고 확신한다. 특정한 개념에 대한 어려움은 있겠지만 곧 해결될 수 있다.

이것이 가능하다면, 한 책이 해석이라는 매개물, 즉 통합적으로 읽는 독자를 거쳐 다른 책으로 '이야기'하는 것이 불가능하지 않다. 물론 두 가지 '언어', 즉 두 책을 모두 알아야 한다는 점에 주의해야 한다. 해결하기 어려운 문제가 아니다.

셋째, '스타일이나 방식' 이야기다. 그들이 비난하는 이야기는 인간들 사이에 이성적인 커뮤니케이션은 없고 감정적인 수준에서만 커뮤니케이션이 가능하다고 하는 것이나 마찬가지다. 만일 강아지에게 화난 목소리로 "네가 좋아"라고 한다면 강아지는 이해하지 못하고 몸을 움츠릴 것이다. 인간 사이의 커뮤니케이션이 몸짓이나 말투밖에 없다고 이야기할 수 있을까? 말투나 몸짓 모두 중요하다. 하지만 인간의 커뮤니케이션에는 그 외의 것들도 있다. 출구로 가는 길을 묻는 사람에게 어느 쪽 복도를 따라 곧장 가라고 한다면, 이때 그 사람에게 어떤 말투로 이야기했는지는 중요하지 않다. 그런 것에 신경 쓰지 않아도 출구로 가는 길을 알게 된 것이다.

번역이 가능하다는 점과 책끼리 '이야기'할 수 있다는 점 그리고 인간들이 이성적인 커뮤니케이션을 할 수 있다는 점을 믿는다면 결국 통합적 읽기가 가능하다고 믿는 것이다.

통합적 읽기 요약

이제 통합적 읽기 이야기를 마쳤다. 이 수준에서는 여러 단계를 거처야 하는데, 이를 요약해서 살펴보겠다.

앞에서 살펴본 대로, 통합적 읽기는 크게 준비 작업과 통합적 읽기 두 과정으로 나뉘는데, 이를 단계별로 정리해 보자.

제1과정: 연구 분야 조사-통합적인 읽기 준비작업

1. 도서관 열람카드나 책마다 있는 참고도서 목록, 다른 사람에게 도움을 의뢰해 정한 주제에 대한 임시 도서목록을 작성하라.
2. 임시 도서목록에 있는 책을 모두 살펴보며 주제와 밀접한 관계가 있는지 확인하고, 주제를 좀 더 명확히 파악한다.

주의: 이 두 단계는 엄밀히 말해 꼭 순서가 정해져 있다고 볼 수는 없다. 이 두 단계는 서로 영향을 미치기 때문이다. 하지만 두 번째 단계가 첫 번째 단계를 수정하는 데 도움이 된다.

제2과정: 통합적 읽기-준비작업에서 추려낸 도서목록 사용

1. 제1과정에서 주제와 관련이 있다고 파악된 책들을 살펴보고 가장 관련 있는 문단들을 찾는다.
2. 그 단어를 직접 사용하든 안 하든 모든 또는 대다수 저자가 사용하는 것으로 이해되는 단어들로 중립적 용어를 설정한다.
3. 분명하게 다루든 아니든 모든 또는 대부분 저자가 대답하고 있다고 간주되는 질문들의 틀을 만들어 모든 저자가 이야기하는 중립적 명제를 설정한다.
4. 저자들의 대립되는 답들을 분류하여 주요 쟁점과 그 밖의 쟁점들을 규정짓는다. 명심해야 할 것은 저자들 사이에 언제나 분

명한 쟁점이 있는 것은 아니며, 저자의 주요 관심사가 아닐지도 모르는 내용에서 저자의 견해를 해석해낼 수 있어야 한다는 점이다.

5. 주제를 최대한 이해할 수 있도록 질문과 쟁점을 정리하여 내용을 분석한다. 일반적 쟁점을 먼저 다루고 부수적 쟁점을 다루며 그들 간의 관계를 명확하게 파악해야 한다.

21장
책 읽기와 정신의 성장

이 책을 읽기 시작할 때 우리 앞에 놓여 있던 과제를 이제 다 마쳤다. 책을 잘 읽는 핵심은 능동성이며, 능동적으로 읽을수록 더 잘 읽을 수 있다는 사실을 알게 되었다. 능동적으로 읽는다는 것은 질문을 던지는 것이라고 정의했다. 그리고 어떤 책을 읽든 항상 던져보아야 할 질문들과 책의 종류에 따라 그 답이 어떻게 달라지는지도 살펴보았다.

책 읽기의 네 가지 수준을 이야기했고, 높은 수준은 이전 수준의 읽는 방법을 모두 포함한다고 했다. 그 결과 하위 수준보다 상위 수준을 더 많이 강조하게 되어 분석하며 읽기와 통합적 읽기에 중점을 두어 설명했다. 분석하며 읽는 것은 대부분 독자에게 낯설지도 모른다. 그래서 적용해야 할 순서에 따라 원칙들을 제시하고 설명하면서 다른 것에 비해 더 많은 이야기를 했다. 하지만 분석하며 읽을 때 원칙은 마지막 장에서 언급한 대로 약간 수정을 거쳐 통합적 읽기에도 적용할 수 있다.

이 책이 해야 할 과제는 다 끝났지만 독자인 당신의 과제는 끝나지 않았다. 새삼스럽게 이 책이 실용서에 속한다는 것, 실용서를 읽는 독자들은 읽은 대로 해야 할 의무가 있다는 것을 상기시킬 필요는 없다. 실용서를 읽은 독자가 그 책에서 이야기하는 목표를 이해하고 거기서 권유하는 방법이 효과적이라고 동의한다면, 이제 그는 읽은 대로 행동에 옮겨야 한다. 물론 여기서 이야기한 대로 책을 잘 읽는 것이 중요하다고 생각하지 않으며, 살펴보고, 분석하며 읽고, 통합적으로 읽으려는 원칙을 받아들이지 않을 수도 있다. 만일 그렇다면 이 페이지까지 오지도 않았을 테지만. 어쨌든 받아들인다면, 전에는 한 번도 그렇게 읽어 본 적이 없듯 열심히 책을 읽어야 한다.

이것이 당신의 과제이자 의무다. 이 책을 읽고 나서 그렇게 할 수 있겠는가?

그럴 수 있으리라 믿는다. 이제 당신에게 달렸다. 여기에 쓰여 있는 대로 하고 결실을 거둘 사람은 바로 당신이다. 하지만 그 목적과 방법에 대해 아직 할 이야기가 남아 있다. 먼저 방법을 살펴보자.

좋은 책이 우리에게 해줄 수 있는 일

'방법'은 두 가지 의미로 해석할 수 있다. 위에서 방법이라고 한 것은 책을 읽는 원칙, 즉 당신이 책을 더 잘 읽는 독자가 되는 '체계적 수단'으로 해석할 수 있다. 그런데 '방법'은 '읽을거리'를 지칭하는 것이라고 볼 수도 있다. 적용해 볼 읽을거리가 없는 방법은 적용할 방법이 없는 읽을거리처럼 무용지물이다.

책을 더 잘 읽을 수 있도록 도움을 주는 방법 가운데 하나가 읽을 책이다. 픽션이든 논픽션이든, 문학책이든 지식을 전달하는 해설서적이든, 실용적이든 이론적이든, 그 방법은 당신이 읽는 책 어느 것에나 적용할 수 있다. 하지만 사실, 그 방법은 "모든 책에 적용할 수 있는 것이 아니다." 어떤 책은 그런 방법이 필요하지 않기 때문이다.

앞에서 이야기한 적이 있지만 다시 분명히 짚고 넘어가려고 한다. "단순히 책을 더 잘 읽고 싶어서 책을 읽는다면, 책은커녕 글 한 줄도 제대로 읽을 수 없다." 자기 능력 안에 있는 책은 읽어도 실력이 늘지 않는다. 능력 밖에 있는 책, 당신의 머리를 넘어서는 책을 붙잡아야 한다. 그래야만 정신을 확장할 수 있다. 그렇지 않으면 배울 수 없다.

따라서 책을 잘 읽는 것뿐 아니라 책 읽는 능력을 향상하는 데 필요한 책을 찾아낼 수 있는 것도 독자에게 매우 중요한 일이다. 재미 외에 주는 것이 없는 책은 한가한 시간에 심심풀이로 읽기에 좋다. 그 책에서 더는 아무것도 기대할 것이 없다. 물론 즐길 권리를 막으려는 것은 아니다. 우리가 강조하고 싶은 것은 "책을 더 잘 읽게 된다고 재미있어지는 것은 아니다"라는 점이다. 알지 못하던 지식을 전해 주는 책도 마찬가지다. 지식이나 정보를 얻으려고 책을 읽는 것도 재미로 책을 읽는 것처럼 독자의 정신세계를 확장해 주지는 못한다. 그렇지 않은 것처럼 보이지만, 그 책을 읽기 전보다 머릿속에 더 많은 것이 채워진 것뿐 정신 상태는 본질적으로 그 전과 똑같다. 양적 변화는 있었지만 책 읽는 기술이 향상된 것이 아니다.

여러 번 이야기했지만, 훌륭한 독자는 책을 의욕적으로 읽는다. 능동적으로 열심히 읽는다. 이제 그 외의 것을 이야기하려고 한다.

읽기 연습, 특별히 분석하며 읽는 연습을 하려는 책도 "독자가 의욕적으로 읽기를 요구한다." 즉 자신의 능력을 넘어서는 것처럼 보이는 책이어야 한다. 그렇다고 걱정할 필요는 없다. 여기서 이야기한 읽기 원칙들을 적용하면 이해하지 못할 책은 없기 때문이다. 물론 이 원칙들이 금세 기적을 일으킨다는 뜻은 아니다. 독자가 아무리 훌륭해도 늘 능력 밖의 책은 있게 마련이다. 바로 그런 책들을 찾아야 한다. 그런 책들이 책을 더 잘 읽는 독자, 최고 독자로 만들어 줄 수 있다.

어떤 독자는 낯선 분야의 책이 도전할 만한 책이라는 잘못된 생각을 하고 있다. 실제로 대부분 독자는 과학책이나 철학책이 바로 그런 책이라고 믿는다. 하지만 그렇지 않다. 이미 훌륭한 과학 명저들은 저자들이 용어나 명제, 논증을 분명하게 밝혀 주기 때문에 여러 면에서 비과학 분야의 책들보다 훨씬 쉽다고 이야기했다. 시에서는 이런 장점을 찾아볼 수 없고, 독자들이 읽기에 가장 어렵다고 할 수 있다. 예를 들어 호메로스의 작품이 뉴턴의 책보다 읽기 어렵다. 호메로스가 글을 쓰기에 더 까다로운 주제를 다루기 때문이다.

여기서 이야기하는 어려움은 나쁜 책을 읽을 때 부딪치는 어려움과는 다르다. 나쁜 책도 읽기 어렵다. 뭔가를 확실하게 파악하려고 노력하면 금세 다른 내용으로 넘어가 버린다. 사실, 확실하게 파악할 만한 내용도 없다. 열심히 읽어 봤자 아무것도 얻을 수 없는 책들이다.

좋은 책은 열심히 읽으면 그 대가가 있다. 가장 좋은 책이 가장 좋은 것을 줄 것이다. 책으로부터 받는 것은 두 가지가 있다. 첫째, 어렵고 좋은 책을 붙잡고 씨름한 대가로 책 읽는 기술을 향상해 준다. 둘째, 좋은 책은 이 세상과 독자 자신에 대해 가르쳐 준다. 이것이 훨씬 중요한 대가일 것이다. 인생을 배우는 것, 즉 더 지혜로워진 것이다. 지식이나 정보만 제공해 주는 책을 읽고 나서 더 많은 것을 알게 된 것과는 차원이 다른 이야기다. 더 지혜로워진다는 것은 인생의 영원하고 위대한 진리를 더 깊이 깨닫게 된다는 뜻이다.

그런데 몇 가지 해결할 수 없는 인간적 문제가 있다. 인간과 인간 사이, 그리고 인간과 세상 사이는 뭐라고 단정 지을 수 없는 관계다. 자연과 그 법칙 그리고 존재와 생성에 대한 최종적인 이해를 아직 아무도 얻지 못한 과학이나 철학 분야에만 해당하는 소리가 아니다. 남자와 여자, 부모와 자식, 인간과 하나님처럼 일상적 관계도 그렇다. 아무리 생각해도 잘 생각할 수 없는 그런 것들이다. 위대한 책들은 이에 관해 좀 더 잘 생각하도록 도와줄 수 있다. 다른 사람들보다 더 잘 생각하는 사람들이 썼기 때문이다.

책 피라미드

서양 역사에서만 책이 수백만 권이 쓰였는데, 그중 99% 이상이 책 읽는 실력을 향상하기에 미흡한 책들이다. 참 안타까운 현실인데, 그 정도도 사실은 못 된다고 봐야 한다. 하지만 엄연한 사실이다. 재미나 오락거리로 쓰인 책들이 많기 때문이다. 재미에도 종류가 다양하고, 정보도 여러 가지로 흥미를 불러일으키지만 이런 책들로부터 중요한 것을 배울 수 있으리라곤 기대할 수 없다. 사실, 이런 책들은 분석적으로 읽을 필요도 없이 훑어보기만 하면 된다.

읽는 법과 인생을 모두 배울 수 있는 두 번째 부류의 책이 있다.

이런 책도 100권 중 1권, 아니 1,000권 중 1권, 아니 10,000권 중 1권 꼴도 안 될 것이다. 저자들이 신중을 기해 쓴 훌륭한 책들로, 인류가 영구히 관심이 있을 만한 주제에 관해 독자들에게 의미 있는 깨달음을 전해 주는 그런 책이다. 모두 합해야 겨우 몇천 권 정도 되는 이 책들은 독자들에게 상당한 노력을 요구하며, 한번쯤 분석적으로 읽어 볼 만한 책이다. 만일 책을 잘 읽는다면, 그 책에서 받을 수 있는 모든 것을 얻을 수 있다. 한 번 읽고 나서 책꽂이에 꽂아놓으면 된다. 어떤 내용을 확인하거나, 어떤 사상이나 이야기에 대한 기억을 떠올려 보려고 하기 전에는 다시 집어들지 않을 책들이다(특히 이런 책들은 가장자리 여백 등에 중요한 사항을 기록해 두어야 할 필요가 있다).

다시는 그런 책을 읽을 필요가 없다는 것을 어떻게 알 수 있을까? 그 책을 읽는 경험에 대한 정신의 반응으로 알 수 있다. 그런 책은 정신세계를 확장해 주고 이해력을 높여 준다. 즉 어떤 신비한 과정을 거쳐 정신세계가 확장되고 이해력이 증진되면 그 책을 통해서는 더 이상 자신이 달라지지 않으리라는 것을 인식하게 된다. 즉 그 책을 완전히 이해해서 더는 얻을 것이 없음을 알게 된다.

몇천 권 안 되는 그런 책들 가운데 아무리 훌륭하게 읽었다 해도 다시 읽을 때마다 우리에게 뭔가를 주는 책들이 있다. 아마 100권도 채 안 될 것이다. 어떻게 이런 책을 알아낼 수 있을까? 정말 수수께끼 같은 이야기지만, 최상의 능력을 발휘해서 그 책을 모두 분석하며 읽고 책장에 꽂아두었는데도 뭔가 더 얻을 수 있을 것 같은 기분이 자꾸 드는 책이 있다. 놓치고 지나간 내용이 무엇인지 알고 있다면, 즉시 그 책을 꺼내 다시 읽어 보면 된다. 하지만 그런 것이 아니라, 잊히지 않고, 계속 생각하게 되고, 그러다 마침내 다시 꺼내 들고, 거기서 또 다른 놀라움을 맛보는 그런 책을 말한다.

만일 앞에서 언급했던 두 번째 부류에 속하는 책이라면, 다시 펼쳐 들었을 때 '생각보다 적은 것'들을 발견하게 될 것이다. 왜냐하면 그동안 아기 독자는 성장했기 때문이다. 독자의 정신은 더욱 풍성해지고, 이해력도 더 높아진 것이다. 책은 변하지 않았지만 독자는 변했다. 이런 경우는 다시 들여다보면 십중팔구 실망하게 된다.

하지만 가장 훌륭한 책으로 분류되는 극소수의 책들은 다시 펼쳐들었을 때 "그 책도 독자와 함께 성장한 것처럼 보인다." 마치 처음 읽듯, 예전에는 보지 못했던 것을 발견한다. 그렇다고 전에 읽고 이해한 내용이 모두 무효화된 것은 아니다. 전에도 진실했던 내용은 지금도 여전히 진실하다. 다만 다른 면에서도 진실해진 것이다.

책이 어떻게 독자와 함께 성장할 수 있을까? 물론 불가능한 일이다. 한번 출판되면 끝이다. 하지만 이제야 깨닫게 된 것은 책이 독자보다 한 수 위에 있었기 때문이다. 그리고 마찬가지로 여전히 한 수 위일 수 있다. 정말 위대한 책이기 때문에 여러 수준에서 읽을 수 있다. 이전보다 이해력이 향상되었다는 느낌은 잘못된 것이 아니다. 책이 정말 독자를 끌어올린 것이다. 좀 더 지혜로워졌고 좀 더 아는 게 많아졌다 해도, 여전히 더 이끌어 줄 수 있다. 죽을 때까지 그럴 수 있을 것이다.

우리를 이끌어 줄 수 있는 이런 책은 분명 많지 않아서 100권도 채 안 될 것이다. 하지만 "그 수는 독자에 따라 더 적을 수도 있다." 인간은 가지고 있는 정신의 능력 외에 다른 점들이 많기 때문이다.

즉 각자 취향이 다르다. 어떤 사람 마음에 드는 것도 다른 사람 마음에는 들지 않는다. 뉴턴에 대한 선호도와 셰익스피어에 대한 선호도는 똑같지 않다. 다시 읽을 필요 없이 잘 읽을 수 있기 때문에 뉴턴이 마음에 들거나, 세상의 수학적 체계에는 전혀 관심이 없어서 뉴턴을 좋아하지 않을 수 있다. 만일 찰스 다윈처럼 뉴턴을 좋아한다면, 독자에게 커다란 영향을 주는 몇 안 되는 책 가운데 뉴턴은 있겠지만 셰익스피어는 없을지도 모른다.

어떤 특정한 책이 확실히 위대하다고 단정 지으며 이야기하고 싶지는 않다. "이런 가치를 지닌 몇 권도 채 안 되는 책을 독자 스스로 찾아내야 한다." 책 읽기와 인생에 대해 가장 잘 가르쳐 줄 수 있는 책, 읽고 또 읽고 싶은 책, 당신이 성장하도록 도와주는 책을.

인생과 정신의 성장

어떤 책이 이런 책인지 알아내는 오래된 문제가 하나 있다. 남은 생을 무인도에서 살게 되어 필요한 물건을 가져가야 하는데 그중 책을 10권 가져갈 수 있다면 어떤 책을 가져갈 것인가?

그 목록을 정해 보는 것은 유익한 일인데, 읽고 또 읽고 싶은 책이 무엇인지 알아낼 수 있기 때문만은 아니다. 그런 것은 별로 중요하지 않다. 주변에 흔하게 널려 있던 즐거움과 정보, 이해를 주는 원천이 단절된다면, 그 인생이 어떨지 상상해 보는 것이야말로 진짜 중요한 일이다. 라디오, 텔레비전, 도서관도 없는 섬에 책만 달랑 10권 있다면? 그런 상황을 상상하는 것이 비현실적이라고 생각할지도 모른다.

정말 비현실적일까? 그렇지 않다. 누구나 조금씩은 무인도에서 살아가고 있다. 그곳에서 부딪칠 일과 비슷한 일, 훌륭한 인생을 살려고 자기 내면에 있는 가능성을 발견하려는 일에 도전받으며 살고 있다.

인간의 정신에는 육체와 정신을 완전히 분리하는 이상한 사실이 하나 있다. 육체는 정신과 달리 한계가 있다. 육체는 계속 힘이 세진다든가 기술이 무한히 발전하지 않는다는 데서 알 수 있다. "그러나 정신이 성장하고 발달하는 데는 한계가 없다." 어느 일정한 나이에서 성장을 멈추지 않는다. 노년기에 두뇌가 활력을 잃기 전까지는 정신이 기술과 이해력을 발달시키는 능력을 잃지 않는다.

이는 인간의 커다란 특징 중 하나다. 실제로 호모사피엔스와 특정 단계를 넘어 정신적으로 성장하지 않는 다른 동물을 구분 짓는 주요 특징이다. 하지만 인간에게 있는 이 커다란 장점도 큰 위험이 있다. 마치 근육처럼 "사용하지 않으면 감퇴된다"라는 것이다. 정신의 근육이 감퇴되는 것만큼 끔찍한 형벌은 없다. 정신의 쇠퇴란 곧 죽음을 의미하기 때문이다. 매우 바쁘게 살던 사람이 은퇴 후 곧 죽는 것도 바로 그런 사실을 설명해 준다. 정신 활동이 필요한 일을 함으로써 삶을 유지해 왔는데, 이를 멈추자 자신들의 내면 속에 그런 정신 활동의 원천이 없어 죽음을 맞게 된 것이다.

일상생활에서 쉽게 접할 수 있는 텔레비전, 라디오 등 즐거움과 정보의 자원도 인위적 버팀목이다. 인간은 외부 자극에 반응하도록 되어 있기 때문에 텔레비전이나 라디오 같은 것들이 정신 활동을 활발하게 해주는 것처럼 보인다. 하지만 외부 자극은 제한적이며 마약과 같다. 거기에 익숙해지면 익숙해질수록 더 필요하게 된다. 결국 아무 영향도 미치지 못한다. 그러면 내면의 원천이 말라 지적으로, 도덕적으로, 영적으로 성장하기를 멈춘다. 성장하기를 멈춘다면 죽음의 길에 들어선 것이다.

잘 읽는 것, 즉 능동적으로 읽는 것은 그 자체가 유익하고, 우리가 하는 일이나 직업에 발전을 가져오는 데서 그 역할이 끝나는 것이 아니다. 더 나아가 우리의 정신을 살아 있게 하고 성장하도록 만든다.

APPENDIX

부록

부록 1
추천도서 목록

　다음 도서목록은 평생 읽을 만한 가치가 있는 책들을 정리한 것이다. 아주 특별한 의미로 '평생 읽을 만한'이라는 말을 사용했다. 일반적인 의미에서 목록에 나열된 모든 책이 '위대한' 책은 아닐지라도 책을 읽는 데 기울인 노력을 보상해 줄 만큼 가치가 있다. 이 책들은 보통 사람의 이해 수준을 넘는 것으로 독자의 이해력과 작품 감상 능력을 향상해 준다. 또 독서 기량을 향상하고자 하며, 우리의 문학 전통에서 최상의 것들로 간주되고 거론되어 온 책들을 알고자 한다면, 깊이 생각하며 읽어야만 할 책들이다.

　이 중에는 앞 장에서 인용한 특별한 의미에서 훌륭한 책들이 있다. 이들을 다시 읽을 때 뭔가 새로운 많은 사실을 발견할 것이다. 이 책들은 여러 번 반복해서 읽을 만한 가치가 있다. 이 중에는 책에 대한 평가에 어느 정도 개인차가 있기 때문에 독자가 이해하기 어려운 책이 정확히 얼마나 되고, 어떤 것인지 밝힌다는 것은 불가능하지만 책을 읽는 데 아무리 뛰어난 능력을 갖춘 사람이라도 이해하기 힘든 것이 있다는 것을 의미한다. 앞에서 이야기했듯이 이들은 모든 사람이 특별한 노력을 기울여 읽어야 할 만큼 가치 있는 책들이다. 이들은 정말 위대한 책이며 누구나 한 번쯤 특별히 시간을 내어 읽을 가치가 있다.

목록이 좀 많은 편이라고 해서 지레 겁먹을 필요는 없다. 여기 나온 저자들의 이름을 한 번도 들어본 적이 없을 정도로 낯선 이름은 별로 없다. 꼭 기억해야 할 것은 가장 흥미 있는 책부터 읽는 것이 현명하다는 사실이다. 독서의 중요한 목적 중 하나는 책을 많이 읽는 것이 아니라 잘 읽는 것이다. 1년 동안 몇 권밖에 읽지 못했다고 해서 실망하거나 낙심할 필요는 없다. 이것은 어느 정도 기간 내에 모두 읽어야만 하는 목록이 아니다. 또한 여기에 속한 모든 책을 다 읽어야만 도달할 수 있는 어떤 과제도 아니다. 그 대신 목록에서 어떤 책이든 관심과 흥미가 있는 책부터 읽기 시작하는 것이 바람직하다는 것을 밝힌다.

저자들의 출생일에 따라 연대순으로 항목을 정했다. 한 저자가 여러 작품을 쓴 경우도 연대순으로 나열했다. 책의 초판 발행 날짜에 대해 학자마다 의견이 다를 때도 있지만 걱정할 필요는 없다. 기억할 것은 모두 시간 흐름에 따라 작성했다는 것이다. 그렇다고 해서 반드시 연대순으로 읽어야 한다는 뜻은 아니다. 목록의 마지막 항목의 책부터 거슬러 올라오며 읽을 수도 있다.

모든 저자의 책을 다 목록에 실을 수는 없었다. 어떤 저자의 경우 서로 다른 학문 분야에서 다양한 공헌을 보여 주려고 설명적인 책은 더 중요한 제목들만 선택하여 인용했다. 그 예로 한 저자의 작품집을 적고 괄호 안에 특히 중요하거나 유용한 저작의 제목을 써놓았다. 목록을 작성할 때 가장 어려운 점은 비교적 현대의 항목들을 정할 때 생긴다. 어떤 저자가 우리 시대와 가까울수록 그에 대한 객관적 판단이 어려워진다. 시간이 말해 줄 것이라는 게 가장 좋을 듯하지만, 기다리고 싶지 않다. 따라서 최근의 저자와 책들에 관해서는 의견 차이가 일어날 여지가 많기 때문에 좀 더 오래된 저작들에 적용해 보았다. 하지만 우리의 판단을 인정해 달라고 호소할 생각은 없다. 더 오래된 항목 중에서도 의견 차이가 있을 수 있으며, 우리가 목록에서 제외한 몇몇 저자에 대해 편견을 가지고 있을 수도 있다. 몇몇 경우에 실제로 그럴 수 있음을 시인한다.

우리가 작성한 목록이므로 다른 사람들의 목록과는 몇 가지 면에서 다를 수 있다. 그러나 일생을 바칠 만한 독서 계획을 세운다는 목적에 누구나 진지하게 동의한다면 그것은 그렇게 큰 차이가 나지 않을 것이다. 궁극적으로 자신의 목록을 작성해야 하며 그것에 따라 실천해야 한다. 그러나 당신 스스로 가지치기를 하기 전에 만장일치로 채택된 꽤 많은 수의 책을 읽는 것이 현명하다. 이 목록이 바로 그 출발점이다. 유감스럽게도 상당한 독자들에게 생략된 항목에 대해 언급해 두겠다. 목록에 서양 사람이 쓴 책만을 대상으로 넣었다. 동양의 저작들을 넣지 못했다. 여러 가지 이유가 있는데 그중 하나는 우리가 서양의 문학 전통에 속하는 것밖에는 잘 알지 못하기 때문에 우리가 추천하는 동양 서적들이 별로 큰 의미를 주지 못할 것이라는 점이다.

둘째, 동양에는 서양처럼 전통이 하나만 있는 것이 아니라는 점이다. 따라서 우리가 이 일을 잘하려면 동양의 모든 전통을 일일이 다

배워야 한다. 그러나 동양의 모든 작품에 대해 이만한 지식이 있는 사람은 별로 없다.

셋째, 다른 세계의 전통을 이해하려 하기 전에 먼저 자신의 전통을 알라는 말이 있다. 오늘날 주역이나 바가바드 기타(힌두교 성전) 같은 책들을 읽으려는 사람은 대부분 매우 어리둥절하게 된다. 그런 저작들이 원래 어렵기 때문만이 아니라 그들이 좀 더 접근하기 쉬운 그들 자신의 문화에 속하는 저작들을 가지고 연습함으로써 잘 읽는 방법을 알지 못했기 때문이다.

마지막으로 이 목록이 지금 상태로도 너무 많다는 점이다.

이 외에 다른 항목의 생략도 논의되어야 한다. 목록에는 서정 시인으로 잘 알려진 소수의 이름만 있다. 목록에 있는 저자들 중 일부는 서정시를 썼지만, 그보다 긴 다른 작품들로도 잘 알려져 있다. 이런 사실이 서정시류에 대해 우리가 품고 있는 편견을 반영하는 것으로 받아들여져서는 안 된다. 그러나 한 저자의 전집보다는 오히려 훌륭한 명시 선집부터 먼저 읽을 것을 권한다. 폴그레이브의 『명시 선집』과 『옥스퍼드 영시선집』부터 읽는다면 훌륭한 출발점이 될 것이다. 두 시선집은 좀 더 현대적인 시선집으로 보완되어야 한다.

예를 들어 셸든 로드먼의 『현대시 100선One Hundred Modern Poems』은 서정시의 개념을 흥미로운 방식으로 넓혀 누구나 쉽게 읽을 수 있는 페이퍼백으로 된 시선집이다. 서정시를 읽는 데는 특별한 기술이 요구되므로 그 주제와 관련된 여러 안내책도 소개한다. 예를 들면 마크 밴 도렌의 『시에 대한 소개』는 여러 유명한 서정시를 읽는 방법에 대한 간단한 논의들이 들어 있는 시선집이다.

여기서는 책의 저자와 제목만 목록에 수록하고 출판인이나 편집인은 명시하지 않았다. 목록에 있는 작품들은 여러 가지 형태로 접할수 있으며 그중 상당수는 페이퍼백뿐 아니라 양장본으로 된 다양한판형으로 이용할 수 있다. 그러나 우리가 편집한 두 전집에 있는 저자와 제목을 수록해 놓았다.『서양의 명저들Great Books of the Western World』에서 뽑은 제목은 별표(*) 하나로 표시했고,『명저의 길잡이Gateway to the great Books』에서 뽑은 저자들은 별표(**) 둘로 표시해 놓았다.

1. 호메로스(기원전 9세기?) *일리아스, *오디세이아

2. 구약성경

3. 아이스킬로스(기원전 525?~기원전 456) *비극론

4. 소포클레스(기원전 495?~기원전 406) *비극론

5. 헤로도토스(기원전 484?~기원전 425) *페르시아 전쟁사

6. 에우리피데스(기원전 485?~기원전 406) *비극론(특히, 메데이아, 히폴리토스, 바쿠스의 시녀들)

7. 투키디데스(기원전 460?~기원전 400) *펠로폰네소스 전쟁사

8. 히포크라테스(기원전 460?~기원전 377?) *의학 전집

9. 아리스토파네스(기원전 448?~기원전 380) *희극론(특히, 구름, 새, 개구리)

10. 플라톤(기원전 427?~기원전 347) *대화편(특히, 국가, 향연, 파이돈, 메네크세노스, 소크라테스의 변명, 파이드로스, 프로타고라스, 고르기아스, 소피스트, 테아이테토스)

11. 아리스토텔레스(기원전 384~기원전 322) *전집(특히, 오르가논, 자연학, 형이상학, 영혼에 관하여, 니코마코스 윤리학, 정치학, 수사학, 시학)

12. **에피쿠로스(기원전 341~기원전 270) 헤로도토스에게 보낸 편지, 메노이케우스에게 보낸 편지

13. 유클리드(기원전 300~기원전 275) *기하학원론

14. 아르키메데스(기원전 287?~기원전 212) *전집(특히, 평면의 균형에 관하여, 부력에 관하여)

15. 아폴로니어스 페르가(기원전 240년경) *원뿔곡선 기하학

16. **키케로(기원전 106~기원전 43) 전집(특히, 웅변술, 우정론, 노년에 관하여)

17. 루크레티우스(기원전 95?~기원전 55) *우주론

18. 베르길리우스(기원전 70~기원전 19) *전집

19. 호라티우스(기원전 65~기원전 8) 전집(특히, 송가와 서정시, 작시술)

20. 리비우스(기원전 59~기원후 17) 로마 역사

21. 오비디우스(기원전 43~기원후 17) 전집(특히, 메타모르포세스)

22. **플루타르코스(45?~120) *영웅전

23. **타키투스(55?~117) *역사, *연대기, 아그리콜라, 게르마니아

24. 니코마코스(50~150?) *산술학 입문

25. **에픽테토스(60?~120) *담론집, 편람서

26. 프톨레마이오스(83?~165?) *알마게스트

27. **루키아노스(120?~180?) 전집(특히, 역사를 기술하는 방법, 진실한 역사)

28. 마르쿠스 아우렐리우스(121~180) *명상록

29. 갈레노스(130?~200) *천부적인 재능에 관하여

30. 신약성경

31. 플로티노스(205~270) *엔네아데스

32. 성 아우구스티누스(354~430) 전집(특히, 교사론, *참회록, *신국, *교회론)

33. 롤랑의 노래(12세기?)

34. 니벨룽겐의 노래(13세기)

35. 화형당한 니알의 영웅담

36. 성 토마스 아퀴나스(1225?~1274) *신학대전

37. **단테(1265~1321) 전집(특히, 신생, 군주론, 신곡)

38. 제프리 초서(1340~1400) 전집(특히, *트로일루스와 크리세이드, *캔
    터베리 이야기)

39. 레오나르도 다빈치(1452~1519) 노트

40. 마키아벨리(1469~1527) *군주론, 리비디우스의 첫 번째 10권의 책에
    관한 몇 가지 단상

41. 에라스뮈스(1469?~1536) 우신 예찬

42. 코페르니쿠스(1473~1543) *천체의 회전에 관하여

43. 토머스 모어(1478~1535) 유토피아

44. 마르틴 루터(1483~1546) 세 개의 테제, 설교학

45. 라블레(1495?~1553) *가르강튀아와 팡타그뤼엘

46. 장 칼뱅(1509~1564) 기독교 강요

47. 몽테뉴(1533~1592) *수상록

48. 윌리엄 길버트(1540~1603) *자석에 대하여

49. 세르반테스(1547~1616) *돈키호테

50. 에드먼드 스펜서(1552?~1599) 결혼 축가, 패어리 여왕

51. **프랜시스 베이컨(1561~1626) 수필, *학문의 진보, *새 오르가논, *대
    개혁

52. 윌리엄 셰익스피어(1564~1616) *작품집

53. **갈릴레오 갈릴레이(1564~1642) 별의 전조, *새로운 두 과학

54. 요하네스 케플러(1571~1630) *코페르니쿠스 천문학 개요, *우주의 조화

55. 윌리엄 하비(1578~1657) *동물의 심장과 혈액의 운동에 관한 해부학적 연구, *혈액 순환에 관하여, *동물의 발생에 관하여

56. 토머스 홉스(1588~1679) *리바이어던

57. 르네 데카르트(1596~1650) *정념론, *방법서설, *기하학, *제1철학에 대한 명상

58. 존 밀턴(1608~1674) 전집(특히, *단시집, *출판의 자유, *실낙원, *투사 삼손)

59. **몰리에르(1622~1673) 희곡선집(특히, 수전노, 여인학교, 인간 혐오자, 타르튀프)

60. 파스칼(1623~1662) *시골 친구에게 보내는 편지, *팡세, *과학 논문

61. 크리스티안 하위헌스(1629~1695) *빛에 관한 논문

62. 스피노자(1632~1677) *에티카

63. 존 로크(1632~1704) *관용에 대한 서한집, *시민 정부론(통치론 두 편), *인간오성론, 교육에 관한 몇 가지 견해

64. 장 라신(1639~1699) 비극전집(특히, 앙드로마크 페트르)

65. 아이작 뉴턴(1642~1727) *자연철학의 수학적 원리(프린키피아), *광학

66. 라이프니츠(1646~1716) 형이상학서설, 신인간오성론, 단자론

67. **다니엘 디포(1660~1731) 로빈슨 크루소

68. **조너선 스위프트(1667~1745) 통 이야기, 스텔라에게 보내는 일기, 걸리버 여행기, 겸손한 제안

69. 윌리엄 콩그리브(1670~1729) 세상만사

70. 조지 버클리(1685~1753) *인지 원리론

71. 알렉산더 포프(1688~1744) 비평론, 자물쇠의 강탈, 인간론

72. 몽테스키외(1689~1755) 페르시아인의 편지, *법의 정신

73. **볼테르(1694~1778) 영국인에게 보내는 편지, 캉디드, 철학 사전

74. 헨리 필딩(1707~1754) 조지프 앤드루스, *톰 존스

75. **새뮤얼 존슨(1709~1784) 인간 욕망의 허망함, 사전, 라셀라스, 시인들의 일생(특히, 밀턴과 포프에 관한 논문들)

76. **데이비드 흄(1711~1776) 인성론, 도덕과 정치철학, *인간오성에 관한 연구

77. **장 자크 루소(1712~1778) *인간 불평등 기원론, *정치경제학, 에밀, *사회계약론

78. 로렌스 스턴(1713~1768) *트리스트램 샌디, 프랑스와 이탈리아로 가는 감상여행

79. 애덤 스미스(1723~1790) 도덕 감정론, *국부론

80. **이마누엘 칸트(1724~1804) *순수이성비판, *도덕형이상학 정초, *실천이성비판, *정확한 과학, *판단력 비판, 영구평화론

81. 에드워드 기번(1737~1794) *로마제국 쇠망사, 자서전

82. 제임스 보즈웰(1740~1795) 저널(특히, 런던저널), *새뮤얼 존슨의 생애

83. 라부아지에(1743~1794) *화학 원소

84. 존 제이(1745~1829), 제임스 메디슨(1751~1836), 알렉산더 해밀턴(1757~1804) *페더럴리스트 보고서, *독립선언서, *미국 헌법

85. 제러미 벤담(1748~1832) 도덕 및 입법의 원리 서론, 소설의 이론

86. 요한 볼프강 폰 괴테(1749~1832) *파우스트, 시와 진실

87. 장 밥티스트 조제프 푸리에(1768~1830) *심장 분석론

88. 헤겔(1770~1831) 정신 현상학, *올바름의 철학, *법철학 강의

89. 윌리엄 워즈워스(1770~1850) 시집(특히, 서정발라드, 루시포엠, 소네트, 서곡)

90. 새뮤얼 테일러 콜리지(1772~1834) 시집(특히, '쿠빌라이칸', 늙은 선원의 노래, 문학평전)

91. 제인 오스틴(1775~1817) 오만과 편견, 엠마

92. **카를 폰 클라우제비츠(1780~1831) 전쟁론

93. 스탕달(1783~1842) 적과 흑, 파르므의 승원, 연애론

94. 바이런(1788~1824) 돈주앙

95. **쇼펜하우어(1788~1860) 허무주의에 대한 연구

96. **마이클 패러데이(1791~1867) 양초 한 자루에 담긴 화학 이야기, 전기의 실험적 연구

97. **찰스 라이엘(1797~1875) 지질학 원리

98. 어거스트 콩트(1798~1857) 실증철학 체계

99. **발자크(1799~1850) 고리오 영감, 외제니 그랑데

100. **에머슨(1803~1882) 대표적 인물, 수필집, 저널

101. **너새니얼 호손(1804~1864) 주홍 글자

102. **알렉스 토크빌(1805~1859) 미국의 민주주의

103. 존 스튜어트 밀(1806~1873) 논리학 체계, *자유론, *대의 정치론, *공리주의론, 여성의 종속, 자서전

104. **찰스 다윈(1809~1882) *종의 기원, *인간의 계통, 자서전

105. **찰스 디킨스(1812~1870) 작품집(특히, 피크위크 페이퍼스, 데이비드 코퍼필드, 어려운 시절)

106. **클라우드 베르나르(1813~1878) 실험의학 서설, 의학

107. **헨리 데이비드 소로(1817~1862) 시민의 반항, 월든

108. 카를 마르크스(1818~1883) *자본론(*공산당 선언)

109. 조지 엘리엇(1819~1880) 애덤 비드, 미들마치

110. **허먼 멜빌(1819~1891) *모비딕, 빌리 버드

111. **도스토옙스키(1821~1881) 죄와 벌, 악령, *카라마조프의 형제들

112. **플로베르(1821~1880) 보바리 부인, 세 가지 이야기

113. **입센(1828~1906) 희곡집(특히, 헤다 가블레르, 인형의 집, 야생 오리)

114. **레프 톨스토이(1828~1910) *전쟁과 평화, 안나 카레니나, 예술이란 무엇인가?, 단편소설

115. **마크 트웨인(1835~1910) 허클베리 핀의 모험, 신비한 낯선 사람

116. **윌리엄 제임스(1842~1910) *심리학의 원리, 신앙체험의 다양성, 프래그머티즘, 근본적 경험론

117. **헨리 제임스(1843~1916) 미국인, 대사들

118. 프리드리히 니체(1844~1900) 차라투스트라는 이렇게 말했다, 선악의 피안, 도덕의 계보, 권력에의 의지

119. 푸앵카레(1854~1912) 과학과 가설, 과학과 방법론

120. 지그문트 프로이트(1856~1939) *꿈의 해석, *정신분석학, *문명과 그 불만, *신정신분석학 강의

121. **조지 버나드 쇼(1856~1950) 희곡전집(특히, 인간과 초인, 메이저 바바라, 카이사르와 클레오파트라, 피그말리온, 세인트 조안)

122. 막스 플랑크(1858~1947) 양자이론의 기원과 발전, 과학은 어디로 가고 있는가?, 과학적 자서전

123. 앙리 베르그송(1859~1952) 시간과 자유, 물질과 기억, 창조적 진화, 도덕과 종교의 두 가지 원천

124. **존 듀이(1859~1952) 사고의 방법, 민주주의와 교육, 경험과 본질, 논리학: 탐구의 이론

125. **앨프리드 노스 화이트헤드(1861~1947) 수학 원리, 과학과 근대 세계, 교육의 목적과 다른 에세이, 관념의 모험

126. **조지 산타야나(1863~1952) 이성적인 삶, 회의론과 동물적인 믿음, 인간과 장소

127. 니콜라이 레닌(1870~1924) 국가와 혁명

128. 마르셀 프루스트(1871~1922) 잃어버린 시간을 찾아서

129. **버트런드 러셀(1872~1970) 철학의 문제들, 정신의 분석, 의미와 진리에 대한 연구, 인간 지식; 그 범위와 한계

130. **토마스 만(1875~1955) 마의 산, 요셉과 그의 형제들

131. *알베르트 아인슈타인(1879~1955) 상대성의 의미, 이론 물리학의 방법론에 관하여, 물리학의 발전(인펠트와 공저)

132. **제임스 조이스(1882~1941) 더블린 사람들(죽은 사람들), 젊은 예술가의 초상, 율리시스

133. 자크 마리탱(1882~1973) 예술과 스콜라 철학, 지식의 정도, 인간의 권리와 자연법칙, 진정한 휴머니즘

134. 프란츠 카프카(1883~1924) 심판, 성

135. 아널드 토인비(1889~1975) 역사의 연구, 시험에 처한 문명

136. 장 폴 사르트르(1905~1980) 구토, 벽, 존재와 무

137. 알렉산드르 솔제니친(1918~2008) 제1집, 암병동

부록 2

독서의 수준별
연습문제와 테스트

들어가며

이 부록은 혼자서 또는 그룹으로 책 읽기 연습 방법을 아주 짤막하게 예를 들어 보여 주려는 것이다. 여기서 제시하는 연습문제는 상품 설명서나 참고서처럼 읽기만 하면 완전히 알 수 있는 그런 방법은 절대로 아니다. 하지만 어떤 연습 방법이 있는지, 이를 어떻게 효과적으로 활용할 수 있는지 어느 정도 알게 될 것이다. 이 부록에는 네가지 수준의 책 읽기를 각각 테스트할 수 있는 연습문제가 있다.

독서의 제1수준, 기초적 읽기 연습문제에서 사용한 글은 『서양의 명저들』에 있는 존 스튜어트 밀과 아이작 뉴턴에 관한 인명사전이다. 독서의 제2수준, 살펴보기 연습문제에서는 『서양의 명저들』에 소개된 단테의 『신곡』과 다윈의 『종의 기원』의 목차를 사용했다. 독서의 제3수준, 분석하며 읽기는 바로 이 책을 본문으로 삼았다.

독서의 제4수준, 통합적 읽기를 위한 본문은 『서양의 명저들』에서 소개한 작품 중 아리스토텔레스의 『정치학』과 루소의 『사회계약론』

이다.

첫 번째, 두 번째에서 사용하는 본문이 다른 두 본문보다 더 쉬울 지도 모른다. 어쨌든 이 부록이 서로 다른 책 읽는 수준을 좀 더 확실하게 구별해 주거나, 다양한 책의 차이점을 분명하게 밝혀줄 수는 없다. 열심히 문제를 푼다고 더 잘 이해하게 된다고 볼 수도 없다.

이런 식으로 문제를 풀며 책 읽기를 연습하는 방법이 비난받은 것은 어제오늘 일이 아니다. 과학적 표준을 따라 문제를 풀어볼 수도 없고, 문화적 차이도 있고, 학교에서나 졸업 후에도 계속 잘 읽으리라고 보장할 수도 없고, 적절한 또는 '정확한' 답이 한 가지 이상일 수도 있다는 등의 이유 때문이다.

이런 비난은 거의 맞는 말이다. 이런 연습만 열심히 했다고 해서 학교 부지 선정이나 고용 기회에 관한 중요한 결정을 내릴 수 있는 것은 결코 아니다. 하지만 이러한 테스트는 어느 정도 적당한지 더 능률적으로 판별하거나 확인할 수 있으며, 개인의 학업 또는 경력을 판단해서 고용하는 데 사용되기도 한다. 더는 이유를 찾을 것 없이 이런 연습과 테스트 문제에 익숙해진다는 것만으로도 바람직하다고 볼 수 있다. 읽기 연습문제에서 사용하는 본문들은 문제를 풀려고 선택한 것들로, 서로 연관성이 있는 것들은 아니며 대부분 단편적인 일부분이다. 이 부록에서는 문제를 위한 예로 사용될 뿐이지만, 이 책들은 충분히 읽어 볼 만한 것들이라는 점이 중요하다. 사실, 기초 수준을 넘어 책을 잘 읽고 싶은 사람이라면 누구나 읽어야 할 필독서라고 할 수 있다. 선택한 본문과 이를 기초로 한 문제들은 읽어야 할 글을 잘 읽는 법을 터득하도록 만든 것이다.

다음 페이지에 테스트에서 사용한 문제 유형 이야기도 있다. 이런 연습문제에서 여러 문제 유형을 사용하는 것은 통례인데, 주관식도 있고 객관식도 있다. 주관식은 읽은 내용에 대해 간략하게 서술하는 답을 하도록 되어 있고, 객관식은 다시 여러 종류로 나뉜다. 지문을 읽고 본문의 주제를 가장 잘 설명하는 것 또는 본문을 제대로 해석한 것 또는 아닌 것 등을 선택하는 문제들이 있다. 중요한 구절이나 단어를 괄호로 표시하고 이에 들어갈 알맞은 말을 고르는 것도 있다. 대부분 질문은 본문을 읽으면 바로 답할 수 있지만 본문 이외의 내용을 알아야 답을 하거나, 추리력이 필요한 것도 있다. 본문에서 추론한 결과 합당한 것 또는 전혀 엉뚱한 것을 골라내는 것이다.

이처럼 학문이나 경력을 테스트하는 부분에서 널리 사용하는 표준적 문제 유형이 이미 있어서 이를 새로 만들어야 할 필요는 없었다. 다만 책 읽는 실력을 향상하려는 목적으로 이런 방법을 제시하는 것이다. 이런 문제 유형들을 일일이 구분해 놓지는 않았으며, 어떤 문제는 쉽고 어떤 문제는 매우 어려울 것이다. 그리고 아마 어려운 문제에 답을 하는 것이 더 재미있을 것이다.

질문들이 매우 어려운 경우도 있고, 본문에서 정확히 읽었어야만 할 내용을 파악하려는 테스트이기도 해서, 답들도 일반적인 경우보다 훨씬 짧고 함축적이다. 이 부록의 마지막에 있는 통합적 읽기를 위한 테스트가 특히 그렇다. 독자들이 책을 읽고 이 내용을 전부 이해해야 한다는 것을 보여 주려는 질문들로, 가능한 한 스스로 답할 것을 요구한다.

1. 기초적인 읽기(독서의 제1수준)
연습문제와 테스트

여기서는 두 사람의 전기를 개략적으로 소개한다. 존 스튜어트 밀의 일생과 아이작 뉴턴의 일생을 요약한 것이다. 뉴턴이 밀보다 2세기 정도 먼저 태어났지만, 여기서는 밀에 대한 대요부터 먼저 소개한다. 밀에 대한 전기의 이 대요는 『서양의 명저들』 43권에서 다시 인용한 것이다.

미국 독립선언서 이외에 미국 헌법과 페더럴리스트 보고서(미국의 주요 정치 문헌)는 밀의 『자유론』, 『대의정치론』, 『공리주의론』 3권을 내포하고 있다. 이 3권은 밀의 위대한 저서들이지만 전부는 아니다. 예를 들어 『여성의 종속』은 밀의 저작인데 오늘날 많은 관심을 끌고 있다. 그 이유는 밀이 여성의 완전한 평등을 지지한 서양 역사에서 첫 번째 사상가였을 뿐만 아니라, 박력 있는 그 책의 문체와 어느 시대와 장소에서든 남자와 여자의 관계에서 그 책이 표현하고 있는 뛰어난 통찰력 때문이다.

독서의 제1수준에서는 속도가 본질적인 것이 아니다. 다음에 나오는 밀의 일생에 대한 대요는 1,200단어 정도로 구성되었다. 이 글을 편하게 6~10분 정도 읽으라. 또 이 텍스트에서 특히 재미있는 구절이나 문장에 표시해 놓고, 몇 마디 적어 두라.

그다음에 질문에 대답해 보라.

존 스튜어트 밀(1806~1873)

밀은 『자서전』에서 자신의 지적 발달은 주로 두 사람의 영향을 받았다고 말했다. 그들은 바로 아버지 제임스 밀과 자신의 아내다. 제임스 밀은 아들을 위해 여러 가지 교육을 했는데, 엘베시우스와 벤담의 이론을 모델로 하여 아들을 가르쳤다. 이것은 분야로는 백과사전적인 것이었다. 밀은 열세 살 때 대학 교육을 마친 정도의 지식을 쌓았다. 아버지는 아들의 가정교사이자 지속적인 친구였고, 밀이 자기 방에서 함께 공부하도록 했으며, 자신이 『인도의 역사』나 『브리태니커 백과사전』을 쓸 때 밀을 관련시키기도 했다. 밀은 후에 그 결과를 "나를 만들어진 인간 또는 제조된 인간으로 보이게끔 했다"라고 기술했다.

이 교육은 세 살 때 그리스어와 수학에 관한 것으로 시작되었다. 8세까지 밀은 헤로도토스의 모든 작품과 플라톤의 여섯 개 대화편 그리고 중요한 역사책을 모두 읽었다. 12세가 되기 전에 이미 유클리드의 『기하학 원론』, 그리스와 라틴의 시인들, 그리고 약간의 영국 시를 모두 공부했다. 그 후에도 역사에 계속 관심을 두어 로마 정부에 대한 논문을 쓰기도 했다. 12세 때 아리스토텔레스의 『오르가논』과 그 주제에 관해 라틴어로 쓰인 논문들로 논리학을 처음 접한다. 아버지에게서 직접 교육을 마지막으로 받은 해인 13세 때는 정치경제학에 완전히 몰두해 있었다. 후에 아들의 노트는 아버지 밀이 『정치경제학의 요소들』을 저술할 때 많은 도움이 되었다. 밀은 아버지의 친구들, 즉 오스틴과는 법학을, 리카르도와는 경제학을 읽으며 한동안 같이 학업을 계속했다. 그리고 마침내 입법에 관한 벤담의 논문을 혼자서 읽었는데, 이는 그에게 '하나의 강령, 원칙, 철학, 종교'라는 생각을 심어 주었고, 비로소 자기 의견을 확립하였다.

실제로 밀은 아버지와 관계를 한 번도 끊은 적이 없지만, 20세 때 일생에서 한 번 정신적 '위기'를 맞는다. 그것은 그가 다음과 같은 의문이 생겼기 때문이다. "인생에서 네 모든 목적이 다 이루어진다고 가정해 보라. 네가 변화되기를 바라는 모든 제도와 견해가 지금 당장 모두 이루어진다고 해서 뭐가 달라질까? 이것이 너에게 큰 기쁨과 행복을 가져다줄 수 있는가?" 그는 "어떤 억제할 수 없는 자의식이 곧바로 '그렇지 않다'고 대답했다"라고 기록했다.

그 후 여러 해 동안 이런 절망감에 휩싸였다. 그는 마르몽텔의 『회상록』을 읽고 나서 '우울기'를 한 차례 극복한다. "나는 그의 아버지의 죽음과 비탄에 빠진 가족 그리고 단지 소년이었던 그가 그들에게 모든 것이라고 느끼게끔 했던-그가 그들이 잃은 모든 것을 대신한다고 절실하게 느꼈던-갑자기 떠오른 영감에 관해 쓴 구절을 읽게 되었다." 그는 이 장면에서 감동하여 눈물을 흘렸으며, 이 기회로 우울했던 마음이 한결 홀가분해졌다.

밀은 17세 때부터 아버지가 근무하던 동인도 회사에서 일하게 되었다. 밀은 평사원으로 출발했으나 곧 부심사관으로 승진했고, 1836년 아버지가 사망한 후부터 그 회사가 영국 정부로 넘어갈 때까지 20년 동안 인도 정부와 교섭하는 업무를 책임졌는데, 여기서 그는 실제로 정부의 문제에 대한 폭넓은 경험을 쌓았다. 그는 정상적으로 직장 생활을 하면서 입법 개혁을 위한 대중의 의견을 준비하는 여러 활동에 참여했다.

밀은 아버지, 친구들과 함께 '철학적 급진파'라는 단체를 만들어 1832년의 개혁안을 이끌어내는 투쟁에서 중요한 역할을 했다. 밀은 의회와 사법부의 올바른 원칙에서 이탈한 것이라고 간주한 것을 고발하는 데 적극적이었다. 그는 종종 신문에 급진적인 명분을 제공하고자 기고했으며 급진파의 기관지 『웨스트민스터 리뷰』를 창간하고 편집하는 데 도움을 주었다. 또 여러 독서회와 토론회에 참석했으며, 그 시대의 지적·사회적인 문제들을 논의하는 데 열정적이었다.

이렇게 열정적인 활동이 그가 지적 관심을 추구하는 것을 막지는 못했다. 그는 벤담의 『판례의 합리적 근거』를 편집했다. 그는 연역적인 논리학과 과학의 귀납적 방법론을 조화하려고 논리학과 과학을 공부했고, 곧이어 『논리학 체계』를 출판했다. 동시에 경제학 분야 연구도 계속해 나갔다. 이는 『정치경제학에서 해결되지 않은 몇 가지 문제에 관하여』라는 형태로 처음 결실을 보았고, 후에 『정치경제학 원리』(1848)에서 다루면서 체계화되었다.

1851년에 그의 아내가 된 해리엇 테일러와 연애에 빠진 기간에는 많은 작품을 내지 못했다. 밀은 정신적 위기에서 겨우 벗어난 후 20년간 그녀와 함께했는데, 이것이 밀의 저작에도 큰 영향을 주었다. 그가 결혼 후 7년 동안은 다른 시기보다 작품을 적게 썼지만, 이 시기에 그는 『자유론』(1859)과 후에 『대의정치론』(1861)을 이끌어낸 『의회 개혁에 관한 구상』, 『공리주의론』(1859) 등의 논문을 포함해 중요한 여러 작품을 완성하거나 그 일부를 집필했다.

특히 그는 자신이 지지했던 추상적인 개혁을 인간의 편에서 이해하게 된 공을 그녀에게 돌렸다. 그녀가 죽은 후 그는 "그녀에 대한 기억이 나에게는 하나의 종교이며, 그녀가 인정했던 것이 내 인생을 살아가는 데 기준이 되었다"라고 털어놓았다. 그리고 남은 인생을 대부분 정치적 활동에 쏟았다.

그의 저작에 따르면, 그는 최초로 여성의 참정권을 옹호한 입안자들 중 한 명이었고, 1865년에는 선거구에서 당선되기도 했다. 진보당의 급진파에 가담한 후에는 개혁안을 둘러싼 투쟁에서 적극적인 역할을 했고, 여성의 정치 참여와 런던 정부의 개혁 그리고 아일랜드에서 폭동 주모자의 은사처럼 그가 오랫동안 지지해 온 조치들을 진척해 나갔다. 대부분 인기 없는 조치들을 옹호한 그는 재선에서 낙선했다. 그는 은퇴한 후 아비뇽에 있는 아내의 무덤 가까이에 작은 집을 짓고 칩거하다가 1873년 5월 8일 그곳에서 생을 마감했다.

다음 테스트에서 각 질문이 모두 똑같은 유형으로 되어 있지 않음에 유의하라. 복수 선택하는 질문도 있고, 주관식으로 답변해야할 질문도 있다. 몇몇 질문은 당신이 읽은 부분에 나오지 않는 지식을 요하기도 한다. 텍스트에 진술되어 있든 암시되어 있든, 또는 논리적으로 옳다고 생각하든 아니면 배경지식에 근거하여 옳다고 생각하든 타당하다고 생각하는 답을 모두 골라라.

1. 밀의 말년에 영국은 누가 통치했는가?

　　① 조지 4세　　② 윌리엄 4세　　③ 빅토리아　　④ 에드워드 7세

2. 밀의 초기 교육은 거의 누가 담당했는가?

　　① 제러미 벤담　　② 그의 아버지가 입안한 브리태니커 백과사전

　　③ 에드워드 7세　④ 마르몽텔의 『회상록』

3. 밀은 여덟 살 때까지 어떤 책을 모두 읽었는가?

　　① 헤로도토스　　　　　　　② 플라톤의 6개 대화편

　　③ 링컨의 게티즈버그 연설

4. 밀은 몇 세에 동인도 회사에 취직했는가?

　　① 14세　　　　② 17세　　　　③ 21세　　　　④ 25세

5. 20세 때 밀에게 어떤 일이 생겼는가?

　　① 아버지와 다툼　　　　　② 정신적 위기

　　③ 정신사에서 위기　　　　④ 결혼한 여자와 사랑

6. 밀과 그의 아버지, 그들의 친구들은 스스로를 '철학적 급진파'라고 불렀는데, 그 이유는 그들이 무엇을 믿었기 때문인가?

　　① 폭력에 의한 정부 타도

　　② 의회대표제가 개혁되어야 한다.

　　③ 철학 연구가 대학 교과과정에서 제외되어야 한다.

7. 밀이 어렸을 때 읽은 책의 저자들과 그의 사상에 영향을 미친 사람은 누구인가?

① 아리스토텔레스　　　　　② 듀이

③ 리카르도　　　　　　　　④ 벤담

8. 밀의 유명한 작품들 가운데 이 텍스트에서 언급되지 않은 것은 무엇
인가?

　① 자유론　　　② 대의정치론　　③ 공리주의론　　④ 여성의 종속

9. 밀이 오늘날 살아 있다면 다음 중 그가 했을 일과 하지 않았을 일을
구분해 보라.

	한다	안 한다
① 여성 해방운동 지지	(　　)	(　　)
② 대학 교육 옹호	(　　)	(　　)
③ 적극적인 인종차별	(　　)	(　　)
④ 신문과 기타 대중매체의 검열 강화	(　　)	(　　)

10. 텍스트로 미루어 보아 밀은 그의 아내(테일러)를 결혼 기간과 그녀
가 죽은 후에 어떻게 했다고 추측할 수 있는가?

　① 가장 신랄한 비판자　　　　② 가장 좋은 친구

　③ 가장 큰 적　　　　　　　　④ 여신

아이작 뉴턴은 오늘날 학자들과 과학사가들이 관심이 많은 사람이다. 그 이유는 크게 두 가지다. 하나는 상식적인 것인데, 분석과 실험을 결합함으로써-이론화와 자연 현상에 대한 체계적인 관찰을 결합-갈릴레이와 뉴턴 같은 사람들은 지적인 진보를 가져왔고, 현대 과학의 길잡이가 되었다. 그들은 항구적인 중요성을 지니는 물리적 세계의 진리를 발견했을 뿐만 아니라, 여러 학문과 연구 영역에서 광범위하게 이용될 수 있음이 판명된 자연과학의 새로운 방법론을 발전시키기도 했다. 이런 것들은 앞에서 이야기했듯이 하나의 상식이다.

뉴턴의 생애와 업적 관련 내용은 수세기 동안 널리 알려지고 논의되어 왔다. 좀 더 최근에 뉴턴은 천재의 특성에 대한 전 세계적 연구의 한 중심이 되기도 했다. 과학과 문학 분야의 학자들과 학생들은 어느 정도 위대한 과학자들과 작가들을 계속 등급을 매기거나, 보통 사람부터 천재에 이르기까지 어느 한 점에 위치시키려 한다. 그중에는 뉴턴이 최고 천재(가장 지능이 높은 사람)라고 주장하는 상당히 비중 있는 견해가 있다. 천재의 특성을 밝혀 설명하려고 많은 노력을 해왔다. 흔히 천재에게 붙여지는 용어들로 조숙성과 집중력, 날카로운 직관, 엄정한 분석력과 같은 말들이 바로 뉴턴에게 해당하는 듯하다.

다음에 제시된 글은 뉴턴의 대략적 전기인데『서양의 명저들』의 34권에서 뽑았다. 그 책에는 뉴턴의『프린키피아』와『광학』이 수록되어 있으며, 네덜란드의 물리학자 크리스티안 하위헌스의『빛에 관한 논문』도 수록되어 있다. 뉴턴의 전기는 밀의 것보다 좀 더 짧다. 가장 인상적인 부분에 표시하거나 그것을 적어 두라. 그러고 나서 제시한 질문에 답하라.

아이작 뉴턴(1642~1727)

뉴턴은 1642년의 크리스마스에 영국 링컨셔의 울즈소프에서 태어났다. 그의 아버지는 소지주였는데 그가 태어나기 몇 달 전에 세상을 떠났다. 1645년 그의 어머니가 북위당의 교구 목사와 결혼하자 뉴턴은 외할머니와 울즈소프를 떠났다. 초등학교의 기초교육 과정을 마친 후 열두 살이 된 뉴턴은 그래트햄에 있는 문법학교에 들어갔는데 그곳에 있는 약제사 집에서 살았다.

뉴턴의 말에 따르면 그가 처음에는 다른 소년들과 정신적 교류에 열중하여 학교에서 1등을 하기 전까지는 공부에 관심이 없었다. 아주 일찍부터 뉴턴은 기계 등 공작물에 적성과 소질을 보였다. 그는 풍차와 물시계, 해시계 등을 만들었고 사람이 조작하는 사륜마차를 발명했다.

1656년 뉴턴의 어머니는 두 번째 남편과 사별한 뒤 울즈소프로 다시 돌아와 농장을 경영하려고 뉴턴을 학교에서 중퇴시켰다. 그러나 얼마 지나지 않아 그의 관심이 농장에 있지 않다는 사실이 밝혀지자 그 어머니는 부톤 고글스의 교구 목사로 있는 그의 삼촌이 해준 충고를 받아들여 뉴턴을 케임브리지의 트리니티 단과대학에 보냈다.

1661년 뉴턴은 함께 입학한 다른 학생들과 함께 학비를 조달하려고 궂은일을 해야 했다. 비록 뉴턴의 초기 학생 시절에 대한 기록은 남아 있지 않지만 그는 수학과 기계 분야에 관한 책을 많이 읽은 것으로 알려져 있다.

케임브리지에서 처음 읽은 책은 케플러의 광학에 관한 책들이었다. 뉴턴은 천문학에서 도표 사용이 부적절했으므로 유클리드의 『기하학 원론』으로 증명해 나갔다. 그는 정당하게 명제들의 자명함을 발견했다. 그의 교수 아이작 배로가 그를 그 책에 다시 관심을 두게 하기 전까지 그는 그 책을 '갈등의 책'이라며 한옆으로 밀쳐두었다. 그에게 본래의 수학적 저작을 하도록 고무한 것은 데카르트의 『기하학』이었던 듯하다. 이 작고 평범한 책이 재학 중 뉴턴을 일깨웠는데, 거기에는 여러 종류의 딱딱한 조항이 담긴 논문들과 정방형 도표들, 음악 악보 여러 개, 기하학적 문제들, 윌리스의 계산과 무한대에 대한 주해들, 굴절의 관찰에서 렌즈의 잘못 사용 그리고 모든 종류의 근원에 대한 발췌 등이 있었다.

이항정리의 발견과 뉴턴 미적분학 개발의 최초 원고는 1665년 그가 학사학위를 받을 무렵에 쓰였다. 1665년 런던에서 케임브리지까지 흑사병으로 대학이 문을 닫자 뉴턴은 링컨셔에 있는 집으로 돌아와 쉬면서 광학과 화학 관련 실험을 하고 수학적 연구를 계속해나갔다.

그는 1666년 중력 이론을 발견하게 된다. "내가 중력에 대해 생각하게 된 바로 그해에 달이 궤도를 유지하도록 만드는 힘과 지구 표면의 중력을 비교하게 되었고 그것들이 꽤 유사한 원인에 근거한다는 사실을 발견했다." 과학에 대한 그의 저작이 광선의 구성요소에 대한 설명을 이끌어낸 시기와 거의 같다. 이 기간에 그가 완성한 저작에 대해 나중에 다음과 같이 언급했다. "이 모든 것은 1665년과 1666년

두 해 동안 이루어졌는데, 그 이유는 이 기간에 내 일생에서 발명이 가장 활발했고 어느 때보다 더 수학과 철학에 온 정신을 쏟았기 때문이다."

1667년 트리니티대학이 다시 문을 열었고 뉴턴은 회장으로 선출되었다. 2년 후 그는 친구이자 스승인 배로 박사의 후임으로 수학과 교수로 임명되었다.

뉴턴은 1668년에 이미 반사 망원경을 만들었다. 그는 두 번째로 만든 망원경을 1671년 12월 왕립학회에 기증했다. 그로부터 두 달 후 그는 왕립학회 일원으로 빛에 관한 자신의 발견을 발표했고, 그로써 후크, 루카스, 리너스와 그 외 사람들이 참여한 논쟁이 시작되었다. 항상 논쟁을 싫어했던 뉴턴은 침묵으로 일관했다. 광학에 관한 그의 논문은 『광학』(1704)이라는 책에 모두 수록되었다.

뉴턴은 1684년부터 중력에 관한 저작을 준비했다. 후크, 핼리, 크리스토퍼 우렌은 각각 독자적으로 중력의 법칙이라는 어떤 개념에 도달했지만, 천체의 궤도를 설명하는 데는 성공하지 못했다. 핼리가 뉴턴에게 그 문제에 관해 조언을 구한 바로 그해에 그는 뉴턴이 이미 그것을 해결했음을 발견하고는 놀라움을 금치 못했다. 뉴턴은 그에게 법칙 네 개와 문제 일곱 개를 알려주었는데, 이것이 그의 주요 저작에서 핵심이었음이 증명되었다. 1687년에 그는 라틴어로 『프린키피아』를 썼다.

테스트 B: 아이작 뉴턴의 전기에 대한 질문

1. 뉴턴이 케임브리지에 있는 트리니티대학에 입학 허가를 받기 전 그는 어느 분야에 특별한 관심이 있었는가?

   ① 정치학　　　② 신학　　　③ 기계장치　　　④ 과학과 수학

2. 뉴턴은 누구에게 기사작위를 받았는가?

   ① 국왕 찰스 2세(1685~1688)　　② 국왕 제임스 2세(1660~1685)

   ③ 앤 여왕(1702~1714)　　④ 국왕 조지 1세(1714~1727)

3. 런던에서부터 케임브리지까지 흑사병이 번져오자 1665년부터 1667년까지 2년 동안 트리니티대학이 휴교하게 되는데, 이때 뉴턴은 여러 다른 학생과 더불어 유럽 대륙으로 건너갔다.

   (참, 거짓)

4. 뉴턴은 어떤 이유로 선거구에서 당선되었는가?

   ① 학생들의 반국왕 데모를 저지한 점

   ② 영국 왕을 국교의 최고위자로 모시고 교황의 구권을 부인하는 선서를 거부하려는 제임스 2세의 시도에 반대한 점

   ③ 런던에서 케임브리지까지 번진 흑사병으로 공포에 빠진 학생들과 교수들을 그가 진정시킨 점

5. 말년에 뉴턴은 무엇에 관한 논쟁에 참가해 고배를 마셨는가?

   ① 왕실 천문학자들의 천문학적 관찰　② 미적분학의 발명

   ③ 다니엘의 예언

6. 뉴턴은 원래『프린키피아』를 어떤 언어로 집필하였는가?

　① 그리스어　　② 라틴어　　③ 영어

7. 다른 문제 중에서도 그 작품은 무엇을 설명하고 있는가?

　① 사과가 떨어지는 이유　　② 천체의 궤도

　③ 원의 면적을 구하는 방법　　④ 어떤 점에서 신이 기하학자인가

8. 광학이란 무엇인가?

　① 빛, 즉 시각 기관에 미치는 빛의 작용에 의해 다른 사물들 중에서도 인간이 볼 수 있게 해주는 빛에너지에 대한 연구의 일반 이름

　② 인간과 다른 동물들의 눈에 대한 연구의 일반 이름

　③ 렌즈 생산과 망원경에서 그것의 이용에 대한 기술

9. 『광학』에서 뉴턴은 무엇을 언급했는가?

　① 빛이 1시간에 300,000킬로미터를 여행한다는 사실을 입증했다.

　② 하얀빛의 구성물을 밝혔다.

　③ 흰빛이 색광 스펙트럼을 통과하는 프리즘에 의해 파괴될 수 있음을 설명했다.

　④ 망원경의 몇 가지 군사적 이용을 간략히 언급했다.

10. 노년에 뉴턴은 다음과 같이 말한 적이 있다. "나는 세상 사람들에게 내가 어떻게 보일지 모르지만, 나에게는 내가 해변에서 뛰노는 한 소년이었을 뿐이라고 여겨지며, 그때나 지금이나 나 자신을 위로하는 것은 내 앞에 아직 발견되지 않은 진리의 위대한 대양에서, 다른 것보다 더 부드러운 조약돌이나 더 귀여운 조개껍질을 찾아내는 것이다." 이 말에 대해 250자 내외로 논평하라.

당신은 이제 독서의 제1수준에서 두 부분의 읽기 연습문제를 끝마쳤다. 물론 전에 이야기했듯이, 이 질문들이 이 텍스트에서만 출제된 것이 아니라서, 이 텍스트에서 명시해 놓지 않은 역사적인 지식과 그 밖의 정보도 필요하다는 점을 깨달았을 것이다. 이 제1수준에서도, 능력 있는 독자라면 자신이 읽고 있는 것에 관한 유용한 정보를 이끌어올 수 있다. 일반적으로 좋은 정보를 가진 사람일수록, 더 훌륭한 책 읽기를 할 수 있다.

이 테스트 질문들에 올바로 답변했다면, 분명 당신은 꽤 박식한 독자이며, 기초 읽기에서 책정한 표준을 넘는 독자임이 틀림없다. 이 연습문제와 테스트들이 당신이 독자로서 기술을 향상할 뿐만 아니라, 당신이 알 만한 가치가 있는 뭔가를 깨닫는 데 도움이 되거나, 또는 이미 알고 있는 어떤 것을 당신이 읽는 그 책에 적용해 보도록 설정되었다는 사실을 깨달았으면 한다.

2. 살펴보기(독서의 제2수준)
연습문제와 테스트

여기서는 『서양의 명저들』에 실린 두 작품의 목차가 책 읽기나 테스트를 위한 텍스트로 주어진다. 또 그 책의 저자인 단테와 다윈의 대략적인 생애도 재인용되는데, 그 이유는 독자에게 정보를 제공하려는 것이며, 또한 문제들이 그것에서 출제되기 때문이다.

단테의 전기와 『신곡』의 목차는 『서양의 명저들』 21권에서 뽑았다. 그 책에는 『신곡』만 실려 있다. 그러나 단테는 산문과 운문으로 된 매우 흥미롭고 아름다운 다른 작품들도 썼다. 그러나 오늘날에는 『신곡』('신'이란 말은 그가 죽은 뒤 붙여졌다)만이 널리 읽히고 있다. 4장에서 이야기했듯이, 살펴보기에는 두 단계가 있다. 제1단계는 체계적으로 훑어보기 또는 미리 들여다보기, 제2단계는 겉만 핥아보기라고 했다. 이 책 읽기 연습문제를 위해서 『신곡』의 내용 전체를 다 텍스트로 삼을 필요가 없기 때문에 목차만 다룬다. 즉 이 목차 전체를 체계적으로 훑어보는 데 10분 이하(여기서 속도가 가장 중요하다)의 시간을 정하고 있다.

그다음 몇 가지 질문에 답변해야 한다. 그러고 나서 그 목차를 겉만 핥아보기로 다시 반복해서 읽어야 하며-이때는 20분 정도 소요된다.- 그다음 다시 몇 가지 질문에 답변해야 한다.

따라서 『신곡』의 목차를 읽는 데 드는 전체 시간은 30분이다. 학자들이 『신곡』을 읽는 데 그들의 인생에서 30년을 소비한다는 사실을 고려할 때, 살펴보기의 30분은 정말로 겉만 핥아보기만이 가능한 시간이다. 그러나 그것이 주제넘은 것이거나 헛된 것만은 아니다. 사람들은 30분 안에 이 위대한 시에 대해 뭔가를 배울 수 있다. 그리고 그것은 독서의 제3수준에서 분석적으로 그 전체를 읽을 수 있도록 준비해 준다. 첫 번째 살펴보기인 목차를 제시하기 전에—체계적으로 훑어보기 또는 미리 들여다보기 전에—단테의 생애에 대한 언급을 몇 분 이내에 먼저 읽어라. 그것은 단테가 『신곡』에서 계획하는 것과 그가 실제로 행한 것들을 이해하는 데 도움이 될 것이다. 또 우리가 낸 질문에 답하는 데도 도움이 된다.

단테 알리기에리(1265~1321)

단테 알리기에리는 1265년 5월 중순경 피렌체에서 태어났다. 당시 피렌체는 베네치아와 더불어 유럽의 경제권을 쥐고 있었다. 단테는 초기교육을 산타 크로체 수도원에서 받았던 것 같다. 그는 분명 철학자이자 학자였던 피렌체의 브루네토 라티니의 영향을 많이 받았다. 20세가 되기 전에 단테는 시를 쓰기 시작했고 "달콤하고 새로운 스타일"의 이탈리아 시인들과 친교를 맺게 되었는데, 그들은 사랑과 여인들을 철학적 운문으로 읊었다. 그가 온 마음을 바쳐 찬미한 '연인'은 바로 베아트리체였다. 보카치오가 쓴 단테의 일생을 보면, 그녀는 피렌체의 한 시민의 딸인 베아트리체 폴티나리로, 부유한 은행가와 결혼했지만 24세에 죽었다. 단테는 『신생』(1292)에서 베아트리체에 대해 처음으로 노래했다. 이것은 단테의 베아트리체에 대한 사랑을 이상화하고 신비화한 시와 산문으로 된 이야기로, 1283년 5월 어느 날 그 둘의 첫 만남에서부터 1292년 베아트리체의 죽음까지 9년간의 이야기를 담고 있다.

단테는 30세가 되자 피렌체의 정치에 적극적으로 참여한다. 겔프당과 기벨리니당의 피비린내 나는 투쟁이 벌어지던 당시, 겔프당은 중산층을 옹호해 그들의 지지를 받았으며, 기벨리니당은 상류층의 대변자였다. 단테는 겔프당에 속해 있었다. 그는 철학적인 지식이 풍부했으므로 정계에서 지도적 역할을 할 수 있었다. 그리하여 당시 교황인 보니파티우스 8세의 신정 간섭에서 벗어나려는 노력의 하나로 산지미니아노에 사절로 파견되었다. 바로 그해에 단테는 피렌체시의 최고 행정기관인 참사관 6명 중 하나로 선출되었는데, 불행하게도 피렌체는 또다시 정쟁의 소용돌이에 휘말렸다. 겔프가 흑당과 백당으로 갈렸기 때문이다. 백당은 교황청과 단지오 왕가의 간섭에서 벗어나 피렌체의 독립을 지켜나가자고 했고, 흑당은 일종의 기회주의에 편승하여 당시 세력을 잡고 있던 교황의 계획을 지지했다.

단테는 백당에 속해 있었다. 그러는 가운데 단테는 로마에 파견된 사절단에 속해 그곳에 갔다 돌아오는 길에 시에나에 이르렀다. 백당은 흑당에 의해 구축되었다. 그리하여 단테도 교황의 분노를 샀기에 하는 수 없이 세 가지 벌을 선고받는 궐석 재판을 받게 되었지만 단테는 이에 응하지 않았다. 그래서 그의 끝없는 유랑 생활이 시작된다.

이제 약 10분 동안 다음에 제시하는 목차를 체계적으로 훑어보기 또는 미리 들여다보기를 하라. 여기서 제시된 텍스트는 찰스 엘리

어트 노턴이 번역한 책이다. 다른 번역자들은 좀 다른 방식으로 목차를 설정해 놓은 경우도 물론 있다.

신곡의 목차

【지옥편】

제1곡: 단테는 숲속에서 길을 잃고 헤매다가 언덕 위의 빛을 발견하고 그 숲을 빠져나와 올라가려고 하지만 그는 세 마리 짐승에게 방해받는다. 절망하고 있을 때 베르길리우스가 나타나 단테를 안내하여 영원한 세계를 보여 줄 것을 약속한다.

제2곡: 단테는 지옥을 한 바퀴 돌아볼 마음이 있느냐 없느냐에 대한 의문에 사로잡힌다. 베르길리우스가 왜 자신이 단테를 안내하러 왔는지 그 까닭을 설명한다. 천국에 있는 마리아와 베아트리체가 단테가 괴로워하는 것을 염려하여 지옥의 림보에 베르길리우스에게 구원하러 가달라고 부탁한 것이다. 그 경위를 듣자 단테는 두려움을 떨쳐버리고, 따라서 이 여행은 계속된다.

제3곡: 지옥의 문, 베르길리우스가 단테를 그 안으로 인도한다. 생전에 어떤 선과 악에 무관심하고 자신만을 위해 살았던 사람들에 대한 처벌. 아케론강과 그 강둑 위의 죄진 자들. 카론. 지진. 단테는 까무러친다.

제4곡: 아케론강의 건너편. 단테는 베르길리우스를 따라 지옥의 첫 번째 원圓인 림보에 들어선다. 그곳은 선량하나 그리스도를 모르고 세례를 받지 않은 자들의 영혼이 머무는 곳이다. 동료 시인들과 만남. 그들은 고통받지 않고 빛이 비치는 고귀한 성안에 살고 있다. 그들을 만난 후 베르길리우스와 단테는 그곳을 떠난다.

제5곡: 제2옥. 육욕의 죄를 범한 자들에 대한 벌. 나이든 유명한 사람들의 영혼이 날아와 있다. 프란체스카의 망령.

제6곡: 제3옥. 배불리 먹은 자들에 대한 벌. 케르베로스. 치아코.

제7곡: 제4옥. 인색한 자들과 낭비한 자들에 대한 벌. 지옥의 강. 제5옥. 성을 내며 날뛰는 자들과 불만을 품은 자들에 대한 벌.

제8곡: 제5옥. 플레기아스와 그의 배. 지옥의 강을 건넘. 필립포 아르젠티. 지옥의 하층인 디스. 악마가 그 시인들이 들어오지 못하도록 막는다.

제9곡: 지옥의 밑바닥 디스. 복수의 여신 세 명. 하늘에서 대사가 내려옴. 제6옥. 이교, 이단들의 지옥.

제10곡: 제6옥. 파리나타 데리 우발디니 카발칸테 카발칸티. 프리드리히 2세.

제11곡: 제6옥. 아나스타시우스 교황의 무덤. 베르길리우스로부터 지옥의 구조와 죄인의 분류에 대해 자세히 듣는다.

제12곡: 제7옥에 있는 세 개의 원圓 중 첫째 원. 폭군들에 대한 벌. 미노타우로스. 켄타우로스. 지옥의 강. 네소스. 붉은 피로 물든 강물 속에서 폭군들이 고통받고 있다.

제13곡: 제7옥의 둘째 원. 자기 육체에 폭력을 가한 자살자와 재산을 마구 탕진한 자들. 자살자의 나무. 하피. 피에르 델라 비냐. 시에나의 라노와 다른 사람들.

제14곡: 제7옥의 셋째 원. 하나님을 거역한 자들. 뜨거운 모래. 카파네우스. 크레타섬의 늙은 거인의 모습. 지옥의 강.

제15곡: 제7옥의 셋째 원. 남색가들의 무리를 만남. 브루네토 라티니. 브루네토가 단테에게 앞날을 예언.

제16곡: 제7옥의 셋째 원. 자연을 거역한 자들. 구이도 퀴르라. 텍기아 이도 알도부란디. 야고보 루스티크치. 피렌체의 벼락부자 풍조를 한탄. 골짜기로 밧줄을 던진다.

제17곡: 제7옥의 셋째 원. 하나님을 거역한 자들. 게리온. 벌을 받는 고리대금업자들. 제8옥으로 내려감.

제18곡: 제8옥. 사기 친 자들. 첫째 구덩이: 뚜쟁이와 여자를 유혹한 자들. 베네디코 카차네미코. 이아손. 둘째 구덩이: 아첨배들. 알레시오 인테르미네. 타이데.

제19곡: 제8옥. 셋째 구덩이: 성직聖職이나 성물聖物을 매매한 자들, 교황 니콜라우스 3세.

제20곡: 제8옥. 넷째 구덩이. 불행하게도 생전에 마술과 점술로 사람들을 현혹한 자들. 암피아라오스. 테이레시아스. 아론타. 만토. 에올이빌로. 미켈레 스코토. 아스덴테.

제21곡: 제8옥. 다섯째 구덩이. 탐관오리의 무리. 루카 민중의 우두머리. 말레브란케. 그들과의 대화.

제22곡: 제8옥. 다섯째 구덩이. 탐관오리의 무리. 나바라의 치암폴로. 프라 고미타. 미켈 창케. 마귀들의 싸움.

제23곡: 제8옥. 다섯째 구덩이로부터 도피. 여섯째 구덩이: 납으로 된 무거운 외투를 입은 위선자들. 프리드리히 2세. 명랑한 수도사. 가야바. 안나스. 수도사 카탈라노.

제24곡: 제8옥. 그 시인들이 여섯째 구덩이로 올라간다. 일곱째 구덩이 밑에서는 도둑들이 독사에게 물려 고통받고 있다. 반니 푸치. 단테에게 재앙을 예언.

제25곡: 제8옥. 일곱째 구덩이. 사기 친 도적들. 카코. 피렌체 망자들과 다른 사람들.

제26곡: 제8옥. 여덟째 구덩이. 권모술수를 일삼았던 망자들. 오디세우스와 디오메데스.

제27곡: 제8옥. 여덟째 구덩이. 권모술수를 일삼았던 망자들. 구이도 다 몬테펠트로.

제28곡: 제8옥. 아홉째 구덩이. 게리 델 벨로. 열 번째 구덩이. 종교적, 정치적으로 중상모략을 일삼던 자들. 마호메트와 알리. 돌치노 수도사. 메디치나의 피에르. 쿠리오. 보로니오의 베트랑.

제29곡: 제8옥. 아홉째 구덩이. 게리 델 벨로. 열 번째 구덩이. 온갖 병으로 고통당하는 자들. 연금술사인 그리폴리노. 카포키오.

제30곡: 제8옥. 열 번째 구덩이. 남의 유언장을 위조한 자들. 화폐 위조자들과 남을 속인 자들. 미라. 잔니 스키키. 마에스트로 아다모. 트로이의 시논.

제31곡: 제8옥. 거인들. 님로드. 에피알테스. 안타이오스가 그 시인들을 제9옥으로 내려보낸다.

제32곡: 제9옥. 배신자들의 세계. 첫째 원: 카이나. 혈족을 배신한 자들. 카마치온의 호명. 둘째 원: 안테노라. 조국을 배반한 자들, 보카. 우골리노 백작과 루지에리 대주교.

제33곡: 제9옥. 둘째 원: 우골리노 백작. 셋째 원: 톨로메아. 배반자 알 베리고. 브랑카 도리아.

제34곡: 제9옥. 넷째 원: 주데카. 은인을 배반한 자. 유다와 카이사르. 지구의 중심. 지옥에서 빠져나옴. 남반구에 숨어 있는 구멍을 기어오름.

【연옥편】

제1곡: 새로운 주제. 환희의 노래를 부름. 연옥의 해안에 밝아오는 동방의 새벽. 별 4개. 카토. 단테는 지옥의 더러움으로부터 얼굴을 씻어낸다.

제2곡: 일출. 시인들은 해변으로 나온다. 천사가 연옥으로 갈 영혼들을 배에 싣고 다가온다. 그들의 상륙. 카셀라와 그의 노래. 카토가 서둘러 그 영혼들을 산으로 데려간다.

제3곡: 연옥 앞. 교회에 항거하여 죽은 사람들의 영혼들. 마프레디.

제4곡: 연옥 앞. 연옥 산의 기슭을 오름. 죽기 직전에야 잘못을 뉘우친 악기 제조자. 벨락쿠아.

제5곡: 연옥 앞. 비참한 죽음을 당했지만 임종 때 이전의 잘못을 뉘우친 영혼들. 야고보. 델 카세로.

제6곡: 연옥 앞. 비참한 죽음을 당할 때까지 잘못을 뉘우치지 않은 더 많은 영혼. 현세 사람들의 기도로 구원. 솔델로. 이탈리아의 어지러운 상태에 대한 한탄.

제7곡: 베르길리우스가 소르델로에게 자기소개를 한다. 소르델로가 그 시인들을 아름다운 황제들의 골짜기로 데려간다. 그가 그들의 이름을 알려준다.

제8곡: 황제들의 골짜기. 칼을 든 두 천사. 니노 판관. 뱀. 코르라도 말라스피나.

제9곡: 단테의 잠과 꿈. 독수리들. 루치아. 연옥문. 천사 문지기. P자 일곱 개를 단테의 이마에 새김. 첫째 두렁길로 들어감.

제10곡: 연옥 안. 첫째 두렁길. 교만한 자들. 바위에 새겨진 수태고지.

제11곡: 첫째 두렁길. 교만한 자들. 주기도문. 옴베르토 알도브란데스코. 아곱비오의 명인 오데리시. 프로벤차노 살바니.

제12곡: 첫째 두렁길. 교만한 자들. 교만을 벌주는 예가 새겨져 있다. 천사가 죄악의 P자를 하나 이마에서 지워준다. 둘째 두렁길로 오름.

제13곡: 둘째 두렁길. 시기하는 자들. 자애의 예. 허름한 옷을 입은 사람들. 그들의 눈까풀은 철사로 꿰매져 있다. 시에나의 사피아.

제14곡: 둘째 두렁길. 시기하는 자들. 구이도 델 두카. 리니에리의 죄 씻음. 질투의 처벌에 대한 예.

제15곡: 둘째 두렁길. 시기하는 자들. 천사가 단테의 이마에서 P자를 또 한 자 지움. 사랑에 대한 의문에 대해 대화. 셋째 두렁길로 오름. 노여워하는 자들. 노여움의 불을 끄는 예들을 보게 됨.

제16곡: 셋째 두렁길. 노여워하는 자들. 롬바르디아의 마르코. 인간의 자유의지론과 교회와 국가의 분리에 대한 그의 설명.

제17곡: 셋째 두렁길. 분노하는 자들. 짙은 안개 밖으로 나감. 분노의 죄에 대한 예가 보임. 넷째 두렁길로 오름. 여기서는 태만의 죄가 씻겨진다. 연옥에서 두 번째 맞는 밤. 베르길리우스가 사랑이 어떻게 덕과 죄와 유사한 뿌리를 지니는지를 설명해 준다.

제18곡: 넷째 두렁길. 태만한 자들. 사랑과 자유 의지에 대한 베르길리우스의 설명. 한 무리의 영혼이 달려와 그들의 죄를 구원받는다. 열중의 예들. 산 제노 수도원장. 태만이 벌 받는 예들. 단테는 잠이 든다.

제19곡: 넷째 두렁길. 단테의 꿈속에 세이렌이 나타난다. 감각적 쾌락의 화신. 다섯째 두렁길로 오름. 탐욕스러운 사람들. 교황 하드리아누스 5세.

제20곡: 다섯째 두렁길. 영혼들이 가난과 청빈의 예들을 축원한다. 위 그 카페. 그의 자손들에 대한 대화. 탐욕이 처벌된 예들. 산이 진동함.

제21곡: 다섯째 두렁길. 스타티우스의 영혼. 그 산의 지진에 대한 이유. 스타티우스가 베르길리우스에게 존경을 표한다.

제22곡: 여섯째 두렁길에 오름. 스타티우스와 베르길리우스의 대화. 그 두렁길로 들어섬. 낭비하는 자들. 신비한 나무. 훈계의 예들.

제23곡: 여섯째 두렁길. 낭비하는 자들. 포레세 도나티. 넬라. 피렌체 여인들에 대한 책망.

제24곡: 여섯째 두렁길. 낭비하는 자들. 포레세 도나티. 바카르다 도나티. 루카의 보나준타. 교황 마르티노 4세. 우발디노 델라 필라. 보니파치오. 마르케세. 보나준타가 뒷날 단테에게 호의를 베풀어줄 루카의 여성 젠투카에 관해 예언. 신비로운 둘째 나무. 낭비의 죄에 대한 예들. 천사의 등장.

제25곡: 일곱째 두렁길에 오름. 영양을 취할 필요가 없는 연옥의 혼이 왜 목이 마르느냐 하는 의문을 스타시오가 설명. 일곱째 두렁길: 음란죄를 범한 자들. 그들이 죄를 씻는 모습. 정조의 예들.

제26곡: 일곱째 두렁길. 음란죄를 범한 자들. 반대편에서 오는 불길 속 죄진 자들. 호색의 처벌에 대한 예들. 구이도 구이니첼리. 아르난도 다니엘.

제27곡: 일곱째 두렁길. 음란죄를 범한 자들. 불길 속을 지나감. 돌 층계. 층계 위에서의 밤. 단테의 꿈. 지상낙원에 오름. 베르길리우스의 마지막 말.

제28곡: 지상낙원. 숲속. 맑은 냇물 너머에서 한 여인이 꽃을 꺾으며 다가온다. 그곳 자연에 대한 그녀와의 대화.

제29곡: 지상낙원. 신비로운 행렬 또는 개선의 수레.

제30곡: 지상낙원. 베아트리체가 나타남. 베르길리우스 퇴장. 베아트리체가 단테를 책망함.

제31곡: 지상낙원. 베아트리체의 책망과 단테의 참회. 레테 강물에 과거 기억을 흘려보냄. 베아트리체에게 덕을 호소. 그녀가 웃는 얼굴을 보여 줌.

제32곡: 지상낙원. 개선 행렬의 귀환. 그 수레를 신비한 나무에 묶음. 단테의 잠. 그는 깨어나 도착한 개선 행렬을 발견함. 그 행렬의 변신. 창녀와 거인.

제33곡: 지상낙원. 베아트리체가 장래에 일어날 여러 가지 사건 예언. 단테와 그녀의 대화. 에우노에강. 단테는 그 물을 마시고 하늘로 올라감.

【천국편】

제1곡: 서문. 도움을 청함. 승천한 베아트리체와 단테는 달을 향해 불의 영역을 통과해서 올라감. 베아트리체가 그들의 승천 이유를 설명한다.

제2곡: 서문. 달에 오름. 달의 반점에 대한 질문과 응답. 천구의 영향.

제3곡: 월천. 서원을 어긴 사람들의 영혼. 피카르다 도나티. 황후 코스탄체.

제4곡: 천국의 정의와 축복받은 자들의 거처에 대한 단테의 의문이 베아트리체에 의해 풀림. 어겨진 서원은 다른 선행으로 보충될 수 있는지에 대한 단테의 질문.

제5곡: 서원에 관한 단테의 질문에 대해 베아트리체가 진지하게 답변. 수성천으로 오름. 정의로운 사람들의 영혼.

제6곡: 정의로운 사람들이 그들의 인생에 관해 말해준다. 로마 독수리 이야기. 수성천에 있는 영혼들. 로메오.

제7곡: 베아트리체의 설명. 인간의 타락. 그의 구원에 대한 계획.

제8곡: 금성천으로 오름. 사랑하는 자들의 영혼. 샤를 마르텔. 자기가 일찍 죽지 않았던들 다스려졌을 나라들에 대한 그의 이야기.

제9곡: 금성천. 단테와 로마인 쿠니차의 대화. 그들과 더불어 마르세유 사람인 폴코. 라합. 교황의 탐욕.

제10곡: 태양천에 오름. 지혜로운 자들과 신학에 박식한 영혼들. 성 토마스 아퀴나스. 그가 단테에게 자기 주변 사람들을 소개한다.

제11곡: 세속적인 욕망의 미혹. 토마스 아퀴나스가 단테의 마음속에 일어난 두 가지 의문을 알아차리고 자진해서 설명해 준다. 그는 성 프란체스카의 생애를 이야기한다.

　제12곡: 신앙심 깊은 지혜로운 사람들과 교회의 심부름꾼들과 교사들의 영혼이 깃든 둘째 원. 성 보나벤투라가 성 도미니쿠스의 생애를 이야기하고 그 원을 구성하는 사람들을 소개한다.

　제13곡: 토마스 아퀴나스가 다시 말을 시작하여 아담의 지혜와 그리스도의 지혜에 대한 솔로몬의 지혜의 관계를 설명하고 인간이 판단을 내릴 때는 신중해야 한다고 주장한다.

　제14곡: 베아트리체의 부탁으로 솔로몬이 천국에 있는 자의 광휘가 육체의 부활 후 어떻게 되는지를 말한다. 화성천으로 올라감. 여기에는 신앙을 위해 싸우다가 죽은 자의 혼이 십자가 형태로 나란히 빛나고 있다. 영혼들의 찬송.

　제15곡: 단테는 그의 고조부인 카치아구이다의 환영을 받는다. 카치아구이다는 그의 가족과 옛날 피렌체의 검소한 생활에 대해 말해 준다.

　제16곡: 혈통의 자랑. 카치아구이다는 계속 옛날의 피렌체와 새로운 피렌체에 관해 말한다.

　제17곡: 단테는 자기가 앞날에 직면하게 될 운명에 대해 카치아구이다에게 질문한다. 카치아구이다는 단테의 탈출과 그의 시의 명성을 예언하면서 단테의 질문에 답한다.

　제18곡: 화성천에 있는 십자군의 영혼들. 목성천에 오름. 그 별은 영혼들에 의해 광명을 받고 있다. 교황의 탐욕에 대한 비난.

　제19곡: 독수리의 목소리. 그것이 한마음처럼 신이 구원에 대해 신비롭게 말한다. 구원에 대한 믿음의 필요성과 여러 나라 왕들의 부정에 대해 이 독수리들이 말한다.

제20곡: 정의의 노래. 독수리가 소리 내어 자기 눈 부위에 자리 잡고 있는 영광으로 빛나는 영혼에 대해 설명. 믿음과 구원. 예정론.

제21곡: 토성천에 오름. 명상 가운데 일생을 보낸 사람들의 영혼. 황금 계단. 성 피에트로 다미아노. 예정론. 요즘 성직자들의 타락. 단테는 그 영혼들의 외침에 기가 죽는다.

제22곡: 베아트리체가 단테를 안심시켜 준다. 성 베네딕투스가 나타난다. 그가 수도원의 설립과 요즘 수도원 생활의 부패를 이야기한다. 단테와 베아트리체는 항성천에 오른다. 쌍어궁. 지구의 처량한 모습.

제23곡: 그리스도의 승리.

제24곡: 성 베드로가 단테에게 신앙에 대해 여러 가지 질문을 하고, 단테의 대답에 만족한다.

제25곡: 야고보가 단테에게 소망에 관해 질문한다. 사도 요한이 나타나자, 요한의 혼이 육신과 함께 승천했다는 소문을 확인하려고 단테는 찬란한 빛 가운데 있는 요한을 쳐다본다.

제26곡: 사도 요한이 사랑에 대해 단테에게 묻는다. 단테의 시력이 회복된다. 아담이 나타나 단테의 질문에 대답한다.

제27곡: 베드로가 교회 목자들의 부패상을 비난한다. 단테는 지구를 바라본다. 베아트리체와 단테가 원동천에 오른다. 원동천의 구조 설명. 베아트리체는 바른길에서 벗어난 인간들의 탐욕을 탄식한다.

제28곡: 하늘나라의 계급.

제29곡: 천사의 본질과 창조에 대한 베아트리체의 설명. 그녀는 설교자들의 억설과 거짓을 비난한다.

제30곡: 열 번째 하늘인 지고천에 오름. 빛의 강. 천사들의 무리가 장미꽃처럼 원을 그리며 펼쳐져 있다. 황제 알리고 7세의 자리. 베아트리체의 마지막 말.

제31곡: 장미 모양의 축복받은 영혼들의 행렬. 성 베르나르. 베아트리체에게 기도. 축복받은 베르길리우스의 영광.

제32곡: 성 베르나르가 장미의 순서와 여러 성도를 알려준다. 천국의 어린이들. 천사의 축복. 거룩한 기도.

제33곡: 베르길리우스에게 기도. 아름다운 모습. 궁극적인 구원.

테스트 C: 단테의 『신곡』에 대한 첫 번째 질문

1. 단테는 그의 작품을 몇 부분으로 나누었는가?

   ① 세 부분　　　② 네 부분　　　③ 여섯 부분

2. 각 부분의 제목은 무엇인가?

   ① 지구, 달, 하늘, 별 ② 지옥, 연옥, 천국 ③ 내세, 연옥, 천당

3. 주요 부분들은 어떻게 나뉘어 있는가?

   ① 곡　　　　　　② 장　　　　　　③ 절

4. 각 부분의 비율은 어느 정도인가?

   ① 모두 같음　　② 33~34 정도　③ 23~44 정도

5. 이 작품의 작은 단락은 모두 몇 개인가?

   ① 99　　　　　　② 100　　　　　③ 101

6. 지옥편에서 주요 구분 단위는 무엇인가?

   ① 원　　　　　　② 구덩이　　　　③ 천

7. 연옥편에서 주요 구분 단위는 무엇인가?

   ① 원　　　　　　② 구덩이　　　　③ 천

8. 천국편에서 주요 구분 단위는 무엇인가?

   ① 선행과 악행의 순서 ② 천사의 계급순위 ③ 태양계 별의 순서

9. 지옥에서는 어느 방향으로 이동했는가? ① 아래로　② 위로

   연옥에서는 어느 방향으로 이동했는가? ① 아래로　② 위로

10. 단테는 천국을 어디에서 발견하는가?

   ① 연옥편이란 표제가 붙은 시에서 ② 천국편이란 표제가 붙은 시에서

『신곡』의 목차를 훑어보고 나서 위의 첫 번째 질문 사항들에 답변하였다면, 이제 20분 동안 그 목차를 겉만 핥아보기 방법으로 다시 읽어 보라.

테스트 D: 단테의 『신곡』에 대한 기타 질문

1. 단테는 지옥을 누구에게 안내받는가?

   ① 베아트리체 ② 베르길리우스 ③ 루시퍼

2. 단테를 도와주도록 베르길리우스를 누가 보냈는가?

   ① 베아트리체 ② 신 ③ 성 베르나르

3. 단테의 주요 관심사는 무엇을 묘사하는가?

   ① 죽음 이후의 삶 ② 인간의 지구상에서 여러 삶의 종류

4. 『신곡』은 어떤 작품인가?

   ① 근본적으로 코믹한 시 ② 도덕적인 신학에서 선별된 시편들

   ③ 우주에 관한 상상적인 창작물

5. 이 시는 어느 이념과 가르침을 가장 강조하는가?

   ① 휴머니즘 ② 그리스와 라틴의 이념과 가르침 ③ 그리스도

6. 게으른 자는 연옥의 4번째 구덩이에서 벌을 받는다. 이 구덩이를 떠나기 전에 단테가 잠든다는 사실이 중요한가?   (예, 아니요)

7. 지옥편의 제34곡에서 단테와 베르길리우스는 세계의 중심에 도달한다. 왜 그런가?

8. 연옥편의 제9곡에서 P자 7개가 단테 이마에 새겨지고, 단테가 연옥산의 구덩이들을 올라갈 때마다 그 P자들이 하나씩 지워진다. P자의 의미는 무엇인가?

9. 베르길리우스는 단테를 지상낙원으로 데려가지만(연옥편의 제28~33곡), 제30곡에서 사라지고 천국까지 단테와 함께 가지 않는다. 그 이유는 무엇인가?

10. 천국편의 제11곡과 제12곡에서 성 토마스 아퀴나스가 성 프란체스카의 삶을 이야기하고 성 보나벤투라가 성 도미니쿠스의 삶을 이야기한다. 이것의 의미는 무엇인가?

테스트 D에서는 단테의 『신곡』에 나타난 상징을 주로 다루지만, 마지막 5개 질문은 목차만 읽고는 대답하기 힘들거나 불가능하기까지 하다. 그런 이유로, 우리는 이 질문들에 대한 해답을 자세히 제시해 놓았다. 그런 질문들을 제기하는 것은 두 가지 의미에서 정당화된다. 첫째, 우리는 그 질문들이 목차만을 읽고는 답변할 수 없다고 확신하지는 않는다. 둘째, 이것이 더 중요한데, 그 질문들은 단테의 명저에서 중요한 특징들 중 하나를 암시하도록 의도한 것이다. 즉 이 책은 철두철미하게 상징적이다.

단테의 거의 모든 진술과 그가 묘사하는 거의 모든 인물과 사건이 적어도 두 가지 의미를 지니며 서너 개 의미를 포함하는 경우도 많다. 우리는 비록 세부 사항들을 모두 파악할 수 없지만, 그런 사실이 목차만 읽고도 분명해진다고 생각한다.

따라서 비록 전에 단테의 책이나 그에 관해 읽은 적이 없다 하더라도 어떤 외부의 도움 없이 이 테스트에서 문제 6~10번에 답하는 것은 흥미 있을 것이다. 다시 말해서, 당신이 추측해야만 한다면 당신의 추측은 사실과 얼마나 가까울까?

찰스 다윈의 전기와 다음에서 제시할 그의 『종의 기원』 목차는 『서양의 명저들』 중 49권에서 뽑았는데, 여기에는 다윈이 『종의 기원』에서 제시한 자신의 일반 이론을 인간종의 진화라는 당혹스러운 질문에 적용한 『인간의 계통』도 들어 있다. 단테의 경우처럼, 다윈의 전기를 5~6분 이내에 빨리 읽고 나서 10분 이내에 『종의 기원』 목차를 훑어보거나 살펴보라.

찰스 다윈(1809~1882)

찰스 다윈은 자서전에서 '과학자로서 그의 성공'을 가능하게 했던 특징을 이야기하면서, '그것은 아마도 어린 시절의 관심 때문'이라고 했다. 다윈은 자신이 관찰한 적이 있는 '모든 것을 이해하고 설명하려는 가장 강력한 욕구'를 자신의 어린 시절에서 그 원인을 찾고 있다.

그의 아이 같은 환상은 자연의 역사에서 믿어지지 않는 발견과 관련된 것들이었다. 학교 친구들에게 그는 자기가 특정 색깔의 액체를 뿌림으로써 동일한 식물에서 여러 가지 색깔의 꽃을 피울 수 있다고 자랑했다. 꽤 성공한 물리학자였던 그의 아버지는 버틀러 박사의 일일학교 고전 강좌에서 둘째 아들의 평범한 성적과 독특한 관심 때문에 몹시 당황했다. 그런 이유로 그는 둘째 아들에게 의학 공부를 시키려고 에든버러에 보내기로 결정했다.

에든버러에서 다윈은 조수가 밀려오는 풀장에 동물들을 모으고, 표본을 추출하려고 뉴헤이븐의 어부들과 굴을 저인망으로 잡은 결과 두 가지 사실을 발견했는데, 이를 그는 플리니언 소사이어티 이전에 읽은 논문들에 넣었다. 그는 의학을 배우려고 그다지 '끈질긴 노력'을 기울이지는 않았다. 약간 고심한 끝에, 다윈 박사는 하나의 대안으로 아들에게 성직자라는 직업을 제안했다. 성직자의 삶은 어린 다윈에게도 좋아 보였으므로, '교회의 모든 교리'에 대한 자신의 의심을 묻어둔 채, 그는 케임브리지에서 이 새로운 일을 시작했다. 그러나 그는 자신의 과학적 관심을 억제할 수 없음을 깨닫고 열렬한 곤충학자가 되어 딱정벌레를 모으는 데 거의 모든 시간을 들였다. 그는 스테판의 『영국 곤충도감』에 자기의 희귀한 견본들 중 하나가 있는 것을 발견하고는 만족하기도 했다.

에든버러에서처럼, 그는 과학자들과 여러 가지 고무적인 친교를 했다. 그는 케임브리지대학교의 곤충학 교수 H.S. 헨즐로의 호의로 군함 '비글'호에 탑승하여 과학계에 첫발을 딛게 된다.

'비글'호는 1831년부터 1836년까지 남미를 항해했다. 라이엘의 『지질학의 원리』에서 밝힌 자연적 과정에 따른 변이들 연구는 케이프버드섬 지질 구조에 대한 다윈의 관찰에 하나의 방향을 제시해 주었다. 그는 또 산호초에 대한 광범위한 실험을 하고, 살아 있는 동물들과 같은 종의 화석과의 관계뿐만 아니라 그 섬에 사는 동물들과 그 인근 섬에 사는 동물들과의 관계도 관찰하였다.

다윈은 '비글'호 항해를 '내 일생에서 가장 중요한 사건'으로 묘사했다. 그 항해는 다윈을 그 시대의 뛰어난 박물학자 중 하나로 만들었을 뿐만 아니라 "활동적으로 일하는 습관과 집중력을 길러 주었다." 다윈 박사는 아들의 이러한 새로운 목적성을 "그의 관심이 꽤 바뀌었다"라는 말로 표현했다.

항해에서 돌아온 후 다윈은 런던에 정착해 자신이 관찰했던 것들을 체계화하여 기록하기 시작했다. 그는 영국의 지도자적인 지질학자이며 후커 이후 가장 뛰어난 곤충학자이기도 한 라이엘 경과 친구가 되었다. 1839년에 그는 사촌 엠마 웨즈우드와 결혼했으며, 1842년 말엔 다윈의 고질적인 건강 악화로 가족이 다운으로 이사했는데, 이곳에서 그는 여생을 격리된 채 생활했다. 런던에 있는 6년 동안, 그는 항해 노트에서 『여행기』를 준비했고, 『산호초』라는 자신이 조심스럽게 기록한 연구서를 출간했다.

그 이후 8년간은 그 주제에 대한 4권으로 된 저작을 준비하며 보냈다. 그는 후커에게 다음과 같이 썼다. 나는 모든 종이 약간씩 변형될 수 있음을 알고 충격을 받았다. 단 하나의 종을 세부적으로 탐구해 들어가던 이 시기 이후, 다윈은 여러 해 동안 모색해 온 종의 변화라는 문제를 공격할 준비가 되었음을 느꼈다. 종들이 점차 변형된다는 주장에 단지 공감할 수 있을 뿐이라고 느낀 '비글'호 항해 기간에 여러 가지 사실이 밝혀졌다.

나중에 영국으로 돌아온 그는 사육 환경에서 변이가 생기는 동식물을 수집하기 시작했다. 그는 곧 자연 선택이 인간 성공의 핵심임을 간파했다. 그러나 자연 선택을 어떻게 자연 상태에서 사는 유기체에 적용할지는 얼마 동안 여전히 의문으로 남아 있었다. 그러던 어느 날 그는 맬서스의 『인구론』을 읽다가 갑자기 어느 곳에서나 보았던 생존투쟁에서 우성이 보존되고 열성이 선택되는 경향이 있음을 깨닫게 되었다. 그 결과 하나의 새로운 종이 형성될 수 있었다. 여기서 그는 마침내 하나의 이론을 갖게 되었다.

그는 후커와 라이엘에게 이 이론을 털어놓았다. 그들은 다윈에게 그 생각을 책으로 출간해 보도록 권했다. 그러나 다윈은 일을 신중하게 진행했다. 그것은 자신이 기획한 책 전체에서 단지 절반일 뿐이었는데, 1858년 여름에 그는 A.R. 월리스로부터 자신의 이론과 똑같은 이론이 담긴 논문을 한 편 받는다.

다윈은 후커와 라이엘에게 자신의 딜레마를 고백하고 다음과 같이 썼다. "자네들 말이 진정 옳았네. 나는 한 발 늦었네." 그들은 월리스의 논문과 더불어 그 이전의 논문 한 편에서 그의 이론을 요약해 출간하도록 결정했는데, 그 합작본의 제목은 『변이를 일으키는 종의 경향성과 자연 선택에 의한 종의 영구화』였다. 1년 후인 1859년 11월 24일 『종의 기원』이 빛을 보게 된다. 제1판은 1,250부가 팔렸으며, 그 책에 대한 논쟁이 회오리바람을 몰고 왔다. 다윈은 『종의 기원』에서 자신의 방대하고도 상세한 실험과 관찰뿐만 아니라 다른 사람들의 지식, 즉 생물학에 국한된 것이 아니라 지질학상 지식까지 끈기 있게 수집해 그것을 기초로 이론을 구성하였다.

다른 진화 학설과 달리 자연 선택, 생존경쟁, 적자생존 방법 등을 피력한 이 새로운 학설은 성직자들을 격분시켰고, 철학자들을 동요시켰다. 그 후 출간된 저작으로는 『사육·재배하에서 동식물의 변이』(1868), 『인간의 유래 및 자웅선택』(1871) 등이 있다.

『종의 기원』의 목차

종의 기원에 대한 학설 진보의 역사적 개요

서언

제1장 사육과 재배하에서 생기는 변이

변이성의 원인. 습성과 모든 기관의 용불용의 효과 및 상관 변이와 유전. 사육 변종의 형질. 종과 변종의 식별에 대한 곤란성. 하나 또는 그 이상의 종에서 생기는 사육 변종의 기원. 집비둘기의 품종 및 그들의 차이와 기원. 고대에 행해진 선택의 원칙과 그 효과. 방법적 선택과 무의식적 선택. 사육 동물의 미지의 기원. 인간의 선택에 유리한 여러 사정.

제2장 자연 상태에서 생기는 변이

변이성. 개체적 차이. 의심스러운 종. 널리 다량으로 분포하는 보통의 종이 가장 잘 변이한다. 어느 나라에서든 큰 속의 종은 작은 속의 종보다 한층 빈번히 변이한다. 큰 속의 대부분 종은 서로 밀접한 관계가 있으나 똑같지는 않으며, 그 범위가 한정되어 있는 점에서 변종과 유사하다.

제3장 생존경쟁

생존경쟁과 자연 선택의 관계. 광의의 생존경쟁. 기하급수적 증가율. 귀화 동물과 식물의 급속한 증가. 증가 방해의 성질. 보편적 경쟁. 기후의 영향. 개체수에 의한 보호. 자연계에서 모든 동물과 식물의 복잡한 관계. 생존경쟁은 같은 종의 개체와 변종 사이에서 가장 심하며, 때로는 같은 속의 종 사이에서도 치열하다. 유기체와 유기체 사이의 관계는 모든 관계 중 가장 중요하다.

제4장 자연 선택 또는 최적자 생존

자연 선택. 인위 선택과 비교한 그 힘. 사소한 성질에 미치는 그힘. 모든 나이와 양성 모두에 미치는 그 힘. 성 선택. 같은 종의 개체 사이에 행해지는 교배의 일반성에 대해. 자연 선택의 결과에 유리한 또는 불리한 환경, 즉 교배·격리·개체수. 완만한 작용. 자연 선택에 따른 소멸. 어느 협소 지역에 사는 생물들의 다양성과 귀화歸化에 관련된 형질의 분기. 형질의 분기와 소멸로 공통 조상의 자손에게 미치는 자연 선택의 작용. 모든 유기체 분류의 설명. 체제의 진보. 보존된 하등 형태. 형질의 집중. 종의 무한 증가. 요약.

제5장 변이의 법칙

상태 변화의 효과. 자연 선택과 결합한 사용·불사용, 비상飛翔 및 시각의 기관. 풍토화. 상관변이. 성장의 보상과 절약. 사이비 상관. 수가 많고 불완전한 발육과 열등한 조직의 것은 쉽게 변이한다. 이상하게 발달된 부분은 극히 변이하기 쉽고, 종의 형질은 속의 형질보다도 변이하기 쉬우며, 제2차 성징은 잘 변이된다. 같은 속의 종은 같은 방법으로 변이한다. 오랫동안 잃고 있었던 형질에의 귀선歸先. 요약.

제6장 이론의 난점

변이가 따르는 계통 이론의 곤란성. 과도적 변종의 결여 또는 희소. 생치 습성의 추이推移. 같은 종에서 습관의 분기. 가까운 종과 매우 다른 습관이 있는 종. 매우 완전화된 기관. 추이의 방법. 곤란한 경우. 자연은 비약하지 않는다Natura non facit saltum. 별로 중요하지 않은 기관. 기관은 어느 경우에나 절대적으로 완전하지는 않다. 자연 선택 이론에 따라 포괄된 체형의 일치와 생활 상태의 법칙.

제7장 자연 선택설에 관한 여러 견해

장수長壽. 반드시 동시적은 아닌 변화. 직접 소용에 닿지 않는 것처럼 보이는 변화. 진보적인 발달. 기능상 중요성이 적은 형질이 가장 항구적이다. 유용한 구조의 초기 단계를 설명하는데 예상되는 자연 선택의 부적당성. 자연 선택을 통한 유용한 구조의 획득을 간섭하는 원인들. 기능의 변화에 따르는 구조의 단계. 같은 강에 속하는 것에서 동일한 근원으로부터 발달한 매우 다른 여러 기관. 크고도 돌연한 변화를 믿지 못하는 이유.

제8장 본능

기원은 다르나 습성과 견줄 수 있는 본능. 본능의 점진적 단계. 진드기와 개미. 변이할 수 있는 본능. 사육 본능과 그 기원. 뻐꾸기·몰로투루스·타조 및 기생벌의 자연 본능. 노예를 만드는 개미. 꿀벌, 벌집 짓기 본능. 본능과 구조의 변화는 반드시 동시적인 것은 아니다. 본능에 대한 자연 선택설의 난점. 중성 또는 불임성의 곤충. 요약.

제9장 잡종 현상

최초 교잡의 불임성과 그 잡종의 불임성 구별. 보편적이 아니고 근친교배로 영향을 받으며 사육으로 제거되는 여러 가지 정도의 불임성. 중간 잡종의 불임성을 지배하는 법칙. 특별히 부여된 것은 아니고, 자연 선택에 따라 작용되지 않은 다른 차이를 기초로 한 우연적 불임성. 최초의 교잡과 잡종의 불임성 기원과 원인. 변화된 생활 상태의 효과와 교잡과의 평행. 이형성二形性과 삼형성三形性. 교잡된 변종 및 그 잡종적 자손의 임성繁性은 보편적이 아니다. 임성과 관계없이 비교된 중간 잡종과 변종 간 잡종. 요약.

제10장 지질학적 기록의 불완전성에 대하여

현재 중간 변종이 없다는 데 대하여. 소멸된 중간 변종의 성질과 그 수효에 대하여. 침식과 퇴적의 속도로 미루어 본 시간의 경과에 대하여. 연수年數로 따져 본 시간의 경과에 대하여. 우리의 고생물학적 수집의 빈약성에 대하여. 지질학적 지층의 간헐성에 대하여. 화강암 지역의 침식에 대하여. 어떠한 한 지층에도 중간 변종이 존재하지 않는다는 데 대하여. 종의 여러 무리의 돌연한 출현에 대하여. 이미 알려진 최하부의 화석 지층에서 여러 종군種群들의 돌연한 출현에 대하여. 서식이 가능했던 지구의 고대에 대하여.

제11장 생물의 지질학적 계승에 대하여

새로운 종이 서서히 계속 나타난 것에 대하여. 그것의 여러 가지 변화 속도에 대하여. 한 번 소멸된 종은 다시 나타나지 않는다. 종의 군은 그것들의 출현과 소멸에서 단일종과 같은 일반적인 법칙에 따른다. 소멸에 대하여. 전 세계에서 거의 동시에 변화하는 생활체에 대하여. 소멸종 상호 간의, 또한 현재 종의 유연類緣에 대하여. 고대 형태의 발달 상태에 대하여. 동일 지역 내의 동일 체형의 계승에 대하여. 앞 장 및 본장의 요약.

제12장 지리적 분포

현재 분포는 물리적 상태의 차이로는 설명될 수 없다. 장해물의 중요성. 동일 대륙의 생물의 유연. 창조의 중심. 기후 및 토지 고저의 변화, 우연한 원인에 의한 산포의 방법. 빙하기에서 산포. 남북의 교체적 빙하 시대.

제13장 지리적 분포

담수의 생물 분포. 대양의 섬에 사는 생물에 대하여. 양서류와 육지 포유류의 부재. 섬의 서식자와 가장 비슷한 본토 서식자와 관계. 가장 가까운 출처로부터 이주와 그에 따르는 변화. 앞 장 및 본장의 요약.

제14장 생물의 상호 유연, 형태학, 발생학, 흔적 기관

분류·군#은 군에 종속한다. 자연 계통. 변화가 있는 계통의 견지에서 설명된 분류상의 규칙과 곤란. 변종의 분류. 항상 분류에 사용된 계통. 서로 비슷하거나 적응할 수 있는 형질. 일반적이며 복잡하고 방사적인 유연. 전멸은 군을 나누며 한정한다. 동일한 강의 개체 사이 및 동일한 개체의 부분 사이의 형질학. 유년기에는 잇따라 발생하지 않고 그에 상응하는 시기에 유전되는 변이로 설명되는 발생학 및 그 법칙. 흔적 기관, 그 기원의 설명. 요약.

제15장 총괄과 결론

자연 선택설에 대한 이론의 총괄. 이 이론에 유리한 일반적 및 특수적 제 사정의 총괄. 종의 불변성이 일반적으로 믿어지는 이유. 자연 선택설은 얼마나 그 의미가 확장될 수 있는가. 박물학 연구에 이 이론을 채용한 효과. 결론

테스트 E: 다윈과 『종의 기원』에 관한 질문

1. 『종의 기원』에서 다윈은 인간의 기원과 진화를 설명하고 있다.

   (예,   아니요)

2. 『종의 기원』은 몇 장으로 구성되어 있는가?

   ① 제12장   ② 제15장   ③ 제19장

3. 『종의 기원』은 자연 선택에서 사육의 역할을 강조했다.

   (예,   아니요)

4. 다윈은 생존경쟁에 대해 무엇이라고 단정 짓는가?

   ① 매우 치열하다.

   ② 생존경쟁은 같은 종의 개체와 변종 사이에서 가장 심하며, 때로는
      같은 속의 종 사이에서도 치열하다.

5. 다윈은 그의 이론에 대한 난점들과 반대자들에 대해 아무런 설명도
   하지 않으며, 그들의 질문에 답변하려 하지도 않는다. (예,   아니요)

6. 다윈은 『종의 기원』을 완성할 수 없었으므로, 그 책은 그의 이론과
   결론을 요약한 하나의 장이 짜여 있다.   (예,   아니요)

7. 다윈은 그의 저작의 한 결과로서 전개된 논쟁에 기꺼이 참여했다.

   (예,   아니요)

8. T. H. 헉슬리와 비숍 월버포스 사이에 옥스퍼드에서 있었던 유명한
   논쟁에서 다윈과 그의 이론을 옹호한 사람은 누구인가?

9. 다윈은 무엇을 내 생에서 가장 중요한 사건이라 말했는가?

   ① 맬서스의 인구론을 읽은 것

② 의학에 대한 그의 어린 시절의 공부

③ 비글호에서 항해

10. 다윈은 무엇에 대한 법안이 통과되어야 한다고 생각했는가?

① 소설

② 외설적인 소설

③ 과학자들이 주요 등장인물로 나오는 소설

④ 불행한 결말을 지니는 소설

이 질문들은 너무 쉽다. 이제 20분 동안 『종의 기원』의 목차를 겉만 핥아보기로 다시 한번 읽고 나서 좀 더 어려운 다음의 질문들에 답하라.

테스트 F: 다윈과 『종의 기원』에 관한 심화된 질문

1. 지질학 관련 기록을 널리 이용했을 때, 다윈은 그것에 대해 어떻게 생각했는가?

   ① 완벽하고 만족스럽다.

   ② 불완전하지만 종의 기원에 대한 가치 있는 자료의 원천이다.

2. 『종의 기원』은 어떤 동식물군을 언급하고 있는가?

   ① 저등한 동식물   ② 고등한 동식물

3. 같은 종에 속하는 개체들은 공통 특성을 지니며, 그들의 종류를 낳거나 재생산할 수 있다. (예, 아니요)

4. 같은 속에 속하는 개체들은 공통 특성을 지니지만, 반드시 같은 종류를 낳거나 재생산하지는 않는다.   (예, 아니요)

5. 다음의 항목들 중 자연 선택에서 중요한 역할을 하는 것과 사소한 역할을 하는 것을 각각 골라라.

	중요한 역할	사소한 역할
① 생존투쟁	( )	( )
② 개체변이	( )	( )
③ 특성의 유전성	( )	( )

6. 다윈은 자연 선택력을 인간의 선택력에 비교한다. 그는 어떤 것이 더 크다고 생각하는가?

7. 라틴어 'Natura non facit saltum'이란 말을 해석할 수 있는가? 다윈의 이론에서 이 말의 의미를 말해 보라.

8. 지질학적인 분산과 종의 진화에서 바다와 같은 자연 장벽의 중요성
   은 무엇인가?

9. 『종의 기원』의 서문에서 다윈은 종의 기원이 우리의 위대한 철학자
   들 중 한 명이 그렇게 말했듯이, '수수께끼'라고 했다. 당신은 그의 작
   품이 풀고자 한 문제가 무엇인지 정확히 말할 수 있는가? 한두 문장
   이내로 답해 보라.

10. 한마디로 다윈의 이론이란 무엇인가? 100단어 이내로 답하라.

　　이제 책 읽기의 두 번째가 단계에서 연습문제 두 편을 모두 풀어
보았다. 앞에서와 마찬가지로, 그 질문들은 텍스트들뿐만 아니라 역
사적인 기타 지식들에 근거해서 출제되었다. 실제로 당신은 그 질문
중 몇 개는 너무 불공평하다고 느낄 것이다. 어떤 비평적 판단이 그
질문들에 답하는 당신 능력에 따라 좌우된다면, 아마도 그럴 것이다.
그러나 물론 그렇지는 않다. 우리는 당신이 답변할 수 없거나 답하
기 어려운 질문이 당신을 화나게 만드는 것이 아니라, 우리가 제시한
것보다 더 훌륭한 답변을 이끌어낼 수 있도록 당신을 이끄는 길잡이
구실을 하길 바란다. 더 좋은 대답은 그 작품들 자체에서도 유익하
다. 그리고 또한 우리가 제시하지 않은 더 흥미 있는 질문들에 대한
답변들도 있는데 아쉽게도 일일이 다 열거하지 못한다.

3. 분석하며 읽기(독서의 제3수준)

연습문제와 테스트

이 연습문제에서 본문으로 택한 책은 바로 이 책이다. 바람직하지 않을지도 모르지만 그렇게 하고 싶었다. 분석하며 읽기를 연습하기에 더 좋은 책들도 많지만 이 책을 선택한 결정적 이유는 이 연습문제를 풀려는 사람들이 이 책만큼은 누구나 다 읽었을 것이기 때문이다. 다른 책 한 권을 이 부록에 모두 가져다놓기는 불가능한 일이니까 말이다.

어떤 책이든 분석하며 읽으려면 다음 4가지 질문의 답을 찾으며 읽어야 한다는 것을 기억할 것이다.

(1) 전반적으로 무엇에 관한 글인가? (2) 무엇을, 어떻게 자세하게 다루는가? (3) 전반적으로, 또는 부분적으로 볼 때 그 글은 맞는 이야기인가? (4) 의의는 무엇인가? 그리고 이 책 183~184쪽에서 이야기한 15가지 원칙과 제2부에서 이야기한 내용을 기억해야 질문에 답을 할 수 있다. 이 책에 대해 위의 질문에 답할 수 있는가?

이 책을 쓰면서 이 문제들을 분명하게 하려고 최선의 노력을 기울였다. 그리고 이 이상 독자를 도와줄 방법은 없다. 분석하며 읽는 작업은 고독한 작업이다. 그리고 책을 읽는 이도 혼자다. 기본적으로, 독자 자신의 사고 외에는 이용할 자원도 없고, 독자 자신의 정신 외에는 통찰과 이해의 장場도 없다.

이 질문에 어떻게 답을 하고 책의 종류에 따라 원칙들을 어떻게 적용해야 하는지는 이미 설명했다. 하지만 책을 읽고 이를 적용한 결과가 어떤지는 설명할 수 없다. 이는 독자만이 해야 할 일이다.

그렇지만 몇 가지 이야기할 수 있는 것들이 있다. 이 책은 분명히 실용서적에 속한다. 이제 구조를 분석하는 첫 번째 원칙을 적용하는 것은 쉽다. 이 책이 전부 무엇에 관한 내용인지는 이미 분명하다. 물론 독자가 좀 더 간결하게 설명해야 하지만 말이다. 이 책을 4부와 21장으로 나누어 놓은 것이 명료한 도움이 되길 바란다. 하지만 이 책의 윤곽을 파악해 두는 것은 읽기 수준별로 페이지 분량에 따라 개별적으로 이야기하는 것이 바람직할 것이다.

독서의 제1수준 기초 읽기는 중요한 부분이지만, 이 책에서 비교적 짧은 부분을 차지한다. 왜 그럴까? 독서의 제3수준 분석하며 읽기는 다른 수준에 대한 내용보다 더 많이 깊이 다루었다. 왜 그럴까? 구조를 분석하는 네 번째 원칙에 대해 우리가 강조하고 싶은 것은, 여기서 풀어가려는 문제를 가르쳐 준 대로 간단하게 정의할 수 없다는 점이다. 예를 들어, 이 책에서는 초등학교 1~2학년 교사에게 큰 도움을 줄 만한 내용은 별로 없다. 그 대신 어떤 방법으로 어떤 것을 목표로 하고 읽어야 하는지를 집중적으로 다루었다. 이 읽기의 네 번째 원칙을 적용할 때 이런 방법과 목적을 정확히 기술해야 한다.

분석하며 읽기의 두 번째 단계인 해석을 하는 데서도 마찬가지다. 이 단계에서 처음 세 가지 원칙, 용어의 의미를 파악하고, 핵심 명제를 찾고, 논증을 구성하는 것은 독자가 아무 도움 없이 적용할 수 있다. 새삼스럽게 이 책에서 사용하는 중요한 용어, 지식을 전달하거나 실력을 향상하려는 책일 경우 독자가 알아야 할 중요한 단어들을 모두 열거하거나, 여기서 주장하는 주요 명제들을 독자 자신의 언어로 이야기해야 한다는 것을 되풀이 이야기하거나, 논증들을 되풀이하지는 않겠다. 이는 아마 책을 다시 써야 할지도 모를 일이니까. 하지만 여기서 다루는 문제에 대해 몇 가지 이야기할 수 있는 것들이 있다. 구조를 분석하며 읽을 때의 네 번째 원칙을 적용해 보면, 이 책에서 풀어가려고 했던 문제를 다 풀어냈다고 생각한다. 하지만 오늘날 학생들이나 성인 독자들이 책을 읽으며 부딪히는 모든 문제를 다 해결했다고는 생각하지 않는다. 이런 문제들은 대부분 개인 차이로 생기기 때문이다. 아마 일반적 주제를 다루는 책들 중 이러한 문제들까지 모두 풀어 주고 싶어 하는 책은 없을 것이다.

책을 비평하는 일곱 가지 원칙이 있었다. 그중 세 가지는 지적인 에티켓에 관한 것이고, 나머지 네 가지는 비평의 구체적인 기준에 관한 것이었다. 지적인 에티켓에 관해서는 더 할 이야기가 없지만, 비평의 기준 네 가지 가운데서도 마지막 항목, 불완전한 부분을 제시하는 것에 대해 몇 가지 이야기할 것이 있다.

여기서 분석한 내용은 두 가지 점에서 불완전하다. 하나는 첫 번째 수준의 독서에 관해서다. 기초 읽기에 대해 해야 할 이야기는 많지만 이 책에서 다루려는 주요 관심사가 아니라는 점을 다시 한번 강조한다. 물론 이 책이 책 읽는 것에 대해 모든 것을 완전하게 다루지도 않았다. 어쨌든 기초 읽기는 다른 방식으로 다루어져야 한다.

또 한 가지, 더 중요한 점이 있다. 통합적 읽기에 관해 이야기할 수 있는 것을 다 다루지 않았다는 점이다. 여기에는 두 가지 이유가 있다.

첫째, 통합적 읽기는 여러 저자가 쓴 책 몇 권을 눈앞에 두고 설명하지 않는 한 매우 어렵다는 점 때문이다. 다행히 이 부록에서 통합적 읽기를 실제로 연습할 수 있기는 하다. 두 저자의 짤막한 본문에 한정되어 있지만 말이다. 완전히 연습하려면 더 많은 저자의 더 많은 본문을 가지고 훨씬 복잡한 질문을 풀어가야 한다. 여기서는 지면상 그럴 만한 여유가 없다.

둘째, 실제로 읽지 않고는 통합적인 읽기로 얻을 수 있는 지적 흥미와 만족을 표현할 수 없기 때문이다. 또 하루 만에 모든 것을 이해할 수 있는 것도 아니다. 때로는 중요한 문제에 관한 얽히고설킨 내용을 이해하는 데 몇 달, 몇 년이 걸리기도 한다. 몇 세기에 걸쳐 뒤엉켜온 실타래이기 때문이다. 그 주제에 관한 올바른 관점을 갖기까지 시작이 잘못된 경우도 많고, 논란이 많은 분석과 논쟁을 거쳐야 하기 때문이다. 이런 많은 문제로 어려움을 겪기에 단번에 이해하려다 실망하기도 한다. 하지만 결론적으로 말해, 이런 과정을 거쳐 뭔가를 얻는다는 것이 얼마나 근사한 일인지 우리는 이미 알고 있다.

이 외에 불완전한 부분이 있는가? 그런 점들이 있긴 있다. 예를 들어, 본문을 읽는 처음 읽기와 그 본문에 관한 주석도 읽는 다시 읽기를 충분하게 구분하는가? 경전의 본문과 대비하여 이단적인 본문을 읽는 것에 대해 충분히 이야기하는가? 특히 과학이나 수학책에서 사용하는 특수한 어휘로 인한 문제들에 충분한 주의를 기울이고 있는가?(사회과학책을 읽는 것을 다룬 장에서는 이런 일반적인 문제를 언급했다.)

시를 읽는 것에 대해 충분한 지면을 할애하지 않았을지도 모른다. 이 외에 비평을 받아야 할 문제들이 어떤 것들이 있는지는 잘 모르겠다. 하지만 우리가 분명하게 알지 못하고 있는 단점이나 잘못된 점을 독자들이 분명하게 찾아낼 수도 있다.

4. 통합적인 읽기(독서의 제4수준)
연습문제와 테스트

　두 텍스트를 이 부록의 마지막인 네 번째 연습문제로 사용할 것이다. 하나는 아리스토텔레스의 『정치학』 제1권 앞에서 두 장에서 뽑은 부분이고, 다른 하나는 루소의 『사회계약론』 제1권에서 발췌한 부분들-그 책의 서문에서 뽑은 한 문장과 1, 2, 4, 6장에 나오는 부분들이다. 아리스토텔레스의 『정치학』은 『서양의 명저들』 9권에 나온다. 그 전집의 8권과 9권은 아리스토텔레스의 전 저작을 이루고 있다.

　『정치학』 이외에 제9권에는 여러 전기적 논문과 더불어 『윤리학』, 『수사학』, 『시학』이 수록되어 있다. 루소의 『사회계약론』은 그 전집의 제38권에 나오는데, 이 책에는 18세기의 중요한 정치 관계 서적인 몽테스키외의 『법의 정신』과 더불어, 루소의 다른 작품들-『인간 불평등 기원론』과 『정치경제학』-이 수록되어 있다.

　통합적 읽기에는 두 단계가 있다는 점을 상기하라. 하나는 준비 단계이며, 다른 하나는 본단계다. 이 연습문제의 목적상, 우리는 첫 번째 또는 준비 단계를 이미 끝마친 것으로-즉 우리가 다루고자 하는 주제에 관해 우리가 이미 결정했으며, 또한 읽고자 하는 텍스트도 이미 정해놓은 것으로-가정하겠다. 이 경우 주제는 '국가의 본질과 기원'-지금까지 모색되고 거론되어 온 중요한 주제-으로 정할 것이다. 이 텍스트들은 바로 이런 주제를 다루고 있다. 나아가 이 연습문제는 우리가 이용할 수 있는 지면의 한계를 넘지 않아야 하기에, 이 두 텍스트들의 도움을 받아 여기서 고려해야 할 질문들을 단 한 가지 문제로 제한해야 하는데, 이는 다음과 같이 이야기할 수 있다. 즉 국가는 선과 필요에 따라 '자연스럽게' 형성되었는가, 아니면 단지 '관습적'이거나 '인위적'으로 형성되었는가? 그것이 바로 우리의 질문이다. 이제 이 두 텍스트를 당신이 원하거나 필요한 만큼 시간을 가지고 신중하게 읽어 보라. 통합적 읽기에서 속도는 결코 중요하지 않다. 만일 원한다면 메모를 하거나 필요한 부분에 밑줄을 긋거나 표시를 해두라. 그리고 다음에 제시하는 질문들에 답할 때 원한다면 언제든 이 텍스트들을 다시 들춰 보아도 된다.

아리스토텔레스의 『정치학』 제1권에서

제1장

모든 국가는 일종의 생활공동체이며 모든 생활공동체는 어떤 선한 목적을 가지고 성립된다. 그 이유는 인간은 그들이 좋다고 생각하는 것을 얻으려고 행동하기 때문이다. 그러나 모든 생활공동체가 어떠한 선을 목적으로 삼는다면, 기타 모든 것 중에서도 최고이며 또한 모든 것을 포함하는 국가 또는 정치공동체는 어떤 다른 공동체보다도 더 큰 정도에서 선을 목표로 할 것이며, 또한 최고의 선을 의도하는 것이다.

제2장

　가족은 원래 사람들의 일상 필수품 보급을 하려고 성립된 공동체이며 그 성원은 '카론다스에 의해 식탁을 같이 쓰는 사람들' 또는 크레타인 에피메니데스에 따르면 '여물통을 같이 쓰는 사람들'이라고 불렀다. 그러나 여러 가족이 모이면 그리고 이 모임이 일용 필수품의 공급 이상으로 다른 것을 목적으로 한다면, 여기에 결성되는 최초의 사회는 촌락이다. 이리하여 촌락 중에서도 가장 자연스러운 형태는 동일 가족에서 나온 취락緊落이며 '같은 모유를 먹은 사람들'이라고 할 수 있는 자식과 손자들로 구성되어 있다. 그러므로 어찌하여 그리스 도시국가들을 원래는 왕이 지배하였는가 하는 이유도 여기에 있다. 즉 그리스인들은 그들이 모여들기 전에 마치 지금도 야만인들이 그러하듯이, 일찍이 왕정하에 놓여 있었기 때문이다.

　몇 개 촌락이 거의 또한 제법 자급자족할 수 있으리만큼 큰 단일적이며 완성된 생활공동체로 결성될 때는 국가가 비로소 여기에 나타나는 것이다.

　국가는 일상생활의 단순한 필수품을 충족하려는 데서 출발하여 선한 생활을 위하여 그 존재를 계속 유지한다. 그러므로 사회의 초기 형태가 자연스러웠다면 국가도 역시 자연적이다. 그 이유는 국가는 기타 모든 사회 형태의 사회이며 만물의 본질은 그 결실이기 때문이다. 만물이 충분하게 발달하였을 때 우리는 인간, 말 또는 가족 그 어느 것을 이야기하든 간에 그것의 본질이라고 부르는 것이다. 그뿐만 아니라 최종인 또는 사물의 최후 목적이라는 것이 최선이며, 자급자족의 상태는 목적이며 또한 최선인 것이다. 그러므로 국가는 자연의 창조물이며 또 인간이 본래 정치적 동물이라는 것은 명백하다….

이제 인간은 벌이나 기타 야생동물보다도 더 정치적 동물이라는 것이 명백하다. 자연은 우리가 자주 말하듯이 무엇이든 쓸데없이 창조하지는 않는 것이며, 인간은 자연이 언어의 자질을 부여한 오직 하나의 동물이다. 소리를 그대로 내는 것은 즐거움과 고통을 나타내는 것이며, 다른 동물도 갖고 있지만(그들의 본성이 쾌락과 고통을 감수할 정도는 되어 있으며, 서로 이 감수한 것을 알리는 것이다) 언어 능력은 편함과 불편함을, 그러므로 같은 식으로 정과 부정을 명시하려는 것이다. 그리고 오직 인간만이 선악과 정표, 부정쭈표 및 이와 같은 것에 대한 감각이 있으며 이것이 인간의 특질이다. 이 감각을 지닌 생물의 단체가 가족과 국가를 성립케 한다. 더욱이 전체는 필연적으로 이 부분에 앞서는 것이므로 국가는 가족이나 개인보다 앞선다. 예를 들면 몸 전체가 파괴되면 마치 우리가 돌로 만든 손을 말하는 것과 같은 의미 이외에는 발도 손도 없을 것이다. 몸이 파괴되면 손도 그보다 낫지 못하리라.

만물은 그들의 기능과 능력에 따라 규정된다. 그러므로 무엇이고 그들의 적합한 성질을 상실하였을 때는 그것들이 같은 것이라고 말해서는 안 되며, 명칭만이 같다고 말할 수 있다. 국가는 자연의 창조물이며, 개인에 앞서 있다는 증거는 개인은 고립되어 있을 때는 자급자족하지 못한다는 것이다. 그러므로 개인은 전체에 관련된 부분과 같다. 그러나 사회에서 살 필요가 없는 자는 동물이나 신 또는 그 어느 것이 아니면 안 된다. 그는 국가의 부분이 아니다. 사회적 본능은 자연에 따라 모든 사람에게 박인 것이지만 그래도 최초로 국가의 초석을 놓은 자는 은인 중에서도 가장 높은 자다.

루소의 『사회계약론』의 제1권에서

나는 인간을 있는 그대로 받아들이고, 법을 있을 수 있는 가능한 형태로 받아들일 경우에, 사회 질서 속에 정당하고도 확실한 통치의 어떤 원칙이 있을 수 있는지 어떤지를 여기서 연구하고자 한다.

제1장 제1권의 주제

인간은 자유인으로 태어났지만, 도처에 속박되어 있다. 남의 주인을 자처하는 자들도 사실은 그들보다 더한 노예의 처지에 놓여 있다. 어떻게 이런 변화가 생겼는지 나는 알 수 없다. 그러나 어떻게 이 사실을 정당화할 수가 있는가? 나는 이 문제를 해결할 수 있다고 생각한다.

제2장 최초의 사회에 대하여

모든 사회 중에서 가장 오래되고, 단 하나의 자연스러운 사회는 가족이라는 사회다. 이 가족 사회에서도 자식들은 자기 보존을 위해서 아버지를 필요로 하는 동안만 아버지에게 속해 있는 것이다. 이 필요성이 없어지면, 곧 자연적 유대는 풀어진다. 자식은 아버지에 대한 복종의 의무에서 벗어나고 아버지 또한 자식에 대한 양육의 의무에서 벗어나 모두가 동등하게 독립된 생활을 한다. 만일 이들이 계속 함께 있다 해도, 이제는 자연적인 것이 아니라 자의적인 것으로 가족 자체도 결국은 약속에 따라서만 유지되는 것이다.

그러므로 가족은 말하자면, 정치적 사회의 최초의 표본이다. 즉 군주는 아버지에 해당하고 인민은 자식에 해당한다. 또 모두가 평등하고 자유롭게 태어났기 때문에 그들의 자유는 그들 자신의 이익을 위해서만 양도되고 있다.

제3장 강자의 원리

제4장 노비제도에 대하여

아무도 자기 동포에 대해 태어날 때부터 권위를 가지고 있다 할 수 없고 또한 폭력은 어떠한 권리도 산출하는 것이 아니므로, 인간 사이의 모든 정당한 권위의 기초는 오직 약속밖에 없다.

제5장 항상 처음 약속으로 돌아가야 한다

제6장 사회계약에 대하여

내 생각으로는, 인간은 자연 상태에서 인간의 생존을 방해하는 장애물이, 그 저항에 따라 각 개인이 자연 상태에 머물기 위해 사용할 수 있는 힘을 능가하는 시점에 도달했다고 본다. 그렇다면 그 원시 상태는 더 지속할 수 없으며, 인류는 생존 양식을 바꾸지 않으면 멸망하고 말 것이다.

그러나 인간은 새로운 힘을 생산할 수는 없지만 현존하는 힘을 결합하여 통제할 수 있으므로, 인간은 자기가 생존하려면 그 저항력을 능가할 수 있는 힘의 총화를 형성해서 스스로 만들어내고, 그 힘을 하나의 원동력으로 활동시키고 그 힘이 협력하여 활동하도록 하는 길밖에 없다.

이 힘의 총화는 다수인의 협력으로만 생길 수 있다. 그러나 각자의 힘과 자유는 자기 생존에 가장 중요한 수단인데 자기 자신의 이익을 손상시키지 않고, 또 자기에게 지워진 배려를 무시하지 않으면서 어떻게 각자가 힘과 자유를 구속할 수 있다는 것인가? 이 난점을 나의 주제와 관련 지을 때 다음과 같은 말로 진술할 수 있다.

"공동의 힘으로써 각 구성원의 신체와 재산을 방어하고 보호하는 결합 형태를 발견하고, 이 결합 형태에 따라 각자가 전체에 결합하면서도 자기 자신에만 복종하고 전처럼 자유를 잃지 않아야 한다."

이것이말로 '사회계약'에 따라 해결되는 근본 문제다.…

그러므로 만일 사회계약으로부터 본질적이 아닌 것을 배제한다면, 그것은 다음과 같은 말로 요약된다.

"우리는 각자가 자기 개인과 자기의 모든 힘을 공동으로 일반 의지의 최고 지도하에 두며, 우리는 다시금 구성원을 분리할 수 없는 부분으로 받아들인다."

이 결합 행위는 성립하는 즉시 각 계약자 개인을 대신해 집회가 가지는 투표수와 동수의 구성원으로 된 하나의 정신적·집합적 단체를 성립시킨다. 이 단체는 동일한 행위로부터 그의 통일과 그의 공동 '자아'와 그의 생명과 그의 의지를 받는다. 모든 타인의 결합으로 이처럼 형성된 공적 인격을 옛날에는 도시국가, 오늘날에는 '공화국' 혹은 '정치체'라고 한다. 이 정치체는 구성원에 의해서 수동적으로 법에 따를 때는 '국가', 능동적으로 법을 만들 때는 '주권자'로 불리고 다른 정치체와 비교될 때는 국제법상에서 국國이라고 불린다. 구성원에 대해서는 그것은 집합적으로는 '인민'이라고 불리고, 개별적으로 주체에 참여할 때는 '시민', 국가의 법률에 따를 때는 '선민'으로 불린다. 그러나 이러한 명칭은 자주 혼동되어 서로 뒤바뀌어 사용된다.

이 용어들이 아주 정확하게 사용될 때는 구별할 줄 아는 것이 필요하다.

이 두 텍스트에 대해 테스트 G, H에서 질문하고, 그다음 이 텍스트들로부터 정당하게 이끌어낼 수 있는 몇 가지 잠정적 결론을 제시할 것이다.

테스트 G: 아리스토텔레스와 루소에 대한 첫 번째 질문

1. 아리스토텔레스는 인간공동체의 세 가지 서로 다른 유형을 명시해 놓았다. 그것들은 각각 무엇인가?

2. 이 세 가지 유형의 공동체에서 공통점과 차이점은 각각 무엇인가?

3. 세 가지 유형의 공동체는 그 구성에서 각기 다르다. 그 크기에서 작은 공동체부터 큰 공동체로 세 유형을 순서 지을 수 있는가?

4. 세 유형의 공동체 모두 어떤 자연적 필요, 즉 어떤 선을 이루기 위한 필요를 충족하는 데 목적을 둔다. 가족에 의해 성취되는 선, 즉 그 성원들의 안전과 종족의 보존은 또한 촌락에서도 그보다는 더 높은 수준에서 성취된다. 그렇다면 그보다 더 높은 수준에서 똑같은 선이 국가에 의해서도 목적이 되거나 성취되는가 아니면 국가에 의해 성취되는 선은 전혀 다른 선인가?

5. 이 차이를 드러내는 또 다른 방법은 또 다른 질문에 의거한다. 아

리스토텔레스에게 이 세 가지 유형의 공동체는 모두 자연적인 것이라고 가정할 때, 그것들은 그 정도에서 모두 똑같은 정도로 자연적인가?

6. 이 첫 번째 일련의 질문에서 루소에 대한 질문으로 넘어가기 전에, 우리는 어려움을 일으키는 아리스토텔레스의 한 가지 언급에 주목해야 한다. 아리스토텔레스는 최초로 국가를 설립한 인간을 꽤 자랑스럽게 생각했다. 그렇다면 최초로 가족이나 촌락을 건설한 인간에 대해서도 그와 마찬가지로 이야기했는가?

7. 루소가 국가에 대해 제기한 중요한 문제는 무엇인가?

8. 루소는 그와 똑같은 문제를 가족에 대해서도 제기했는가?

9. 루소에게서 자연적인 것과 반대되는 것은 무엇인가?

10. 루소에게 국가를 정당화하는 기본 토대가 되는 관례는 무엇인가?

이 두 텍스트에 대한 이 첫 번째 질문 다음에 우리가 의도한 질문에 일치되지 않는 듯한 하나의 해석에 맞닥뜨린 듯하다. 이 질문은 당신도 기억하듯이, 국가는 자연적인가 아니면 관습적이거나 인위적인가 하는 것이다. 루소는 국가는 관습적이거나 인위적이라고 말하는 듯하며, 반면 아리스토텔레스는 국가가 선천적이라고 말하는 듯하다. 이제 잠깐 이 해석이 옳은지를 생각해 보라. 이 해석이 의심스럽다고 판단되는 아리스토텔레스의 어떤 문제적 언급이 있는가? 만일 이 해석이 옳지 않은 이유를 안다면, 아마도 우리가 제기할 다음 몇 가지 질문을 이미 예상한 것이 될 것이다.

테스트 H: 두 번째 일련의 질문

1. 루소에게서 국가는 관습적일 뿐만 아니라 자연적인 것인가?

2. 아리스토텔레스는 이 점에 동의하는가?

3. 아리스토텔레스와 루소 사이의 이러한 기본 동의는 다른 문제들로 확장될 수 있는가?

4. 위의 질문에 대한 대답에서, 우리는 국가만이 성취할 수 있는 선을 말했다. 이 선은 아리스토텔레스와 루소에게 모두 똑같은가?

5. 마지막으로, 우리가 위의 질문들에서 발견한 동의는 이 두 텍스트가 비록 단편적이긴 해도 다른 여타 부분들에 대한 동의를 의미하는가?

이 연습문제를 시작하면서 두 가지 중요한 정치관계 텍스트를 신중하게 읽어 본다면 올바로 이끌어낼 수 있는 어떤 결론이 존재한다고 말했다. 그 결론은 다음과 같다.

첫째, 인간을 다른 여타 군집 동물과는 구분되는 정치적 동물-당신은 어떤 다른 형용사를 사용할 수도 있다-이라는 기본적 진리다. 즉 인간은 단지 생존의 목적만이 아닌 그 이상의 것을 얻으려 사회를 구성하는 이성적인 사회적 동물이다. 이로부터 국가가 자연적임과 동시에 관습적이라는 사실이 도출되어 나온다. 즉 국가는 가족보다 더 자연적임과 동시에 덜 자연적이다. 또 여기서 국가는 형식적으로 이루어진 것이라는 사실도 도출된다. 다른 여타의 사회는 진정한 국가가 아니다.

둘째, 우리는 국가가 목적이 아니라 수단이라고 이성적으로 결론 내릴 수 있다. 목적은 인간 공통의 선, 즉 선한 삶이다. 따라서 인간은 국가를 위해 존재하는 것이 아니라 인간을 위해 국가가 형성된 것이다. 이런 결론은 우리에게는 정당한 듯이 여겨지며 또한 우리가 제시한 해답이 옳다고 믿는다. 그러나 통합적 책 읽기의 본격적 국면에서는 느낌이나 믿음 이상의 것이 요구된다. 이 수준의 책 읽기에 대한 논의에서 우리는 그 저자들의 텍스트 자체로부터 그 해답과 결론을 찾아내는 것이 항상 바람직하다고 말했다. 그러나 우리는 여기서 그렇게 하지 않았다. 당신 스스로 그렇게 하기를 원한다. 만일 우리가 제시한 해답을 보고 다소 어리둥절하게 된다면, 아리스토텔레스나 루소의 그 텍스트에서 우리가 제시한 해답의 근거가 될 만한 부분이 있는지 없는지 찾아보라. 그리고 만일 우리 해답이나 결론에 동의하지 않는 부분이 있다면, 당신이 저자 자신의 언어로 반대 의견을 말할 수 있는지를 판단해 보라.

정답

테스트 A

1. ③ 2. ② 만일 ①과 ②라고 했다면, 완전히 틀린 것은 아니다. 3. ①과 ②

4. ② 5. ③ ②가 틀린 답이라고 말하는 것은 학자연하는 태도가 아닐
   까? 만일 ③이 적당한 해답이 아니라면, 그 상황은 달라지지 않을까?

6. ② 7. ①, ③, ④ 그 텍스트에는 벤담이 가장 영향을 미쳤다는 언급이
   나와 있다. 8. ④ 9. ①과 ②가 한다. ③과 ④가 안 한다. 10. ①②④

테스트 B

1. ③ 2. ③ 3. 거짓 4. ② 5. ① 6. ②

7. ② 물론 원리들에는 사과에 대한 언급이 전혀 나오지 않지만, ①번
   (사과가 떨어지는 이유)이 만일 사과가 떨어지는 방법이라면 옳다. 중
   요한 것은 그 작품이 중력과 그것의 작용을 기술한 것이라는 점이지,
   그것이 작용하는 이유가 아니다. 8. ① 9. ②

10. 이 놀라운 진술은 후대의 여러 뉴턴 숭배자를 감동시켰다. 그에 대한
    논평에서 당신은 아마도 그 말을 한 사람의 겸손함을 말할 것이다.
    당신은 또한 뉴턴이 사용한 은유도 언급했는가? 그것이 중요하다.

테스트 C

1. ① 2. ② 단테가 붙인 제목은 ③에 나온다. 만일 우리가 그것을 텍스트로 하였다면 ③이 답이었을 것이다. 3. ① 4. ①② 5. ② 이것은 설명할 여지도 없다. 그 시의 각각의 주요 구분은 33곡으로 되어 있다. 지옥편의 제1곡에 그 전체 저작이 소개된다. 6. ① 제8원만이 구덩이로 나뉜다. 7. ②①번의 원도 완전히 틀린 것은 아니다. 8. ③ 그러나 단테의 우주에서는 천사들의 9개 계급이 9개 천체와 상응하므로 ②도 옳다. 9. ①② 10. ①

테스트 D

1. ② 2. ① 베아트리체는 신의 뜻에 따른다. 따라서 ②도 틀린 것은 아니다. 3. ②

4. ②③ 아리스토텔레스가 희극을 결말이 행복한 작품이라고 정의한 것을 감안할 때, 단테는 아리스토텔레스의 시학을 읽지는 않았지만, 그것의 개요는 알고 있었다고 생각된다. 단테의 시는 천국에서 끝나므로 결말이 행복하게 맺어졌으며, 그는 그것에 희극이라는 제목을 붙였다. 그러나 물론 이 작품은 희극적 작품은 아니다.

5. ③ 이 시는 세 가지 이념에 모든 근거하지만 그중에서도 그리스도적 주제가 가장 중요하다.

6. 예. 단테는 게으름은 자기가 지은 중요한 죄 중 하나였음을 깨닫게 되는데, 여기서 그는 이것을 잠이 드는 것으로 상징적으로 표현한 나였음을 깨닫게 되는데, 그는 이것을 잠이 드는 것으로 상징적으로 표현한다.

7. 단테의 우주에서 지구는 우주의 중심이며, 지옥은 그 지구의 중심에 있다.

8. P자는 라틴어에서 죄를 뜻하는 peccata를 뜻한다. 영혼들은 연옥 산을 오를 때마다 그 죄가 씻겨지는 끔찍한 죄가 7개 있기 때문에, 거기엔 P자가 7개 있는 것이다.

9. 이 시에서 베르길리우스는 모든 인간의 지식과 덕의 상징이다. 그러나 그리스도 탄생 이전에 죽은 이교도였기 때문에 그는 단테와 더불어 천국으로 들어갈 수 없다.

10. 프란체스카와 도미니카는 중세의 위대한 두 수도 단체다. 프란체스카는 명상가들이었고, 도미니카는 학자이자 교사였다. 단테는 여기서 도미니카의 가장 위대한 대표자인 성 토마스가 프란체스카의 설립자인 성 프랜시스의 일생을 이야기하고, 반면, 프란체스카의 대표자인 보나벤투라는 도미니카의 설립자인 성 도미니쿠스의 삶을 이야기함으로써 이 두 집단 사이의 모든 차이점에 대한 하늘의 해결책을 상징한다.

테스트 E

1. 아니요 2. ② 3. 아니요. 사실상 그 진술은 무의미하다. 4. ① 5. 아니요 6. 아니요 7. 아니요 8. 헉슬리가 다윈을 옹호했다. 9. ③ 10. ④ 다윈을 사랑하는 사람들에게 이는 그 남자의 가장 매력적인 요소들 중 하나다.

테스트 F

1. ② 2. ① 3. 예, 사실 이것은 종의 정의에 가깝다.

4. 예, 같은 속에 속하는 개체들은 그것들이 같은 종에 속해 있는 경우에만, 같은 종류를 낳거나 재생산할 수 있다.

5. ① ② ③ 모두 자연 선택에서 중요한 역할을 수행한다.

6. 자연 선택. 만일 다윈이 오늘날 살아 있다면, 환경에 미치는 인간의 파괴적 영향력의 증거들을 보고는 마음을 바꿨을까? 아마 그랬을 것이다. 그러나 그는 결국 자연이 인간보다는 더 강력하다는 주장을 계속 고집할 것이다. 또 인간도 자연의 일부다.

7. 그 말은 '자연은 비약하지 않는다'로 번역할 수 있다. 즉 자연에는 어떤 갑작스럽고 커다란 변이는 일어나지 않으며, 단지 작고 점증적인 변이만 있을 뿐이다. 비록 당신이 라틴어를 모른다고 하더라도 이 말의 의미는 목차만 보고도 분명히 드러나지 않는가? 이런 생각은 다윈이 그 말을 진리로 받아들이고, 종들 사이의 창조된 차이라는 가설에 따라서가 아니라, 지질학적 분산이란 가설에 따라 종들 사이의 커다란 차이의 결과가 된다는 사실을 설명하기 때문에 중요하다.

8. 다윈에 따르면, 만일 하나의 종에서 나온 두 변이가 생기자마자 오랜 기간 물리적으로 서로 멀리 떨어져 격리될 때, 그 변이형들은 서로 별개 종이 되는 경향이 있다. 즉 서로 교배할 수 없게 된다. 이는 다윈이 비글호에서 항해하는 동안 오세아니아의 여러 섬에서 꽤 특이한 종의 새들을 발견함으로써 알게 된 사실이다. 이 문제를 진술하는 데는 아마도 여러 가지 방법이 있겠지만, 그중 하나의 방법은 다음과 같은 두 가지 매우 단순한 질문을 제기해 보는 것이다. 첫째, 왜 하나

또는 소수의 생물이 아닌 여러 종류의 생물이 존재하는가? 둘째, 하나의 종은 어떻게 사라지는가? 다윈과 그와 같은 시대 사람들이 지질학적인 기록으로 알고 있었던 어떤 것이 여러 번 일어났는가? 이 질문들이 그처럼 어렵고 또 그처럼 수수께끼 같은 그러나 이런 질문들에 대해 한 번쯤 생각해 볼 만한 가치가 있는 이유를 밝혀내기 위해 잠시 이것들을 생각해 볼 필요가 있다.

10. 이 질문에 대한 적당한 해답이『종의 기원』목차만 보고도 제시될 수 있다고 생각하진 않는다. 만일 그 책을 직접 읽지도 않고 100단어로 그 이론을 말할 수 있다면, 정말 뛰어난 독자다. 실제로 이 질문은 그 책을 직접 읽어 본 사람에게도 간단히 대답하기가 그리 쉽지 않다. 제7장에서 제시된 이론 요약하기를 참조할 수 있다. 그 책의 저자 서문에서 다윈이 직접 그것을 해놓았는데, 우리는 여기서 그 전부를 인용해 보겠다.

아마도 생존 가능성 이상으로 더 많은 종의 개체를 생산하고, 또 그 결과로 수없이 되풀이되는 생존경쟁이 일어나기 때문에 어느 개체가 복잡하고도 변화하는 생활 조건 아래에서, 가령 아무리 경미할지라도 그 자신에 유리한 방법으로 변이해 간다면, 생존하는 데 더한층 유리한 기회를 포착하므로, 마침내 자연적으로 선택이 되는 것이다. 유전의 확고한 법칙에 따라 선택된 변종은 어느 것이나 새롭게 변화한 형태를 번식시키는 경향을 갖게 마련이다.

테스트 G

1. 가족, 촌락, 국가

2. 그 세 공동체는 그것들이 바로 인간공동체의 모든 양태이며, 그것들 모두가 자연적이라는 사실에서 공통점이 된다. 아리스토텔레스가 말한 유형의 공동체들 사이의 차이점이 더 중요하다. 만일 당신이 아리스토텔레스가 기술한 바와 같이 이들의 차이점을 알아내지 못했다면, 몇 가지 심화된 질문이 도움이 될 것이다.

3. 가족은 가장 작은 단위의 공동체다. 촌락은 여러 가족을 포함하며, 따라서 가족보다 크다. 국가가 가장 큰 단위의 공동체인데, 왜냐하면 국가는 '여러 촌락이 하나의 완전한 공동체로 통합될 때' 성립되기 때문이다.

4. 국가는 '일상생활의 단순한 필수품을 충족하려고' 생겨났지만, 그것은 '선한 생활을 위하여' 그 존재를 계속 유지해 간다고 아리스토텔레스는 말한다. 선한 삶은 단순한 삶과는 다른 것으로 여겨진다. 사실상 이것은 국가와 다른 두 가지 유형의 인간공동체 사이의 중요한 차이인 듯하다.

5. 이 공동체의 유형들이 모두 자연적이라 하더라도, 그것들은 똑같은 정도로 자연적이진 않다. 아리스토텔레스는 인간뿐 아니라, 다른 동물들도 가족을 이루며 산다는 사실을 알고 있었다. 그리고 벌과 같은 동물들은 촌락과 유사한 조직이 있다고 말한다. 그러나 인간은 다른 여러 동물과 마찬가지로 사회적임과 동시에 또한 정치적이라는 점에서 구별된다. 언어라는 독특한 자질을 소유한 인간에 대해 논의하면서, 아리스토텔레스는 인간만이 정치적이라고 말한다. 그는 인간만

이 자연적으로 정치적 동물이며, 따라서 인간의 이런 측면에서 필요에 따라 봉사하는 국가는 자연적이다. 그러나 인간이 경험하는 공동체의 여러 유형 중에서도 국가만이 이런 독특한 필요에 봉사한다.

6. 분명 아리스토텔레스는 인간이 촌락이나 가족을 최초로 건설했다는 점을, 인간이 국가를 처음 설립했다는 점만큼 그렇게 자랑스럽게 여기지 않았다. 그리고 이 점은 한 가지 어려움을 야기하는데, 왜냐하면 만일 국가가 누군가에 의해 처음 만들어졌다면, 그것은 발명되었다고 말해질 수 있으며, 또 그것이 발명되었다면, 그것은 인위적인 것이 아닌가 하는 점이다. 그러나 우리는 국가가 자연적이라고 결론을 내렸다.

7. 루소가 국가에 대해 제기한 주요 문제는 그것의 합법성이다. 만일 국가가 합법적이지 않다면, 그 국가의 법에 복종할 필요가 없다고 루소는 단정 짓는다.

8. 그는 그와 똑같은 문제를 가족에 대해서는 제기하지 않는다. 그는 가족의 기초는 자연적인 필요에 따른 것이라고 한다. 아리스토텔레스가 말한 것과 똑같은 자연적 필요라고 분명하게 말한다.

9. 관습적인 것이다. 루소에게 국가는 관습적이다. 왜냐하면 만일 국가가 가족과 같다면, 그 사실은 세습적인 지배권—아버지가 그의 가족에 대해 갖는 지배권을 정당화하게 될 것이기 때문이다. 힘—아버지가 갖는 힘—은 국가를 정당화할 수 없다. 동의—하나의 약속—만이 그렇게 할 수 있다.

10. 루소에게서 사회계약은 국가의 모든 성원이 그것을 선택하고 갈망하는 데 만장일치에 도달하는 최초 순간에 체결된 약속이다. 이것

이 바로 국가 기구를 정당화하는 것이다.

테스트 H

1. 그렇다. 그는 인간이 본능적으로 국가를 필요로 한다고 분명히 말한다. 왜냐하면 국가는 자연 조건하에서 인간에게 삶이 더는 불가능할 때, 그리고 국가 없이는 인간이 더 생존해 나갈 수 없을 때 생긴 것이기 때문이다. 따라서 우리는 루소의 관점에서 볼 때, 국가란 자연적임과 동시에 관습적인 것이라고 결론 내려야 한다. 국가는 자연적 필요에 봉사한다는 점에서는 자연적이지만, 그것이 서로 간의 약속인 사회계약에 의거할 때만 정당화될 수 있다.

2. 그렇다. 아리스토텔레스와 루소는 국가가 자연적임과 동시에 관습적이라는 점에 동의한다.

3. 아리스토텔레스와 루소는 또한 국가의 자연성이 동물 사회의 그것과 같지 않다는 데도 동의한다. 그것의 자연성은 필요나 필요성에서 말미암은 것이다. 그것은 그것이 없이는 성취될 수 없는 어떤 선을 성취한다. 그러나 본능적이니 목적에 대한 하나의 수단으로 국가가 비록 자연적이라 해도, 그것은 또한 이성과 의지의 산물이다. 이 두 저자 사이의 이것 또한 하나의 일치점을 정의하거나 규정짓는 핵심어는 바로 '구성물'이라는 말이다. 아리스토텔레스에게는 최초로 사회를 '구성한' 사람이 국가를 '설립'했다. 루소에게서는 정부의 약속이나 사회계약을 체결함으로써 인간이 국가를 '구성한다.'

4. 아니다. 국가가 성취하는 '선'은 루소와 아리스토텔레스의 경우 똑같은 것이 아니다. 그 이유는 복잡하며, 여기 발췌된 부분만으로는 밝

혀지지 않는다. 그러나 아리스토텔레스의 '선한 삶'이라는 개념은 국가가 봉사하는 목적으로, 루소에게는 국가의 궁극적 목적인 '시민의 삶'이라는 개념과는 다르다. 이 차이를 충분히 파악하려면 『정치학』과 『사회계약론』에서 더 많은 부분을 읽어 보아야 한다.

5. 분명 이 두 작품은 전반적으로 의견이 완전히 일치하지 않는다. 이 짧은 발췌문에서조차 이 저자들은 각기 서로 논의하지 않은 문제들을 다루었다. 예를 들어 아리스토텔레스에게는 중요하게 여겨지는 개념, 즉 인간은 사회적 동물일 뿐만 아니라 근본적으로 정치적 동물이라는 것이 루소의 텍스트에서는 전혀 언급되지 않는다. 또 아리스토텔레스에게는 하나의 핵심 용어인 듯한 '정의'라는 말도 루소의 텍스트에는 나오지 않았다. 반면 사회계약, 개인의 자유, 그 자유의 양도, 일반 의지 등 루소의 작품에서 중심 개념들이 아리스토텔레스의 텍스트에서는 언급되지 않았다.

찾아보기

ㅇ

생각을 넓혀주는 독서법

초판 1쇄 발행 2024년 4월 26일
초판 2쇄 발행 2024년 6월 10일

지은이 모티머 J. 애들러·찰스 밴 도렌
옮긴이 독고 앤
펴낸이 최훈일

펴낸곳 시간과공간사
출판등록 제2015-000085호(2009년 11월 27일)
주소 (10594) 경기도 고양시 덕양구 통일로 140 삼송테크노밸리 A동 351호
전화 (02) 325-8144
팩스 (02) 325-8143
이메일 pyongdan@daum.net

ISBN 979-11-90818-25-4 (03370)